W0273000

JOHN CLEESE & CONNIE BOOTH
FAWLTYs HOTEL

JOHN CLEESE & CONNIE BOOTH

Fawltys Hotel

SÄMTLICHE STÜCKE

AUS DEM ENGLISCHEN
VON
RUTH KEEN, GERTRAUDE KRUEGER,
HENNER LÖFFLER UND KARSTEN SINGELMANN
MIT EINEM NACHWORT
VON
EIKE HARMS

HAFFMANS VERLAG

Die Originalausgabe
»The Complete Fawlty Towers«
erschien 1988 bei Methuen Ltd, London.
Copyright © 1988 by John Cleese & Connie Booth

Redaktion von Heiko Arntz

Alle deutschsprachigen Rechte vorbehalten
Copyright © 1995 by
Haffmans Verlag AG Zürich
Gesamtherstellung: Offizin Andersen Nexö, Leipzig
ISBN 3 251 00273 2

INHALT

Ein Hauch von Klasse

Die Empfangshalle im Hotel ›Fawlty Towers‹. Im Hintergrund der Haupteingang, rechts daneben die Treppe, die zu den Zimmern führt. Die Tür zum Speisesaal befindet sich in der rechten Wand; die linke Wand wird von der Rezeption eingenommen, der Zugang zum Büro liegt hinter dem Rezeptionstresen. Jenseits der Rezeption geht es zur Bar.

Basil *(hinter dem Tresen am Telefon)* Ein Doppelzimmer ohne Bad für den 16., 17. und 18. . . . ja, und wenn Sie wohl so freundlich wären, uns das schriftlich zu bestätigen?. . . Haben Sie recht vielen Dank. Auf Wiedersehen. *(Legt den Hörer auf.)*

Sybil *(betriebsam)* Hast du die Rechnung für Zimmer zwölf fertig gemacht, Basil?

Basil Nein, noch nicht, nein.

Sybil Nun, sie haben es eilig. Polly sagt, sie seien nicht geweckt worden. Und Basil, häng doch bitte dieses Bild auf – es liegt da schon seit einer Woche. *(Geht ins Büro.)*

Basil Es liegt da seit Montag, Sybil. . . Dienstag. . . Mittwoch. . . Donnerstag. . . *(zu vorbeigehenden Gästen)* guten Morgen. . . Freitag. . . Sams- *(Merkt, daß Sybil gar nicht mehr da ist; geht hinüber zu Manuel, der mit drei Frühstückstabletts aus der Küche gekommen ist.)* Manuel! Da ist zuviel Butter auf den Tabletts. Du mußt jeweils ein Stück runternehmen.

Manuel *Qué?*

Basil Zuviel Butter auf den Tabletts. Jeweils ein Stück **run-ter-nehmen**. *(Er zeigt nacheinander auf jedes einzelne Tablett.)*

Manuel Nein, nein, nein, *Señor!*

Basil Was?

Manuel Nicht »un, to, nemm«. Nein, Sir – *»uno, dos, tres.« Uno. . . dos. . . tres.*

Basil Nein, nein. *Hay mucho burro allí!*

Manuel *Qué?*

Basil *Hay. . . mucho. . . burro. . . allí!*

Manuel Ah, *mantequilla!*

Basil Was? *Qué?*

Manuel *Mantequilla. Burro* ist. . . ist. . . *(Schreit wie ein Esel.)*

Basil Was?

Manuel *Burro. . . (Weitere Eselsimitationen.)*

Basil Manuel, *por favor. . .*

Manuel *Sí, sí. . .*
Sybil *(kommt wieder heraus)* Was ist los, Basil?
Basil Nichts, Schatz. Ich kümmere mich gerade darum.
Manuel *(zu Sybil)* Er sprechen gut. . . wie sagt man. . .?
Sybil Englisch!
Basil *Mantequilla. . . solamente. . . dos. . .*
Manuel *Dos?*
Sybil *(zu Basil)* Guck nicht **mich** an. Du bist hier derjenige, der die Sprache angeblich spricht.

Basil reißt wütend die überzählige Butter von den Tabletts.

Basil Zwei Stück! Zwei für jeden! *Arriba, arriba!*

Er wedelt mit der Hand in Richtung Gästezimmer, und Manuel eilt davon.

Sybil Ich weiß wirklich nicht, warum du ihn unbedingt einstellen wolltest, Basil.
Basil *(setzt sich an die Schreibmaschine)* Weil er billig und lernwillig ist, Schatz. Und in Zeiten wie diesen sind solche. . .
Sybil Aber warum hast du gesagt, daß du die Sprache sprichst?
Basil Ich habe das klassische Spanisch gelernt, nicht diesen seltsamen Dialekt, den er sich offenbar angeeignet hat.
Sybil Es wäre leichter, einen Affen abzurichten.

Miss Tibbs und Miss Gatsby, zwei ältere Damen und Dauergäste, kommen die Treppe herunter.

Sybil *(schaltet auf charmant)* Guten Morgen, Miss Gatsby, Morgen, Miss Tibbs.
Basil *(äfft sie nach)* Guten Morgen, guten Morgen.
Sybil Basil!
Basil Ja, Schatz?
Sybil Hängst du das Bild bald auf?
Basil Ja, Schatz, ja, ja. . .
Sybil Wann?
Basil Wenn ich, nachdem ich. . .
Sybil Mach es doch jetzt gleich.
Basil Also, ich bin gerade beschäftigt, Schatz *(Zeigt auf die Schreibmaschine.)*. . . Ich schreibe die Speisekarte.

Sybil Dafür hast du noch den ganzen Vormittag Zeit. Häng doch erst mal das Bild auf. . . Nun, was ist?

Basil *(springt auf)* Ja, na gut, mach ich die Speisekarte eben nicht. . . Ich glaube nicht, daß dir klar ist, wie lange es dauert, die Speisekarte fertigzumachen, aber nein, ist ja egal, ich häng das Bild jetzt auf. Wenn die Speisekarten nicht fertig sind zum Mittag, macht das gar nichts, die Gäste können ja solange hier rauskommen und sich das Bild angucken, stimmt's? *(Er schickt sich an, das Bild rechts neben der Speisesaaltür an die Wand zu hängen.)*

Sybil Tiefer. . . *(Er hält es tiefer.)*. . . Tiefer. . . bißchen nach oben. . . So! *(Sie verschwindet.)*

Basil Danke, Schatz. Hab recht vielen Dank. Ich wüßte nicht, was ich ohne dich machen würde. . . ein bißchen aufleben, vermutlich.

Er hält das Bild an die Wand. Ein junges Paar, die Mackenzies, kommt die Treppe herabgeeilt und drückt auf die Rezeptionsglocke.

Basil Ja, bitte?

Mr. Mackenzie Ähm. . . könnten wir bitte die Rechnung bekommen?

Basil Können Sie vielleicht noch eine Minute warten?

Mr. Mackenzie Äh. . . tut mir leid, aber wir müssen unseren Zug erwischen und sind schon ziemlich spät dran – unser Weckruf kam heute morgen nicht.

Basil wirft ihnen einen wütenden Blick zu, stellt dann das Bild ab und schreitet zurück an die Schreibmaschine.

Basil So. Ich war um fünf Uhr auf, wissen Sie, wir haben nämlich personelle Probleme, tut mir sehr leid, geht alles wie von Zauberhand.

Er fängt an, die Rechnung zu tippen. Sybil schaut aus dem Büro herein.

Sybil *(vorwurfsvoll)* Basil, schreibst du etwa die Speisekarte?

Basil Nein, ich schreibe nicht die Speisekarte, Schatz. Ich schreibe die Rechnung für diese reizenden Herrschaften, die es eilig haben.

Mr. Mackenzie *(zu Sybil)* Tut mir leid, daß wir Ihnen diese Umstände machen, aber der Grund, daß wir so spät dran sind, ist der, daß wir heute früh nicht geweckt worden sind.

Sybil Ach je, das tut aber mir leid. *(Zuckersüß)* Basil, warum sind sie nicht geweckt worden?

Basil Weil ich es **vergessen** habe! Tut mir leid, daß ich nicht perfekt bin. Da bitte, das ist Ihre Rechnung. Vielleicht möchten Sie bei meiner Frau bezahlen, ich muß das Bild aufhängen... falls nicht gerade irgendwelche Mülltonnen auszuleeren sind...

Er geht wieder auf das Bild zu. Ein Zeitungsjunge kommt herein und legt die Zeitungen auf den Tisch.

Zeitungsjunge Die Zeitungen!

Basil wendet sich ihm drohend zu, auf seine Armbanduhr tippend – der Junge macht sich schleunigst davon. Die Mackenzies gehen; Basils Abschiedslächeln gebricht es an Glaubwürdigkeit.

Basil Wiedersehen. Auf bald!
Sybil Vergiß das Bild nicht, Basil.
Basil Aber nein, Schatz, verlaß dich auf mich.
Sybil Ich fahre jetzt in die Stadt. Ich erwarte, daß es hängt, wenn ich wiederkomme. *(Sie geht ab.)*
Basil *(durch die Zähne)* Fahr vorsichtig, Schatz...

Er trägt die Zeitungen in den Speisesaal und reicht, ohne die anderen Gäste zu beachten, eine davon Major Gowen.

Basil Ah, guten Morgen, Major.
Der Major Morgen, Fawlty.
Basil Ich muß mich vielmals für die verspätete Zustellung Ihrer Zeitung heute morgen entschuldigen, Major. Ich werde die Sache noch einmal ansprechen. Wollen doch mal sehen, ob sich da nicht **irgend etwas** machen läßt.
Der Major Oh, noch mehr Streiks... Müllabfuhr... Post.
Basil Es ist zum Heulen, nicht wahr. Was ist bloß aus den alten Idealen geworden, dem Dienste am Mitmenschen? Ich meine, heutzutage...
Mr. Watson *(von seinem Tisch aus)* Mr. Fawlty?
Basil Ja, ja, ich komme gleich! *(Leise zum Major)* Sie behandeln einen wie Dreck, wissen Sie... natürlich ist es reine Dummheit, aber bei **der Sorte** Gäste, die man heutzutage bekommt...
Der Major Ah, D'Olivera hat einhundert geschafft!
Basil Ach ja? Tatsächlich? Wie schön für ihn, guter alter Dolly. Ja, wer

sagt's denn... *(Polly kommt mit einer Tasse Tee; er nimmt sie ihr ab und gibt ihr die anderen Zeitungen.)* Danke, Polly.

Mr. Watson Wir bleiben nur noch bis Sonntag!

Basil Sehr schön, danke... *(Er nimmt sich einige Sachen zum Essen von der Anrichte und geht damit durch die Empfangshalle ins Büro; er hat sich gerade hingesetzt, da hört er Sybil kommen und versteckt hastig seinen Imbiß.)* Ach, ich dachte, du wolltest wegfahren, Schatz.

Sybil *(hält ihm ein Exemplar der exklusiven Zeitschrift* Country Life *unter die Nase)* Was ist das?

Basil Ich wollte ein bißchen Werbung machen, Sybil. Ich...

Sybil Was hat das gekostet?

Basil Och... ich weiß nicht mehr... fünfzehn?

Sybil Vierzig.

Basil *(unbestimmt)* ... Vierzig...

Sybil Ich habe dir genau gesagt, wo wir Werbung machen.

Basil Sybil, ich kenne mich aus im Hotelgeschäft.

Sybil Nein, das tust du nicht, Basil.

Basil Sybil, wir müssen versuchen, ein besseres Publikum anzuziehen.

Sybil Warum?

Basil Na ja, wir verlieren an **Niveau**.

Sybil Wir verdienen Geld.

Basil Ja, ja...

Sybil So gerade eben.

Basil Ja, aber jetzt können wir versuchen, eine vornehmere Klientel aufzubauen!... Den Pöbel langsam loswerden.

Sybil Basil, solange sie ihre Rechnungen bezahlen...

Basil Ist das denn alles, worauf es dir ankommt, Sybil? Geld?

Sybil Diese Anzeige ist jedenfalls Geldverschwendung – vierzig Pfund. *(Wendet sich zum Gehen.)*

Basil Einen Moment! Einen Moment, bitte! *(Überreicht ihr stolz einen Brief, der auf dem Schreibtisch gelegen hat.)* Na?

Sybil ... Ja, und?

Basil Teure Frau, das sind Sir Richard und Lady Morris, die heute abend eintreffen, für zwei Übernachtungen. Sie haben nämlich die Anzeige im *Country Life* gesehen.

Sybil Ich wünschte, sie würden eine Woche bleiben.

Basil Ganz meine Meinung...

Sybil Dann kämen die Kosten für die Anzeige vielleicht wieder herein. *(Wendet sich erneut zum Gehen.)*

Basil Sybil, überleg doch mal! Wenn wir diese Sorte Publikum anziehen könnten, ich meine... unendliche Möglichkeiten tun sich auf!

Sybil Basil, unsere Möglichkeiten enden bei zweiundzwanzig Zimmern!

Basil Ich mein, hast du dir die Leute aus Zimmer sechs mal angeguckt? Die haben doch noch nie auf Stühlen gesessen! Das sind die gewöhnlichsten, vulgärsten, schrecklichsten, miesesten...

Aber Sybil ist schon verschwunden. Die Glocke an der Rezeption läutet; davor steht Danny Brown, ein ausgesprochen unaristokratisch wirkender Cockney.

Danny Hallo! *(Basil ist entsetzt.)* Hamse'n Zimmer?

Basil Wie bitte?

Danny Hamse'n Zimmer für die Nacht, Meister?

Basil ...Ich muß einmal nachsehen, Sir... Ein Einzel?

Danny Yeah. Ach nee, geben Se mir 'n Doppel, ich glaub, ich hab heute Glück! *(Lächelt der vorbeikommenden Polly anerkennend zu.)* Hallooh...

Polly *(lächelt freundlich)* Guten Morgen.

Danny schaut ihr nach. Dann wendet er sich wieder Basil zu, der ihn voller Abscheu anstarrt.

Danny War nur Spaß.

Basil Leider nein.

Danny Was?

Basil Nein, wir haben kein Zimmer mehr frei. Guten Tag.

Sybil *(kommt dazu)* Zimmer sieben ist frei, Basil.

Basil Was?... Oh... Mr. Niveau ist in Nummer sieben, Schatz.

Sybil Nein, er ist abgereist, während du das Bild aufgehängt hast, Basil... *(Zu Danny)* Haben Sie Gepäck, Sir?

Danny Nur einen Koffer. *(Zu Basil, mit Nachdruck)* Im Auto... der weiße Sportwagen.

Basil schließt gequält die Augen. Sybil läutet.

Sybil Würden Sie das bitte ausfüllen, Sir?

Basil *(leise)* Falls Sie dazu in der Lage sind.

Sybil Ich wünsche Ihnen einen angenehmen Aufenthalt *(sie blickt in die Anmeldung)*, Mr. Brown.

Manuel erscheint.

Basil *(langsam)* Äh, Manuel, hole bitte den Koffer dieses Herrn aus dem Auto draußen. Bring ihn auf Zimmer sieben.

Manuel . . . Ist nicht leicht für mich.

Basil Was?

Manuel Ist nicht leicht für mich. . . *entender.*

Basil Ach so, es ist nicht leicht für dich, alles zu verstehen. Manuel. . . *(Zu Danny)* Wir bilden ihn aus. . . er kommt aus Barcelona. . . in Spanien. *(Zu Manuel) Obtener la valisa. . .*

Manuel *Qué?*

Basil *La valisa en el*, äh, *auto bianco sportiv. . . y. . . a la sala. . . siete. . . por favor. Pronto.*

Manuel Ist unmöglich!

Basil Was?

Manuel Ist unmöglich.

Basil Hör mal, das ist doch ganz einfach!

Danny *(fließend)* Manuel – *sírvase buscar mi equipaje que está en el automovil blanco y lo traer a la sala numero siete.*

Manuel *Señor habla español!*

Danny *Solo un poco, lo siento. Pero he olvidado mucho.*

Manuel *No, no, habla muy bien. Muy muy bien. Formidable!*

Danny *Gracias, gracias.*

Manuel *Lo voy a coger ahora. (Läuft nach draußen, den Koffer zu holen.)*

Basil . . . Nun, falls es sonst noch etwas gibt, wird Manuel Ihnen sicher weiterhelfen können. . . da Sie sich ja offenbar bestens verstehen. *(Geht ins Büro.)*

Danny *(ruft ihm nach)* Schlüssel?

Basil kommt zurück, nimmt den Schlüssel vom Haken und knallt ihn auf den Tresen. Wieder im Büro, setzt er sich hin und schaltet eine Brahms-Kassette ein. Voller Verzückung lehnt er sich zurück, hört dann aber Sybil kommen und eilt zu dem Bild in der Halle.

Basil Hallo, Schatz. . . ich mach nur mal schnell das Bild ran.

Sybil Vergiß nicht die Speisekarte.

Basil . . . Wie bitte?

Sybil Vergiß die Speisekarte nicht.

Basil Ich dachte, du hättest gesagt, du wolltest. . . Na gut! *(Stellt das Bild ab.)* Mach ich die Speisekarte.

Sybil Du hättest beides schon längst erledigt haben können, wenn du dich nicht den ganzen Morgen da drinnen herumdrücken und dieses Gefiedel hören würdest. *(Geht hinaus.)*

Basil Gefiedel? Das ist **Brahms**! Brahms' Gefiedel opus 90!!. . . *(Für sich)* Den ganzen Morgen!. . . Zwei Takte waren es.

Im Eßzimmer. Polly nimmt Dannys Bestellung entgegen.

Polly Möchten Sie bestellen?

Danny Äh, ja. Was ist denn Gra-pe-fru-it?

Polly Grapefruit.

Danny Und Creme pot. . . pot rouge?

Polly Portugaise. Tomatensuppe.

Danny Ich nehme die Grepfrut. Und hier – Lamakarussel. . . Lamm?

Polly Kasserolle.

Danny Klingt gut. Wird das mit einem Lächeln serviert?

Polly Es wird mit Rosenkohl oder Möhren serviert.

Danny Oh, Lächeln wird extra berechnet, ja?

Polly Sie kriegen eins, wenn Sie den Rosenkohl aufgegessen haben. *(Geht ab.)*

Danny *(registriert, ohne genauer hinzugucken, eine Gestalt am anderen Zimmerende)* Ober!

Basil erstarrt und geht dann böse auf Danny zu.

Basil . . . Wie bitte?

Danny Oh, hallo. Ich hätte gern Wein.

Basil Der Ober ist gerade beschäftigt, Sir, aber ich werde Ihnen die *Carte des vins* bringen, sobald ich diesen Herrn bedient habe. *(Deutet auf den Tisch, von dem er gekommen ist.)*

Danny Ja, gut – hat keine Eile.

Basil *(auf dem Weg zum anderen Tisch vor sich hin murmelnd)* Na fein, wie nett, wie außerordentlich rücksichtsvoll. . . *(Am anderen Tisch)* Ich hoffe, das Bier ist zu Ihrer Zufriedenheit, Sir?

Mr. Watson . . . Ja, danke sehr.

Basil Schön. Dann darf ich Ihnen *bon appétit* wünschen. *(Schnippst mit den Fingern.)* Manuel! *(Manuel kommt gelaufen.)* Würdest du bitte die Weinkarte holen?

Manuel *(rührt sich nicht) Sí, señor.*

Basil . . .Die **Wein**karte. Wein. . . *vino. (Manuel setzt sich in Bewegung.)* Nein, nein. Die Karte! Da, da, die Karte! *(Zeigt darauf – sie liegt auf einem anderen Tisch.)* Die Karte, da! Die rote. . . **da!**. . . Da!!

Er nimmt die Weinkarte und reicht sie Manuel, dann veranlaßt er Manuel, sie ihm wiederzugeben, damit er sie Danny reichen kann.

Danny Ham Sie 'ne halbe Flasche Beaujolais?

Basil Ja.

Danny Ah, sehr schön.

Basil nimmt die Weinkarte schwungvoll wieder an sich, wobei er Polly, die gerade an den Tisch tritt, die Grapefruit aus der Hand schlägt.

Basil Hoppla! Macht nichts! Macht nichts! Manuel – eine neue Grapefruit für Tisch zwölf, bitte. . . Manuel! *(Zeigt auf die heruntergefallene Grapefruit; zu den anderen Gästen)* Entschuldigen Sie bitte vielmals. . . tut mir sehr leid. . .

Manuel hebt die Grapefruit auf und wischt sie ab. Er will sie auf den Tisch legen.

Basil . . .Nein!. . . Wirf sie weg.

Manuel *Qué?*

Basil Wirf. . . sie. . . weg!

Manuel Wirf. . . sie. . . weg?

Basil *(macht eine pantomimische Wurfbewegung)* Wirf sie weg!! **Sofort**!!!

Manuel wirft sie weg; sie landet auf einem anderen Tisch. Basil holt sie zurück, packt Manuel und rennt mit ihm aus dem Raum.

Basil *(zu den Gästen im Vorbeilaufen)* Entschuldigung!. . . Entschuldigung!. . . Entschuldigung!

Sie verschwinden in der Küche. Man hört einen Schlag und Manuels Aufschrei. Polly kommt mit Dannys neuer Grapefruit.

Polly Tut mir wirklich leid.

Danny Ach was, ich mag Kabarett. *(Nimmt Pollys Skizzenblock vom Tisch auf.)* Sie haben Ihre Zeichnung liegenlassen.

Polly Oh, Entschuldigung.

Danny Das ist ziemlich gut. Kann man damit verdienen?

Polly Genug, um weiterhin kellnern zu müssen. *(Sie geht, als Basil den Beaujolais bringt.)*

Basil Eine **halbe** Flasche Beaujolais. *(Er will die Flasche gerade öffnen, da klingelt es an der Rezeption.)* . . . Sybil!

Sybil *(ihr Kopf erscheint in der Tür)* Da ist jemand an der Rezeption, Schatz. *(Verschwindet wieder.)*

Basil stürzt übellaunig in die Empfangshalle. Dort steht Melbury.

Basil Ja, ja, was gibt's?

Melbury . . . Äh, ja, ich würde gern wissen, ob Sie eine Unterkunft für ein paar Nächte zur Verfügung hätten.

Basil *(äußerst sauer)* Tja, haben Sie gebucht?

Melbury . . . Verzeihung?

Basil Ob Sie gebucht haben!

Melbury Nein.

Basil *(für sich)* O je!

Melbury Warum, sind Sie voll?

Basil Oh, wir sind nicht voll. . . **voll** sind wir nicht. . . selbstverständlich sind wir nicht **voll**.

Melbury Ich hätte gern, äh. . .

Basil Moment, einen Moment, bitte. . . ja?

Melbury Ein Einzelzimmer mit. . .

Basil Ihren Namen bitte, dürfte ich Ihren Namen wissen?

Melbury Melbury.

Das Telefon klingelt. Basil nimmt ab.

Basil *(zu Melbury)* Sekunde, bitte. *(Ins Telefon)* Hallo?. . . Ah ja, Mr. O'Reilly, nun, das ist ganz einfach. Als ich Sie darum bat, eine Mauer für mich zu errichten, da hatte ich durchaus die Vorstellung, daß Sie, statt die Steine einfach auf einen Haufen zu schmeißen, sich die Zeit nehmen würden, sie zusammenzufügen. . . Sie wissen schon, einen auf den anderen, und dazwischen Zement, auf die ganz traditionelle Weise. *(Zu Melbury, gereizt)* Würden Sie das bitte ausfüllen? *(Ins Telefon)* Ah, hervorragend! Aha ja, aber **wann**, Mr. O'Reilly? *(Zu Melbury, der Schwierigkeiten mit dem Anmeldeformular hat)* Da – da!!! *(Ins Telefon)* Ja, aber wann? Ja, ja... aha!... Die Grippe! *(Zu Melbury)* **Beide** Namen, bitte. *(Ins Telefon)* Ja, das hätte ich mir eigentlich denken können, Mr. O'Reilly, und dann noch die Große Hungersnot, vermute ich...

Melbury Entschuldigen Sie?

Basil Würden Sie bitte Ihre **beiden** Namen hinschreiben?... *(Ins Telefon)* Also was, sagen Sie mir einen Termin?

Melbury Äh... ich benutze nur den einen.

Basil *(mit vernichtendem Blick)* Sie haben keinen Vornamen?

Melbury Nein, ich bin **Lord** Melbury, daher zeichne ich einfach mit »Melbury«.

Es folgt eine lange, lange Pause.

Basil *(ins Telefon)* Gehen Sie weg. *(Legt auf.)* ...Es tut mir **furchtbar** leid, daß ich Sie habe warten lassen, Eure Lordschaft... ich muß mich **vielmals** entschuldigen, **bitte** verzeihen Sie. Also, was kann ich... gibt es etwas, irgend etwas, das ich für Sie tun kann? Wenn ich fragen darf?

Melbury Tja, ich habe dies hier ausgefüllt...

Basil O bitte, kümmern Sie sich nicht darum. *(Er nimmt das Formular und wirft es weg.)* Darf es ein besonderes Zimmer sein?... Ein Einzelzimmer? Ein Doppelzimmer? Eine Suite?... Na ja, wir haben keine Suite, aber wir hätten einige schöne Doppelzimmer mit Ausblick...

Melbury Nein, nein, nur ein Einzelzimmer.

Basil Nur ein Einzelzimmer! Unbedingt! Wie außerordentlich **vernünftig**, wenn ich das sagen darf, Euer Ehren.

Melbury Mit Bad.

Basil Natürlich, natürlich! *Naturellement! (Lacht dröhnend.)*

Melbury Ich werde wohl ein oder zwei Nächte bleiben...

Basil O bitte! Bitte!... Manuel!! *(Er klingelt; nichts passiert.)* ...Tja, es ist ein... recht trüber Tag heute, nicht wahr?

Melbury O ja, ja, wohl wahr.

Basil Normalerweise ist es hier unten natürlich wirklich schön, aber heute ist es ja ein richtiges... äh... Mistwetter. *(Haut erneut auf die Glocke.)* Manuel!!!... Na ja... es ist gut für den Weizen.

Melbury Ja, äh, ich glaub auch.

Basil O ja! Wie man hört, wächst er zur Zeit ganz wunderbar! Gott sei Dank! Ich liebe den Weizen... Es gibt nichts Schöneres als ein Weizenfeld, das im Wind... das im Wind... **Manuel!!!** *(Er haut auf die Glocke, so fest wie er kann; ohne Ergebnis.)*... Nun, wie geht es Ihnen? Ich meine, falls es keine persönliche Frage ist. Ich meine, es ist natürlich eine persönliche... *(Er stürzt hinter dem Tresen hervor.)* Lassen Sie mich Ihre Koffer holen, wenn Sie erlauben wollen...

Melbury ...Oh, vielen Dank, sie stehen gleich draußen.

Basil Großartig. Haben Sie recht herzlichen Dank. Ich bin sofort wieder da...

Er rennt los und sammelt die Koffer ein; als er zurückkommt, stehen Sybil und Lord Melbury am Schalter und unterhalten sich.

Basil ...Ah, Lord Melbury, darf ich Ihnen meine Frau vorstellen?

Melbury Ja, wir haben uns bekannt gemacht.

Basil Meine Frau, darf ich dir Eure Lordschaft vorstellen.

Sybil Danke, Basil, wir haben das schon geklärt.

Basil Großartig, ganz großartig.

Melbury Was ich fragen wollte, könnte ich vielleicht diesen Koffer bei Ihnen deponieren?... Lediglich ein paar Wertsachen?

Basil Wertsachen, selbstverständlich. Bitte, lassen Sie mich ihn gleich nehmen. Ich lege ihn sofort in den Safe. Sybil, würdest du das in den Safe legen, bitte?

Sybil Ich muß schnell in die Küche, Basil.

Basil *(murmelt wütend)* Ja, wenn du natürlich zu beschäftigt bist...

Sybil Nett, Sie kennengelernt zu haben, Lord Melbury. Ich hoffe, Sie haben einen angenehmen Aufenthalt. *(Sie geht ab.)*

Melbury Recht vielen Dank.

Basil Ja, also dann mache ich es, dann bring ich das Bild an... *(Plötzlich wieder ganz höflich)* Ich werde dies dann sofort weglegen, Durchlaucht. *(Zu Manuel, der endlich aufgetaucht ist)* Manuel, bring diese Koffer auf Zimmer einundzwanzig.

Manuel ...*Qué?*

Basil Bring... auf Zimmer... einundzwanzig. *(Er zeigt die Nummer verstohlen mit den Fingern an.)*

Manuel ...*No entender.*

Basil *Prenda los casos en*... ach, egal. Gut! Ich mach es, ich mach es selbst. Danke, Manuel. *(Nimmt die Koffer auf.)*

Manuel Ich sie nehmen. *(Greift nach den Koffern.)*

Basil *(hält sie fest)* Nein, nein, laß das!
Manuel *Qué? (Kleines Handgemenge.)*
Basil Geh und warte auf!
Manuel Warten?
Basil *(deutet auf den Speisesaal)* Da drin! Geh da hin und warte auf! Geh da hin und mach Bedienung! *(Manuel macht sich davon; zu Melbury)* Ich muß mich entschuldigen, Eure Lordschaft. Er ist leider erst kurz bei uns. Wir lernen ihn an. Es wäre leichter, einen Affen zu dressieren, ha, ha, ha!

Basils Lachen erstirbt, da Melbury nicht reagiert. Dann geht er mit den Koffern nach oben, um gleich darauf wieder zu erscheinen.

Basil Wenn Sie mir bitte folgen wollen... Ich meine, falls Sie soweit sind. Es hat keine Eile...
Melbury Oh, ja, ja, natürlich. *(Folgt Basil nach oben.)*

Der Speisesaal. Die Gäste sind friedlich beim Essen, als Basil hereingerauscht kommt und zu dem Tisch am Fenster geht, an dem Mr. und Mrs. Wareing und ihr Sohn sitzen.

Basil Entschuldigen Sie, es tut mir sehr leid, Sie stören zu müssen. Würde es Ihnen etwas ausmachen, an **den** Tisch da umzuziehen?
Mr. Wareing ...Was?
Basil Darf ich Sie bitten, sich an den Tisch da drüben zu setzen?
Mr. Wareing Aber...
Basil Tut mir sehr leid, Ihnen Umstände zu machen.
Mr. Wareing *(steht unter Protest auf)* Wir sind mitten beim Essen...
Basil Haben Sie vielen Dank.
Mr. Wareing Ja, aber...
Basil Dies ist Lord Melburys Tisch, Sie verstehen.
Mr. Wareing Was?
Basil Lord Melbury. Er sitzt immer an diesem Tisch, wenn er bei uns zu Gast ist.
Mr. Wareing Warum hat man uns dann hierhergesetzt?
Basil Ah, ein Versehen... von meiner Frau. Tut mir sehr leid. Er ist gerade eingetroffen, nicht wahr. Darf ich bitten? Polly! – Würdest du die Herrschaften bitte an diesen Tisch geleiten? Danke, vielen Dank.

Die Familie erhebt sich äußerst unwillig. Polly macht sich etwas ratlos daran, das Geschirr umzuräumen. Mrs. Wareing ist besonders zögerlich.

Basil Kommen Sie. **Kommen Sie!. . .** Danke. *(Sie ziehen um; Basil greift sich eine Blumenvase von einem anderen Tisch und stellt sie auf den für Melbury vorgesehenen; Melbury tritt ein.)* Ah, Lord Melbury! Hier entlang, bitte. . . Eure Lordschaft. . . Ich habe Ihnen Ihren Tisch hier am Fenster reserviert. . . wie immer. . . *(Er zwinkert Melbury leicht zu, ohne eine Reaktion zu bewirken.)* Hier bitte. . . recht vielen Dank.

Melbury Danke, vielen Dank.

Basil faßt Melburys Stuhl, zieht ihn aber just in dem Moment zurück, da Melbury sich setzen will. Melbury stürzt hin, wobei er den Tisch mit sich reißt. Basil schlägt Manuel, der zufällig gerade vorbeikommt.

Basil Oh, das tut mir so leid! O mein Gott! Ach Gott!!

Mr. Wareing *(zu seiner Frau)* Ich glaube, er hat ihn umgebracht.

Basil Essen Sie weiter!!! Recht vielen Dank. *(Er bemüht sich um Wiedergutmachung.)*

Die Rezeption. Basil steht hinter dem Tresen und füllt seinen Totoschein aus. Melbury kommt aus dem Speisesaal, wobei er sich mit einem Taschentuch abputzt.

Basil Lord Melbury, ich muß mich wirklich noch einmal entschuldigen für. . .

Melbury Ich bitte Sie, machen Sie sich keine Gedanken darum.

Basil Aber es war so. . .

Melbury Bitte! Ein ganz unbedeutender Vorfall. Hätte überall passieren können.

Basil Ja, aber. . .

Melbury Nein, nein, nein, das ist längst vergessen.

Basil Das ist äußerst. . . Sie sind wirklich. . . äh, Eure Lordschaft, darf ich mir erlauben, Ihnen heute abend hier bei uns ein Dinner zu offerieren. . . als Gast des Hauses?

Melbury Das ist außerordentlich freundlich von Ihnen. Leider habe ich schon eine Verabredung für heute abend. . .

Basil *(gekränkt)* Oh!

Melbury Ach, à propos...

Basil Ja?

Melbury Da wäre noch etwas.

Basil Gut! Gut!

Melbury Ich wollte fragen... Könnten Sie mir einen kleinen Scheck einlösen? Ich möchte heute nachmittag Golf spielen.

Basil Mit Vergnügen!

Melbury Und ich wollte nicht unbedingt in die Stadt deswegen...

Basil Selbstverständlich... Ich meine, äh, wieviel genau... äh, falls es nicht unhöflich ist zu fragen?

Melbury Äh, also... äh... wär's möglich... fünfzi... *(Schaut in seine Brieftasche.)* Oh!... einhundert?

Basil *(betäubt)* Ein... h... undert? *(Berappelt sich.)* Aber selbstverständlich... Aber ja, ich meine, reicht das auch?... Ich meine, einhundertfünfzig... zwei... zwei... äh, hundertsechzig?

Melbury Wollen mal sehen, da wäre das Abendessen nachher... paar Trinkgelder... oh, und dann ist auch Wochenende, nicht wahr... wären zweihundert in Ordnung?

Basil *(vorübergehend niedergeschmettert)* Oh! *(Überspannt)* Oh! Bitte! Ja! Oh, ha, ha! – hervorragend! Oh, ich bin so froh! Ich schicke gleich jemanden in die Stadt, und wenn Sie wiederkommen, dann liegt es hier für Sie bereit.

Melbury Ah ja, das wäre großartig.

Basil Danke, danke, Euer Lordschaft.

Melbury Haben Sie vielen Dank.

Basil Aber nicht doch, es ist mir eine Ehre... *(Melbury geht hinaus.)* ...Was für ein Auftreten... so rein... ooh! *(Er fängt an, den Scheck auszustellen, da kommt Sybil herein; er versteckt schnell das Scheckheft und gibt ihr einen Kuß auf die Wange.)* Hallo, Schatz.

Sybil Was tust du da?

Basil Ich küsse dich, Schatz.

Sybil Laß das.

Basil Ich dachte ja nur, es wäre vielleicht nett zu...

Sybil Ich habe von der Sache beim Essen gehört.

Basil Was?... Ach das! Mach dir mal keine Gedanken.

Sybil Was?

Basil Das war ein ganz unbedeutender Vorfall. Hätte überall passieren können.

Sybil Überall? Erst setzt du diese nette Familie mitten beim Essen um, und dann greifst du Lord Melbury mit einem Stuhl an!

Basil Hör zu, Sybil. Ich habe mit Lord Melbury darüber gesprochen. Er war ganz entzückend... Ach, es ist wunderbar, solche Leute hier zu haben... reinste Klasse, Golf, Bäder, Verabredungen, ein paar hunder... h... H... Hengste...

Sybil Also, ich habe noch nie so schmuddelige Koffer gesehen.

Basil Natürlich nicht. Solchen Schmuddel hat eben nur die **echte** Oberschicht... Das ist es doch gerade... Ach, du weißt gar nicht, wovon ich spreche...

Sybil Stimmt. Setz du jedenfalls nie wieder irgendwelche Gäste mitten während der Mahlzeit um... und häng das Bild auf. *(Sie geht ins Büro.)*

Basil ...Alter Sauertopf. *(Polly kommt herein.)* Ah!... Polly... würdest du mir einen Gefallen tun? Wenn du heute nachmittag in der Stadt bist... ganz unter uns, sag nichts meiner Frau davon... geh doch kurz bei der Bank vorbei... *(Stellt den Scheck aus...)*

In der Stadt. Polly kommt aus der Bank, überquert die Straße und geht an einem parkenden Auto vorbei. Sie stutzt, schaut hinein und sieht zu ihrer Überraschung Danny Brown und einen anderen Mann drinnen sitzen. Danny sieht sie und gibt ihr ein dringliches Zeichen, ins Auto zu steigen; sie tut es. Er zeigt ihr etwas, das nach einer Dienstmarke aussieht, und deutet auf ein Juweliergeschäft. In diesem Moment tritt Lord Melbury aus dem Geschäft, blickt sich verstohlen um und eilt die Straße hinunter. Danny winkt einem wartenden Kollegen zu, der sich Melbury daraufhin an die Fersen heftet. Danny und Polly beobachten das Ganze...

In der Empfangshalle. Basil hält das Bild gegen die Wand und markiert die Position mit einem Bleistift. Das Telefon klingelt.

Basil ...Könnte mal jemand rangehen? *(Es klingelt weiter.)* ...Hallo! Ist da niemand, der mal rangehen kann? Irgendwer **muß** doch dasein... *(Manuel kommt und läuft aufs Telefon zu.)* Du nicht! *(Manuel verschwindet; Basil stellt das Bild ab.)* ...Ich werde es nie an die Wand kriegen. Ich streich meinen Urlaub... und mach es dann. *(Nimmt den Hörer ab.)* Hallo, Fawlty Towers...

Es klingelt weiter. Sybil kommt herein und geht ans andere Telefon.

Sybil Hallo, Fawlty Towers... Oh, hallo, Brenda... *(Zu Basil)* Basil, es ist sechs Uhr.

Basil legt voller Überdruß den Hörer auf, während Sybil ihre Unterhaltung fortsetzt. Polly kommt herein.

Basil *(flüstert)* Ah, Polly, hast du das Geld?
Polly Ja, äh... Mr. Fawlty...
Basil Gut, sehr gut.
Polly *(dringlich)* Kann ich Sie mal kurz sprechen? *(Überreicht ihm das Geld in einem Umschlag.)*
Basil Was?
Polly Könnte ich Sie mal für eine Minute im Büro sprechen...
Basil Nicht **jetzt**, Polly.
Polly Es ist sehr wichtig, ich...
Basil Später, nachher.
Sybil Basil!
Basil Ich wollte gerade gehen, Schatz. Danke, vielen Dank, Polly.

Er eilt in die Bar und begibt sich hinter die Theke; schon bald hört er jemanden hereinkommen. Da es Punkt sechs Uhr ist, braucht er gar nicht hinzusehen, um zu wissen, wer es ist.

Basil Guten Abend, Major.
Der Major 'n Abend, Fawlty.
Basil Das Übliche?
Der Major *(schaut auf seine Uhr)* Äh... äh... oh, warum eigentlich nicht, warum nicht?... Ich habe mir gerade eine von diesen Natursendungen im Fernsehen angeschaut.
Basil Ach ja?
Der Major Wußten Sie, daß die Schwangerschaft eines weiblichen Gibbons sieben Monate dauert?
Basil Sieben Monate? Also, hätte ich nicht... hier bitte, Major... sieben... ist das die Möglichkeit?... *(Familie Wareing ist eingetreten.)* Ah, guten Abend, Mr. Wareing.
Mr. Wareing *(kühl)* Einen Gin Orange, einen Lemon Squash und einen Scotch mit Soda, bitte.
Basil Sehr wohl.
Mr. Wareing Gibt es irgendeinen Teil des Raumes, den wir lieber meiden sollten?
Basil Was?... *(Mit aufgesetzter Fröhlichkeit)* Oh, ha, ha, ha...
Mr. Wareing *(schroff)* Dann setzen wir uns da drüben hin.
Basil *(zum Major)* Sieben! Ja, ja...

Melbury *(tritt ein)* 'n Abend, Fawlty.
Basil Ah, guten Abend, Lord Melbury.
Mr. Wareing *(reizt seinen Spott aus)* Wo wir wollen?
Basil Ja, ja, wo Sie wollen. . . Euer Lordschaft, darf ich Ihnen einen kleinen Apéritif anbieten. . . als Gast des Hauses?
Melbury Das ist sehr freundlich. . . einen trockenen Sherry hätte ich dann gern. *(Sucht sich einen Platz.)*
Basil *(zum Major)* . . . Was sonst?. . . Was für ein. . . ach, ich weiß nicht was. . .
Der Major *Je ne sais quoi?*
Basil Genau! Genau! *(Sybil kommt herein.)* Ah, da bist du ja, Sybil. *(Er entschwindet lordwärts mit dem Sherry.)*
Sybil Guten Abend, Major.
Der Major 'n Abend, Mrs. Fawlty.

Melbury betrachtet einige Münzen in einem Schaukasten. Basil bringt ihm seinen Drink.

Basil Hier bitte, Euer Lordschaft.
Melbury Ah, recht vielen Dank.
Basil Wie ich sehe, hat meine kleine Münzsammlung Ihr Interesse erregt.
Melbury Was? Ach ja, ja.
Basil Natürlich alles British Empire. War mal ein richtiges Hobby von mir. . . kleine Geldanlage außerdem. . .
Melbury Ganz recht. . . oh. . . übrigens, äh. . . war es Ihnen möglich, äh. . .
Basil Aber ja. Hier, bitte, Euer Lordschaft.

Unterdessen läuft Polly zum Haupteingang des Hotels und gibt Danny, der draußen in einem Auto sitzt, ein Zeichen; er antwortet, indem er kurz aufblendet. Unterdessen in der Bar. . .

Melbury . . . Ach ja, wissen Sie, bei diesen Objekten ist der Wert in den letzten Jahren richtig in die Höhe geschossen.
Basil Tatsächlich?
Melbury Ja, ja. Hören Sie auf meinen Rat. Lassen Sie ihren Wert neu schätzen und versichern Sie sie über die volle Summe.
Basil O ja, das werde ich tun.
Melbury Man darf heutzutage leider kein Risiko eingehen.

Basil Nein, nein, völlig richtig.

Melbury Tja, ich muß dann gehen.

Basil Danke, vielen Dank, Euer Lordschaft. Ich werde ganz bestimmt...

Melbury *(geht ab)* Wiedersehen.

Sybil Basil!

Basil Ja, ja, ich war gerade im Gespräch mit Lord Melbury, Schatz.

Mr. Wareing Einen Gin Orange, einen Lemon Squash und einen Scotch mit Soda, bitte!

Basil Ich muß mich entschuldigen, aber ich hatte ein Gespräch mit Lord...

Melbury *(kommt wieder herein)* Fawlty!

Basil *(läßt die Wareings mitten im Satz sitzen)* Ja, Lord Melbury?

Melbury Ich habe mir gerade überlegt... Ich esse gleich mit dem Duke of Buckleigh zu Abend... kennen Sie ihn?

Basil Nein... nicht persönlich.

Melbury Oh... ja, wissen Sie, er ist ein großer Experte, nicht wahr, Sotheby's und so weiter...

Basil Tatsächlich?

Melbury Tja, wenn Sie wollen, dann könnte ich Ihre Stücke mal mitnehmen und ihn bitten, einen Blick darauf zu werfen, damit wir ihren derzeitigen Wert ermitteln können.

Basil *(überwältigt)* Würden... Würden Sie das wirklich tun?

Melbury Ja, ja, sicher. Also, ich würde dann in ein paar Minuten losgehen. *(Er geht hinaus.)*

Basil Also, das ist wirklich... so unglaublich... äh...

Sybil Basil!!

Basil Ich spreche mit Lord Melbury!

Mr. Wareing *(langsam und vernehmlich)* Einen... Gin Orange... einen Lemon Squash... und einen Scotch mit Soda, **bitte**!

Basil Ist ja gut, ist ja gut!

Die Rezeptionsglocke ertönt mit großem Nachdruck; es ist Polly. Basil läuft hinaus, die Münzen in einer Schachtel bei sich tragend.

Polly Oh, Mr. Fawlty...

Basil War das Lord Melbury? Ist er schon gegangen?

Polly **Ich** habe geklingelt. Mr. Fawlty, ich **muß** Sie sprechen.

Basil Was?... Siehst du denn nicht, daß ich beschäftigt bin?

Polly Bitte! Es ist sehr wichtig – können wir da drinnen reden? *(Zeigt aufs Büro.)*

Basil Ich kann jetzt nicht!

Sybil *(ruft aus der Bar)* Basil!

Polly Es ist sehr wichtig!

Basil Ich habe hier gerade etwas Wichtiges zu tun, Sybil, danke sehr. *(Zu Polly)* Na gut! *(Sie gehen ins Büro.)* Ja, also gut, ja, was ist denn nun?

Polly Es geht um Lord Melbury.

Basil Ja?

Polly Er ist nicht Lord Melbury. . . er ist ein Hochstapler.

Basil . . . Wie bitte?

Polly Mr. Brown hat es mir erzählt.

Basil *(verächtlich)* Haaa!

Polly Mr. Brown ist von der Kripo. Sie haben Melbury beobachtet, weil er irgendeinen großen Schwindel in der Stadt veranstaltet. Sie wollen ihn verhaften, sobald er das Hotel verläßt, um Ihnen keine Unannehmlichkeiten zu verursachen. Er hat mich aber gebeten, Ihnen zu sagen. . .

Basil *(glaubt kein Wort)* Oh, wie **nett** von ihm!

Polly Bitte, Mr. Fawlty. . .

Basil Ach, ich weiß ja nicht, mit was für Geschichten Mr. Brown vom Geheimdienst dich noch beeindruckt hat, aber. . .

Polly Er ist ein Betrüger!

Basil Oh, natürlich. Man sieht es ja auf den ersten Blick, nicht wahr. Er ist so **gewöhnlich** – ganz im Gegensatz zu diesem Cockney-Idioten, dessen niedere Motive dir zweifellos bald aufgehen werden, du armes, unschuldiges, irregeleitetes Kind.

Sybil *(forsch eintretend)* Basil, was ist hier los?

Basil Nichts, mein Schatz, absolut nichts.

Polly Mrs. Fawlty. . .

Basil Also wirklich. . .

Sybil Ja, Polly?

Basil Ich weiß nicht, was sie. . .

Sybil Basil!!

Polly Mr. Brown ist von der Kripo.

Basil Ha!

Polly Er hat mir seinen Ausweis gezeigt. Sie beobachten Melbury. Er ist ein Hochstapler.

Sybil . . . Verstehe. *(Sie geht sofort zum Safe.)*

Basil Was... was soll das heißen, du verstehst?

Sybil Wir wollen uns mal diese Wertsachen näher anschauen...

Basil Was tust du da, Sybil?... Sybil, ich verbiete dir, den Safe zu öffnen! *(Sie öffnet den Safe.)* Sybil, ich verbiete dir, diesen Koffer herauszuholen! *(Sie holt den Koffer heraus.)* Sybil, öffne ja nicht diesen Koffer! Ich verbiete es! *(Setzt sich bestürzt hin; sie öffnet den Koffer.)* Nie hätte ich gedacht, daß ich den Tag erleben würde, da ein richtiger Peer... uns einen Koffer mit Wertsachen... anvertrauen würde... zu treuen Händen...

Sybil stellt den offenen Koffer vor ihn hin. Er schaut sehr lange hinein. Dann hebt er einen gewöhnlichen Ziegelstein heraus. Ungläubig schüttelt er ihn dicht an seinem Ohr, holt einen weiteren hervor und schnüffelt daran, dann schlägt er sie gegeneinander. Er legt sie wieder ab und stößt ein seltsames Knurren aus.

Sybil Ich rufe die Polizei.

Polly Sie sind schon hier, Mr. Brown wartet draußen. *(Sie geht ab; die Glocke an der Rezeption läutet.)*

Sybil Kundschaft, Basil.

Basil erhebt sich langsam und geht zur Rezeption. In der Hoffnung, daß es Melbury sei, hat er schon die Fäuste geballt – es sind aber Sir Richard und Lady Morris.

Basil ...Ah!...also gut... äh... *(Er sammelt sich.)* Guten Abend.

Sir Richard Ich glaube, Sie haben uns erwartet.

Basil Nein, ich habe jemand anderes erwartet. *(Verfällt wieder in Träumerei.)*

Sir Richard Sir Richard und Lady Morris.

Basil *(abwesend)* Ja, ja, die auch.

Sir Richard Verzeihung?

Basil Woher wissen Sie?

Sir Richard Was?

Basil Ach... **Sie** sind Sir Richard und Lady Morris, entschuldigen Sie bitte. Ich war gerade in Gedank... äh... *(Er verliert sich erneut in seinen Rachegedanken; kommt wieder zu sich.)* Ja, würden Sie dann dies hier ausfüllen, bitte, Sie bekommen Zimmer... *(Lord Melbury kommt die Treppe herunter.)* Ah-hach!

Melbury Ah, Fawlty!

Basil Mr. Fawlty für Sie, Lord Melbury.

Melbury Wie bitte?

Basil Ach, gar nichts, vergessen Sie's einfach.

Melbury Oh, äh... gut... hier ist der Scheck über zweihundert Pfund.

Basil Ah, ich danke Ihnen sehr. *(Er beißt in den Scheck und wirft ihn weg; die Morrises sind starr vor Entsetzen.)* Also, was meine unschätzbare Münzsammlung betrifft...

Melbury Ach ja... äh, wollen Sie immer noch...

Basil Möchte ich immer noch, daß sie vom Duke of Buckleigh geschätzt wird, Mylord?

Melbury Äh... ja.

Basil Nein. Weil wir nämlich gerade gehört haben, daß der Duke of Buckleigh... tot ist. Ihm wurde der Kopf abgeschossen von einem Golfball. Tragisch! Tragisch! *(Pause; er strahlt Melbury an.)* Tja, wie geht es Ihnen, Lord Melbury?...Ey, wie geht's denn immer – alles klar, Alter? *(Er kneift Melbury in die Wange.)* Immer gut dabei, mein alter Scheißer? *(Gibt Melbury einen freundlichen Klaps auf beide Wangen; die Morrises sind völlig verwirrt.)* Irgendwelche Wertsachen zu deponieren, Sir Richard... oder Ziegelsteine?

Melbury läuft in Panik davon. Sybil hat sich besorgt zu Basil gesellt.

Basil *(zu Sir Richard)* Entschuldigen Sie vielmals... *(Ruft Melbury hinterher.)* Du Schwein!!... *(Wieder höflich)* Wir haben Ihnen Zimmer zwölf gegeben, mit Blick auf den Park... es wird Ihnen bestimmt gefallen... wir lassen Ihr Gepäck hinaufbringen...

Melbury stürzt aus der Bar durch die Empfangshalle in den Speisesaal, mehrere Polizisten sind auf seinen Fersen.

Basil Hallo, Lord Melbury!... **Schwein**!!

Weitere Polizisten laufen herbei.

Basil *(zu den Morrises)* Machen Sie sich bitte keine Gedanken.

Melbury kommt aus dem Speisesaal gelaufen; Polly, die aus der Bar kommt, stößt ihm einen Tisch in den Leib und erwischt ihn an einer un-

angenehmen Stelle. Als er sich noch krümmt, kommt Manuel mit einem Stuhl aus dem Speisesaal und vollführt den gleichen Angriff noch einmal mit dessen Kante. Melbury krümmt sich vor Schmerzen auf dem Boden und ist augenblicklich von Polizisten umgeben. Basil kommt freundlich lächelnd herbei.

Basil *(zu den Polizisten)* Erlauben Sie mal eben, bitte? *(Er verpaßt Melbury einen Fußtritt, dann holt er sich den Umschlag mit seinen zweihundert Pfund zurück.)*
Sybil Basil, die Morrises gehen.

Draußen steigen die Morrises gerade in ihr Auto. Basil kommt die Stufen hinuntergesaust.

Basil . . . Wo wollen Sie hin?. . . Wo wollen Sie denn hin?
Sir Richard Wir reisen ab.
Basil Ach, nicht doch – bleiben Sie bitte – es wird Ihnen bei uns gefallen.
Sir Richard Solche Verhältnisse habe ich in meinem ganzen Leben noch nicht erlebt. *(Sie fahren ab.)*
Basil *(schreit ihnen hinterher)* Ihr Snobs! Ihr blöder. . . eingebildeter. . . hochnäsiger. . . schwachsinniger. . . Haufen. . . Aristokratenrotz!!

Niedergeschlagen geht er die Stufen wieder hoch, wo ihm die Polizisten mit dem festgenommenen Melbury entgegenkommen.

Basil *(bettelt um die Erlaubnis, Melbury eins zu verpassen)* Nur einmal! Nur einmal!
Polizist *(hält ihn zurück)* Tut mir leid, Mr. Fawlty.
Basil O bitte, nur einmal!

Aber die Polizisten führen Melbury ab. Basil gibt auf und tritt rückwärts in einen Blumentopf; er droht ihm mit der Faust. Als er in die Eingangshalle tritt, kommt ihm Danny entgegen.

Danny Tut mir leid, Mr. Fawlty.

Basil läßt ihn stehen und geht hinein.

Basil Tja, dann häng ich wohl am besten das Bild auf. . . Ach. . . danke, Polly, für die. . . gut gemacht, Manuel.

Manuel *Qué?*

Basil Oh. . . *Olé.*

Danny *(kommt noch mal zurück)* Tut mir leid, das Ganze, Mr. Fawlty. . . Kann ich Ihnen einen Drink spendieren?

Basil Nein, nein, ich schätze, ich sollte das hier lieber aufhängen. *(Hebt das Bild auf.)*

Sybil kommt aus der Bar mit Mr. Wareing im Schlepptau.

Sybil Basil!

Mr. Wareing *(sehr laut)* Einen Gin Orange. . . einen Lemon Squash. . . und einen Scotch mit Soda, **bitte**!!

Basil Also gut! *(Er knallt das Bild auf die Erde.)* Dann mal los! *(Und er packt Mr. Wareing und schleift ihn in die Bar.)*

Baumaßnahmen

Die Empfangshalle. Polly steht hinter dem Rezeptionstresen und sortiert die Post. Ein Gast kommt zu ihr an die Rezeption.

Gast . . .'tschuldigung, ich hab meinen Schlüssel vergessen. *(Gibt Polly den Schlüssel und geht ab.)*

Polly Ja, danke. *(Das Telefon klingelt; sie nimmt ab.)* Hallo, Fawlty Towers. . .? . . .Ja. . . ja. . . nein, heute nachmittag paßt gut. . . nein, es ist Elwood Avenue Nummer **sechzehn**. . . Sechzehn, genau. Danke.

Sie legt auf. Basil kommt mit zwei Koffern die Treppe herunter, hinter ihm Sybil.

Basil Ich stell sie schon mal nach draußen, ja Schatz?

Er geht durch den Haupteingang hinaus. Sybil gibt Polly einen Zettel.

Sybil Polly, da sind wir zu erreichen, falls du uns brauchst. Die Nummer steht da. Falls Mr. Stubbs also irgend etwas wissen möchte, wenn er kommt, ruf einfach an, aber nur, wenn es **wirklich** nötig ist, Liebes, das ist unser erstes freies Wochenende seit Audreys Gebärmutterentfernung.

Polly Keine Sorge. Ich weiß ja, was sie machen sollen. Ach, da hat übrigens jemand angerufen, wegen eines Gartenzwergs.

Sybil Ach ja.

Polly Also, er ist jetzt da, und sie wollen ihn heute nachmittag liefern.

Sybil Ja, gut. *(Für sich.)* Golfschuhe. . . *(Der Major kommt herein.)* Guten Morgen, Major.

Der Major Sehr gut, danke.

Sybil *(zu Polly)* Also, wissen alle Bescheid wegen dem Essen heute abend?

Polly Ich glaube schon.

Sybil Und mit dem Frühstück morgen werden Sie fertig, oder?

Polly Aber ja, es sind ja nur die Damen und der Major da.

Sybil Also, wo sind denn bloß diese Schuhe?

Sie strebt dem Wohnzimmer zu (dessen Tür sich in der hinteren Wand links vom Haupteingang befindet.) Manuel kommt aus dem Speisesaal; er macht Sprachübungen.

Manuel Einen Moment, bitte. Ich wringe die Recknung. Ich **wrrringe** die Recknung.
Polly Manuel... **B**ringe die Re**ch**nung.
Manuel Ich wringe die Re**ch**nung?
Polly **B**ringe, be, be.
Manuel Bringe! Be, be, be!
Polly Genau.
Manuel *(zockelt ab)* Ich bringe die Recknung.

Sybil kommt mit ihren Golfschuhen aus dem Wohnzimmer.

Sybil Ach, Manuel – pack die hier bitte in die Koffer, ja?

Sie gibt Manuel die Schuhe und geht ins Büro. Manuel schaut verwirrt auf die Schuhe. Basil kommt wieder herein.

Basil Ah, also Manuel! Während wir weg sind...
Manuel *(stolz)* Einen Moment, bitte, ich bringe die Rechnung! *(Er verbeugt sich.)*
Basil Was?
Manuel Ich bringe die Rechnung. *Sí?*
Basil Wovon redest du eigentlich?
Manuel Hören zu... Heute es geben... Bildfleisch, Weefsteak oder Bürst-ken!
Basil Was?
Manuel Bürst**ch**en.
Basil Halt den Mund.
Manuel *Qué?*
Basil Halt den Mund!
Manuel Oh, *sí, sí* – »Halt den Mund«. Ja, ich verstehe, ja.
Basil Na, dann halt gefälligst den Mund.
Manuel *Sí, sí*, ich halt den Mund.
Basil *(ganz langsam)* ... Während wir weg sind...
Manuel Halt den Mund.
Basil Halt den **Mund!**... Während wir fort sind... weg... **putz die Fenster**. *(Manuel nickt verständnislos.)* Ach... Paß auf... *Quando nosotros somos*... was heißt »weg« auf spanisch?

Manuel *Qué?*
Basil »Weg«... Du weißt schon... *»weg«.* Weg!
Manuel Oh, *sí, sí. (Will weggehen.)*
Basil Nein, **du** nicht! **Wir!** *(Packt ihn.)* Putz die **Fenster!** *(Manuel starrt ihn an; Basil zeigt auf den Speisesaal.)* Putz!
Manuel Bus?
Basil Nein, paß auf – **putz**... die Fenster... *(Drückt Manuel ein Taschentuch in die Hand und vollführt mit dieser Kreisbewegungen in der Luft.)*
Manuel *(führt die Kreisbewegungen verständnislos fort)* Putz?
Basil Weiter, weiter! *(Er schnappt sich Manuel und trägt ihn waagerecht in den Speisesaal, vorbei am Major...)*
Der Major Morgen, Fawlty.
Basil Morgen, Major. *(... Und stellt ihn vor dem Fenster ab.)*
Basil *(demonstriert)* Das Fenster! Siehst du... da – putz die Fenster!

Manuel fährt fort zu putzen. Basil will hinausgehen, aber die beiden älteren Damen Miss Tibbs und Miss Gatsby versperren ihm den Weg. Sie sind neckisch aufgelegt.

Miss Tibbs Mr. Fawlty.
Basil Ah, guten Morgen, die Damen.
Miss Tibbs Ursula und ich finden, daß Sie ein sehr ungezogener Junge sind, nicht wahr, Ursula?
Basil *(für sich)* O Gott... *(Versucht, charmant zu sein)* Ach, wirklich?
Miss Tibbs Das ganze Wochenende wegzufahren und uns hier ganz alleinzulassen.
Miss Gatsby Ts, ts, ts.
Basil Ach, ja.
Miss Tibbs Ha, aber wir wissen, wo Sie hinwollen – die Katze ist aus dem Sack.
Miss Gatsby *(kokett)* Sie und Ihre Frau!
Basil Na ja, doch nur nach Paignton.
Miss Tibbs *(tätschelt ihn am Arm)* Aah! Jedenfalls wünsche ich Ihnen viel Spaß. Es wird Ihnen guttun. Sie müssen mal alles hinter sich lassen.
Basil Tja, wir fahren nun mal zusammen...
Miss Gatsby Machen Sie sich mal keine Sorgen um uns.
Basil Oh! Na gut! Also... Sie wissen, daß ein paar Männer kommen werden, um hier einige Arbeiten auszuführen?

Miss Tibbs O ja.

Basil Und daß Sie heute abend ins Gleneagles gehen müssen zum Happa-Happa-Machen? Ja? Und Polly wird dasein, wenn Sie irgend etwas brauchen.

Miss Tibbs Also, ein schönes Wochenende.

Miss Gatsby Und tun Sie nichts, was wir nicht tun würden.

Basil Nur die paar Atemzüge, ja? *(Er kann sich befreien.)* Tja, ich muß dann jetzt abzwitschern.

Miss Tibbs Zwitschern?

Miss Gatsby Ja, du weißt doch, Abitha... Piepvögelchen.

Miss Tibbs Oh, tschiep, tschiep, tschiep...

Basil geht hinter den Rezeptionstresen und sieht eine von Pollys Zeichnungen darauf liegen. Sie kommt aus dem Büro, während er draufstarrt.

Basil Polly, ich hab dich doch gebeten, deine seltsamen Zeichnungen nicht herumliegen zu lassen... Tut mir leid, aber was soll das hier eigentlich sein?

Polly Ach, nur eine Skizze. *(Sie will sie an sich nehmen.)*

Basil *(Hält sie von ihr weg.)* Aber was ist es, was wolltest du denn darstellen, das ist doch eine Schrotthalde, oder?

Polly Kann ich's wiederhaben?

Basil Tja, aber warum hat die da Schlips und Kragen drunter?

Polly Es ist noch nicht fertig.

Basil Es ist sehr gut... ehrlich, alte Suppendosen, kaputtes Auto, Mülltonnen und Matratzen und Staubsauger... und ein richtig schicker Schlips und Kragen drunter. Ich meine, was soll das denn **sein**?

Polly Das ist nicht so wichtig – kann ich es wiederhaben?

Basil *(liefert es widerwillig aus)* Das kann mich aufregen. Ich meine, hast du schon jemals so was **verkauft**?

Polly Hin und wieder verkaufe ich ein paar Porträts, danke der Nachfrage.

Basil Pah!

Polly *(leise)* Bei diesem mache ich mir wenig Hoffnungen.

Basil Würdest du mir bitte die Heftmaschine geben. Ich meine, wo liegt der Sinn bei solchen Sachen?

Polly Nirgends.

Basil Nirgends?

Polly Wo liegt der Sinn im Leben?

Basil Keine Ahnung. Wir stecken nun mal drin, würd ich sagen. Willst du mir bitte die **Heftmaschine** geben?
Polly *(gibt ihm den Datumsstempel)* Wenn Sie aufhören, an mir herumzunörgeln.
Basil Die Heftmaschine!
Polly 'tschuldigung. *(Gibt ihm die Heftmaschine.)*
Basil Was ist eigentlich los mit dir?
Polly Ich hab nicht viel Schlaf gehabt letzte Nacht.
Basil Wir überlassen dir hier die **Verantwortung.**

Das Telefon klingelt. Sybil kommt aus dem Büro gesaust und nimmt den Hörer ab.

Polly Es war keine Böswilligkeit, ich schwör's.
Basil Sehr schön! Und mach was gegen deine Müdigkeit, ja?
Sybil *(ins Telefon)* Fawlty Towers... *(Zu Basil)* Basil...
Basil Wer ist dran?
Sybil *(gar nicht erfreut)* Das ist Mr. O'Reilly, Basil.
Basil *(nimmt den Hörer)* Nanu. Muß wegen der Gartenmauer sein... Hallo... O'Reilly? Jetzt passen Sie mal auf! Wann kommen Sie endlich und machen die Mauer fertig? Wir haben die Nase gestrichen voll von diesem Steinhaufen, der alles... *(Sieht, daß Sybil und Polly inzwischen außer Hörweite sind.)* Hören Sie zu, ich habe Ihnen ausdrücklich gesagt, daß Sie nicht anrufen sollen. Sie wissen doch, meine Frau denkt, daß Stubbs die Türen macht... Also, wann sind Ihre Männer hier?... Gut, um vier Uhr... nein, hören Sie, wenn es irgendwelche Probleme gibt, soll Polly mich anrufen, verstanden? *(Er hört Sybil zurückkommen.)* Also, nächste Woche ist dann endgültig, ja? Sehr schön, das wird eine Freude, was – ich meine, wir haben auf diese Mauer fast so lange gewartet wie Hadrian. Nein, Hadrian. Der Kaiser Hadrian... ach, vergessen Sie's, ich erklär's Ihnen nächste Woche. Wiederhören. *(Legt mit großer Geste den Hörer auf.)*
Sybil *(unbeeindruckt)* Das glaubst du doch wohl selbst nicht, Basil. Wir warten seit vier Monaten, warum sollte er es gerade jetzt machen?
Basil Oh, ich glaube, diesmal wird's klappen, Schatz.
Sybil Wenn du Stubbs genommen hättest...
Basil Dann hätten wir jetzt eine Riesenrechnung.
Sybil Ach was! Du kriegst immer das, wofür du bezahlst. Und O'Reilly macht Mist im Sonderangebot.

Basil Also Sybil!

Sybil Bei Stubbs bezahlen wir vielleicht ein bißchen mehr. . .

Basil Ein **bißchen** mehr?

Sybil Ja, ein bißchen. Aber dafür arbeitet er anständig und professionell, und zwar zu dem Termin, den man vereinbart hat. Du wirst ja sehen. Wann kommt er?

Basil Ich glaube, ungefähr um vier, Schatz.

Sybil Und du willst dieses Jackett anbehalten, ja?

Basil Ja, das will ich, Schatz, danke der Nachfrage.

Sybil Du hast ja wirklich keine Ahnung. . .

Basil Du würdest es nicht verstehen, Schatz – man nennt das »Stil«.

Sybil *(sieht, daß das Auto ihrer Freunde ankommt)* Juhuuh! Sie sind da, Basil.

Basil Fabelhaft!

Sybil Versuch doch bitte, dieses Wochenende ein bißchen umgänglich zu sein, Basil. Also, hab ich dann alles?

Basil *(pianissimo)* Handtasche, Schlagring, Klappmesser. . .

Sybil Komm schon, Basil, schlaf nicht ein. *(Sie geht hinaus.)*

Basil Ich komme gleich, Schatz! . . . Polly, schnell! . . .

Polly *(kommt aus dem Büro)* Ja?

Basil Also, Polly, die Männer werden um vier Uhr hier sein. Du weißt, was sie tun sollen?

Polly Ja, hier kommt eine Tür zur Küche hin. *(Zeigt auf die rechte Wand links neben dem Speisesaal.)*

Basil Gleich neben der Treppe. Und. . .?

Polly . . . Und. . .?

Basil Und die **Tür zum Wohnzimmer** wird zugemacht.

Polly . . . Zugemacht?

Basil Ja, **zugemacht**, Mädchen! Damit wir ein bißchen Ruhe vor den Proleten haben. Kriegst du denn gar nichts mit? Wo ist meine Mütze? *(Er hat sie auf dem Kopf.)*

Polly Auf ihrem. . .

Basil *(beiläufig)* Ach, und noch was. Es werden nicht Stubbs' Männer sein, sondern die von O'Reilly. Wo ist denn bloß diese Mütze? *(Rennt suchend umher.)*

Polly Was? . . . **O'Reilly**?

Basil Ja, ja.

Polly Weiß Mrs. Fawlty davon?

Basil Ich weiß nicht, wahrscheinlich nicht. Ich würde es allerdings auch nicht groß erwähnen, sie kommen nicht besonders gut miteinander aus.

Polly Aber. . .

Basil Ich mußte umdisponieren. Stubbs hat sich einen Virus eingefangen oder so was.

Polly Sie hat gesagt, daß Sie ihn nie wieder beschäftigen sollen. Ich will nicht verantwortlich gemacht werden. . .

Basil Er schickt seine besten Männer, du mußt nicht mehr tun, als einen Blick draufzuwerfen, wenn sie fertig sind. Gibt's Probleme, ruf mich an. Alles klar – schönes Wochenende.

Polly Wenn sie mich fragt, dann sag ich die Wahrheit.

Basil Oh, danke, Polly, recht vielen Dank. Ja, ich war schon immer ein großer Bewunderer von Loyalität.

Basil schnappt sich eine Mütze vom Kleiderständer, setzt sie wütend auf die andere und geht hinaus. Manuel kommt herein; er erinnert sich an etwas und läuft zum Rezeptionstresen, wo er die Golfschuhe abgestellt hat.

Manuel Ich vergessen.

Polly Ach, das macht nichts, Manuel. . . *de nada.*

Manuel *(sieht die Zeichnung)* Oh! Ist Mr. Fawlty!

Polly Psst!! – Die Fenster, *por favor!*

Manuel trippelt davon.

In der Empfangshalle, später am Tag. Manuel steht Modell für Polly.

Manuel O Polly, mach Ende, ich **müde.**

Polly Das ist wunderbar, Manuel – eine Sekunde noch.

Manuel *Qué?*

Polly *Quiero ascender para dormir.*

Manuel Nein, nein – du englisch sprechen. Ist gut. Ich lerne.

Polly Ich möchte gleich nach oben gehen.

Manuel *Qué?*

Polly *(zeigt)* Ich. . . gehe nach oben. . .

Manuel *Sí.* Ist leicht.

Polly Auf ein kleines Schläfchen.

Manuel Ist schwer.

Polly Siesta machen.

Manuel Siesta. . . klein Schlaf?

Polly Ja.
Manuel Genau wie in spanisch.
Polly Wenn O'Reillys Männer da sind, mußt du mich wecken.
Manuel Heiliges Männer? *(Ist beunruhigt.)*
Polly Manuel, paß auf. Wenn Männer hierherkommen... Señor O'Reilly...
Manuel Wenn Männer kommen...
Polly Kommst du nach oben und weckst mich... *despérteme.*
Manuel Ah! Wenn Männer kommen, ich... *vendré arriba para despertarte en su cuarto.*
Polly *Antes que ellos comienzan a trabajar aquí, sí?*
Manuel *Comprendo, comprendo.*
Polly Fertig!

Sie schließt die Skizze ab und verschwindet dann nach oben. Manuel löst sich aus seiner starren Haltung. Er stellt sich hinter den Rezeptionstresen und genießt seine neue Aufgabe. Er drückt gebieterisch auf die Glocke.

Manuel Manuel! *(Nimmt den Hörer ab, obwohl das Telefon nicht geklingelt hat.)* Manuel Towers. Wie geht Ihnen. Ist schön heute. Wiedersehen. *(Legt auf, als er Bennion, den Lieferanten, mit einem ziemlich großen Gartenzwerg eintreten sieht.)* Ah! Hallo. Guten Tag! Wie geht Ihnen?
Bennion *(schaut auf den Lieferschein)* Nummer sechzehn?
Manuel *(zieht das Gästebuch zu Rate)* Sí, sí, sechzehn. Aber nix Essen.
Bennion Was?
Manuel Sechzehn frei, aber nicht möglich... *(Macht Eßbewegungen.)*
Bennion *(deutet auf das Gebäude im Ganzen)* Ist das hier... Nummer sechzehn?
Manuel Nein, nein, dies... Halle. Sechzehn ist oben, auf rechte Seite.
Bennion Wer führt hier die Aufsicht?
Manuel Nicht gut Aussicht. Aussicht gut in Nummer zwölf.
Bennion Wo ist der Chef?
Manuel Chef ist, äh... Oh! **Ich** Chef!
Bennion Nein, nein, wo ist der **richtige** Chef?
Manuel *Qué?*

Bennion Der. . . der *Generalíssimo.*
Manuel *(irritiert)* In Madrid.
Bennion. Hören Sie, unterschreiben Sie hier einfach, okay?
Manuel *(unterschreibt den Schein)* Sí, sí. . . äh. . . sechzehn?
Bennion Was?
Manuel Sie wollen Zimmer sechzehn.
Bennion Nein, ich will kein Zimmer, Kumpel. Ich will nur **den** hier abliefern, ja? *(Zeigt auf den Zwerg und geht hinaus.)*
Manuel Sie wollen Zimmer sechzehn. . . für **den**?
Bennion *(im Hinausgehen)* Yeah, aber mit Bad, du iberischer Trottel.
Manuel *(ruft ihm nach)* Sie verrückt! Sie. . . **verrückt**. . . Sie erst bezahlen für Zimmer. . . Er wahnsinnig! *(Schnappt sich den Zwerg.)* Zimmer sechzehn. . . Nix bezahlen, nix Zimmer sechzehn.

Er legt den Zwerg hinter den Schalter, so daß er nicht zu sehen ist. Das Telefon klingelt; als er den Hörer abnimmt, kommen O'Reillys Männer – Lurphy, Jones und Kerr – herein.

Manuel *(ins Telefon)* Hallo, Fawlty Towers. Wie geht Ihnen, ist schöner Tag. . . Nein, er nicht hier. . . nein, nein, er **nicht** hier, tut sehr sehr leid, Wiedersehen. *(Legt auf; zu den Männern)* Hallo, Männer.
Lurphy Tach auch. *(Er ist Ire.)*
Manuel Sie sein Männer?
Lurphy *(gefährlich)* Was is'?
Manuel . . .Sie sein Männer?
Lurphy *(drohend)* Soll das vielleicht komisch sein?
Manuel Was. . .?
Lurphy Ich sagte: »Soll das vielleicht komisch sein?«
Kerr *(hält ihn zurück)* Nicht hier, Dicker, nicht hier.
Manuel Aber Sie sein Männer von Oheilly?
Jones . . .Was?
Manuel Sie sein Oheilly-Männer?
Lurphy *(drohend)* Was heißt **das** jetzt?
Manuel Sie Oheilly.
Lurphy Paß bloß auf!
Manuel . . .Wo Oheilly?
Jones Wovon redet der eigentlich?
Kerr Er meint O'Reilly.
Lurphy *(versteht endlich)* O ja, na klar, ja – wir sind Oheilly-Männer. *(Zu seinen Kollegen)* Dumm wie Brot.

Manuel Sie hier warten, bitte, ich gehe. . . *(zeigt nach oben; das Telefon klingelt; er geht ran)* Sie auch warten, bitte.

Er legt auf, eilt die Treppe hoch und klopft an Pollys Tür. Keine Antwort; er klopft noch einmal. Leise öffnet er die Tür und schaut ins Zimmer. Polly liegt auf dem Bett und schläft fest.

Manuel *(flüstert)* Polly. . . Polly. . .

Aber sie liegt in tiefem Schlaf, so daß er beschließt, die Dinge selbst in die Hand zu nehmen. In der Halle stehen die Männer und schauen sich um. Das Telefon klingelt; Manuel rennt die Treppe hinab und geht ran.

Manuel Hallo, Fawlty Towers, wie geht Ihnen, ist schöner Tag. . . oh, Sie wieder! Nein, ich sage, er nicht sein hier, tut sehr leid, Wiedersehen. *(Legt auf.)* Pah! Pah!

Die Männer ziehen den Plan zu Rate.

Manuel Sie Männer wissen, was machen sollen?
Jones Och, ich glaube schon. Das hier ist der Speisesaal?
Manuel *(nickt)* . . .Sie sicher wissen?
Jones Sieht ziemlich einfach aus. Wir müssen nur das hier zumachen.

Das Telefon klingelt erneut. Manuel hebt ab.

Manuel Ja, ja, ja. . . Sein wieder Sie! Hören! Er nicht hier! Wie viele Male? Wo sein Ihre Ohren? Sie sehr große Schwack-kopf, ich sage Ihnen, er **nicht da!** Hören! *(Er hält den Hörer in den Raum, auf daß der Anrufer den Mangel an Basilischen Geräuschen registrieren möge.)* Jetzt Sie verstehen?. . . *(Plötzliches Begreifen und Erschrecken.)* Oh, Mr. Fawlty! Ich tut sehr leid!! Tut sehr leid. . . sein Sie. . . ja, bin ich, Mr. Fawlty. . . Nein, nein, Polly in. . . sie sehr beschäftigt. . . Männer? Ja, ja, die Männer sein hier. . . *(Zu den Männern, gebieterisch)* Männer, Sie arbeiten. . .! *(Ins Telefon)* Ja. . . Mann mit Bart? *(Zu den Männern)* Bitte, wer sein Mann mit Bart?

Lurphy, der der einzige Bärtige ist, denkt ein wenig über die Frage nach und zeigt dann auf sich.

Manuel *(ins Telefon)* . . .Ja. . . scheuß. . . o. . . angtang. . . tag. . . tang. . . sí. . . ein Moment, bitte. *(Legt den Hörer ab und spricht zu Lurphy)* Sie sein scheuß. . . licher. . . Orang. . . tang. *(Er verbeugt sich; Lurphy verpaßt ihm eins.)*

Basils Stimme *(aus dem Hörer)* Gut gemacht, Manuel. Recht herzlichen Dank. *(Das Freizeichen ist zu hören.)*

Am nächsten Morgen; es ist ein herrlicher Tag. Draußen singen die Vögel, die Maulwürfe tollen umher, die Wiesel schwingen das Tanzbein. Polly liegt immer noch tief schlafend in ihrem Zimmer. Basils Auto fährt draußen vor. Er springt heraus und rennt die Stufen hoch. Mit großen Schritten betritt er die Empfangshalle.

Basil Polly!

Er geht zur Wand neben der Treppe, wo die neue Tür zur Küche sein sollte. . . sie ist nicht da. Er dreht sich um zur Wohnzimmertür, um zu sehen, ob sie zugemacht worden ist. Ist sie nicht.

Basil Polly! Polly!!

Er öffnet die neue Tür am Treppenaufgang und ist schon halb oben, als er merkt, daß das ja verkehrt ist. Er kommt zurück und untersucht die Tür mit wachsendem Zorn.

Basil . . .Polly!! Polly!!! **Manuel!!!**

Er geht auf die Speisesaaltür zu. . . aber dort ist nur mehr die blanke Wand. Polly hat gerade die Tür zur Treppe geöffnet und seine cholerische Reaktion beobachtet. Sie versucht, die Tür geräuschlos wieder zuzumachen, aber Basil hat sie schon gesehen.

Basil Was habt ihr mit meinem Hotel gemacht?! Polly!! . . .Was hast du mit meinem Hotel gemacht?
Polly Was?

Er packt sie am Ohr und zeigt ihr die Treppentür.

Basil Da!

Polly Oh, nett. Da gefällt sie mir. *(Er führt sie am Ohrläppchen zur dahingegangenen Speisesaaltür)* Autsch! Sie tun mir weh. *(Sie entwindet sich dem Ohrengriff.)*
Basil Was habt ihr mit meiner Speisesaaltür gemacht? Wo ist sie?
Polly Ich weiß nicht.
Basil **Warum** nicht? Du hattest hier die Aufsicht.
Polly Ach. . . ich bin eingeschlafen.
Basil Du bist **eingeschlafen**!!
Polly Es ist nicht meine Schuld.
Basil Du bist **eingeschlafen**, und es ist **nicht deine Schuld!!?**
Polly Er hat vergessen, mich zu wecken.
Basil Wer hat vergessen, dich zu wecken?
Polly . . . Doch meine Schuld.
Basil Manuel!!! Ich wußte es doch!
Polly Machen Sie ihm keine Vorwürfe.
Basil Warum nicht?
Polly Er kann eigentlich nichts dafür.
Basil Wer kann denn was dafür, du harthöriges Weibsstück? – **Dennis Compton** vielleicht?!!!
Polly Na, **Sie** haben doch O'Reilly angeheuert, oder?

Pause; Basils Augen werden sonderbar glasig.

Polly Wir haben Sie alle gewarnt. . . wer sonst würde so etwas anrichten?
Basil . . . Wie bitte?
Polly Sie haben O'Reilly engagiert. . .
Basil . . . Oh! Oh, verstehe!. . . **Ich** hab ja schuld, nicht wahr?. . . Aber natürlich, und ich hab doch glatt gedacht, daß es deine Schuld ist, weil du die Aufsicht hattest, oder Manuels Schuld, weil er dich nicht geweckt hat, dabei war es die ganze Zeit **meine** Schuld! Oh, und es ist so offensichtlich, jetzt, wo mir die Augen geöffnet wurden. Oha, wenn es meine Schuld ist, dann muß ich auch bestraft werden, nicht wahr? *(Schlägt sich auf den Hintern.)* Du bist ein ganz böser Junge, Fawlty! Tu das ja nicht wieder! *(Er zieht sich voll eins über die Rübe, taumelt und fängt sich wieder.)* . . . Was soll ich bloß tun? Sie kommt heut mittag zurück!
Polly Also, warten Sie mal. . .
Basil Ich bin ein toter Mann, ist dir das klar?!
Polly *(beschwichtigend)* Ruhig!. . .

Basil Du bist auch tot. Wir sind **alle tot**!! *(Er fängt heftig an zu zittern.)*
Polly Nur keine Panik jetzt.
Basil Was bleibt denn sonst? *(Fängt an zu heulen.)*
Polly Wir rufen O'Reilly an – er hat diesen Schlamassel angerichtet, er soll ihn auch beseitigen! *(Basil hat das nicht mitgekriegt; sie schüttelt ihn.)* Ach, nun reißen Sie sich zusammen. *(Schüttelt ihn erneut.)* Na los! Los doch!

Aber er ist nicht ansprechbar. Sie zögert kurz, tritt einen Schritt zurück und gibt ihm eine Backpfeife. Er will zurückschlagen, merkt dann aber, daß es ihm ganz gut getan hat.

Basil . . . Noch mal! *(Sie schlägt ihn, aber eher respektvoll.)* . . . Härter!! *(Sie verpaßt ihm richtig eine.)* Alles klar! Ich ruf O'Reilly an. *(Rennt hinter den Rezeptionstresen und fällt über etwas, was dort am Boden liegt.)* Was ist das? *(Er hebt den Gartenzwerg hoch.)* Bitte, was geht hier eigentlich vor?
Polly Den hat Ihre Frau bestellt. Rufen Sie O'Reilly an.
Basil Diese golfspielende Ringelnatter. . . *(Er stellt den Zwerg auf den Schalter und macht sich daran, ihn zu erwürgen.)*
Polly *(haut aufs Telefon)* Rufen Sie O'Reilly an!!!
Basil Was?
Polly Soll **ich** ihn anrufen?
Basil *(läßt den Zwerg los)* Nein, ich mach es, ich ruf an. . . *(Wählt.)* Geh du und guck, ob das Dach noch da ist. . . *(Polly zeichnet ihn.)* . . . Was tust du?
Polly Halten Sie still!
Basil Das kannst du doch jetzt nicht machen!
Polly Nicht bewegen.
Basil Sieh nach, ob die schon beim Frühstück sind! **Sofort!**

Polly beendet ihre Gewitter-Studie und eilt fort.

Basil *(ins Telefon, mit falscher Samtstimme)* Hallo, Mr. O'Reilly, wie geht es Ihnen heute morgen? . . . Ach, wie schön, ja, keine seltenen Krankheiten oder dergleichen? . . . Oh, ich bitte um Entschuldigung, Basil Fawlty, Sie erinnern sich, das arme Schwein, für das Sie manchmal arbeiten. . . Tja also, wie läuft's denn so bei Ihnen. . . Oh, schön. Schön, schön, schön. Tja also, möchten Sie gerne hören, wie's bei mir aussieht? . . . Na ja, Ihrem üblichen Niveau entsprechend, kann man, glaube ich, sagen. Ein paar Löcher in der Wand, die eine oder andere Tür fehlt, aber nichts, wofür Sie nicht verklagt werden könnten.

Manuel *(trabt herein)* Guten Morgen.

Basil *(zu Manuel)* . . . Wie bitte?

Manuel Guten Morgen!

Basil *(ins Telefon)* Einen Moment, bitte. *(Geht um den Tresen herum auf Manuel zu.)* Hast du »Guten Morgen« gesagt?

Manuel *Sí.*

Basil Aha. Nun, und was willst du jetzt tun?

Manuel *Qué?*

Basil Was. . . du. . . jetzt. . . tun?

Manuel Ich Frühstück servieren.

Basil Ah! Dann mal los.

Manuel sucht die Tür zum Speisesaal, ohne Erfolg.

Manuel Wo ist Tür?

Basil Aahaa!

Manuel Tür ist weg. *(Zeigt auf die Wand.)* Tür war hier.

Basil Wo? *(Hebt Manuel hoch und stößt seinen Kopf an drei verschiedenen Stellen an die Wand.)* Hier? . . . oder hier? . . . oder hier?

Manuel hängt schlaff in Basils Händen. Der Major tritt ein und schlendert auf sie zu.

Der Major Morgen, Fawlty.

Basil Guten Morgen, Major. Tut mir äußerst leid, aber die Speisesaaltür ist leider verschwunden. *(Stößt Manuel sein Knie in den Rücken.)*

Der Major O ja, tatsächlich. Sie war sonst immer dort.

Basil Tja, ich war dumm genug, das Hotel für ein paar Minuten zu verlassen.

Der Major So was kann schon mal passieren. Also, ich frage mich, wo sie hin ist. Keine Sorge – die taucht schon wieder auf. . . Äh, sind die Zeitungen schon angekommen?

Basil Nein, noch nicht, nein, Major. Manuel! – Würdest du bitte dem Major zeigen, wie man durch die Küche in den Speisesaal kommt?

Manuel . . . Ist schwer.

Basil Major, würden Sie bitte Manuel zeigen, wie man durch die Küche in den Speisesaal kommt?

Der Major Oh, ja, ja, natürlich. . . komm mit, komm mit. . . wie heißt du gleich. . . Manuel. *(Er führt Manuel hinaus.)*

Basil *(wieder am Telefon)* . . . Jetzt passen Sie mal auf, O'Reilly. Bis **ein Uhr** will ich meine Speisesaaltür wieder eingebaut und die andere weggemacht haben, verstanden? . . . Nein, nein, diskutieren will ich darüber nicht. Wenn Sie nicht in zwanzig Minuten mit meiner Tür hier aufkreuzen, dann komm ich zu Ihnen rüber und führe einen großen Gartenzwerg in Sie ein. Guten Tag. *(Legt mit Schwung auf.)*

In der Empfangshalle, eine Stunde später. O'Reilly ist fast dabei, die Speisesaaltür zu bearbeiten.

O'Reilly Nun, es tut mir leid, Mr. Fawlty, aber meine Leute arbeiten sonntags nicht, so ist es nun mal. Da kann ich gar nichts dran ändern.

Basil Und wie lange werden Sie dafür brauchen?

O'Reilly Ich arbeite so schnell ich kann.

Basil Ich will schwer hoffen, daß das reicht. Sie wird in **vier Stunden** hier sein!

Polly *(kommt mit Tee und Gebäck durch den Haupteingang)* Tee ist fertig!

Basil Was?!

Polly Hab 'ne Tasse für ihn gekocht, Chef.

O'Reilly Reizend!

Basil Er hat jetzt keine Zeit zum Teetrinken.

Polly Kekse?

O'Reilly Oh, die sehen lecker aus.

Basil Gib her. *(Er konfisziert die Kekse.)* Also los, fangen Sie endlich an!

O'Reilly Aber, aber, hören Sie – das Zeug hier *(er zeigt auf die Speisesaaltür)*. . . anderthalb Stunden. Das da *(zeigt auf die Treppe)* – ganz leicht. Rundherum ein bißchen Farbe drauf, eine Stunde. Wie spät ist es jetzt?

Basil Zehn vor neun.

O'Reilly Gut. Zehn vor neun und zweieinhalb Stunden, das heißt. . . heißt. . . jede Menge Zeit. Spendieren Sie einen Keks.

Basil Nein. Sie können einen haben, wenn Sie mit der Tür fertig sind. Polly, bring sie weg. *(Zu O'Reilly, indem er den Tee konfisziert)* Den können Sie auch haben, wenn die Tür fertig ist.

Polly geht mit Tee und Gebäck hinaus.

O'Reilly Sie machen sich zuviele **Sorgen**, Mr. Fawlty, das ist Ihr Problem. Wenn Sie so weitermachen, dann kriegen Sie einen Schlaganfall, bevor Sie fünfzig sind. Mausetot sind Sie dann.

Basil Soll mir recht sein.

O'Reilly Aber wie kann man denn so was sagen!

Basil Nein, wirklich. Ein bißchen Frieden finden.

O'Reilly Seien Sie nicht so trübsinnig. Der Liebe Gott hat die Welt gemacht, damit wir alle das Leben genießen.

Basil Hören Sie, meine **Frau** genießt das Leben, **ich** mache mir Sorgen.

O'Reilly Also, eins will ich Ihnen sagen, wenn der Liebe Gott gewollt hätte, daß wir uns Sorgen machen, dann hätte er uns auch Gründe dafür gegeben.

Basil Hat er ja! Meine Frau! Sie wird in vier Stunden hiersein, und sie kann einen Mann auf zehn Schritte Entfernung mit einem einzigen Schlag ihrer Zunge erledigen. Wie soll ich mir da keine Sorgen machen?

O'Reilly *(ruhig)* Denken Sie daran, Mr. Fawlty, es gibt immer noch jemanden, dem es schlechter geht als einem selbst.

Basil Ach ja? Den würde ich gerne kennenlernen. Ich könnte ein bißchen Spaß vertragen.

O'Reilly Sie müssen sich schon für mich mitsorgen. Ich sage Ihnen, wenn der Liebe Gott...

Basil ... noch **einmal** erwähnt wird, dann werde ich Sie ein Stück in seine Richtung befördern. Also **bitte...**

Polly *(kommt hereingerannt)* Mr. Fawlty! ... Sie ist da!

Basil Was?

Polly Sie ist da!

Basil O Gott.

Er geht zum Eingang und sieht Sybil. Sie steigt gerade aus dem Auto, sieht O'Reillys Lieferwagen und marschiert stürmisch auf den Eingang zu. Basil rennt zurück in die Halle.

Basil Schnell – verstecken Sie sich!! Verstecken!! Ich versuche, sie irgendwie loszuwerden! Verstecken Sie sich!

O'Reilly Wo denn?

Basil *(zeigt zur Bar)* Da drin!

O'Reilly läuft in die Bar.

Polly Mr. Fawlty!

Basil Ich versuch, sie hinzuhalten... Gott steh mir bei! *(Er marschiert auf den Vorplatz.)* Hallo, Sybil!

Sybil *(kalt)* Hallo, Basil.

Basil Na, früher Schluß gemacht mit dem Golfen?

Sybil Wir haben noch gar nicht angefangen, Basil.

Basil Wo willst du hin, Schatz?

Sybil Diese Stufen hoch.

Basil Ach, nicht doch! – Es ist so ein herrlicher Tag. Laß uns spazierengehen. Das haben wir schon seit Jahren nicht mehr gemacht. *(Sie drängt sich an ihm vorbei.)* Oh, Sybil, fast hätte ich's vergessen! Du wirst es nicht glauben. *(Er schafft es, vor ihr in die Halle zu kommen.)* Ich muß dir was zeigen! *(Deutet mit theatralischer Gebärde auf das bauliche Fiasko.)* Da! ...Guck dir das an! Soviel zum Thema Stubbs. Ich habe dich allerdings gewarnt. Aber **trotzdem...** ein so angesehener Bauunternehmer wie er! Pah! Ts, ts, ts.

Sybil ...Stubbs?

Basil Niederträchtig. Ts!

Sybil Wo ist O'Reilly, Basil?

Basil *(für sich)* Kriminell... *(Zu Sybil)* Hmmm?

Sybil Wo ist O'Reilly?

Basil **...O'Reilly?**

Sybil Ja, O'Reilly.

Basil Sybil, du erstaunst mich immer wieder. Nur wegen dem hier... nimmst du **automatisch** an, daß es O'Reilly war. Du nimmst einfach an, daß ich die ganze Zeit gelogen habe. Ich meine... Wie kommst du auf... O'Reilly?

Sybil Weil sein Lieferwagen draußen steht.

Basil Na ja, jetzt ist er hier. Natürlich ist er **jetzt** hier! Er ist da, um den Schlamassel zu beseitigen, den dein Mr. Stubbs angerichtet hat. Darum ist sein *(leidenschaftlich)* **Lieferwagen** draußen!!! ...an einem Sonntag. Das nenn ich Service.

Sybil Einverstanden.

Basil ...Im Ernst?

Sybil Ja. Aber wenn Stubbs diesen Schlamassel angerichtet hat, dann, finde ich, sollte er auch kommen und ihn wieder beseitigen.

Basil Nun, äh ja, aber das hat keinen Sinn, jetzt wo O'Reilly da ist, Schatz. Wir wollen es doch **sofort** erledigt haben.

Sybil Es hat keinen Sinn, Geld an Mr. O'Reilly zu zahlen, wenn Mr. Stubbs es umsonst machen muß. Ich ruf ihn gleich an.

Basil Der ist sonntags bestimmt nicht da.

Sybil Dann ruf ich ihn zu Hause an.

Basil wird plötzlich von einem heftigen Schmerz infolge seiner alten Kriegsverletzung befallen.

Basil Aaaaah! Ooooh! Das verdammte Bein macht mir heute morgen wieder zu schaffen. Kein Anlaß zur Sorge. Jedenfalls habe ich ihn zu Hause angerufen, und er war nicht da.

Sybil Wann hast du ihn angerufen?

Basil Na... gleich. Bevor ich O'Reilly angerufen hab.

Sybil War das nicht recht früh? Für einen Sonntag?

Basil Und dann hab ich vor fünf Minuten noch mal angerufen, kurz bevor du gekommen bist. Da ist niemand zu Hause. Aaaah! *(Er beugt sein Bein; das Telefon klingelt; er geht ran.)* Ja, hallo, Fawlty Towers, ja bitte!? ... Wer? ... Äh, ja, ich glaube, Sie sollten besser mit meiner Frau sprechen. *(Hält ihr den Hörer hin; ganz sachlich.)* Ähmm... jemand von der Firma Stubbs, Schatz.

Sybil *(guckt zweifelnd, nimmt aber den Hörer entgegen)* Hallo, Sybil Fawlty? Oh, ja... tja, es ist wirklich ein völliges Durcheinander. Also, könnten Sie gleich herkommen und es in Ordnung bringen?... *(Zu Basil)* Würdest du das regeln, Basil?

Sie reicht ihm mit süßem Lächeln den Hörer und geht ins Wohnzimmer... wo Polly, die sich zum Zwecke der Stimmverstellung die Nase zuhält, für den Gegenpart des Telefongesprächs aufkommt.

Polly Und sehen Sie, deshalb können wir es beim besten Willen nicht eher als in drei Wochen schaffen... wenn Sie es also sofort gemacht haben möchten, versuchen Sie's doch mal mit jemandem wie diesem... äh, wie heißt er gleich?

Sybil O'Reilly?

Polly zuckt zusammen und zieht den Schwanz ein. Sybil nimmt den Hörer.

Basils Stimme *(durchs Telefon)* Bravo, Polly. Gut gemacht, Mädchen! Aber hör mal – von wo sprichst du?

Sybil Sie ist hier bei mir, Basil. *(Sie legt den Hörer auf.)*
Polly Mrs. Fawlty, es ist zum Teil meine Schuld.
Sybil Nein, ist es nicht.
Polly Na ja, ich hätte es Ihnen sagen sollen.

Sie gehen zurück in die Halle. Basil brüllt ins Telefon.

Basil Ist da etwa jemand, der vorgibt, von der Firma Stubbs zu sein?!! . . .Was für ein Spiel treiben Sie da eigentlich mit mir?!! Ich meine, **im Ernst mal**!! *(Knallt den Hörer auf; zu Sybil)* Es ist nicht zu glauben, was manche Leute sich erlauben, Sybil.

Sybil Ich werde dafür sorgen, daß du dies für den Rest deines Lebens bereuen wirst, Basil.

Basil Tja, nicht ganz zu Unrecht, schätze ich. Aber ich finde, Stubbs ist auch nicht ohne Schuld. . .

Sybil *(schreiend)* **Basil**!!!

Basil . . .Ja, Schatz?

Sybil **Wag** es nicht!!! Wag es ja nicht, mir noch mehr von diesen. . . erbärmlichen Lügen aufzutischen!!

Basil Oh! Na gut.

Sybil Wofür hältst du mich eigentlich? Hast du wirklich gedacht, ich würde glauben, daß dieses Chaos das Werk eines professionellen Bauunternehmens sei, von Leuten, die damit ihren Lebensunterhalt verdienen?

Basil . . .Nein, eigentlich nicht, nein.

Sybil Warum habe ich dir **vertraut**, Basil?! **Warum** hab ich dich die Vereinbarungen treffen lassen?! Ich hätte **wissen** müssen, was passieren würde. Warum hab ich das bloß gemacht?

Basil . . .Tja, wir alle machen unsere Fehler, Schatz.

Sybil *(schlägt ihn heftig)* Ich habe die Nase gestrichen voll von dir!!! Du lernst es nie, nie, nie! Du begreifst es einfach nicht. Wir haben O'Reilly in diesem Jahr dreimal beschäftigt, und jedesmal war es ein **Fiasko**!! Die Mauer da draußen ist immer noch nicht fertig!! Du hast ihn im November eine Waschmaschine auswechseln lassen, und wir hatten dann zwei Wochen lang kein fließend Wasser!!

Basil *(verständig)* Na ja, er ist auch eigentlich kein Klempner, Schatz.

Sybil Warum hast du ihn dann angeheuert?! . . .Weil er **billig** ist!

Basil Ach, ich würde ihn nicht billig nennen, Sybil.

Sybil Wie würdest du ihn denn sonst nennen?

Basil Na ja. . . spott. . .billig. . .

Sybil Und warum ist er »spottbillig«? Weil er absolut **nichts taugt!!** *(Tritt Basil ans Schienbein.)*

Basil *(hüpft umher)* O Sybil, jetzt übertreibst du wirklich. Ich meine, er ist sicherlich kein **Genie . . .**

Sybil Kein Genie!?!?!? Er gehört in den Zoo!!! *(Tritt gegens andere Schienbein.)*

Basil *(unter mancherlei Beschwerden)* Sybil, du bist nie bereit, jemandem im Zweifelsfall auch mal ein bißchen Kredit einzuräumen.

O'Reilly, der sich mit einem schnellen Drink an der Bar erfrischt hat, erscheint in der Halle.

Sybil Er ist **schäbig**, er kümmert sich nicht, er ist ein **Lügner**, er ist **inkompetent**, er ist **faul**, er ist nichts weiter als ein **blöder und schlechter irischer Witz**!!!

Basil Hallo, O'Reilly. . . das ist ja lustig! Wir haben gerade von Ihnen gesprochen. . . und dann sind wir noch auf einen **anderen** irischen Bauunternehmer gekommen, den wir mal kannten – mein Gott, war der fürchterlich!

Sybil Ich habe von **Ihnen** gesprochen, Mr. O'Reilly.

Basil . . . Ach ja, Schatz? Ich dachte, du hättest. . . *(Er legt seine Hand auf Sybils Arm, um sie zu beruhigen; sie schlägt sie weg.)*

O'Reilly *(legt seinen sanften irischen Charme auf)* Na, na, kommen Sie Mrs. Fawlty. . .

Sybil *(geht auf ihn zu)* Ich komme schon.

O'Reilly *(gewinnend)* O je, was habe ich jetzt wieder gemacht?

Sybil *(zeigt auf seine Arbeit)* Das und das.

O'Reilly Keine Sorge. Das bringe ich wieder in Ordnung.

Sybil . . . Keine Sorge?

O'Reilly Haben Sie von dem Geist aus der Wunderlampe gehört, Mrs. Fawlty? Also, das bin ich.

Sybil . . . Sie glauben, ich mach nur Spaß, was?

Basil *(mehr zu sich als zu O'Reilly)* Hör auf zu lächeln.

Sybil Warum lächeln Sie, Mr. O'Reilly?

O'Reilly Also, um die Wahrheit zu sagen, Mrs. Fawlty, ich mag Frauen, die Feuer haben.

Sybil Ach, tatsächlich? Das mögen Sie also?

O'Reilly O ja, o ja.

Sybil Das ist gut. *(Sie schnappt sich ihren Golfschirm.)*

Basil Also Sybil, das reicht jetzt.

Sie verpaßt ihm eine, geht auf den jetzt doch besorgten O'Reilly zu und prügelt auf ihn ein. Er weicht zurück.

Sybil Na, kommen Sie – schenken Sie uns ein Lächeln.

Sie verdrischt ihn nach Strich und Faden. Er bricht unter dem Hagel ihrer Schläge zusammen, wobei er einen charmant-sanften irischen Leidensruf ausstößt. Sie läßt den Schirm sinken und schaut auf ihn herab.

Sybil O'Reilly, ich habe schon intelligentere Geschöpfe als Sie rücklings auf dem Grund von Teichen liegen sehen. Ich habe besser organisierte Geschöpfe als Sie mit abgeschlagenen Köpfen auf Bauernhöfen herumrennen sehen. Jetzt sammeln Sie Ihre Sachen ein und verschwinden Sie. Ich will weder Sie noch einen Ihrer Männer je wieder hier in meinem Hotel sehen. *(Geht zum Telefon und wählt.)* Und jetzt entschuldigen Sie mich, ich muß mit einem **professionellen** Bauunternehmer sprechen. *(Ins Telefon)* Hallo, Mr. Stubbs? . . . Hier ist Sybil Fawlty. Es tut mir leid, Sie an einem Sonntag behelligen zu müssen, aber wir haben hier ein Problem mit ein paar Türen und hätten gern, daß Sie sich darum kümmern. Wann, meinen Sie, könnten Sie vorbeikommen und einen Blick draufwerfen? . . . Morgen früh um neun Uhr? Das wäre hervorragend. Bis dann also. Haben Sie vielen Dank. Auf Wiedersehen. *(Legt auf; zu Basil, der vorbeugend ein weiteres Zwicken seiner Kriegsverletzung erleidet)* Gut, ich fahr dann mal rüber zu Audrey, und ich werde nicht vor morgen früh zurück sein. *(Sie nimmt ihre Golfschuhe, dann sieht sie den Gartenzwerg.)* Ach, Basil?

Basil Ja, Schatz?

Sybil Was macht **das** hier?

Basil Das ist ein Gartenzwerg, Schatz . . . ist er nicht hübsch?

Sybil Nun, findest du nicht, daß er lieber im Garten stehen sollte?

Basil Ja, Schatz. Gute Idee.

Sybil Nein, nein, Basil . . . stell ihn wieder hin. Wenn ich's mir genau überlege, dann überlaß ich ihm lieber hier die Aufsicht. Er ist bestimmt billig, und er macht es auf jeden Fall besser als du. *(Sie dreht sich auf dem Absatz um und geht.)*

Basil *(ruft ihr nach)* Schönen Tag noch, Schatz! Fahr nicht über irgendwelche Minen oder dergleichen. *(Für sich)* Giftzwerg. *(Dreht sich um und sieht, daß O'Reilly gehen will.)* . . . Wo wollen Sie hin, O'Reilly?

O'Reilly Nun, ich...

Basil Würden Sie wohl bitte Ihr Werkzeug wieder auspacken und sich an die Arbeit machen?

O'Reilly Also, in Anbetracht dessen, was Mrs. Fawlty gesagt hat, dachte ich...

Basil Sie wollen dieses Gerede doch wohl nicht ernst nehmen, oder?

O'Reilly Nun, eigentlich doch, dachte ich.

Basil Ach, dachten Sie das?!! Was sind Sie denn für ein Mann, O'Reilly? ... Wollen Sie sie **so** mit uns reden lassen?

O'Reilly Nun, sie hat's getan, Mr. Fawlty.

Basil Nein, hat sie nicht. Sie glaubt das, aber wir werden es ihr zeigen. Wir werden nicht nur diese Tür wieder einbauen und diese da beseitigen, wir werden auch diese abschließen und diese neu einbauen. Wir werden das beste Stück Arbeit abliefern, das Sie je hingekriegt haben, O'Reilly.

O'Reillys Begeisterung ist unterwältigend.

Der nächste Morgen. Die Empfangshalle ist vollkommen neugestaltet. Die Speisesaaltür ist wieder eingesetzt; die Tür zur Treppe ist verschwunden; eine neue Tür zur Küche ist eingerichtet worden; und die Wohnzimmertür ist zugemauert worden. Es sieht alles richtig schnieke aus. Manuel steht an der Eingangstür und späht nach draußen.

Basil Manuel! Schon irgendein Zeichen?

Manuel *Qué?* Nein, nein.

Der Major *(kommt die Treppe herunter)* Morgen, Fawlty.

Basil Morgen, Major. Zeitungen sind hier.

Der Major Ah, gut.

Basil Fällt Ihnen nichts auf, Major?

Der Major Neuer Streik in der Autoindustrie!

Basil ... Schon gut.

Polly *(poliert die Speisesaaltür)* Guten Morgen, Major.

Der Major Guten Morgen, äh... *(Betrachtet sie genau und sinnt auf den Namen.)*

Polly ... Schon gut.

Der Major Aaah, ja! *(Dann bemerkt er die Tür.)* Ach, Sie haben sie gefunden! Wußt ich's doch. *(Zu Polly)* Er hatte sie nämlich verloren. *(Geht in den Speisesaal.)*

Manuel Mr. Fawlty – sie kommt! Sie jetzt kommt!

Basil Schnell!

Er stellt seinen Kassettenrekorder auf den Rezeptionstresen und läßt ihn den ›Tanz der Zuckermandelfee‹ spielen. Er verschwindet in der Küche, Manuel und Polly im Speisesaal. Sybil marschiert herein, stellt den Rekorder ab und bemerkt dann die Veränderungen... Sie sieht sich die Speisesaaltür aus der Nähe an.

Basil *(streckt kurz den Kopf aus der Küchentür)* Morgen, Schatz!

Sie dreht sich um, aber er ist schon wieder verschwunden. Sie geht zur neuen Küchentür und sieht hinein; Basil springt neckisch durch die Speisesaaltür in die Halle.

Basil Hast du den Abend angenehm verlebt, Schatz? *(Sieht Stubbs eintreffen.)* Ah, Mr. Stubbs! Da ist meine Frau. *(Er verschwindet im Büro.)*

Stubbs Guten Morgen, Mrs. Fawlty.

Sybil *(verlegen)* Oh, Mr. Stubbs, das ist eine äußerst peinliche Geschichte... Ich fürchte, ich muß mich bei Ihnen entschuldigen. Mein Mann hat mich in diese Verlegenheit gebracht... wieder einmal. Ich wollte Sie **eigentlich** bitten, hier ein paar Arbeiten durchzuführen...

Stubbs ...Ja?

Sybil Aber ich war letzte Nacht außer Haus, und als ich gerade eben wiederkam... nun ja, da ist es anscheinend inzwischen erledigt worden...

Basil *(aus dem Büro kommend)* Alles in Ordnung, Schatz?

Stubbs Verstehe.

Sybil Das heißt, bis zum Mittagessen ist wahrscheinlich alles wieder zusammengekracht...

Basil Ach, meinst du, Schatz? Da laß uns doch einen richtigen **Experten** fragen! Glauben Sie, daß bis zum Mittag alles wieder zusammengekracht ist, Mr. Stubbs?

Stubbs Nein, nein...

Basil Nein, Mr. Stubbs würde dir in **diesem** Punkt nicht zustimmen, Schatz.

Stubbs *(schaut genau hin)* ...Sehr gute Arbeit.

Basil Oh, hast du das gehört, Schatz? ...Sehr gute Arbeit.

Sybil Hmmmm?

Basil Oh, niemand von uns hat gerne unrecht, Schatz. Ich ganz bestimmt nicht. *(Zu Stubbs)* Und dann haben wir hier den Durchbruch gemacht und diese Wand da dichtgemacht.

Stubbs *(an der Küchentür)* Was haben Sie genommen, einen RSJ?

Basil Nein, vier mal zwei. *(Zu Sybil)* Nicht schlecht, was, Schatz? Und gar nicht teuer.

Stubbs Nein, ich meine für den Türsturz. Haben Sie einen RSJ genommen... also, einen Eisenträger? Oder haben Sie einen Betonsturz verwendet?

Basil ...Nein, einen aus Holz.

Stubbs Aber das ist eine tragende Wand!

Sybil **Was?**

Basil Ganz recht. Na, vielen Dank, daß Sie mal vorbeigeschaut haben...

Sybil Moment – wollen Sie sagen, daß das nicht solide genug ist?

Stubbs Das ist eine tragende Wand, Mrs. Fawlty. Es könnte jeden Moment nachgeben.

Sybil Jeden Moment?

Stubbs Ja. Möge Gott die Böden oben stützen! *(Schließt schnell die Küchentür.)* Hören Sie, halten Sie diese Tür geschlossen, bis ich eine Schraubwinde zum Abstützen besorgt habe, sonst kommt uns der ganze Kram runter... diese Gauner, ich faß es nicht... *(Eilt zum Telefon.)*

Sybil Basil! *(Basil ist verschwunden; sie geht zum Eingang.)* Basil!!! Wo willst du hin?!!!

Basil entfernt sich mit forschen Schritten. Unter dem Arm trägt er den Gartenzwerg, dessen spitze Mütze nach vorn gerichtet ist.

Basil Ich statte O'Reilly einen Besuch ab, Schatz. Danach gehe ich vielleicht nach Kanada.

Die Hochzeitsfeier

Die Hotelbar. Es ist etwa sechs Uhr abends. Sybil sitzt an der Theke und unterhält sich angeregt mit einem Gast – die Unterhaltung ist mit ihrem vertrauten Lachen durchsetzt. Basil tritt an den Tisch des Majors.

Der Major Donnerwetter, ist das heute warm, was, Fawlty?
Basil Allerdings, Major, allerdings.
Der Major Sehr warm, puh!
Basil Darf ich Ihnen noch einen Drink bringen?
Der Major Was?... Oh, na ja, warum eigentlich nicht. Wirklich eine gute Idee!

An der Theke lacht Sybil gerade wieder.

Basil Als wenn jemand einen Seehund mit einem Maschinengewehr abknallt.
Der Major Sie meinen die Hitze?
Basil ...Nein, nein, die Lache meiner Frau.
Der Major Aha.

Mrs. Peignoir kommt herein. Sie ist attraktiv, etwas kokett und von der sehr französischen Art.

Basil *(legt kräftig Charme auf)* Ah, guten Abend, Mrs. Peignoir.
Mrs. Peignoir Guten Abend. Vielen Dank für Ihren Stadtplan, er war so nützlich. Ich hatte ja keine Ahnung, wie reizend Torquay ist.
Basil *Enchanté.* Darf ich fragen, ob Sie irgend etwas Interessantes gefunden haben?
Mrs. Peignoir Mmm. Ein paar Stücke mochte ich sehr, und eins war dabei... ach! Ich **mußte** es einfach haben.
Basil Ah, formi**dabel**. Das freut mich sehr. Darf ich vorstellen – Major Gowen, unser dienstältester Gast – Mrs. Peignoir.
Mrs. Peignoir Guten Abend, Major.
Der Major Guten Abend, Madam.
Basil Mrs. Peignoir ist Antiquitätenhändlerin. Sie ist ein paar Tage bei uns in der Gegend, um exquisite Altertümer aufzuspüren.

Sybil läßt wieder eine Salve los. Basil dreht sich angewidert um.

Basil *(zu Mrs. Peignoir)* Bekommen Sie bitte keinen Schreck. Das ist nur das Lachen meiner Frau. Ihr Mädchenpensionat wurde seinerzeit ausgebombt.

Mrs. Peignoir Du meine Güte!

Basil Nein, nein, gar nicht wahr, war nur so ein Gedanke. Nun denn, was darf ich Ihnen bringen?

Mrs. Peignoir Haben Sie Ricard?

Basil *(verständnislos)* Verzeihung?

Mrs. Peignoir Irgendeinen Ricard.

Basil . . . Ist uns **gerade** ausgegangen, fürchte ich.

Mrs. Peignoir Dann einen Sherry.

Basil Aber selbstverständlich. *(Mit einem Lächeln und einer Verbeugung geht er ab.)*

Der Major Sagen Sie, Sie sind nicht zufällig – möglicherweise Französin?

Mrs. Peignoir Doch.

Der Major Du lieber Himmel!

Basil *(an der Bar, zu Sybil)* Amüsierst du dich gut, Schatz?. . . Wir haben keine Nüsse in die Schüssel getan, oder?

Sybil Also **ich** nicht. Ich weiß nicht, wie's mit dir aussieht.

Basil Na, dann mach **ich** das jetzt, ist das in Ordnung?

Sybil Das wäre die einfachste Lösung, Schatz.

Basil *(ihm fällt eine noch einfachere Lösung ein)* Wo ist Manuel?

Sybil Wir haben ihm den Abend freigegeben, Schatz. Er hat heute Geburtstag.

Basil *(für sich)* Wie alt wird er denn? Zweieinhalb? *(Ein weiteres herzhaftes Lachen seitens Sybils und des Gasts.)* Bitte um Verzeihung, aber hier sind keine Nüsse, Sybil.

Gast Keine Nüsse!!! *(Er und Sybil lachen.)*

Sybil *(zu Basil)* Du findest welche in der Küche.

Basil Ach, tu ich das?

Sybil Falls du es über dich bringen kannst, dich von Mrs. Peignoir loszureißen. *(Zum Gast)* Erzählen Sie doch weiter.

Basil *(serviert die Drinks für den Major und Mrs. Peignoir)* Kennen Sie den Film *Wie bringt man seine Frau um*?

Der Major Wie bringt man seine Frau um?

Basil Ja. Unheimlich gut. Ich hab ihn sechsmal gesehen. *(Macht sich auf die Suche nach Nüssen; zu Sybil)* Äußerst lustig.

Während er Sybils Lachen imitiert, trifft er in der Halle auf die Damen Tibbs und Gatsby.

Miss Tibbs Geht's Ihnen nicht gut, Mr. Fawlty?
Basil Was? Oh, doch, doch, vielen Dank. Und Ihnen geht's auch gut?
Miss Gatsby Ja.
Basil Fein, fein. Dann geht's uns also allen gut. *(Geht in die Küche, wobei er noch einmal Sybils Lachen imitiert.)*
Miss Gatsby Muß an der Hitze liegen.
Miss Tibbs Ja, er wird immer größer, nicht wahr?
Miss Gatsby Ich glaube nicht, daß es ihm besonders gut geht, meine Liebe – ich glaube, wir sollten uns um ihn kümmern...

Sie gehen durch den Haupteingang hinaus, wobei ihnen Polly begegnet, die Arm in Arm mit einem jungen Mann – Richard – hereinkommt.

Polly Ich glaube, ich habe es hier irgendwo hingelegt... Moment. *(Geht hinter den Rezeptionstresen und legt ihren Skizzenblock darauf ab.)* Ah, hier ist es. *(Hält ein Buch hoch.)* Also, bis heute abend.

Sie küssen sich über den Tresen hinweg. Gerade haben sie sich so richtig darin vertieft, da tritt Basil ein.

Basil Ja bitte? *(Sie fahren erschrocken auseinander.)* Ein Einzelzimmer für die Nacht, vermute ich?
Polly Äh, nein. Mr. Fawlty, darf ich Ihnen Richard Turner vorstellen?
Basil *(der nicht besonders aufgeschlossen ist)* Verzeihung?
Polly Er ist ein Freund von mir.
Basil Ach, dann kennen Sie sich? Sie sind auf der Durchreise, nehme ich an?
Polly *(gibt Richard das Buch)* Hier – bis heut abend.
Basil Ach, wir haben eine Bücherei aufgemacht, ja? Wie schön! *(Richard geht.)* Bitte gehen Sie nicht meinetwegen, Mr. Töffel.
Polly Tut mir leid, Mr. Fawlty.
Basil Jetzt paß mal auf, Polly...
Polly Wir haben uns nur verabschiedet... niemand hat...
Basil Ich meine, was glaubst du, was das hier ist – ein Massage-Salon? Ich meine, wir betreiben hier ein nettes, respektables, erstklassiges... Verzeihung, habe ich irgend etwas Komisches gesagt?
Polly *(bemüht sich, nicht zu lachen)* Nein, ich sah nur gerade...
Basil Nein, nein, offensichtlich habe ich etwas ganz furchtbar Lustiges gesagt.
Polly Nein, es ist nur die Hitze.

Basil Na ja, solange ich das Personal noch zum Lachen bringe, ich meine, nur dafür bin ich ja da.

Polly *(nimmt die Schüssel mit den Nüssen)* Dann bring ich die hier mal hinein, ja?

Basil *(registriert ihr T-Shirt)* Und noch eins, Polly. Das Konzept der abendlichen Oben-ohne-Bedienung haben wir leider aufgegeben. Wenn du dich also bitte umziehen würdest, bevor du irgendwo hingehst, wo andere Menschen vielleicht gerne essen wollen.

Polly Das hatte ich gerade vor. *(Will gehen.)*

Basil *(nimmt ihren Skizzenblock in die Hand)* Polly, würdest du bitte kurz noch mal herkommen?

Polly *(für sich)* Wir sind heute wieder in Form. *(Zu Basil)* Ja, Mr. Fawlty?

Basil Ich weiß, daß diese Sorte Zeichnungen an der Kunstschule vielleicht als salonfähig angesehen wird, aber ich muß dich bitten, sie nicht hier beim Empfang auszustellen.

Polly Ich werde sie beseitigen, sobald ich mir etwas angezogen habe.

Sie geht ab. Basil blättert die Zeichnungen durch, die offenbar recht freizügig sind.

Basil Also wirklich... *(Schüttelt den Kopf.)* Ts! *(Das Telefon klingelt, er nimmt ab.)* Fawlty Titties, ja bitte? Ja, ja... ach, du bist's, Audrey. Ja... oh, er hat dich schon wieder verlassen, was?... Ach herrje... ach herrje... *(Er ist nicht gerade gefesselt.)* Wie traurig... hmmm. *(Er erfindet eine Ablenkung.)* Ah, guten Abend, Major – ja, ich komme gleich zu Ihnen. *(Ins Telefon)* Ja, ist gut, ich werde es ihr ausrichten... hmmm... ja... also, Kopf hoch. Tschüß. *(Legt auf; für sich)* Furchtbare Frau.

Er bückt sich mit einigen Papieren hinter den Tresen. Alan und Jean, ein attraktives Paar Mitte zwanzig, kommen durch den Haupteingang. Sie lachen, schmusen und kichern.

Jean *(kichernd)* Hör auf, Alan!

Alan Wuff! *(Er bemerkt Basil.)* Hallo... wir haben ein Zimmer reserviert.

Basil Ach ja?

Alan Ja, ein Doppelzimmer. Auf den Namen...

Basil Einen Moment bitte. *(Sucht demonstrativ nach dem Gästebuch.)*

Alan *(leise)* Echt schicker Anzug.
Basil Was?... Mir schien, Sie hätten eben was gesagt.
Alan Nein.

Jean muß kichern.

Basil *(zu ihr)* Geht's Ihnen nicht gut?
Jean Doch, danke. *(Alan kneift sie in den Hintern, sie quietscht.)*
Basil Sind wir dann soweit?
Alan Wir ja, glaube ich.
Basil ...Gut, würden Sie mir dann Ihren Namen sagen, bitte?
Alan Ja, äh... Bruce.
Basil Mr. und Mrs. Bruce.
Alan Richtig.
Jean *(sexy)* Ist es mit Doppelbett?
Basil Wie bitte?
Jean Hat unser Zimmer ein Doppelbett?
Basil Ein Doppelbett?
Jean Ja.
Basil Also, wir haben nur **ein** Doppelbett... Ich mein, wollen Sie das haben?
Alan Unbedingt, ja.
Basil Ts! *(Seufzt schwer.)* Dann muß ich Ihnen die Zwölf geben.
Alan In Ordnung.
Basil Ts! *(Holt den Schlüssel, murmelt)* Ich meine, warum haben Sie nicht... gut, gut...
Jean Hat es eine schöne Brise?
Basil Ob es eine Brise hat?
Jean Ist es luftig?
Basil Nun, es ist Luft **drin.**
Jean *(zeigt auf die Postablage)* Oh, ich glaube, da ist ein Brief für mich.
Basil Was?
Jean Ein Brief für mich. Dort.
Basil Nein, da ist keiner.
Jean Doch, für Jean Wilson.
Basil *(holt den Brief)* Jean Wilson. Sind Sie das?

Alan lacht nervös. Er und Jean ahnen, daß Basil, im Unterschied zu den meisten, Schwierigkeiten machen wird.

Basil *(übergibt den Brief)* Also, was ist hier los? Sie sind nicht verheiratet, stimmt's?... Tja, dann kann ich Ihnen kein Doppelzimmer geben.

Alan Ach, kommen Sie...

Basil Es ist gegen das Gesetz.

Alan Welches Gesetz?

Basil Das Gesetz von England. Hat nichts mit mir zu tun.

Alan Hat nichts mit Ihnen zu tun?

Basil Überhaupt nichts. Ich kann Ihnen zwei Einzelzimmer geben, wenn Sie möchten... ähm... *(Tut beschäftigt.)*

Alan Wollen wir woanders hin?

Jean ist unwillig, noch woanders hinzugehen. Sie lehnt sich auf den Rezeptionstresen, die Ellbogen auf irgendwelchen Papieren.

Basil Entschuldigung. *(Zieht die Papiere ziemlich rüde weg.)*

Mrs. Peignoir *(kommt herein und legt ihren Schlüssel auf den Tresen)* Also, da ist mein Schlüssel, und jetzt geh ich und mache die Stadt unsicher.

Basil *(kurz angebunden)* Schönen Dank.

Mrs. Peignoir *(etwas überrascht)* Tja... vielleicht sehen wir uns noch später am Abend.

Basil Ja, meine Frau und ich werden heute ziemlich lange aufbleiben. Danke. *(Mrs. Peignoir geht verwundert ab.)*

Alan *(zu Jean)* Ich glaub das alles nicht. *(Zu Basil)* Entschuldigen Sie, wir nehmen dann bitte zwei Einzelzimmer, falls die Polizei damit einverstanden ist.

Basil Zwei Einzel. Selbstverständlich. Also...

Jean *(vertraulich)* Nebeneinander.

Basil Nebeneinander... – O je. Das geht nicht mehr. Wie schade...

Sybil *(platzt interessiert herein)* Guten Abend.

Alan & Jean Guten Abend.

Basil Ähm...

Sybil Ein Doppelzimmer, ja?

Jean Wir hätten gern eins.

Basil Zwei Einzel, Schatz. *(Pianissimissimo)* Nicht verheiratet.

Sybil Was?

Basil Ach nichts, Schatz. Ich mach das schon, Schatz.

Sybil Nun, siebzehn und achtzehn sind frei. *(Zu Alan und Jean)* Sie müßten sich allerdings ein Bad teilen.

Basil Neiiiiin! Ach, Audrey hat angerufen... *(Leise)* Ich mach das schon... – und George hat sie schon wieder verlassen.
Sybil Oh, nicht doch.
Basil *(zu Alan und Jean)* Also, wir haben eins im ersten Stock und eins ganz oben.
Sybil Soll **ich** mich mal darum kümmern, Basil?
Basil Ich mach das schon, Schatz.
Sybil Nein, Schatz, laß doch nur... Also, Sie wollten zwei Einzelzimmer?
Basil Ich sagte, ich mach das schon.
Sybil Macht es Ihnen etwas aus, das Badezimmer zu teilen?
Basil Hör mal, ich war zuerst hier.
Sybil *(fröhlich)* Na, dann bin ich jetzt an der Reihe.
Basil Ich war im Korea-Krieg dabei, vergiß das nicht. Ich habe vier Männer getötet... *(Er verschwindet beleidigt.)*
Sybil Er war bei der Verpflegungstruppe. Er hat sie vergiftet.

Basil geht ins Büro, schließt die Tür zur Empfangshalle und horcht. Es klopft an der anderen Tür.

Basil Ja?... Wer ist da?
Manuel *(von draußen)* Ist Manuel.
Basil Was willst du?
Manuel Kann ich jetzt gehen?
Basil Ich dachte, du wärst schon weg.
Manuel *Qué?*
Basil Ich dachte, du wärst schon weg.
Manuel Nein, nein, ich hab es abgedreht.
Basil Was?
Manuel War ungefähr so hoch...
Basil Nein, ich habe gesagt, ich dachte... *he creduto que*... ach, ist ja auch egal.
Manuel *Qué?*
Basil Es ist egal!
Manuel ...Oh, Sie denken, ich schon weg!
Basil Ja.
Manuel Nein, nein, ich gehen jetzt.
Basil Wunderbar.
Manuel Was? Ist okay?
Basil Ist okay.

Manuel Danke. *(Klopft erneut.)*

Basil Ja?!

Manuel Bevor ich gehen.

Basil *(macht die Tür auf)* Ja, was **ist** denn?

Manuel Ist mein Geburtstag.

Basil Ja, ich weiß.

Manuel *(beginnt, eine vorbereitete Rede vorzulesen)* Ich möchte bedanken mich für Ihr wunderschönes Geschenk... *(Er hebt einen neuen Regenschirm.)*

Basil Ja, ja, schon gut...

Manuel ...und für viele Freundlichkeit für mich, seit ich hier gekommen bin.

Basil Keine Ursache, gern geschehen.

Manuel Seit von Spanien ich gekommen bin und geblieben zurück meine Mutter...

Basil Draußen.

Manuel *Qué?*

Basil Draußen. *(Er schlägt die Tür zu.)* Danke. *(Geht wieder zur anderen Tür, um zu horchen.)*

Manuel *(von draußen)* Seit von Spanien ich gekommen bin und geblieben zurück meine Mutter, meine fünf Brüder und vier Schwestern.

Basil *(macht Manuels Tür wieder auf)* Gib her... danke. *(Er zerreißt das Redemanuskript und macht die Tür zu; Manuel drückt sich draußen rum; Sybil kommt herein.)*

Sybil Gibst du ihn mir, Basil?

Basil Was denn, Schatz?

Sybil Ich will den Schlüssel haben.

Basil Ich hab hier nur den Schlüssel für Zimmer zwölf, Schatz.

Sybil Genau den.

Basil Jetzt paß mal auf, Sybil...

Sybil Basil!!!

Basil streckt ihr den Schlüssel entgegen; sie geht zurück zum Empfang.

Basil Wenn ich nicht größer wäre als du...

Manuel Seit ich gekommen...

Basil öffnet die Tür und schlägt Manuel. Manuel trippelt eilig in die Empfangshalle.

Basil Hier, Manuel – nach Nummer zwölf, bitte.
Manuel *Sí, sí.*
Sybil Basil... *(Sie und Basil gehen streitend ab.)*

Manuel trägt die Koffer nach oben. Alan und Jean folgen nach; auf der Treppe kommt ihnen Polly entgegen.

Polly Jean!
Jean Hallo, Poll!!
Polly Was macht ihr denn hier?
Jean Im Bellevue haben wir nichts mehr gekriegt.
Polly O nein... Hallo, Alan! *(Sie umarmen sich.)*
Jean Das wird lustig. Meine Eltern kommen morgen an.
Polly Was? Hierher? Ich hab euch doch gewarnt!
Alan Ja, wir haben den legendären Fawlty auch schon kennengelernt!
Polly Psst! Vertraulichkeiten mit Gästen sind unerwünscht. *(Sie winkt ihnen, ihr nach oben zu folgen.)*
Jean Oh, dein Kleid gefällt mir.
Polly Ich kann dir das Schnittmuster geben.

Oben im Flur hält Manuel ihnen die Tür auf.

Jean Gehst du zu Fionas Hochzeit?
Polly Ich kann nicht, aber ich komm zum Empfang, in meiner höchsteigenen Jean-Wilson-Kreation.
Jean Die mußt du nachher mal anprobieren.
Polly Gern. Was macht denn der hinreißende Stiefvater?
Jean Oh, den habe ich seit einem Monat nicht gesehen. Er war in Singapur.
Alan Ach verdammt! Ich hab vergessen, Batterien für den Rasierapparat zu besorgen. Ist jetzt noch irgendwo offen, Poll?
Polly Vielleicht findest du noch eine Drogerie.
Alan Tja, dann guck ich wohl noch mal eben. Dauert nicht lange.

Er geht wieder nach unten. Manuel hält den Zimmerschlüssel in die Runde.

Jean Kommt Richard auch heute abend?
Polly Hmmm... wir werden so gegen zehn da sein.
Jean Toll.

Sie gehen ins Zimmer. Manuel zuckt mit den Achseln und wirft ihnen den Schlüssel ins Zimmer nach. Unten am Empfang. Alan nähert sich dem Tresen etwas zögerlich, da es Basil ist, der dahinter steht.

Alan Hallo. . .
Basil . . .Ja?
Alan Wir haben mit Ihrer Frau alles noch glücklich geregelt gekriegt.
Basil Davon weiß ich nichts. Wünschen Sie etwas?
Alan Ja, sehen Sie, ich weiß, daß es ein bißchen spät ist, aber wissen Sie, ob noch irgendwo eine Drogerie offen ist?
Basil *(zieht den falschen Schluß)* Wie bitte?
Alan Wissen Sie, ob es hier eine Drogerie gibt, die noch aufhat?
Basil Das finden Sie wohl witzig, nehme ich an.
Alan Witzig?
Basil Ha. Ha. Ha.
Alan Nein, ich möchte es wirklich wissen.
Basil Ach, möchten Sie das, also ich nicht. Soweit ich weiß, sind alle Drogerien geschlossen. Sie werden bis morgen warten müssen. Tut mir leid. Ziemlicher Schlag für Sie, kann ich mir vorstellen.
Alan Was?
Basil Nichts. Sie haben schon verstanden. War das alles?
Alan Na ja. . .
Basil Ja?
Alan Sie haben wohl nicht zufällig ein paar. . .
Basil Also hören Sie mal! Treiben Sie's nicht zu weit. Meine Geduld hat auch mal ein Ende, wissen Sie.
Alan Ich brauch doch nur ein paar Batterien.
Basil *(seine Phantasie geht vollends mit ihm durch)* . . .Ich glaub es nicht.
Alan Was?
Basil Batterien, ja? Wissen Sie was? Sie widern mich an. Ich weiß, was Leute wie Sie für Sachen machen, und ich finde es widerlich.
Alan Wovon reden Sie? Ich brauch Batterien für meinen Rasierapparat. Ich möchte mich rasieren.
Basil Ach ja?
Alan Hören Sie! Ich habe mich heute nicht rasiert. Da, sehen Sie? *(Zeigt Basil sein stoppeliges Kinn.)*
Basil Ein Elektrorasierer, ja?
Alan Genau.
Basil . . .Nun, das meinte ich, als ich sagte, es sei widerlich. . . Es ist

natürlich **widerlich**, daß Sie sich nicht rasiert haben, aber verständlich. Ich meine, manchmal rasiere ich mich auch nicht, und das ist ebenfalls **widerlich**, also, ich lasse Ihnen sofort einen Rasierapparat aufs Zimmer bringen, haben Sie vielen Dank, gute Nacht.

Alan wirkt verwirrt. Basil geht ins Büro und schlägt die Hände vors Gesicht.

Später Abend; das Schlafzimmer der Fawltys. Basil und Sybil liegen in getrennten Betten, beide lesen. Sybil ißt außerdem Pralinen. Sie stößt drei quietschende Lacher ob des Inhalts ihrer Illustrierten aus; Basil zuckt zusammen. Das Telefon klingelt; Sybil nimmt ab.

Sybil Hallo... Audrey! Gibt's was Neues?... Meine Güte, er hat doch nicht... ooh! Ich **weiß**... Er verdient dich nicht, Audrey, wirklich nicht... genau... das weiß ich doch... *(All dies ist Basils Konzentration nicht förderlich.)* Ich **weiß...** ich **weiß...** oh, ich **weiß...**

Basil Willst du die ganze Nacht so weitermachen?

Sybil Wie war das, Audrey?... oh, ich **weiß...** ich **weiß...**

Basil Warum **erzählt** sie's dir dann?

Sybil Das verstehe ich, Liebes, wirklich.

Basil Das ist ja nicht zum Aushalten. Ich mach das Dach sauber oder was weiß ich. *(Steigt aus dem Bett; an der Haustür klingelt es.)* Ah! Klingeln an der Haustür. Da ist jemand spät zurückgekommen.

Sybil *(ignoriert Basil völlig)* Ja... ja...

Basil Wahrscheinlich haben sie den Hauptschlüssel vergessen.

Sybil ... Oh, ich **weiß...**

Basil Am besten sollte jemand nach unten gehen und sie reinlassen.

Sybil ... Ja!...

Basil Dann geh ich mal, was? *(Nickt mehrmals.)*

Sybil ... Hmmmm...

Basil Ja, finde ich auch. Genau. Ich geh dann also... *(Zieht seinen Bademantel über; es klingelt erneut.)* Ich meine, du weißt doch wohl, wer das ist, oder? Wird dein sauberes Pärchen sein. Die Karma-Sutra-Bande. Guten Abend, willkommen im Basil-Fawlty-Eros-Center...

Sybil Nein, Liebes, das ist bloß Basil.

Er stürmt hinaus und knallt die Tür zu. Wütend kommt er die Treppe zur Empfangshalle hinunter. Wieder klingelt es.

Basil Ich komm ja! Ich komm ja! *(Schließt zornig die Tür auf.)* Ich nehme an, Sie wissen, wie spät es ist?

Aber es ist Mrs. Peignoir. Sie hat einen leichten und ganz wunderbaren Schwips.

Mrs. Peignoir Oh, Mr. Fawlty, es tut mir so leid.
Basil *(trieft sofort vor Charme)* Aber nein, es ist ja erst viertel nach elf.
Mrs. Peignoir Oh, ich hab Sie aus dem Bett geholt.
Basil Oh, nicht doch, ich hatte sowieso noch ein paar Kleinigkeiten zu erledigen und. . .
Mrs. Peignoir Sie sind so freundlich.
Basil Ach, na ja. . .
Mrs. Peignoir Oh, der Abend war wunderbar!
Basil Ja wirklich? Wie schön!
Mrs. Peignoir Ich habe einige Freunde getroffen, die ich seit Jahren nicht mehr gesehen hatte, und ich habe ein kleines bißchen zuviel getrunken, fürchte ich.
Basil Aber nein, ich meine, wozu lebt man denn, wenn man sich nicht mal ein bißchen. . . äh. . .
Mrs. Peignoir Vollaufen lassen kann?
Basil Na ja, voll doch wohl kaum.
Mrs. Peignoir Ach, Mr. Fawlty, Sie sind wirklich charmant.
Basil Nun, man tut sein Bestes.
Mrs. Peignoir Ich hoffe, Mrs. Fawlty weiß ihr Glück auch zu würdigen.
Basil Tja, das glaube ich eher nicht.
Mrs. Peignoir *(läßt ihre Handtasche fallen)* Oh!

Basil bückt sich augenblicklich, um sie aufzuheben.

Basil Oh, bitte, erlauben Sie. . . Entschuldigung. . . tut mir leid. . . ah, da haben wir's. . .

Er stößt mit ihr zusammen, sinkt nieder auf Hände und Knie, sie kommt ungewollt und kichernd auf seinem Rücken zu sitzen. In diesem Moment kommen Alan und Jean herein. Sie erhebt sich und kollidiert mit Alan.

Alan Entschuldigung. . .
Basil *(rappelt sich auf)* Ah, da sind Sie ja! Kommen Sie doch rein.

Alan Tut mir furchtbar leid, aber wir wußten nicht...

Basil *(erklärt lautstark)* Nein, das ist wirklich ein Ding, es hatte gerade geklingelt, und ich dachte mir, na, das werden wohl Alan und... äh... sein, und ich kam runter, und siehe da, es waren gar nicht Sie, sondern Mrs. Peignoir – kennen Sie sich schon? – Alan und... äh, das ist Mrs. Peignoir, sie ist Antiquitätenhändlerin, ich meine, sie handelt damit, sie ist nicht etwa selbst eine, ha, ha, ha, und da hab ich sie hereingelassen vor nicht mal zehn Sekunden, was sag ich, fünf, kaum Zeit, um guten Abend zu sagen, und sie kommt also herein und läßt ihre Sachen fallen, einfach so, und ich gleich runter und sie drüberweg, ha, ha, ha, und du meine Güte, da kommen Sie, Menschenskind, ist es schon so spät, ach herrje, und ich dachte, es sei erst viertel nach zehn, mein Gott, tja, dann geh ich mal schnell ins Bett, ich kann nicht die ganze Nacht hier herumstehen und mich unterhalten, man braucht seinen Schlaf, Wiedersehen... tut mir leid... *(Verschwindet die Treppe hinauf.)*

Alan *(zu Mrs. Peignoir)* Alles in Ordnung mit Ihnen?

Mrs. Peignoir *(immer noch lachend)* Ja, danke. Gute Nacht.

Alan Jean, ich erledige noch schnell den Anruf.

Jean Mach nicht so lange. *(Sie folgt Mrs. Peignoir nach oben.)*

Im Schlafzimmer der Fawltys hat Sybil ihr Telefonat beendet und sich wieder ihrer Illustrierten und ihren Pralinen zugewandt. Basil kommt geräuschvoll gähnend herein.

Sybil ...Na?

Basil ...Hmmmmm?

Sybil Wer war da?

Basil Das waren deine, äh... beiden Freunde... Pah! Ts! Khh!

Er geht wieder ins Bett. Vom Flur her hört man:

Jeans Stimme Gute Nacht.

Mrs. Peignoirs Stimme *Bonne nuit.*

Sybil wirft Basil einen vernichtenden Blick zu.

Basil Oh, und dann noch diese... diese Frau... äh?

Sybil Mrs. Peignoir.

Basil Ja, so ungefähr...

Mrs. Peignoirs Stimme *Dormez bien*, Monsieur Fawlty.

Unbehagliche Pause.

Basil Wie geht's Audrey?
Sybil Sie ist in einem fürchterlichen Zustand.
Basil *(abwesend)* Aha, fein, fein.

Es klopft an der Tür. Basil versucht zunächst, es zu ignorieren, aber Sybil blickt ihn unverblümt an.

Basil *(laut)* Da ist jemand an der Tür, Sybil.
Sybil Warum schreist du so, Basil?
Basil Hab ich geschrien? Entschuldige, Sybil! *(Völlig entnervt steht er auf und zieht seinen Bademantel über.)* Na, dann will ich mal sehen, wer das ist, Sybil. Ich schätze, es ist ein Schlüssel, den der Gast für seine Tür vergessen hat, oder irgendeine unschuldige Erklärung dieser Art. Bist du bereit, Sybil?
Sybil *(etwas verblüfft)* Ich bin bereit, Basil.
Basil Gut. Also, dann guck ich jetzt, wer da ist, Sybil. Fertig, Sybil? *(Er macht die Tür zwei Zentimeter weit auf; da er niemanden sehen kann, geht er hinaus auf den Flur.)* Hallo?

Manuel, der einen albernen Hut trägt, mit ein paar Luftschlangen geschmückt und offensichtlich ziemlich angeschickert ist, springt hinter einer Ecke hervor.

Manuel *Olé! (Basil fährt heftig zusammmen und fällt hin.)* Oh, tut so leid, Mr. Fawlty. . . **armer** Mr. Fawlty! *(Beugt sich nieder, um Basil aufzuhelfen.)*
Sybils Stimme Basil, ist alles in Ordnung?
Basil Nein, ich liege im Sterben, aber bleib ruhig im Bett.
Manuel Ich Sie haben verletzt, und Sie so wunderbar, geben mir so schönes Geschenk. Danke. . .
Basil Manuel, du bist betrunken.
Manuel Nein, ist schön, ist mein erster. Danke, dank. . . *(Basil stöhnt.)* Oh, Mr. Fawlty, tut so leid, bitte. . .

Alan kommt hinter ihnen um die Ecke und sieht Manuel und Basil in enger Umklammerung auf dem Fußboden.

Manuel Mr. Fawlty, ich liebe Sie, ich liebe Sie, Sie sein so nett, sein so gut zu mir. Ich liebe Sie, ich liebe Sie!

Alan geht eilig und kopfschüttelnd weiter.

Sybils Stimme Basil, ich versuche hier zu lesen.
Manuel Seit von Spanien ich gekommen und geblieben zurück meine fünf Mütter und vier Tanten...

Basils Hände langen nach oben und versuchen, Manuel zu erwürgen.

Der Speisesaal, am nächsten Morgen. Basil tritt an Mrs. Peignoirs Tisch.

Basil *Et maintenant – un peu de café?*
Mrs. Peignoir *Ah, oui, s'il vous plaît. Café au lait.*
Basil Café was?
Mrs. Peignoir *Au lait.*
Basil Ah! *Café... Olé!*

Manuel, der sehr schlecht aussieht, erscheint mit zwei Tassen Kaffee. Er schwankt auf Alans und Jeans Tisch zu und stellt den Kaffee ab, wobei er ein wenig verschüttet. Er versucht es aufzuwischen, da überkommt ihn Übelkeit, und er wird von Polly in die Küche zurückgeführt. Basil bringt den Kaffee für Mrs. Peignoir.

Basil Da kommt er. *Voilà va-t-il. Café pour vous.*
Mrs. Peignoir *»Vous«? Pas »pour toi«?*
Basil Nein, ich werde wohl erst nachher einen trinken.
Mrs. Peignoir *(lacht fröhlich)* Oh, das war sehr komisch!
Basil Oh, fein, fein.
Mrs. Peignoir Ach, Mr. Fawlty, hätt ich fast vergessen – das Fenster in meinem Zimmer – ich kriege es nicht auf... äh... könnten Sie...?
Basil Aber sicher, ich geh kurz rauf und bring es in Ordnung, selbstverständlich.

Er entfernt sich. Manuel erscheint mit zwei vollen Tellern. Der Anblick des Essens hat eine ungünstige Wirkung auf ihn, und so sinkt er auf die Knie. Basil taucht hinter ihm auf und rettet die Mahlzeiten.

Basil Recht vielen Dank. *(Stellt sie auf Alan und Jeans Tisch.)* Manuel?

Manuel *(auf dem Fußboden)* Ist schrecklich.

Basil Manuel, würdest du bitte in die Küche gehen.

Manuel Kann nicht.

Basil Manuel! Geh sofort in die Küche.

Manuel Oh, nein, nein, nein.

Basil Na los, Manuel.

Manuel Nein, nein... bitte, ich hier sterben, bitte.

Basil *(zu den Gästen)* Entschuldigen Sie bitte den Zwischenfall. Er hat in letzter Zeit furchtbar hart gearbeitet.

Polly *(kommt dazu)* Kann ich helfen, Mr. Fawlty?

Basil Das schaffe ich schon allein, danke, Polly. *(Er versucht, Manuel hochzuheben, fällt dann aber mit ihm zu Boden.)*

Alan *(zu Jean)* Da macht er's schon wieder.

Jean Widerlich!

Basil *(immer noch am Boden)* Wie bitte?

Jean Nichts!

Basil Ich dachte, Sie hätten was gesagt.

Alan Nein, nein, machen Sie nur weiter.

Basil *(trägt Manuel hinaus; zu den Gästen.)* Weiteressen, weiteressen!

Zwei Neuankömmlinge, Mr. und Mrs. Lloyd, stehen am Empfang. Sybil kümmert sich um sie.

Sybil Danke, Mr. Lloyd. Nur für eine Nacht, nicht wahr?

Mr. Lloyd Richtig.

Sybil Möchten Sie zu Mittag essen?

Mr. Lloyd Dazu werden wir leider keine Zeit haben, wir müssen um halb drei zu einer Hochzeit...

Mrs. Lloyd Ach bitte, könnte ich wohl mal telefonieren?

Sybil Bitte, nehmen Sie doch dieses Telefon.

Mr. Lloyd Wäre es möglich, uns ein paar Sandwiches aufs Zimmer zu bringen?

Sybil Selbstverständlich. Hier ist der Schlüssel. Ich lasse Ihre Koffer gleich hinaufbringen.

Mr. Lloyd Danke sehr.

Mr. Lloyd geht die Treppe hoch. Mrs. Lloyd wählt.

Sybil *(auf dem Weg in die Küche)* Möchten Sie Kaffee zu Ihren Sandwiches?
Mrs. Lloyd Ja, bitte.

Sybil verschwindet. Alan und Jean kommen aus dem Speisesaal.

Jean Mama!
Mrs. Lloyd *(küßt sie)* Hallo, Liebling, hallo, Alan.
Alan Hallo, Rachel.
Jean Wo ist Philip? Hatte er eine schöne Reise?
Mrs. Lloyd Fabelhaft. Er ist oben. *(Ins Telefon)* Guten Tag, könnte ich bitte mit Mrs. Brice sprechen?
Jean Bis gleich. *(Sie springt die Treppe hoch.)*
Alan Ich frühstücke eben zu Ende. *(Geht wieder in den Speisesaal.)*
Mrs. Lloyd Nur zu, mein Lieber.

Aus dem Speisesaal kommt Basil mit Sybil, die auf die Koffer zeigt.

Sybil Da stehen sie.
Basil Und, wo ist der Schlüssel?
Sybil Er hat ihn schon mit hochgenommen, Basil.
Basil In Ordnung.
Mrs. Lloyd *(ins Telefon)* Anne – hier ist Rachel Lloyd... wie steht's denn so?
Basil *(zu Mrs. Lloyd)* Ich bringe jetzt Ihre Koffer nach oben.
Mrs. Lloyd *(ins Telefon)* Ja, ich **weiß...**

Basil seufzt bei dieser vertrauten Wendung und trägt die Koffer nach oben. Im Zimmer der Lloyds umarmt Jean gerade Mr. Lloyd.

Jean Du bist ein Schatz, es ist **wunderschön... danke.**

Sie küßt ihn. Basil öffnet die Tür und sieht es, er macht sie erschrocken wieder zu und läuft nach unten.

Basil Sybil! Sybil! *(Er sieht Mrs. Lloyd am Empfang stehen und beschließt, sie von den Vorgängen im Zimmer oben abzuschirmen.)* Ah!... Guten Tag!
Mrs. Lloyd Guten Tag.
Basil Sie sind Mrs. Lloyd, nicht wahr?

Mrs. Lloyd Richtig.

Basil Aha, guten Tag. Fawlty, Basil Fawlty. *(Schüttelt ihr die Hand.)*

Mrs. Lloyd Guten Tag.

Basil Ja, wirklich ein guter Tag. Wir können nicht klagen, ha, ha, ha.

Mrs. Lloyd *(versteht das alles nicht)* Fein.

Basil Tja. . . hah! *(Zeigt auf die Küchentür)* Wir. . . äh. . . haben kürzlich diese Tür in die Wand setzen lassen. . . ist recht gut geworden, finden Sie nicht?

Mrs. Lloyd Ja, ja, sehr schön.

Basil O ja, fabelhaft, sie hat richtig unser Leben verändert. Wissen Sie, früher mußten wir immer die hundert Meter da hindurch und wieder zurück, aber jetzt können wir sie sozusagen einfach aufmachen. . . *(Sie klemmt.)* Meine Güte, sie funktioniert nicht so gut wie sonst, ha, ha, ha. . . *(öffnet sie)* . . .und direkt hineingehen, einfach so, es ist fabelhaft. Einfach, aber effektiv. Möchten Sie vielleicht einmal probieren, sich die Küche anschauen und. . .

Mrs. Lloyd Nun, später gerne einmal, aber ich glaube, ich sollte jetzt sehen, daß ich nach oben komme. Also bis später. . .

Sie macht Anstalten zu gehen. Basil greift sich plötzlich an den Oberschenkel.

Basil Aaaaah!. . . Oooooh!

Mrs. Lloyd Alles in Ordnung mit Ihnen?

Basil Bißchen Ärger mit dem Bein. Ich setz mich am besten hier hin, nur für einen Moment. *(Er humpelt rückwärts in die Küche und setzt sich auf einen großen Wäschekorb; sie folgt ihm unschlüssig.)* Stück von einem Schrapnell. Korea-Krieg. Immer noch drin. O je!

Mrs. Lloyd Kann man es nicht entfernen?

Basil Zu tief. Zu tief. Aaaaah!. . . Tja, dies ist also die Küche, wie Sie sehen. . .

Mrs. Lloyd Was. . .

Basil Die Küche. . . Aaah!. . . Ja, wir haben sie vor ungefähr fünf Jahren verputzen lassen. . . inzwischen gibt es ein paar Risse da oben. . . *(Mrs. Lloyd bemerkt Manuels Füße, die aus dem Wäschekorb herausragen.)* Oh, machen Sie sich keine Sorgen um ihn, der ruht sich nur aus. Er kommt aus Spanien. Barcelona, wissen Sie. Siesta sozusagen. Aber es geht ihm gut. *(Hebt den Deckel, um dies zu demonstrieren; Manuel stöhnt; Basil schließt den Deckel und setzt sich wieder.)* Er hatte gestern Geburtstag. . . na, jedenfalls haben wir da oben also ein paar Risse, aber nichts Schwerwiegendes. . . also, wie gesagt, es ist zwar nicht die Sixtinische Kapelle, aber wir sind sehr zufrieden damit. *(Er sieht Jean durch die Halle gehen und steht auf.)*

Mrs. Lloyd Sind Sie sicher, daß mit ihm alles in Ordnung ist?

Basil Was? O ja, dem geht's gut.

Manuel stöhnt erneut.

Mrs. Lloyd Aber er stöhnt immerzu.

Basil Ach ja, wirklich?

Mrs. Lloyd Hören Sie das denn nicht?

Weiteres Gestöhne.

Basil Mag wohl sein. Hören Sie, mir fällt gerade ein, daß ich Ihre Koffer aus Versehen vor Ihrem Zimmer habe stehenlassen – wäre es Ihnen recht, wenn ich sie jetzt hineinstelle. . . es sei denn, Sie möchten sich noch ein bißchen weiter umschauen?

Mrs. Lloyd Nein, aber. . . *(Sie blickt zu Manuel hin.)*

Basil Oh, machen Sie sich keine Sorgen, meine Frau wird sich darum kümmern. Sybil! Wenn Sie also bitte. . . mitkommen wollen, kommen Sie. *(Führt sie aus der Küche heraus.)*

Im Zimmer der Lloyds; es klopft an der Tür.

Mr. Lloyd Herein.

Polly kommt mit einem Tablett herein.

Polly Ihre Sandwiches, Mr. Lloyd.

Mr. Lloyd *(erkennt mit Verzögerung, wen er vor sich hat)* Polly!

Polly Hallo!

Mr. Lloyd Wie geht es dir?

Polly Großartig.

Mr. Lloyd Wie schön, dich zu sehen.

Polly Du bist immer noch hinreißend.

Sie umarmen sich. Basil öffnet die Tür und sieht es ungläubig. Er macht die Tür eilig wieder zu und fragt sich, wie er Mrs. Lloyd davor bewahren kann.

Mrs. Lloyd Stimmt irgend etwas nicht?
Basil Mrs. Lloyd... äh... kann ich Sie mal kurz sprechen?
Mrs. Lloyd Das tun Sie doch schon.
Basil *(denkt rasend nach)* Ja... ich muß Ihnen etwas erklären.
Mrs. Lloyd Ja?
Basil *(öffnet die Tür zu einem anderen Zimmer)* Lassen Sie uns hier hineingehen.
Mrs. Lloyd Oh, ist das wirklich unbedingt nötig?
Basil Ich fürchte, ja.

Verwirrt und gründlich beunruhigt folgt sie Basil in das Zimmer.

Basil Mrs. Lloyd, es tut mir wirklich leid... aber dieses Zimmer ist viel hübscher... als das, das wir Ihnen gegeben haben...
Mrs. Lloyd Was...?
Basil Ich sagte, es tut mir leid, daß dieses Zimmer so viel hübscher ist als Ihres... und ich wollte Sie hier reinführen und es Ihnen zeigen... und mich entschuldigen... falls Sie es später herausgefunden hätten und ziemlich ärgerlich geworden wären. Also, die Sache ist die... ähm... die Sache ist die... falls sich herausstellt, daß Sie mit Ihrem Zimmer nicht zufrieden sind, dann könnten wir Ihnen immer noch dieses hier geben, aber ich glaube nicht, daß sich das lohnen würde, solange Sie nicht endgültig beschlossen haben, daß Ihnen das andere nicht so sehr zusagt wie dieses hier, und dann könnten wir uns quasi an einen Tisch setzen und alles richtig ausdiskutieren und... *(Er schaut hinaus und sieht, daß Polly das Zimmer der Lloyds verläßt.)* ...und dann ist das alles ein Kinderspiel. Fertig ist der Lack! Okay? Fein. *(Führt sie zurück zu ihrem Zimmer.)* ...Oh, Entschuldigung, tut mir leid. *(Er stellt die Koffer ins Zimmer der Lloyds.)*
Mr. Lloyd Danke, vielen Dank. *(Zu seiner Frau)* Ich habe mich schon gefragt, wo du bleibst, Liebling. *(Basil wirft ihm einen haßerfüllten Blick zu und geht.)* Liebling... Liebling – alles in Ordnung?
Mrs. Lloyd Aber... dieses Zimmer ist genau das gleiche wie... das andere...

Draußen im Flur kocht Basil vor Wut. Währenddessen ist in ihrem Zimmer Jean dabei, Alan den Nacken zu massieren, während Polly eins von Jeans Kleidern anprobiert.

Polly Jean, es ist absolut umwerfend.
Jean Ein bißchen eng um die Brust.
Polly Oh, ich finde es toll.
Alan *(reagiert auf die Massage)* Tiefer.
Jean *(zu Polly)* Bist du sicher?
Polly Hmm. Kann ich's mir heute abend abholen?
Alan Tiefer... Oh, fabelhaft! So ist richtig! Ooh!

Polly zieht das Kleid aus und ihr eigenes wieder an. Auf dem Flur verfolgt Basil Alans Stimme im Fortgang der Massage.

Alans Stimme Oh, das ist irre. Echt irre! Aaah! Wunderbar! Ooh! Mensch Baby, hast du einen Lehrgang gemacht?
Pollys Stimme Also, bis heute abend.

Sie öffnet die Tür; Basil kauert sich hinter eine Ecke, als sie herauskommt.

Polly Für einen Zehner ist das absolut fantastisch!

Sie verschwindet die Treppe hinunter, wobei sie sich immer noch hinten an ihrem Kleid zu schaffen macht. Basil ist ziemlich entsetzt.

Basil Nein, nein, nein, neeiiin... *(Er rennt hinunter in die Halle, wo er auf Polly trifft.)* Polly, ich seh dich in einer Minute in deinem Mantel hier am Empfang.
Polly Verzeihung?
Basil Ich seh dich in einer Minute in deinem Mantel hier am Empfang.
Polly Meinen Sie denn, daß er Ihnen paßt?
Basil Nicht... nicht mir... Dir! *(Er rauscht ins Büro, wo Sybil bei der Arbeit sitzt.)* Sie müssen gehen!
Sybil Was?
Basil Sie müssen gehen.

Er rast nach oben, klopft an die Tür der Lloyds und stößt sie jäh auf.

Basil Tut mir leid, aber Sie müssen gehen. Uns ist ein Irrtum unterlaufen. Diese Zimmer sind alle schon belegt. *(Merkt, daß das Zimmer leer ist.)* Hallo?

Die Lloyds, Alan und Jean sind in Alans Zimmer.

Jean Sie hat auf ihm gesessen!
Alan Und fünf Minuten später habe ich ihn unter dem Kellner auf dem Boden liegen sehen!

Die Tür geht auf, Basil schaut herein und starrt sie an.

Basil . . .Aha, da sind Sie. . . Ja, ja, das hätte ich mir auch denken können, nicht wahr? Ja, ich verstehe. Wir sind hier in Torquay natürlich ein bißchen zurückgeblieben. Nun denn, es tut mir leid, aber Sie müssen wieder ausziehen. Uns ist ein Irrtum unterlaufen – diese Zimmer sind alle schon belegt. Tut mir äußerst leid. *(Er geht; dann kommt er wieder zurück.)* Nun, in Wirklichkeit tut es mir nicht leid. Ich meine, Sie kommen hierher, einfach so, und also, also, um es ganz offen zu sagen, Sie amüsieren sich hier ganz prächtig auf unsere Kosten. Ich meine, ich glaube, Sie wissen schon, was ich meine. Hah! Ich meine, Sie haben sich wirklich **sehr gut** amüsiert, nicht wahr? Tja, aber nicht bei uns, meine Herrschaften! O nein! Danke und gute Nacht!

Er knallt die Tür zu und stürmt davon, die Gäste bleiben sprachlos zurück. Unten angelangt, stürzt er ins Büro.

Basil So, das hätten wir erledigt!
Sybil Basil, **was** ist los? Warum hast du Polly gesagt, daß sie ihre Sachen packen soll?
Basil Weil sie gehen muß. Zusammmen mit den Lloyds und dem Pärchen, das du reingelassen hast. So was hab ich in meinem ganzen Leben noch nicht gesehen! **Bei Gott!!**
Sybil Basil, wovon redest du? Warum gehen sie?
Basil Das kann ich dir genau sagen, warum sie gehen. Erstens – ich geh da rauf und finde dieses Mädchen in seinen Armen. Und fünf Minuten später ist Polly bei ihm!
Sybil Welches Mädchen?
Basil Na, **das** Mädchen!
Sybil Sie ist seine Tochter.
Basil Was?
Sybil Sie ist Mr. Lloyds Stieftochter. Sie gehören alle zu **einer** Familie.

Eine lange, lange Pause folgt, in der die ganze Tragweite dieser Information langsam in Basils Bewußtsein dringt.

Basil Na gut, was ist mit Polly?
Sybil Sie ist mit Jean zur Schule gegangen. Sie kennen sich alle seit Jahren.
Basil Seit Jahren?
Sybil Seit Jahren.
Basil . . . Was hab ich bloß getan?
Sybil Was hast du denn getan?
Basil Ich hab sie rausgeworfen.
Sybil Du hast sie **rausgeworfen?**
Basil Ja, woher sollte ich das denn wissen? Warum hast du mir nichts gesagt, du **Schwachkopf?** Warum haben **sie** mir nichts gesagt? Du kannst mir nicht die Schuld geben dafür!
Sybil *(gelassen)* Geh hin und sag ihnen, daß sie bleiben können.
Basil . . . Warum gehst du nicht und sagst es ihnen?
Sybil **Ich** hab sie nicht rausgeschmissen.
Basil Ja, ja, ich nehme an, es war alles meine Schuld, ja?
Sybil *(bestimmt)* Geh und sag's ihnen! . . . Sofort!
Basil Nein, das mach ich nicht.
Sybil Doch, das machst du.
Basil Nein, nein.
Sybil *(erhebt sich)* O doch.
Basil O doch. Ich mach es. Alles klar! Genau – überlaß mir das! Ich hol dich da raus. Dafür bin ich noch immer gut. Basil Fawlty GmbH. Beseitigung von Mist, den andere Leute gebaut haben. Anmeldung bei meiner Frau Sybil . . . Ich meine, was soll ich denn sagen?!
Sybil Sag ihnen, du hättest einen Fehler gemacht.
Basil Oh, genial. War es das, was Britannien groß gemacht hat? »Tut mir wirklich leid, ich habe einen Fehler gemacht.« Was hast du eigentlich da, wo andere Leute ihr Gehirn haben – Biskuit?

Er rast hinaus in die Halle. Polly kommt in Hut und Mantel die Treppe hinunter.

Basil Äh . . . sehr schön. Sehr schön. Leg das ab, geh wieder an die Arbeit. »Tut mir wirklich leid, ich habe einen Fehler gemacht.«

Er saust an der benommenen Polly vorbei und stürmt die Treppe hinauf, zu gedankenverloren, als daß er den ihm entgegenkommenden Mr. Lloyd bemerken würde.

Basil *(für sich)* Tut mir wirklich leid, ich habe einen Fehler gemacht.

Mr. Lloyd blickt ihm befremdet nach, geht dann weiter die Treppe runter. Im oberen Flur kommt Basil abrupt zum Stehen.

Basil *(ins Leere)* Tut mir wirklich leid, ich hab einen Fehler gemacht.

Er klopft an Alans Tür und öffnet sie. Die Anwesenden blicken ihm entgegen.

Basil Tut mir leid... tut mir wirklich leid, aber meine **Frau** hat einen Fehler gemacht, ich weiß nicht, wie das passiert ist, aber es ist passiert, sie hat ein völliges Kuddelmuddel angerichtet, wie üblich, es spricht nichts dagegen, daß Sie bleiben, ich habe alles wieder geregelt, es tut mir schrecklich leid, aber Sie wissen ja, wie die Frauen sind, sie müssen sich alle ein einziges Gehirn teilen, na gut, nicht alle, aber einige, besonders meine Frau, also bleiben Sie doch, und bis später, danke, recht vielen Dank. *(Er wirbelt herum und erblickt Mr. Lloyd; er ist nicht in der richtigen Verfassung für Überraschungen; er fährt zusammen, und für den Bruchteil einer Sekunde scheint er Mr. Lloyd schlagen zu wollen, zieht dann aber zurück, verbeugt sich und sagt mit Mühe)* ... Wie ich gerade sagte... bleiben Sie doch bitte... meine Frau hat einen ganz furchtbaren Fehler gemacht. *(Unter Verbeugungen geht er ab.)*

Mr. Lloyd Ja, das hat sie allerdings.

Die Empfangshalle. Recht spät am Abend; draußen ist es schon ziemlich dunkel. Basil steht am Schalter. Major Gowen tritt auf.

Der Major 'n Abend, Fawlty.

Basil Ah, 'n Abend, Major.

Der Major Zeitungen schon angekommen?

Basil Ja. Tut mir leid, daß sie so spät gekommen sind. *(Reicht ihm eine.)* Waren erst um fünf hier. Ich muß wohl noch mal mit denen reden.

Der Major Wo ist denn die Frau Gemahlin heute abend?

Basil Ach, sie verbringt die Nacht bei Audrey. George hat sie wieder mal sitzenlassen, und da ist sie in ihrem üblichen Zustand.

Der Major Ich nehme an, daß sie das ein bißchen mitgenommenn hat.

Basil Ja, aber sie macht solch ein großes Trara daraus.

Der Major Sie mögen Audrey nicht besonders, wie?

Basil Oh, fürchterliche Frau, fürchterlich.

Der Major Also, ich finde es sehr anständig von Ihrer Frau, hinzugehen und sich den ganzen Blödsinn anzuhören.

Basil Das würde sie sich niemals entgehen lassen, Major.

Der Major Mrs. Fawlty ist schon eine feine Frau, doch, doch.

Basil Nein, nein, das würde ich nicht sagen.

Der Major Nein, nein, ich auch nicht. Na dann, gute Nacht, Fawlty.

Basil Gute Nacht, Major.

Der Major geht nach oben. Basil stellt den Rekorder an; es erklingt Chopin. Mrs. Peignoir kommt durch die Eingangstür.

Mrs. Peignoir Ah, Mr. Fawlty.

Basil Oh, guten Abend, entschuldigen Sie. *(Stellt den Rekorder ab.)*

Mrs. Peignoir Nein, nein, schalten Sie nicht ab. Ich liebe Chopin.

Basil Ach wirklich? Hah! Hier ist Ihr Schlüssel. *(Er schaltet den Rekorder wieder an.)*

Mrs. Peignoir Ah, er ist so romantisch!

Basil Genau.

Mrs. Peignoir Sind Sie romantisch, Mr. Fawlty?

Basil Nein, großer Gott, nein! *(Schaltet ab.)*

Mrs. Peignoir Ich glaube aber doch. Ich glaube, unter dieser englischen Schale pocht eine Leidenschaft, die Lord Byron wie einen Tabakwarenhändler erscheinen ließe.

Basil O nein, auf keinen Fall, nein, tut mir leid.

Mrs. Peignoir Oh, gucken Sie doch nicht so verlegen. Ich werde auch nicht wieder versuchen, auf Ihnen zu sitzen!

Basil Ah! Ha, ha, ha!

Sie gehen die Treppe hinauf.

Mrs. Peignoir Und wo ist Ihre charmante Frau heut abend?

Basil Oh, sie äh . . . verbringt die Nacht auswärts.

Mrs. Peignoir *(ungezogen)* Oho!

Sie sind jetzt oben im Flur.

Basil Bei einer Freundin.
Mrs. Peignoir Wenn die Katze aus dem Haus ist, wie?
Basil Oh, kaum, nein. Viel zu viel zu tun. *(Er sieht auf seine Armbanduhr.)* Oha, dann also gute Nacht.
Mrs. Peignoir *Bonne nuit*. . . oh! Mr. Fawlty. . .
Basil . . .Ja?
Mrs. Peignoir Haben Sie mein Fenster repariert?
Basil Oh, äh. . . nein. . . verdammt.
Mrs. Peignoir Wenn Sie bitte so freundlich wären – es ist so heiß heute.
Basil *(vorsichtig)* Ja, ja. Okay. Gut.

Sie gehen weiter nach oben. Nach einer Weile kommt Sybil durch die Eingangstür. Oben in Mrs. Peignoirs Zimmer hat Basil das Schiebefenster geöffnet.

Basil Das hätten wir.
Mrs. Peignoir Ah, Sie sind aber stark.
Basil Nun, Sie wären es sicherlich auch. . . wenn Sie nur wollten.
Mrs. Peignoir Ihre Frau sollte Sie nicht mit fremden Frauen alleine lassen.
Basil Och, als **so** fremdartig würde ich Sie gar nicht bezeichnen.
Mrs. Peignoir Ach Mr. Fawlty, Sie sind so charmant.
Basil Oh, nur ein bißchen. *(Er blickt krampfhaft auf seine Uhr.)*
Mrs. Peignoir Ah, spüren Sie den Windhauch, ist es nicht wunderbar?
Basil *(zieht sich zurück)* Ja, schön, nicht wahr.
Mrs. Peignoir Ich werde diese Nacht *au naturelle* schlafen.
Basil Gute Idee!
Mrs. Peignoir Obwohl es alleine nicht so viel Spaß macht. . .
Basil Ach, also, man kann ja so tun als ob. Aah! Das alte Bein zwickt. Am besten schnell hinlegen. Gute Nacht!
Mrs. Peignoir Gute Nacht.
Basil Verdammtes Schrapnell.

Er macht die Tür zu und läßt Mrs. Peignoir kichernd zurück. In seinem Schlafzimmer angelangt, schließt er die Tür mit einem Seufzer der Erleichterung. Unterdessen löscht Sybil die Lichter in der Halle und schickt sich an, die Treppe hinaufzugehen; da dringt lautes Poltern und Gestöhn bedrohlich aus der Küche. Zur gleichen Zeit im Schlafzimmer der Fawltys; Basil hantiert noch ein wenig herum. Es klopft an der Tür.

Basil Äh . . . wer ist da?
Mrs. Peignoirs Stimme Oh, Mr. Fawlty.
Basil *(öffnet die Tür um einen Spalt)* Oh, hallo.
Mrs. Peignoir Entschuldigen Sie bitte, aber ich muß morgen recht früh abreisen. Kann ich einen Weckruf um sieben Uhr bekommen, bitte?
Basil O ja, prächtig, ist das alles, selbstverständlich, sieben Uhr.
Mrs. Peignoir Gehen Sie bitte noch nicht.
Basil Was? *(Er guckt auf seine Uhr.)*
Mrs. Peignoir Ich glaube, Sie haben etwas vergessen.
Basil Tatsächlich? Verdammt. Na, da haben Sie's.
Mrs. Peignoir Ihren Rekorder. *(Reicht ihn rein.)*
Basil . . . Oh. Danke.
Mrs. Peignoir Sie haben ihn in meinem Zimmer liegenlassen.
Basil . . . Oh, vielen Dank.
Mrs. Peignoir Sie haben ihn in meinem Zimmer gelassen, damit Sie noch einmal kommen und ihn holen könnten, nicht wahr?
Basil Ha, ha, ha!
Mrs. Peignoir *(kokett)* Ich laß Sie doch nicht mitten in der Nacht an meine Tür klopfen!
Basil *(mit Fistelstimme)* Ha, ha, ha, ha, ha . . . Nicht zu fassen . . .
Mrs. Peignoir Sie ungezogener Mann! Gute Nacht.
Basil Gute Nacht. *(Er schließt und verschließt die Tür gründlich.)*

In der Halle lauscht Sybil den seltsamen Geräuschen, die aus der Küche dringen. Sie eilt nach oben und versucht, in ihr Schlafzimmer zu gelangen, aber die Tür ist verschlossen. Sie klopft. Basil macht Schnarchgeräusche. Sie klopft noch einmal, er schnarcht weiter. Sie klopft erneut.

Basil O Gott. *(Laut)* Hören Sie, gehen Sie in Ihr Zimmer. Ich sag es nur einmal.
Sybil *(von draußen)* Mach die Tür auf.
Basil Sehen Sie, ich kann nicht, meine Frau ist unerwartet zurückgekommen. Sie ist im Badezimmer. *(Laut zu einer imaginären Sybil.)*

Was ist, Schatz? Ich glaube, es liegt auf dem zweiten Bord, Sybil, Schatz.

Sybil Laß mich rein, Basil.

Basil Glauben Sie mir, früher oder später lernen Sie jemand anderen kennen. *(Sie hämmert gegen die Tür.)* Versuchen Sie doch, sich zu beherrschen. Was glauben Sie denn, wo Sie sind? In Paris?

Sybil Laß mich rein!

Basil Halten Sie endlich den Mund, Sie verrücktes Flittchen! Gehen Sie weg! Meine Frau kann uns hören.

Sybil Hier **ist** deine Frau.

Die Erkenntnis dämmert. Erstklassige Erklärungen gibt es nicht. Er öffnet die Tür.

Basil Oh, was für ein schrecklicher Traum!

Sybil *(mit den Gedanken woanders)* Unten ist ein Einbrecher.

Basil George ist also zurückgekommen, ja?

Sybil Da ist ein Einbrecher unten. Schnell!

Basil Was?

Sybil Ein **Einbrecher!!!** Schnell!

Ohne sich damit aufzuhalten, erst noch die Hosen wieder anzuziehen, rennt Basil hinunter in die verdunkelte Halle, wo er nicht erkennt, daß es Manuel ist, der aus der Küche kommt. Basil holt eine Bratpfanne aus der Küche, schleicht sich von hinten an Manuel heran und zieht ihm mit der Pfanne eins über den Schädel. Manuel fällt vornüber. Basil sitzt rittlings auf ihm und will ihm gerade noch einen verpassen, als ihm der Hinterkopf plötzlich doch bekannt vorkommt. Er sieht genauer hin.

Basil Manuel?

Das Licht geht an; die Lloyds, Alan und Jean sind gekommen. Konfrontiert mit dem Bild von Basil, der in Hemd und Unterhose auf dem flach hingestreckten Manuel sitzt, reagiert Jean amüsiert, Alan verblüfft und Mrs. Lloyd leicht schockiert.

Mrs. Lloyd... Gute Nacht.

Sie, Alan und Jean gehen nach oben. Mr. Lloyd, der etwas betrunken ist, begutachtet den Schauplatz.

Mr. Lloyd Also, **wir** waren auf einer Hochzeit!

Er geht nach oben. Basil schlägt beschämt die Hände vors Gesicht; dann hebt er die Bratpfanne zum rächenden Schlag. . .

Die Hotel-Tester

Vormittag im ›Fawlty Towers‹. Im Büro Basil beim Zeitungslesen, an der Rezeption Sybil am Telefon. Sie lacht – die gewohnte Mischung aus Maschinengewehr und Seehundjaulen.

Sybil Ich weiß... das Ganze hat ja wohl mit diesem Elektriker angefangen... der stand echt unter Strom, was da an Watt fehlte, wog er mit Volt wieder auf, wie man so schön sagt...

Sie lacht wieder. Das Gekecker geht Basil auf die Nerven; er steckt sich eine Zigarette in den Mund und sucht vergeblich nach einem Streichholz.

Sybil Klar, alles, was Hosen anhat, ja... oder besser keine mehr anhat. *(Sie lacht.)* Ja... mhm... nein, ich steck mir nur grad eine Zigarette an, erzähl nur weiter... Ich **weiß**, hab ich schon gehört, und ihre Mutter war noch mit im Zimmer.

Basil kommt zu ihr raus und greift nach den Streichhölzern; sie nimmt sie ihm wieder weg und gibt ihm nur ein einziges. Basil ist sauer, sieht aber einen Gast ankommen und huscht geschickt wieder ins Büro zurück.

Sybil Nein, nein, kommt gar nicht in Frage, erzähl weiter. (*Der Neuankömmling, Mr. Hutchison, bleibt an der Rezeption stehen; Sybil sieht ihn.*) Basil!

Basil *(im Büro)* Ja, Schatz?

Sybil Nein!... Wer hat sie gesehen?... **Basil!**

Basil *(versucht, sein Streichholz am Schreibtisch anzuzünden)* Ja, Schatz?

Sybil Würdest du mal kommen und dich um den Herrn hier draußen kümmern, Schatz? *(Ins Telefon)* **Neunzehn**?

Basil Wie, du meinst draußen bei dir, Schatz?

Sybil Na, der letzte war erst zweiundzwanzig... **Tatsache**!

Basil Ich hab eigentlich ziemlich viel zu tun hier drin Schatz... Hast du sehr viel zu tun da draußen?

Sybil Ich telefoniere gerade, Basil. *(Zu Mr. Hutchison)* Mein Mann kommt sofort.

Hutchison Danke.

Basil Ich soll also meine Arbeit liegenlassen und dir da draußen helfen kommen, ja?

Sybil Nein, nein, nein, der Malteser.

Basil Na, dann ist das ja gottseidank geklärt. *(Kommt widerwillig an die Rezeption.)*

Sybil Nein, nein, meine Liebe, **der** war Araber.

Basil Liebling, wenn du damit fertig bist, dann legst du dich aber erstmal aufs Ohr, ja? *(Zu Mr. Hutchison)* Tut mir außerordentlich leid, daß Sie warten mußten, Sir. Ich wußte gar nicht, daß meine Frau so beschäftigt ist.

Hutchison Nur getrost, edler Herr, es hat gut Weile.

Basil Wie bitte?

Hutchison *(laut)* Es hat gut Weile, zum Glück dränget die Zeit mir nicht. Um Auskunft möcht ich bitten. Heut nachmittag muß ich mich in die Stadt begeben zu allerlei Geschäften, die für Sie gewißlich vollkommen ohne Belang sind, dessen ungeachtet ich aber Ihrer Hilfe bedarf zwecks Beschaffung eines Beförderungsmittels, soll heißen einer Mietdroschke, mich zu meinem ersten Bestimmungsort zu tragen.

Basil Ist Ihnen nicht gut?

Hutchison O doch, ich finde die Luft hier äußerst belebend.

Basil Ah ja. . . Also, habe ich Ihre erste Verlautbarung richtig verstanden – Sie wollen ein Taxi?

Hutchison Ich bin entzückt.

Basil *(wendet sich ab)* Wohl eher verrückt. *(Er greift zu einer Minicab-Karte; Sybil beendet ihr Telefongespräch und geht ins Büro.)*

Hutchison Für zwei Uhr, bitte.

Basil *(gibt ihm die Karte)* Da haben Sie die Nummer der Firma hier am Ort.

Hutchison Bitte, bitte – könnten Sie es für mich bestellen, ich benutze das Telefon nämlich nur, wenn es wirklich unumgänglich ist.

Basil Wieso?

Hutchison Die Ansteckungsgefahr. . . Also – ich bin um fünf an dieser Adresse verabredet, zu der ich vom Kunstmuseum aus gelangen muß, und da mich der Stadtplan bedauerlicherweise im Stich läßt, wäre ich Ihnen sehr verbunden, wenn Sie mir eine Skizze der optimalen Route aufzeichnen könnten.

Basil Darf ich fragen, was mit dem Plan ist?

Hutchison Es ist Curry darauf.

Basil Also, das ist ganz leicht, Sie gehen bis zum Ende der Queen's Parade, halten sich links. . . *(Hutchison wedelt ungebärdig mit Kuli und Papier vor Basils Gesicht herum)* . . . Hören Sie doch einfach zu.

Hutchison Nein, ich will eben eine Skizze.

Basil Es ist wirklich ganz leicht.

Hutchison Ich hätte aber lieber die Skizze, wenn es Ihnen keine Unannehmlichkeiten bereitet.

Basil Es **bereitet** mir aber Unannehmlichkeiten.

Hutchison Ich hätte sie aber trotzdem gern!

Sybil *(kommt aus dem Büro zurück)* Basil!!!

Basil *(beißt die Zähne zusammen)* . . . Na schön. *(Sieht sich nach Papier und Kuli um.)*

Hutchison *(schwingt Basil seinen Kuli entgegen)* Da, nehmen Sie.

Basil Wir haben auch Kulis, vielen Dank.

Hutchison Was?

Basil Wir haben durchaus Kulis hier im Hotel, verbindlichsten Dank. . . *(Schaut vergebens umher.)* **Irgendwo** hier. . . ja, **wo sind** die Kulis. . .? Ja, ist denn das die Möglichkeit?

Während Basil sich umschaut, kommt Mr. Walt, ein geschniegelter Mittvierziger, an den Empfang; Sybil beginnt mit den Anmeldeformalitäten.

Basil Ich meine, es sind keine **Kulis** da! *(Zu Mr. Walt)* Ich meine, das soll hier **angeblich** ein **Hotel** sein.

Sybil hält ihm einen Pappkarton hin, den sie eben vom Tresen genommen hat. Sie schüttelt ihn. Es klappert darin.

Basil Und was haben die da drin verloren?

Sybil Ich hab sie da reingetan.

Basil Wieso?

Sybil Wenn Sie bitte hier unterschreiben würden, Mr. Walt. Weil du sie ständig verlierst, Basil.

Basil Ich verliere sie nicht ständig. Die Leute stecken sie ein.

Sybil Tja, bei mir nicht.

Basil Da trauen sie sich nicht. . . *(Nimmt einen Kuli und fängt murrend an, die Skizze zu zeichnen.)* Tut mir leid, daß ich nicht drauf gekommen bin, daß du nach zwölf Jahren so etwas tun würdest, Schatz. Meine hellseherischen Fähigkeiten sind heute morgen wohl etwas unterentwickelt. *(Schiebt Hutchison die Skizze hin.)* Bitte sehr.

Sybil Sei nicht albern, Basil. Es steht ganz deutlich oben auf der Schachtel drauf. *(Sie holt Mr. Walts Schlüssel.)*

Basil *(guckt)* . . . »Kulis«? . . . Für mich sieht das eher aus wie »Rudis«.

Sybil Wenn Rudi kommt, kannst du sie ihm ja geben. Mr. Walt hat Zimmer sieben.

Basil *(zu Walt)* Was meinen Sie? Sieht das für Sie nicht wie »Rudis« aus?

Walt . . . Eigentlich nicht.

Basil Also, für mich schon. Sehen Sie mal, **das** ist ein »K«. . .

Hutchison *(in seine Skizze vertieft)* Das verstehe ich nicht, wo ist denn das Kunstmuseum?

Basil Da, wo »Kunstmuseum« steht. Tut mir leid, wenn Sie das verwirrt.

Hutchison Oh, »Ku.ms.«! Sie haben es abgekürzt.

Basil Aha, jetzt ist der Groschen gefallen.

Hutchison Ich hab gedacht, das heißt Rumsen.

Basil Natürlich.

Hutchison Ja. Ich hab gedacht, Rumsen ist ein Ortsname. . . Sie wissen schon, die Bezeichnung eines Distrikts. Das »K« sieht nämlich aus wie ein »R«.

Basil Gar nicht wahr.

Hutchison Doch. . . da ist so eine kleine Schleife oben dran. . .

Basil *(nimmt die Skizze und zeigt sie Walt)* Entschuldigung – würden Sie das für ein »K« oder für ein »R« halten?

Walt . . . ähm. . .

Basil Hier. Heißt das »Ku.ms.«, oder heißt das »Ru.ms.«?

Walt . . . ähm. . .

Basil Hier! Hier! Das ist doch ein »K«!

Walt *(widerwillig)* Kann sein.

Basil Kuuu!

Walt Wie bitte?

Basil Ku.ms! Nicht Ru.ms! Haben Sie schon mal was von einem Runstmuseum gehört?

Manuel kommt.

Basil *(zu Walt)* Neun?

Walt Was?

Basil Zimmer neun?

Walt Zimmer sieben.

Basil Manuel, würdest du diese Koffer bitte auf Zimmer sieben bringen?

Manuel *Qué?*

Basil holt ein paar Kärtchen unter dem Tisch hervor. Er zeigt Manuel ein Bild von einem Koffer.

Basil *(zu Walt, auf Hutchison deutend)* Der hält Rumsen für einen Ortsnamen. . .

Walt Was hält er?

Basil *(zeigt Manuel einen senkrechten Pfeil)* Sie wissen schon, eine Zone, eine Provinz. . . in Äquatorial-Torquay. *(Er zeigt Manuel die Zahl »7«; Manuel hebt eine Karte hoch, auf der »Okay« steht.)*

Basil *(zu Walt)* Manuel zeigt Ihnen Ihr Zimmer. . . wenn Sie Glück haben.

Manuel nimmt Walts Koffer und hechtet nach oben; Walt folgt ihm.

Hutchison Verzeihung, Verzeihung – in wieviel Minuten nimmt das Mittagsmahl seinen Anfang?

Basil Da, ich schreib's Ihnen auf.

Hutchison Sie denken doch an das Taxi, nicht wahr. . . um zwei Uhr. Und wenn jemand nach mir fragt, ich bin in der Lounge.

Basil Wenn jemand nach Ihnen **fragt**?

Hutchison Bin ich in der Lounge. *(Geht in die Bar.)*

Basil *(ruft hinter ihm her)* Irgend jemand bestimmtes? . . .Ich meine – Henry Kissinger?. . . Oder einfach jemand mit einem großen Netz? *(Geht ins Büro, wo Sybil sitzt und sich die Nägel feilt.)* Ich weiß nicht, was mit dem Laden los ist. . . Ich meine, mit Leuten haben wir's manchmal zu tun. . .

Sybil Was ist denn nun schon wieder?

Basil Wenn du nur etwas. . . **helfen** würdest. Immerzu mußt du dich. . . aufpolieren.

Sybil Was?

Basil Ach. . . ist schon gut! Ist schon gut!!

Sybil Schrei mich nicht an. Ich habe einen schweren Vormittag hinter mir.

Basil O Gott, was ist denn passiert? Hast du dich wieder in der Daunendecke verheddert? War nicht genug Sahne in deinem Eclair? Hm? Oder mußtest du so lange mit deinen ganzen Freundinnen quatschen, daß du nicht dazu gekommen bist, dir die Ohren zu ondulieren?

Sybil Du wirst dich wundern, Basil, aber ich habe gearbeitet.
Basil Ha!
Sybil Du weißt doch, was »arbeiten« ist, nicht wahr, mein Schatz? Ich meine Dinge erledigen, im Unterschied zu sich mit den Gästen anlegen.
Basil Es wäre ein wenig leichter für mich, mit diesen Vollidioten hier umzugehen, mein kleines Vipernnest, wenn du nur einen Hauch von Kooperation zeigen würdest.
Sybil Kooperation – daß ich nicht lache. Mit Kooperation fängst **du** doch erst an, wenn du in einer Holzkiste steckst. So was von unverschämt hab ich noch nie gehört.
Basil Hör mal, wenn du glaubst, ich würde vor den Flegeln hier auch noch katzbuckeln. . .
Sybil Das hier ist ein Hotel, Basil, und keine Besserungsanstalt, und es wäre dem Geschäft zuträglich, wenn du etwas mehr Höflichkeit an den Tag legen würdest, nur ein kleines bißchen.
Basil Es ist wohl auch dem Geschäft zuträglich, wenn du eine halbe Stunde lang mit Audrey schwatzt, ja?
Sybil Das **war** geschäftlich, nur zu deiner Information. Audrey hat mir etwas erzählt, das dich auch interessieren könnte.
Basil Ach wirklich – das klingt verheißungsvoll. Laß mich raten. . . der Bürgermeister trägt ein Toupet? Jemand hat seine Katzen mit Nagellack bekleckert? Komm ich der Sache näher?
Sybil In der Stadt sind Hotel-Tester. *(Geht hinaus.)*

Basil ist wie gelähmt. Einen Moment später rennt er hinter ihr her in die Halle.

Basil Was? Was weiß sie?
Sybil Das war **alles**, was sie weiß.
Basil **Woher** weiß sie das?
Sybil *(ruhig)* Ein Freund von Bill Morton hat gestern abend in der Kneipe gehört, wie drei Männer ihre Notizen über Hotels in Exeter verglichen, die sie gerade besucht hatten.
Basil Drei Männer!?. . . Ich ruf Bill an.
Sybil Du brauchst Bill nicht anzurufen, Basil. Versuch nur, ein wenig Höflichkeit an den Tag zu legen.

Sie geht in die Küche hinaus. Basil greift zum Telefon auf dem Rezeptionstresen und wählt gerade, als der Major aus der Bar hereinkommt.

Der Major Sind die Zeitungen schon da, Fawlty?

Basil Nein, noch nicht... noch nicht, Major, tut mir leid, tut mir leid...

Der Major geht. Basil sieht Hutchison wieder anrücken. Er übersieht ihn geflissentlich und beginnt erneut zu wählen. Der unbeachtete Hutchison läutet hartnäckig die Glocke.

Hutchison Könnten Sie das bitte einen Moment aufschieben?

Basil Ich telefoniere gerade.

Hutchison Sie haben ja noch nicht mal fertiggewählt, oder? *(Er drückt mit dem Finger auf die Gabel und schneidet Basil die Verbindung ab; Basil knallt den Hörer auf; Hutchison kann gerade noch den Finger wegziehen.)* Jetzt hören Sie mal zu... heute abend gibt es auf BBC2 einen Dokumentarfilm über Squawking Bird, den Häuptling der Schwarzfußindianer Ende der sechziger Jahre des vorigen Jahrhunderts. Er beginnt um acht Uhr fünfundvierzig und dauert etwa eine dreiviertel Stunde.

Basil Verzeihung, reden Sie mit mir?

Hutchison In der Tat, ja. Ob es wohl möglich wäre, mir für die Dauer dieses televisionären Leckerbissens den Kanal von BBC2 reservieren zu lassen?

Basil Warum drücken Sie sich nicht anständig aus?

Hutchison Wie bitte?

Basil Nein, ausgeschlossen.

Hutchison Was?

Basil Es ist nicht möglich, sich vom Anbeginn dieses televisionären Leckerbissens bis zum Moment des Abschlusses seiner Beendigung den Kanal von BBC2 reservieren zu lassen. Vielen Dank auch. *(Er beginnt erneut zu wählen, doch Hutchison legt wieder den Finger auf die Gabel.)*

Hutchison Darf ich in dem Fall anregen, daß Sie entsprechende Schritte einleiten?

Basil Nein. *(Er legt heftig den Hörer auf, wobei er den Finger um Haaresbreite verfehlt.)*

Hutchison Ich möchte Ihnen nur sagen, daß ich über breitgefächerte Hotelerfahrungen verfüge, und viele Hotels, mit denen ich Bekanntschaft gemacht habe, waren so weitsichtig, diese Möglichkeit zum Wohle ihrer Gäste einzurichten.

Basil *(nicht beeindruckt)* Oh, verstehe, Sie verfügen über **breitgefächerte** Hotelerfahrungen, ja?

Hutchison Ja, durch meine professionelle Tätigkeit habe ich ständig mit Hotels Kontakt.

Basil *(wählt wieder)* So, so. Was Sie nicht sagen. *(Er hält inne; er hat einen möglichen Zusammenhang zwischen Hutchison und »Hotel-Tester« entdeckt.)*

Hutchison Na schön, ist es dann möglich, ein Fernsehgerät zu **leihen** und die Sendung in der privaten Atmosphäre meines eigenen Zimmers anzuschauen?

Basil *(will Zeit gewinnen)* Wie bitte?

Hutchison Sind Sie darauf eingerichtet, einem Gast leihweise ein Fernsehgerät zur Verfügung zu stellen?

Basil Äh. . . gute Frage. Ich bin froh, daß Sie das angesprochen haben. An und für sich. . . nicht.

Hutchison Ach.

Basil Wir beabsichtigen jedoch, in nächster Zukunft Schritte in dieser Richtung einzuleiten.

Hutchison Tja, das nützt mir heute abend nicht viel, nicht wahr?

Basil Nein, aber. . . ich sag Ihnen was. Ich könnte ja auf der Stelle Schritte in der bereits von Ihnen angeregten Richtung einleiten, in deren Folge ich den Kanal von BBC2 heute abend für Sie reservieren lasse.

Hutchison Das kommt der Sache schon näher.

Basil Keine Ursache. Dazu sind wir doch da, nicht wahr.

Hutchison Ja. . .

Basil Gibt es sonst noch etwas, ehe ich Ihnen Ihr Taxi rufe?

Hutchison Hm, ja, doch. Da drinnen war die Rede davon, daß Sie einen Tischtennistisch besitzen.

Basil In der Tat, ja. Er ist nicht. . . unbedingt neuwertig. Doch im Notfall wäre er durchaus zu gebrauchen.

Hutchison Aha.

Basil Er befindet sich im Südflügel mit Blick auf den Hof, wo Ihnen selbstverständlich ausgedehnte Parkmöglichkeiten zur Verfügung stehen.

Hutchison Was?

Durch den Haupteingang ist Polly hereingekommen.

Basil Ah, Polly!

Polly Ja, Mr. Fawlty?

Basil Mr. Hutchison, darf ich Ihnen Polly Shearman vorstellen, die zur Zeit bei uns tätig ist.
Hutchison Oh. . . guten Tag.
Polly Guten Tag.
Hutchison Warten Sie. Wir sind uns doch schon einmal begegnet.
Polly Ja, ich habe Sie beim Frühstück bedient.
Hutchison Ah ja. *(Droht ihr mit dem Finger.)* Und Sie haben den Grapefruitsaft verschüttet, nicht wahr, Sie Schlingel?
Polly *(liebreizend)* Und **Sie** haben das Glas weggezogen, nicht wahr?
Basil *(rasch)* Danke, Polly! *(Sie zieht ab.)* Furchtbar nettes Mädchen. Sehr begabt. Sie ist ausgebildete Malerin, müssen Sie wissen.
Hutchison Ach, wirklich?

Miss Tibbs und Miss Gatsby kommen die Treppe herunter.

Basil Ah, guten Morgen. . . guten Morgen, die Damen.
Miss Tibbs & Miss Gatsby Guten Morgen, Mr. Fawlty.
Basil *(zu Hutchison)* Wir haben gern Mädchen dieses Kalibers zur Aushilfe hier, das schafft so ein gewisses. . . Nun, würden Sie jetzt Ihr Mittagessen einnehmen wollen? *(Er kommt herum, um Hutchison in den Speisesaal zu geleiten.)*
Hutchison Es ist doch sicher noch nicht. . .
Basil Ach Gott, das nehmen wir hier nicht so genau. Keine Angst – das hier ist schließlich ein Hotel und keine Besserungsanstalt!

Er geleitet Hutchison in den Speisesaal. Sybil taucht auf.

Sybil Basil?
Basil *(an der Tür zum Speisesaal)* Ja, Schatz?
Sybil Es ist noch nicht halb.
Basil Wie ich eben zu Mr. Hutchison sagte, Schatz, das hier ist ein Hotel und keine Besserungsanstalt, ha, ha, ha. *(Er formt das Wort »Tester« mit den Lippen.)*
Sybil Der Koch ist sicher noch nicht soweit, Basil.
Basil Überlaß das nur mir, Schatz, überlaß das nur mir.
Sybil Hast du Bill angerufen?
Basil Nein, Liebling, war nicht nötig. *(Macht ihr immer noch Zeichen.)*
Sybil Was?
Basil Ich erklär's dir später. *(Zwinkert.)* Doch jetzt muß ich mich um

Mr. Hutchison kümmern. *(Formt wieder das Wort »Tester« mit den Lippen.)*

Im Speisesaal nimmt Polly Hutchisons Bestellung entgegen.

Polly Einmal Spanisches Omelett.
Hutchison *(laut)* Und alles auf dem Teller, bitte, nichts auf dem Tischtuch.
Polly Ähm, Entschuldigung, Sie sind nicht zufällig der Herzog von Kent?
Hutchison Nein, nein... o nein. Da haben Sie den Falschen erwischt.
Basil *(eilt geschäftig herbei)* Ah, Mr. Hutchison! Sie haben bereits bestellt, ja?
Hutchison Ja, ich nehme Ihr Spanisches Omelett.
Basil Ausgezeichnet.
Hutchison Ja – ich nehme doch an, jedwedes Gemüse in dem Omelett ist frisch?
Basil Aber ja, aber ja.
Hutchison Auch die Erbsen?
Basil Aber ja, die sind durchaus frisch.
Hutchison Nicht tiefgefroren, nein?
Basil Nun, sie sind **tiefgefroren**, ja.
Hutchison Also, wenn sie tiefgefroren sind, dann sind sie doch nicht frisch, nicht wahr.
Basil Ich versichere Ihnen, sie waren absolut frisch, als sie eingefroren wurden.
Hutchison O je – das ist heutzutage in Hotels sehr verbreitet.
Basil Was ist verbreitet?
Hutchison Dann nehme ich einen Käsesalat, bitte.
Basil Was?
Hutchison Sehen Sie, ich esse nur frisches Gemüse – ich nehme dann den Käsesalat.
Basil Wir könnten ja bei dem Omelett die Erbsen weglassen.
Hutchison Ach nein, ich finde immer, die Erbsen sind ein wesentlicher Bestandteil des geschmacklichen Gesamteindrucks – dürfte ich wohl anregen, daß Sie künftig in ausreichender Menge von dem Frischprodukt Gebrauch machen?
Basil Erlauben Sie mal! Wir machen seit... *(Reißt sich zuammen.)* Ja, ja, eine gute Idee... nun, und zu trinken?
Hutchison Ja, ich hätte gern ein Ingwerbier, bitte.

Basil Ein Ingwerbier?
Hutchison Ja, und ein Glas frisches Wasser.

In der Halle klingelt das Telefon.

Basil Frisches?
Hutchison Wasser, ja.
Sybil *(steckt den Kopf zur Tür herein)* Mr. Hutchison – Telefon für Sie am Empfang.
Hutchison Telefon?... Ach Gott... ach Gott... *(Er holt ein sauberes Taschentuch hervor und geht.)*
Basil *(zu sich selbst)* Gerissen... gerissen...

Basil geht in die Küche. Mr. Walt kommt von der Halle herein und schaut sich um; er überlegt, wo er sich hinsetzen soll.

Walt *(zu Manuel, der geschäftig Servietten auf die Tische legt)* Einen guten Tag!
Manuel Nein! Keine Sonne! Nicht gut für mich.
Walt Wie bitte?
Manuel Ich Heimweh, ja?
Walt Wo möchten Sie wohl, daß ich mich hinsetze?
Manuel *Qué?*
Walt Ich habe Zimmer sieben.
Manuel *(führt Walt zur Tür und zeigt die Treppe hinauf)* Oh, ja bitte, hier... raufgehen... Zimmer sieben.
Walt Nein, nein.
Manuel Ja bitte, ich zeige Ihnen.
Walt Nein, hören Sie, ich möchte einen Tisch.
Manuel Tisch?
Walt Für eine Person.
Manuel Ah! Tisch ein. Oh, bitte – ja, Tisch ein – entschuldigen vielmal. *(Zeigt auf einen Tisch.)*
Walt Danke.

Manuel hilft Walt beim Platznehmen, holt dann eine Speisekarte und ein Stück Pappe. Er reicht Walt die Karte.

Manuel Entschuldigen vielmal, aber ich denken Sie sagen für Zimmer, und ich machen, weil ich sein selbst nicht wollen und wissen leicht.

Walt Entschuldigung?
Manuel Nein. **Ich** in Schuld.
Walt Also, ich versuch mal die Pâté... und die Lammkasserolle.
Manuel *(schaut auf das Stück Pappe)* Sie... Zimmer zehn?
Walt Nein. Zimmer **sieben.**
Manuel Sieben? *Sí.*
Walt Ja.
Manuel Nein, nein, **das** ist Tisch **ein**. Ist Mittwoch. Zimmer sieben sein Tisch fünf. Bitte. *(Walt zieht geduldig an Mr. Hutchisons Tisch um.)* Entschuldigen vielmal... ich denken Sie sagen sieben, aber ein ist für Tisch, nicht für dieses Tisch, darum ist, *como se habla en inglés pero puedo ver las nombres solamente quando están delante de mí.*
Walt *(stoisch)* Die Pâté und das Lamm.
Manuel *Sí.* Pâté... Lamm... *(geht murmelnd ab in die Küche)*
Basil *(kommt herein und stellt das Ingwerbier und das Glas Wasser vor Walt hin)* Ein Ingwerbier... und ein Glas frisches Wasser. *(Er schaut Walt an und fährt heftig zusammen.)* Was machen Sie hier?
Walt Ich...
Basil Da können Sie nicht sitzen, da ist **besetzt.** Kommen Sie schon.
Walt Hören Sie, ich bin schon einmal umgesetzt worden.
Basil Sie sind doch in Zimmer sieben, oder nicht?
Walt Ja, aber der Kellner hat gesagt, Tisch fünf.
Basil Aber das hier ist nicht Tisch fünf. *(Sieht die Tischnummer aus Plastik; es ist eine Fünf.)* Tsss. *(Nimmt sie und geht damit zu einem anderen Tisch.)* Würden Sie bitte hierher kommen, das ist Tisch fünf. *(Stellt die Fünf auf den neuen Tisch, nimmt eine Acht herunter und steckt sie ein.)* Na, kommen Sie schon!
Walt Hören Sie, ich hab doch den Kellner gefragt.
Basil Tja, bei dem ist Hopfen und Malz verloren. Da können Sie genausogut die Katze fragen. Nun setzen Sie sich schon, los, los.
Walt Wie bitte?
Basil Würden Sie wohl bitte Platz nehmen? *(Walt setzt sich resigniert hin.)* Danke. *(Zieht ab.)*
Walt Ich nehme Ihre wertvolle Zeit nur höchst ungern weiter in Anspruch, aber dürfte ich einen Blick auf die Weinkarte werfen?
Basil **Jetzt?**
Walt Ja, bitte.
Basil *(nimmt dem Major die Weinkarte aus der Hand)* Entschuldigung... *(Gibt sie Walt.)* Da, bitte. Sind Sie jetzt glücklich?
Walt Könnte ich bitte einen Aschenbecher haben? *(Basil holt einen*

Aschenbecher.) Danke schön – ich nehme eine Flasche von dem 65er Aloxe-Corton.

Basil Dem was?

Walt *(zeigt es ihm)* Dem 65er Aloxe-Corton.

Basil *(bemerkt den Preis)* Oh! Der Cort**onne**. Aber **natürlich**, mit dem größten Vergnügen. *(Gibt dem Major die Weinkarte zurück; Hutchison kommt wieder herein und wischt sich mit dem Taschentuch das Ohr ab.)* Ah, da sind Sie ja, Mr. Hutchison! Schön, daß Sie wieder da sind. *(Buckelt hinter ihm her.)*

Hutchison Nicht so nah, bitte, nicht so nah.

Basil Oh, Verzeihung... alles zu Ihrer Zufriedenheit?

Hutchison Ihre Hörmuschel war ganz schmierig – ich hab sie Ihnen abgewischt.

Basil Oh, vielen herzlichen Dank. *(Geht in die Küche.)*

Hutchison *(brummelnd)* Entsetzlich schmierig sogar... wer die wohl alles benutzt haben mag. *(Kostet sein Ingwerbier.)* Ach Gott – das ist ja **lauwarm**! *(Basil und Polly kommen aus der Küche.)* Haben Sie bitte einen Eiskübel?

Basil Einen Eiskübel?

Hutchison Das Ingwerbier hier ist eindeutig warm.

Basil Ach, Polly – einen Eiskübel für Mr. Hutchison, bitte. Danke. *(Polly guckt entgeistert; Basil geht mit der Flasche zu Walts Tisch.)* Hier bitte – der 65er Cortonne.

Er legt sich eindeutig für Hutchison ins Zeug, führt den Korkenzieher mit Aplomb ein und zieht. Er kämpft, lächelt forsch, dreht sich um, kämpft weiter, und der Korken kommt. Er gießt frohlockend ein. Allein, es kommt kein Wein zum Vorschein.

Basil Oh... etwas ruhig da drin. Tut mir leid.

Er dreht den Korkenzieher wieder ein, kämpft und gießt erneut. Nichts geschieht. Er klaubt ein paar Korkstückchen heraus und gießt. Es kommt ein Rinnsal geflossen, dann ein Sturzbach. Etwas davon fließt auch in das Glas.

Basil Vielen Dank. Darf ich Sie zu Ihrer Wahl beglückwünschen.

Walt *(kostet den Wein)* Entschuldigung.

Basil Ja?

Walt Der ist leider verkorkt.

Basil Ich habe ihn aber eben **ent**korkt. Haben Sie denn nicht gesehen?

Walt Was?

Basil *(zeigt ihm den Korken am Korkenzieher)* Hier.

Walt Nein, nein...

Basil Doch, Sie sehen ja, ich hab ihn aus der Flasche gezogen – so ist es mir auch gelungen, den Wein **aus** der Flasche **in** Ihr Glas zu bekommen.

Walt Das meine ich nicht. Ich meine, der Wein ist **verkorkt**. Der Wein ist eine Verbindung mit dem Korken eingegangen.

Basil Wie bitte?

Walt Der Wein ist eine Verbindung mit dem Korken eingegangen und ist verdorben.

Basil Verdorben? Darf ich... *(Er probiert den Wein und dreht sich zur Ecke hin, um die Wirkung zu überspielen.)* Sie wollen ihn also nicht?

Walt Ich hätte gern eine Flasche, die nicht verkorkt ist.

Basil Na schön! Na schön! Wir haben's ja! Na, egal – ich hole Ihnen eine neue Flasche. *(Er nimmt die Flasche; beim Hinausgehen wendet er sich an die anderen Gäste.)* Ich hoffe sehr, es schmeckt Ihnen allen. *(Keine Reaktion.)* Ich **sagte**: »Ich hoffe sehr, es schmeckt Ihnen allen.« *(Ein paar Nicker.)* Danke sehr, danke sehr. *(Ruft zu Walt hinüber)* Entschuldigung... Entschuldigung!! Tisch fünf!

Walt Äh, ja?

Basil Haben Sie das Lamm oder die Makrele?

Walt Das Lamm.

Basil Ich stelle vorsichtshalber noch eine zweite Flasche für Sie bereit *(Con brio ab.)*

Sybil kommt herein, sieht sich suchend nach Basil um und geht wieder. Polly kommt herein, gefolgt von Basil mit einer neuen Flasche.

Basil Versuchen wir's mal mit dieser hier, ja?... Polly, würdest du bitte den Hauptgang für Mr. Hutchison bringen. *(Zu Hutchison, katzbuckelnd)* Tut mir furchtbar leid, daß Sie warten mußten, Mr. Hutchison. Es dauert nur noch einen kurzen Augenblick. Danke.

Sybil *(schaut herein)* Basil.

Basil Ja, Schatz? *(Aber sie ist schon wieder weg, er stellt die Ersatzflasche hinter Walt auf der Anrichte ab und geht in die Halle.)*

Sybil *(zuckersüß)* Wie kommst du denn mit deinem Hotel-Tester voran?

Basil Bestens, bestens.

Sybil Er verkauft Löffel.
Basil Wie bitte?
Sybil Ich hab sein Telefongespräch belauscht. Er arbeitet für eine Besteckfirma. Aber sein Spezialgebiet sind Löffel.
Basil Du hast gelauscht?
Sybil Ja.
Basil Du hast ein Privatgespräch von einem Gast belauscht?
Sybil So ist es, Basil.
Basil Diese kleine Ratte! Den knöpf ich mir vor.
Sybil Aber, Basil...
Basil Daß er mir so kommt.
Sybil **Wie** kommt?
Basil So tun, als wäre er Hotel-Tester... »Verleihen wir Fernsehgeräte«... »frische Erbsen«... »Eiskübel«...
Sybil Basil, das war **dein** Fehler. Du kannst nicht...
Basil Laß mich nur machen!
Sybil Basil!!! Diese ganze Testergeschichte war deine eigene Einbildung. Er kann überhaupt nichts dafür. Für Unverschämtheit gibt es keine Entschuldigung, verstanden?... **Verstanden?**
Basil Ja!!!
Sybil Gut. *(Sie dreht sich um und geht.)*

Basil sinnt auf Rache, geht in den Speisesaal und pirscht sich an den sitzenden Hutchison heran.

Der Major Zeitungen schon da, Fawlty?
Basil Noch nicht, Major, nein. *(Er stellt sich hinter Hutchison.)* Löffel, ja?
Hutchison Verzeihung?
Basil Llllöööööfffellll!
Hutchison Ich bitte um Verzeihung?
Basil Wie ich höre, sind Sie in der Löffelbranche.
Hutchison Oh! Ja...
Basil Ah, faszinierend! Faszinierend. Sie gehen sicher ganz darin auf.
Hutchison Ja, allerdings...
Basil Viel interessanter als so ein Leben als **Hotel-Tester!**

Er geht hinaus. Hutchison ist verdutzt. Polly kommt und stellt ein Omelett vor ihn hin.

Hutchison Was... oh, danke... *(Schaut es an.)* Nein... Miss!! Miss!!

Polly Ja?

Hutchison Das habe ich nicht bestellt.

Basil *(aus dem Hintergrund)* Können wir Ihnen irgend etwas bringen, Mr. Hutchison? Einen Teewärmer für Ihren Pfefferstreuer vielleicht?

Hutchison Nein, nein. *(Zu Polly)* Ich habe die Bestellung geändert, wissen Sie.

Basil *(kommt streitlustig näher)* Was gibt es denn?

Polly Also, ich hab gedacht, Mr. Hutchison hätte ein Omelett bestellt, aber...

Basil Nein, er hatte keine Lust mehr drauf, Polly, daher haben wir die Bestellung geändert. Das ist doch ganz einfach...

Polly Tja, tut mir leid, hat mir keiner gesagt.

Basil Ich hab's dem Koch gesagt, und der hätte es dir sagen müssen.

Polly **Hat** er aber nicht.

Basil Und, ist das meine Schuld?

Polly Nein, meine?

Hutchison Nein, seine.

Basil Was?

Hutchison Der Koch ist schuld.

Basil Wie bitte?

Hutchison Na, der Fall liegt doch klar auf der Hand – die Bestellung wurde geändert, und der Koch wurde informiert, also trägt er ganz offensichtlich die Verantwortung.

Basil Wollen Sie den Laden übernehmen?

Hutchison Was?

Basil Wollen Sie den Laden hier übernehmen? Schön! Mr. Hutchison übernimmt das Kommando, Polly, und ich esse das Omelett. *(Versucht Hutchison zum Aufstehen zu bewegen.)* Bei seinem natürlichen Charme und seiner breitgefächerten Erfahrung gibt es gewiß keine Probleme mehr...

Hutchison Nein, nein...

Basil Na, nun kommen Sie schon, Sie können hier nicht den ganzen Tag herumsitzen, es gibt viel zu tun. *(Rüttelt an Hutchisons Stuhl.)* Na los!

Sybil *(taucht aus dem Nichts auf)* Was geht hier vor, Basil?

Basil Hallo, Schatz!

Sybil Na?

Basil *(rüttelt ganz sacht an dem Stuhl)* Ist es so besser, Mr. Hutchison?
Hutchison Was?
Basil Ist es so besser?
Hutchison Ja, danke...
Basil Wie schön. Dann wäre das wohl geklärt. Gut.
Sybil Stimmt etwas nicht?
Hutchison Ja, allerdings, ja... Man hat mir irrtümlich ein falsches Gericht serviert.
Sybil Danke, Basil, ich mach das schon... Danke, Polly... *(Basil geht unschuldig fort.)* Also, Mr. Hutchison?
Hutchison Ja, sehen Sie, ich habe tatsächlich erst das Omelett bestellt, aber dann habe ich es mir anders überlegt.
Sybil Aha. Ich geh mal in die Küche und seh nach, was da passiert ist.
Hutchison Danke.

Sie geht eilends in die Küche. Unterdessen schaut Basil zur Anrichte hin; die Flasche ist verschwunden. Er sieht sich um und erblickt Manuel.

Basil Manuel!
Manuel *(kommt angerannt) Sí?*
Basil *(zeigt auf die Anrichte)* Die Flasche.
Manuel Äh... Ja!
Basil Wo ist sie?
Manuel *Qué?*
Basil *Dónde es...?*
Manuel Oh, ich nehmen. *(Deutet zur Küche.)* Ich nehmen. Ich nehmen.
Basil *(winkt ihn sanft heran)* Komm mal her. *(Nimmt einen Löffel aus der Schüssel, die Manuel trägt.)* Du nimmst hier nur unnötig Platz weg. *(Schlägt ihm mit dem Löffel auf den Kopf und treibt ihn in die Küche.)*
Sybil *(kommt mit einer Pâté aus der Küche)* Hier, bitte, Mr. Hutchison.
Hutchison Nein, nein, nein! Einen Moment, bitte!
Sybil Ja?
Hutchison Das habe ich nicht bestellt.
Sybil Haben Sie nicht bestellt?
Hutchison Habe ich **nicht** bestellt.
Sybil Tut mir leid, da liegt eine Bestellung für Pâté für diesen Tisch vor.

Hutchison Ach Gott, heute geht aber auch alles schief, wie es scheint.

Basil *(kommt mit einer neuen Flasche zurück)* Hallo, Sybil, kümmerst du dich um alles, ja?

Sybil Ja, danke, Basil.

Basil Gut... *(Zu Hutchison)* Dann ist wohl alles in Ordnung?

Hutchison Nun, es hat den Anschein, als ob...

Sybil Wir klären das gerade, danke, Basil.

Basil Das ist aber komisch... Sie haben doch sicher keine »Pâté maison« bestellt, Mr. Hutchison?

Hutchison Nein, ich habe...

Basil Na, ich überlasse das dir, Schatz.

Er geht an Mr. Walts Tisch und beginnt, die Flasche zu entkorken. Als er das bewerkstelligt hat, sieht er eine zweite Flasche offen auf dem Tisch.

Basil Wie haben Sie das gemacht?

Walt Was?

Basil *(zeigt auf Walts Flasche)* Wo haben Sie die her?

Walt Wo ich die **her**habe?

Basil Genau! Ich meine, wie kommt die hierher?

Walt Der Kellner hat sie mir aufgemacht.

Basil Der Kellner hat sie Ihnen aufgemacht!!??

Walt ...Ja!

Ohne von den jüngsten Entwicklungen etwas zu ahnen, erscheint Manuel mit Walts Pâté.

Basil Ich habe Sie doch vor ihm gewarnt!

Manuel will hinausgehen. Basil stößt ihm den Korkenzieher in den Rücken. Er geht schneller hinaus. Unterdessen serviert Polly Mr. Hutchison eine Lammkasserolle.

Hutchison Ach nein, nein!! Herrgott noch mal...

Basil *(kommt angerannt)* Was ist los, was ist los?!!

Hutchison Ich habe keine Lammkasserolle bestellt!

Basil Nein, hat er nicht, er hat keine bestellt, Polly, also – **warum... hat... er... eine... gekriegt?**

Polly Weil Mrs. Fawlty gesagt hat, ich soll ihm eine bringen.

Basil Ich weiß, wie es um sie steht.
Polly Ich habe eine Bestellung dafür für diesen Tisch.
Basil Wer hat die Bestellung aufgenommen?
Polly *(tapfer)* Ich weiß nicht.
Basil **Manuel!!**
Hutchison Also, hören Sie, es kann doch nicht so schwierig sein, einen Käsesalat zu servieren?
Basil Wollen Sie den Laden übernehmen?
Hutchison Nein, nein, ich. . .
Basil Also, dann halten Sie die Klappe.
Hutchison Wie bitte?
Polly Ich bringe Ihnen einen Käsesalat, Mr. Hutchison.
Basil *(zu Polly)* Und laß dir nichts anderes erzählen. . . **bring ihm einfach einen Käsesalat.**

Manuel erscheint.

Manuel *Sí? (Basil schlägt ihn, er zieht sich zurück.)*
Hutchison Entschuldigen Sie!! Ich habe es mir überlegt. . . *(Steht auf.)* Ich möchte doch keinen Käsesalat. Ich möchte die Bestellung zurücknehmen. Ich bin es nicht gewöhnt, daß man so mit mir spricht, Mr. Fawlty, und ich bin nicht geneigt, mein Mittagsmahl fortzusetzen.
Basil *(merkt, daß er ein Stück zu weit gegangen ist)* Ich bitte um Verzeihung, wenn das, was ich eben sagte, ein klein wenig. . . schroff erschien.
Hutchison Schroff? Es war **unverschämt**, Mr. Fawlty. **Unverschämt. . .** sage ich!
Basil Es tut mir aufrichtig leid, wenn es so auf Sie gewirkt hat. Ich meine, nichts läge mir ferner. . .
Hutchison Sie haben gesagt, ich soll die Klappe halten!
Polly *(hat einen Geistesblitz)* Nein, nein. Er hat gesagt, **ich** soll die Klappe halten.
Hutchison *(zu Polly)* Sie? Er hat es zu mir gesagt.
Basil Äh, nein, Sie habe ich angeschaut, aber geredet hab ich mit Polly. *(Schaut weiterhin Hutchison an.)* Nicht wahr, Polly?
Polly *(direkt zu Hutchison)* Oh, ja.
Basil *(immer noch zu Hutchison)* Ah! Haben Sie das gemerkt. . . ich habe Sie angeschaut, aber mit Polly geredet!
Hutchison Was?

Polly *(schaut Basil an)* Ja, er hat Sie angeschaut, aber geredet hat er mit mir. . . *(Zu Basil)* Verstehen Sie?

Basil *(zu Polly)* Verstehen Sie?

Hutchison *(weiß nicht recht, wo er hinschauen soll)* Was?

Polly *(zu Hutchison)* Sie waren also gar nicht unverschämt, nicht wahr, Mr. Fawlty?

Basil *(zu Polly)* Ganz und gar nicht! Sehen Sie?

Hutchison *(zu Basil)* Ich?

Basil *(zu Hutchison)* Ja.

Hutchison *(zu Basil)* Also, wenn man zu jemand sagt, er soll die Klappe halten, dann ist das doch derjenige, der die Klappe halten soll, oder nicht?

Polly *(zu Basil)* Nicht unbedingt.

Basil *(zu Hutchison)* Verzeihung, reden Sie mit mir?

Hutchison *(zu Basil)* Ja.

Polly *(zu Basil)* Ich bitte um Entschuldigung. . .

Pause. Hutchison ist mittlerweile tatsächlich konfus geworden.

Basil *(zu Hutchison)* Da! Jetzt sehen Sie, wie leicht solche Mißverständnisse entstehen.

Hutchison Äh. . . ja, schon. . .

Basil Also. . . einen Käsesalat bitte, Polly.

Polly *(zu Basil)* Gewiß, Mr. Hutchison. *(Ab.)*

Basil Und wenn Sie sonst noch einen Wunsch haben, bitte sagen Sie es ruhig.

Hutchison *(schaut sich erst einen Augenblick um, ob er auch wirklich gemeint war)* Ja, danke.

Basil zieht ab. Manuel schleicht sich an Walt heran und räumt seinen leeren Teller ab.

Walt *(auffahrend)* Aaah!

Basil *(zu Manuel)* Was **machst** du da? *(Zu Walt)* Bitte vielmals um Verzeihung. Er kommt aus Barcelona. Ich hoffe, die Pâté war zu Ihrer Zufriedenheit?

Walt Ja, ja, danke.

Basil Ach, das freut mich, das freut mich. Der Koch kauft sie persönlich ein, müssen Sie wissen.

Walt **Kauft** sie ein?

Basil Ja, das läßt er sich nicht nehmen. Ich denke, der Cortonne war eine hervorragende Ergänzung dazu.

Walt Ja. Er ist sehr gut.

Basil Ah! Ausgezeichnet.

Walt Eigentlich eher wie ein 66er.

Basil Tatsächlich?

Walt Sehr körperreich.

Basil *(hebt die Flasche an und taxiert fachmännisch ihr Gewicht)* Ganz recht. Es ist immer ein Vergnügen, wenn man jemanden trifft, der das Boudoir der Traube zu schätzen weiß. Leider können die meisten Leute hier einen Bordeaux nicht von einem Claret unterscheiden.

Walt Ein Bordeaux **ist** ein Claret.

Basil Oh, ein Bordeaux **ist** ein Claret. Aber davon haben **die** keine Ahnung. Sie trinken wohl sehr viel... Wein, meine ich? Nun ja, nicht **sehr** viel, ein ziemliches Quantum, das richtige Quantum für einen Connoisseur, ich meine, das soll nicht heißen, Sie seien ein... nicht wahr, ich meine, manche Leute trinken das Zeug kistenweise, aber davon wird man ja nicht zum Connoisseur, davon wird man bloß besoffen. O ja, der Bordeaux gehört durchaus zu den Clarets.

Walt Gehört zu?

Manuel kommt mit Walts Kasserolle angeschlichen und verdrückt sich.

Basil *(rasch)* Sie sind geschäftlich hier, nicht wahr?

Walt *(abweisend)* Ja.

Basil Sie sind nicht zufällig in der Weinbranche?

Walt Nein, sind wir nicht.

Basil **Wir?**

Walt *(hat es eilig, mit seiner Kasserolle anzufangen)* Ich bin mit zwei Kollegen geschäftlich hier, und wir sind nicht in der Weinbranche.

Basil Nur, weil Sie offenbar Experte sind...

Walt Nein... ich bin kein Experte.

Basil Aber ja doch.

Walt Aber nein doch.

Basil O doch, das sind Sie.

Walt Ich bin kein Experte!

Basil *(packt Walt plötzlich an der Schulter)* Zu **dritt?**

Walt *(verblüfft)* Was?

Basil Zu dritt... zu dritt

Walt Ja... wir sind zu dritt... also, die beiden anderen sind nicht hier. Sie wohnen in einem anderen Hotel.

Basil *(faßt sich wieder)* Ganz recht! Also. . . es ist alles in Ordnung, ja?
Walt Was?
Basil Na, ich meine, so im allgemeinen. . . Ich meine, der Wein ist wirklich gut?
Walt Ja.
Basil Und die Pâté hat geschmeckt?
Walt Ja, das sagte ich bereits.
Basil Und die Kasserolle?
Walt Die habe ich noch nicht probiert.
Basil *(schnüffelt bewundernd an der Kasserolle)* Mhmmmmm!
Walt Ich hatte noch keine Gelegenheit dazu.

Explosionsartige Beschwerden von Hutchison.

Basil *(zu Walt)* Dann überlasse ich Sie jetzt Ihrer Mahlzeit, wenn es recht ist. . . *bon appétit. (Er stürzt zu Hutchison.)*
Hutchison *(fortissimo)* Ach nein, jetzt reicht's aber, das ist doch absurd. Tut mir leid, aber ich **will kein Omelett!!**
Manuel *(bietet Hutchison ein Omelett an)* Ist gut!
Hutchison Ich will das verdammte Ding nicht. Ich habe es schon einmal zurückgehen lassen!
Basil *(kommt angesaust)* Da, geben Sie's mir.
Hutchison Ich begreife einfach nicht, wie so etwas passieren kann!
Basil *(reißt das Omelett in Stücke)* Da. Ich hab es zerrissen. Das sehen Sie nie wieder.

Er legt die Reste auf dem Tisch des Majors ab. Der Major haut dankbar rein.

Hutchison *(immer noch fortissimo)* Ich hab Ihnen doch gesagt, ich möchte einen Käsesalat.

Polly kommt damit an.

Basil Danke, Polly, einen Käsesalat, bitte schön, der Herr. Wie schön, daß alles zu Ihrer Zufriedenheit ist.
Hutchison Keineswegs! Es ist einfach lächerlich! Ich meine, Sie leiten hier doch angeblich ein **Hotel!**
Basil *(bewundert den Salat)* Mein Gott, sieht der gut aus.

Hutchison Ich hatte das Omelett, einen Krabbencocktail mit einem saudummen Namen...

Basil Sehen Sie sich mal den Cheddar an. Köstlich!

Hutchison ...dann hatte ich einen Teller Eintopf und dann noch mal das verdammte Omelett!

Basil Können wir etwas leiser sein?

Hutchison Ich meine, ich wollte nichts als einen Käsesalat. Schließlich habe ich ja kein belegtes Brötchen mit Elephantenohr bestellt, ja!

Basil *(lächelt vergeblich zu Walt hinüber)* Danke, vielen Dank.

Hutchison Ich meine, das Ganze ist einfach lächerlich.

Basil *(drückt ihn wieder auf seinen Stuhl)* Na, gottseidank haben wir das jetzt alles geklärt.

Hutchison Ich meine, für jemand, der angeblich ein Hotel leitet, ist Ihr Benehmen gänzlich...

Basil lacht den anderen Gästen herzlich zu und legt Hutchison eine Hand auf den Mund.

Basil Nun, ich freue mich, daß jetzt alles zu Ihrer Zufriedenheit ist...

Hutchison *(gedämpft)* Lassen Sie mich los, lassen Sie mich los...

Basil Kann ich sonst noch **irgend etwas** für Sie tun, Sir?

Hutchison *(zappelnd)* Lassen Sie mich los, ich krieg keine Luft mehr!

Basil *(fröhlich)* Ha, ha, ha, ha, ha! *(Zischend)* Dann halten Sie die Klappe!

Hutchison Ich krieg keine Luft mehr!

Basil Halten Sie die Klappe, dann laß ich los.

Hutchison Sie sagen schon wieder, ich soll die Klappe halten!

Basil Sehen Sie nur diesen **wunderbaren** Käse! *(Hutchison schlägt vor Atemnot um sich; Basil packt fester zu und beruhigt die anderen.)* Es ist alles in Ordnung, er kriegt bloß keine Luft. *(Hutchison macht krampfhafte Hüpfer; Basil schlägt ihm auf den Rücken.)* Keine Angst... hat ein Stückchen Käse in den falschen Hals bekommen. *(Weitere Konvulsionen und Schläge; Basil strahlt und versetzt ihm einen raschen Genickschlag; Hutchison kippt mit dem Gesicht in den Salat.)* Ist schon gut, er ist ohnmächtig geworden, der Ärmste. Manuel! *(Zu Walt)* Der Ärmste! Ein Stückchen Käse!

Der Major Ja, sehr gern!

Basil und Manuel heben Hutchison hoch und tragen ihn in die Halle.

Sybil Was ist passiert?
Basil Er ist in Ohnmacht gefallen, Schatz.
Sybil In **Ohnmacht?**
Basil Er hat sich an einem Stückchen Käse verschluckt.

Sie tragen Hutchison in die Bar, Sybil folgt ihnen.

Sybil Basil, man fällt nicht in Ohnmacht, wenn man sich an einem Stück Käse verschluckt.
Basil Na ja, ich hab ihn ein bißchen auf den Rücken geklopft, und er hat sich irgendwie... **bewegt**, gerade als ich...
Sybil Was hast du getan, Basil?
Basil Nichts, er hat sich bloß bewegt, als ich...
Sybil O mein Gott! Ruf den Arzt!
Basil Hör mal, ich krieg das schon hin.
Sybil Ruf den Arzt!
Basil Ich krieg das schon hin!!
Sybil Ruf den Arzt!!
Basil Hör mal, ich krieg das schon hin... schon gut, schon gut, ich ruf den Arzt, ich krieg das anscheinend nicht hin... *(Geht brummelnd in die Halle.)* Ich bin nur eine große, dämliche Säbelzahnziege, deshalb lassen wir das meinen Mann machen. *(Greift zum Telefonhörer, sieht jedoch Walt aus dem Speisesaal kommen.)* Ah!... Es tut mir unendlich leid, daß ich Sie verlassen mußte, ich hoffe, es hat Ihnen geschmeckt?
Walt *(barsch)* Ja, ja, danke. Ob Sie wohl...
Basil Die Kasserolle war wirklich gut, nicht wahr?
Walt Nun ja, es ging so.
Basil Oh, ganz recht, ja, genau, das war heute mittag leider nicht unser üblicher Koch, aber... übrigens, es tut mir leid, daß sich der arme Kerl da so erstickt hat.
Walt Ob Sie wohl ein Telefon hätten, das ich mal benutzen könnte?
Basil Ach bitte, benutzen Sie dieses hier. *(Reicht ihm den Hörer.)* Keine Ahnung, wie er das fertiggebracht hat. Ach, da ist er ja. Gut. *(Hutchison kommt aus der Bar gewankt.)* Ah, Mr. Hutchison! Da **sind** Sie ja... Was für eine **entsetzliche** Geschichte mit diesem Käsestückchen, das Ihnen da in die verflixte Luftröhre geraten ist.

(Deutet zur Bar.) Möchten Sie dort hineingehen, um die Sache zu besprechen?

Hutchison Nein, ich komme lieber **hier** hinein, um die Sache zu besprechen.

Basil *(zurückweichend)* Ja, schön, es ist leider etwas unaufgeräumt. . .

Hutchison kommt hinter den Rezeptions-Tresen und schlägt ihn. Basil verschwindet unter dem Tisch. Nach einer Pause steht er auf und lächelt Hutchison herzlich an.

Basil Tja, hat Ihnen offenbar gutgetan, daß Sie sich mal kurz hingelegt haben.

Hutchison schlägt ihn erneut, und Basil taumelt zum telefonierenden Walt am anderen Ende des Tresens. Hutchison schlägt ihn noch zwei weitere Male.

Basil *(zu Walt)* Tut mir leid.

Hutchison schlägt ihn noch ein paar Mal. Basil fällt hin und ist nicht mehr zu sehen.

Hutchison Ich bin nicht gewalttätig, Mr. Fawlty.

Basils Stimme Doch.

Hutchison Gar nicht wahr! Aber wenn ich beleidigt und dann noch angegriffen werde, nehme ich die Sache lieber selbst in die Hand, statt die Polizei zu rufen.

Basils Stimme Ach ja? Tatsächlich?

Hutchison Jawohl, und jetzt stehen Sie auf wie ein Mann, los schon.

Basils Stimme Tja, das verflixte Bein will nicht so recht.

Hutchison Los schon!

Er zieht Basil hoch. Basil hat eine Heftmaschine entdeckt. Er zeigt sie Walt.

Basil Sehen Sie mal, was ich gefunden habe!

Hutchison Ich hoffe, ich habe mich verständlich gemacht.

Basil Absolut! *(Zu Walt)* Die hab ich gesucht.

Hutchison Ich möchte Ihnen nur sagen, daß dieses Hotel überhaupt nichts taugt und schlecht geführt ist, und daß Sie ein ganz und gar unverschämter und unhöflicher Mensch sind, Mr. Fawlty.

Basil *(fröhlich)* Ah, ha, ha, ha, ha.

Hutchison Ist das so komisch, Mr. Fawlty?

Basil Ziemlich prägnant, würde ich sagen.

Hutchison Ach wirklich... gut, und nun die Pointe. *(Er rammt Basil den Ellenbogen in den Bauch; Basil krümmt sich und ist nicht mehr zu sehen.)* Und jetzt hole ich meine Sachen, und ich erwarte keine Rechnung von Ihnen. *(Er geht die Treppe hinauf.)*

Sybil *(kommt herein, lehnt sich über den Tresen und schaut zu Basil hinunter)* Du hast das also hingekriegt, ja, Basil?

Basils Stimme Ja, Liebling, danke, überlaß das nur mir!

Sie geht. Walt beendet sein Telefongespräch.

Basil *(schleppt sich in Sicht)* Übrigens, ich weiß nicht, ob Sie das mitbekommen haben, er ist Stammgast bei uns... ist ganz hingerissen, das ist seine zweite Heimat hier. Wir müssen nur immer so ein kleines... weiß auch nicht warum, aber er mag das anscheinend so.

Walt Ach ja?

Basil Ja, die Gefahr ist nur, daß mal jemand denkt, er wäre **wirklich** mit irgend etwas unzufrieden oder daß das ein echter Kampf ist, und das rumerzählt. Sie werden nicht darüber reden, nicht wahr... wir würden Sie mit Vergnügen heute hier bei uns zum Abendessen einladen, um unsere Dankbarkeit zu beweisen.

Walt ... Was?

Basil Heute abend, zum Abendessen... würden Sie...?

Walt *(verblüfft)* Nein, heute abend kann ich nicht, danke.

Basil Morgen abend?

Walt Morgen reise ich ab. Tut mir leid.

Basil Na schön. Dann eben fünfzig Pfund!

Walt Wie bitte?

Basil Fünfzig Pfund, damit Sie nicht darüber reden.

Walt Fünfzig Pfund?!!

Basil Dann eben sechzig!... Damit Sie nicht darüber schreiben... Sie wissen schon, Artikel, Bücher, Briefe... *(Holt seine Brieftasche hervor.)*

Walt Ich kann leider wirklich nicht...

Basil *(hält ihn fest)* Bitte! Ach bitte! Zwölf Jahre haben wir gebraucht, das Hotel hier aufzubauen. Wenn Sie das in dem Buch bringen, sind wir erledigt.

Walt In welchem Buch?

Basil In dem Hotelführer. Oh. . . tut mir leid, ich hätte nicht davon reden sollen. *(Gibt ein ersticktes hohes Winseln von sich.)* Ach, was habe ich da angerichtet?

Walt Hören Sie, ich glaube, sie verwechseln mich. Ich habe nichts mit einem Hotelführer zu tun. Ich bin wegen der Ausstellung hier – wir verkaufen Außenbordmotoren. . . okay?

Basil *(schluchzt jetzt hemmungslos)* Außenbordmotoren?. . . Sie sind kein Hotel-Tester?

Walt Nein.

Basil Auch nicht nebenberuflich oder so?

Walt Nein.

Basil *(packt ihn)* Schwören Sie zu Gott.

Walt Ich sag Ihnen doch, damit habe ich nichts zu tun!

Basil Danke, danke, o vielen herzlichen Dank. Ich weiß nicht, wie ich Ihnen jemals. . . *(Er erstarrt plötzlich; Pause.)* Danke.

Er verschwindet in der Küche. Walt geht zum Haupteingang hinaus. Drei Männer kommen an ihm vorbei in das Hotel; es sind die Hotel-Tester.

1. Tester Sechsundzwanzig Zimmer, davon zwölf mit Bad.

2. Tester Tja, du kannst ja hier essen, und Chris und ich nehmen uns das Claremont vor.

3. Tester Okay. Der Besitzer ist ein gewisser Basil Fawlty.

Sie läuten. In dem Moment kommt Hutchison die Treppe herunter. Manuel hüpft auf ihn zu.

Manuel Bitte, bitte! Mr. Fawlty möchte Ihnen *adiós* sagen.

Basil kommt aus der Küche geschritten und drückt Hutchison eine große wabbelige Torte fest in den Unterleib und eine zweite ins Gesicht.

Basil Manuel, die Sahne.

Er macht Hutchisons Aktentasche auf, und Manuel gießt einen halben Liter Sahne bester Qualität hinein. Der Major kommt an.

Der Major Zeitungen schon da, Fawlty?
Basil Noch nicht, Major, nein, tut mir leid.

Der Major zieht ab. Basil schüttelt die Aktentasche gründlich durch und klemmt sie Hutchison unter den Arm.

Basil Jetzt fort mit Ihnen. Wenn Sie jemals wiederkommen, bring ich Sie um.

Er schiebt den entgeisterten Hutchison zum Haupteingang hinaus, dreht sich überschwenglich um und gibt Manuel einen Kuß auf die Stirn. Dann schreitet er triumphierend zur Rezeption und strahlt die Neuankömmlinge an.

Basil Guten Tag, und was kann ich für die drei Herren tun? *(Pause; dann dämmert ihm die schreckliche Wahrheit.)* Aaaaah!!!

Gourmet-Abend

Der Vorplatz vor dem ›Fawlty Towers‹. Basil fummelt unter der Motorhaube seines Autos herum, bei dem es sich eindeutig um eine mächtig alte Klapperkiste handelt. Er macht einen abschließenden Handgriff und schreitet forsch zum Fahrersitz. Er betätigt zweimal den Anlasser, ohne Ergebnis.

Basil Na komm, starten kann doch nicht so schwer sein... Ich meine, das ist doch ziemlich **grundlegend**. Wenn du nicht fährst, weiß ich wirklich nicht, wozu du noch gut bist.

Er versucht es noch einmal und gibt dann auf, geht nach vorne und nimmt ein köstlich aussehendes Häppchen von einem kleinen Häufchen auf dem Motor, steckt es sich in den Mund und fängt wieder an zu fummeln. Die Hupe verklemmt sich; er bringt das wieder in Ordnung.

Basil Jetzt reiß dich mal zusammen, ja? Zeig ein bißchen Einsatz. *(Er geht zurück und betätigt den Anlasser; der gibt ein jämmerliches Heulen von sich.)* Na los... jetzt hör mal gut zu!

Manuel *(kommt die Treppe heruntergerannt)* Mr. Fawlty! Mr. Fawlty! Telefon!

Basil Was?

Manuel Telefon... Telefon. *(Stellt pantomimisch ein Telefon dar.)*

Basil Oh... wo ist denn Sybil?

Manuel *Qué?*

Basil Wo ist... Sy... bil?

Manuel Wo ist... Zwiebel?

Basil Nein! Ich bin Hotelbesitzer, da braucht man keine Zwiebel, um das Heulen zu kriegen. Wo ist meine **Frau**?

Manuel Sie nicht da.

Basil Sie **ist** da! *(Manuel schaut hilflos drein.)* Na egal, schon gut, laß mich nur machen, ich mach das schon! *(Er geht auf das Hotel zu.)* **Ich** reparier das Auto, **ich** geh ans Telefon, und danach könnt ihr mir Handschellen anlegen und die Augen verbinden, dann putz ich die Fenster...

Er stürmt in die Halle. Manuel überholt ihn.

Manuel Da drin.

Basil Ja, ich **weiß**, daß es da drin ist!

Manuel *(zeigt auf das Telefon)* Hier lang, bitte. *(Er selbst verschwindet in der Küche.)*

Basil Ja, ich **weiß**, daß es hier entlang geht, mir **gehört** der Laden!

Doch kurz bevor er das Telefon erreicht hat, taucht Sybil aus dem Büro auf und geht selbst an den Apparat.

Sybil Hallo, Fawlty Towers... Oh, André, schön, daß du anrufst. Kurt ist wundervoll, wir sind total begeistert von ihm... wirklich, André, er ist prachtvoll...

Basil geht in die Küche und führt Manuel an die Rezeption zurück.

Basil *(auf Sybil zeigend)* Das Frau von Basil. *(Auf sich selbst zeigend)* Das – Basil. Das – Kopfnuß. *(Führt es vor; Manuel schleicht sich davon.)*

Sybil Augenblick mal, André... Basil!

Basil Ja, Schatz?

Sybil Hast du den Wagen schon weggebracht?

Basil Ja, ich bin gerade dabei, Schatz.

Sybil Du versuchst es doch nicht etwa selbst, Basil?

Basil *(entdeckt eine Möglichkeit zum Themenwechsel an der Wand)* Hast du diesen Fleck da schon gesehen, Schatz?

Sybil Hast du gehört, was ich gesagt habe?

Basil Hab ich, Schatz, scheint irgendwie ein Riß zu sein...

Sybil Bring ihn in die **Werkstatt**, Basil.

Basil *(zerstreut)* Ja, ja, ich werf nur einen Blick drauf, Schatz.

Sybil *(ins Telefon)* Entschuldigung, André, wo war ich stehengeblieben? Ach ja. Ja, er ist der beste Koch, den wir je hatten – wir können dir gar nicht genug danken, daß du ihn für uns aufgetrieben hast... *(Basil vergewissert sich, daß Sybil nicht hinschaut, und huscht in die Küche.)* Hör mal, kannst du am Sonntag zum Abendessen kommen?... Da wär etwas, wo wir deinen Rat brauchen... Okay, wunderbar, bis dann! *(Sie legt auf; Polly kommt herein.)* Hallo, Polly.

Polly Wollen Sie einen Schluck mit uns trinken, Mrs. Fawlty?

Sybil Trinken?

Polly Ich habe eine Zeichnung verkauft!

Sybil Tatsächlich? Aber gern.

Sie gehen in die Küche, wo Kurt und Manuel Essen kochen. Basil schleicht um ein weiteres Häufchen mit Häppchen herum.

Polly Hallo!
Kurt & Manuel Hallo!
Sybil Kurt, André kann am Sonntag. *(Zu Basil)* Ich dachte, du bringst den Wagen weg. . . *(Er schiebt sich noch ein Häppchen in den Mund.)* Machst du dich schon wieder über die Häppchen her?
Basil Ich hab nur ein einziges genommen, Schatz.
Sybil *(konfisziert den Teller)* Ich glaube, du hast nun genug, Basil. Würdest du dich jetzt bitte um den Wagen kümmern.
Kurt *(sieht, daß Basil immer noch kaut)* Gut, Mr. Fawlty?
Basil Superb, Kurt.
Polly *(gibt Sybil ein Glas Wein; zu Basil)* Für Sie, Mr. Fawlty?
Basil Ja gern, Polly.
Sybil Machst du das jetzt mit dem Wagen?
Basil Sofort, mein kleines Piranhafischlein. *(Zu Polly)* Was ist denn hier los?
Polly Ich hab gerade eine Zeichnung verkauft.
Basil Was, für **Geld**?
Kurt Ich hab sie gekauft, Mr. Fawlty. Polly ist sehr begabt. *(Polly bietet ihm ein Glas Wein an.)* Nein, nein, Polly, für mich nicht.
Polly Ach, kommen Sie!
Kurt Nein, danke.
Polly Ach, bitte! Ich hab ihn doch besorgt, um mich bei Ihnen zu bedanken.
Kurt Nein, ehrlich nicht.
Polly Mögen Sie keinen Wein?
Kurt Nur zu sehr. Aber nicht bei der Arbeit. Trink du ihn für mich, Manuel. *(Manuel nimmt dankbar an.)*
Basil *(prostet Polly zu)* Na dann. . . auf dein Wohl.
Sybil *(konfisziert sorgfältig sein Glas)* Prost, Basil.
Basil Tja, hat gut gerochen.
Kurt *(zeigt Basil die Zeichnung)* Da, Mr. Fawlty. Sie hat was drauf, wirklich!
Basil In der Tat.
Polly Jedenfalls gut und gerne 50 Pence wert.
Basil Ja. Gewinnt man ein belegtes Brötchen, wenn man errät, was es ist?
Polly Das ist Manuel.

Basil Was?
Manuel Das bin **ich**.
Basil Wo?
Kurt Manuel ist mein Freund. *(Er legt Manuel den Arm um die Schulter.)* Wir sind gute Freunde, nicht?
Manuel Oh, *sí*.
Basil *(gibt die Zeichnung zurück)* Ja, sehr modern. Sehr sozialistisch. *(Kurt nimmt die Zeichnung und küßt sie mit Gefühl.)* Ein kleines Andenken an ihn... na ja, wenn er mal geht.
Sybil Bist du noch da, Basil?
Basil Nein, ich bin schon ein paar Minuten weg, Schatz, komme aber wohl bald zurück. *(Ab.)*

Sybil betrachtet die Zeichnung. Kurt sieht, wie Manuel irgendeine kulinarische Missetat begeht.

Kurt Nein, nein, Manuel! Paß auf, so...
Sybil *(reicht Polly die Zeichnung)* Doch, das gefällt mir. Kann ich auch eine haben?
Polly Wirklich?... Von Manuel?
Sybil Ja. Macht sich bestimmt nett auf Basils Nachttisch. *(Ab.)*
Polly *(zu Kurt)* Zwei an einem Tag. So viel hat van Gogh sein ganzes Leben lang verkauft.
Kurt Aber er hatte nicht Manuel als Modell, mh?

Unterdessen fährt Basil, von Sybil am Haupteingang beobachtet, vom Vorplatz ab. Er biegt um die Ecke, wo Sybil ihn nicht mehr sehen kann, hält an, steigt aus, holt eine Handvoll Häppchen aus der Tasche und fängt wieder an, unter der Motorhaube herumzustochern.

Sonntag abend; im Speisesaal. Sybil, Basil und André sitzen an einem Tisch. Es sind auch ein paar andere Gäste zu sehen, darunter Mr. und Mrs. Heath und ihr elfjähriger Sohn Ronald. Das Essen auf dem Tisch der Fawltys sieht großartig aus und ist es auch.

Sybil *(nicht gänzlich frei von Theatralik)* Ohh! Hmmm! Wirklich hervorragend!
André Ich hab's euch doch gesagt – er gehört zu den Besten seines Fachs.
Sybil Er ist fast so gut wie du, André. Ach!! Das ist absolut **göttlich**, Basil. Na komm, nimm einen Happen.

Basil Schmeckt gut, hm?

Sybil Ach, hör ihn dir an. Bis jetzt hab ich ihn nur in deinem Restaurant so richtig essen sehen, André, und jetzt stopft er sich die Backen voll wie ein Hamster.

Basil Also wirklich, Sybil.

Sybil *(kokett)* Da müssen wir ihm wohl ein schönes großes Hamsterrad kaufen, damit er drin herumrennen kann, wenn er mal einen Moment Zeit hat, sonst geht er auseinander wie eine große, griesgrämige Tomate.

Basil Ich dachte, wir besprechen den Gourmet-Abend, Schatz.

Sybil Weißt du was, André, heute morgen ist ihm der Reißverschluß geplatzt.

Basil *(souverän)* Ach Gott.

Sybil Was, Schatzi?

Basil Du bringst André in Verlegenheit.

Sybil Nein, mein Schatz, ich bringe **dich** in Verlegenheit. *(Sie klopft Basil auf den Bauch.)* Guck dir das mal an.

Basil Tja, ich sollte mich wohl mal ein bißchen mit den Gästen unterhalten. Trink doch inzwischen noch einen Kübel Wein, ja, Schatz? *(Er steht auf und beginnt seine Runde, wobei er zuerst am Tisch des Majors landet.)* Guten Abend, Major. Schmeckt die Suppe?

Der Major Kommt mir leicht angegangen vor, Fawlty.

Basil Tja, sie ist aus **frischen** Pilzen, Major.

Der Major Ah, das wird es wohl sein.

Ein Zucken olympischer Verzweiflung huscht über Basils Gesicht. Er geht weiter zum Tisch der Heaths.

Basil Guten Abend. Ist alles zu Ihrer Zufriedenheit?

Mr. Heath Ja, dank. . .

Mrs. Heath *(fällt ihm ins Wort)* Also. . . *(Sie dreht sich erwartungsvoll zu ihrem Sohn um.)*

Ronald Ich mag die Fritten nicht.

Basil Wie bitte?

Ronald Die Fritten sind ekelhaft.

Basil *(mit bösartigem Lächeln)* O je. Was, äh. . . was **ist** denn mit ihnen?

Ronald Die Form stimmt nicht, und sie sind einfach ekelhaft.

Mrs. Heath Leider bekommt er zu Hause alles so gekocht, wie er es haben will.

Basil Ach, tatsächlich, tatsächlich?

Ronald Jawohl, und es schmeckt besser als dieser Schweinefraß hier.

Mrs. Heath *(leicht amüsiert)* Aber, Ronald.

Ronald Die Eier da sehen aus, als hätten Sie sie gerade gelegt.

Mrs. Heath *(vergeblich)* Aber, Ronald.

Mr. Heath *(zu Ronald, freundlich)* Jetzt hör mal zu, alter Knabe...

Mrs. Heath Halt den Mund!! Laß ihn in Frieden! *(Zu Basil)* Er ist hochintelligent und sehr sensibel.

Basil Ja, ja, kein Wunder.

Ronald Haben sie keine **anständigen** Fritten?

Basil Also, das **sind** anständige Pommes frites. Der Koch kommt nämlich vom Kontinent.

Ronald Haben Sie keinen englischen auftreiben können?

Mrs. Heath *(zu Ronald)* Iß doch ein, zwei, ja, Liebling?

Ronald Die Form stimmt nicht.

Basil Ach Gott, welche Form hast du denn sonst so? Mickey-Maus-Form? Smarties-Form? Amphibienlandungsboot-Form? Faust-aufs-Auge-Form?

Ronald Gott, sind Sie doof.

Mrs. Heath Also, jetzt...

Basil *(reißt sich zusammen)* Können wir dir vielleicht etwas anderes bringen, **mein Kleiner**?

Ronald Ich hätte gern etwas Brot und Salat-Creme.

Basil Zum **essen**? Tja... *(Zeigt drauf.)* Da ist das Brot, und dort ist die Mayonnaise.

Ronald **Salat-Creme** hab ich gesagt, Blödmann.

Basil Salat-Creme haben wir nicht. Der Koch hat **das** da *(zeigt auf die Mayonnaise)* heute morgen frisch gemacht.

Ronald So ein Scheißladen!

Mr. Heath *(bietet Ronald die Mayonnaise an)* Die schmeckt sehr gut.

Mrs. Heath *(eisig)* Er möchte Salat-Creme.

Ronald *(zu Basil)* Das schmeckt wie Kotze, das Zeug.

Basil Na, wenigstens ist es frische Kotze.

Mrs. Heath *(schockiert)* Mein Gott!!

Basil *(wütend)* Na, **er** hat es doch auch gesagt!

Mrs. Heath *(überheblich)* Dürfte ich wohl fragen, warum Sie keine ordentliche Salat-Creme haben. Ich meine, die meisten Restaurants...

Basil Tja, der Koch kauft sie nur zu besonderen Gelegenheiten, wissen Sie, bei einem Gourmet-Abend oder so, aber... wenn er mal eine Flasche hat – ah! –, geht er geradezu genial damit um. Er kann den Deckel abschrauben wie Robert Carrier. Es ist ein Hochgenuß, ihm dabei zuzusehen. *(Er stellt es pantomimisch dar.)* Und dann... **direkt** auf den Teller! Nichts an die Wand! Die reinste Zauberei! Mit dem Dosenöffner wirkt er auch Wunder. Dafür hat er den Pulitzer-Preis bekommen. Er hat das Zeug im Topf, noch ehe Sie *haute cuisine* sagen können. Sie äußern einen Wunsch, und schwupp! macht er es Ihnen warm und kratzt es für Sie aus der Pfanne. Wohlgemerkt, solche Fähigkeiten erwirbt man nicht über Nacht. Trotzdem, ich werd ihm sagen, er soll sich Salat-Creme zulegen, man weiß ja nie, ob nicht Henry Kissinger mal vorbeischaut. *(Mrs. Heath ist zum Schweigen gebracht; Basil lächelt charmant, schaut auf die Uhr und versetzt Ronald dabei einen säuberlichen Kopfstoß mit dem Ellbogen.)* Verzeihung! Verzeihung! *(Er zieht ab.)*

Mr. Heath Netter Mensch.

Sybil und André sind unterdessen ins Gespräch vertieft.

André Nein, nein, im Ernst, ich halte das für eine sehr gute Idee.

Sybil Meinst du wirklich?

André Ich verspreche dir, die Leute hier in der Gegend erwärmen sich immer mehr für gutes Essen.

Basil *(kommt zurück und setzt sich)* Tja, soviel zu unseren heutigen Gästen. Ungebildeter Pöbel.

André Ach, solche wird es immer geben, Mr. Fawlty.

Basil Aber am Gourmet-Abend nicht, auf keinen Fall. *(Etwas zu laut.)* Da kommen die Proleten nicht hin.

Sybil Basil!

Basil Ist doch wahr!

Sybil André meint, Donnerstag abend wäre am besten.

Basil Donnerstag?

André Ich meine ja.

Basil Gut. Und an den anderen Abenden gibt es einfach einen großen Trog Bohnensuppe mit ein paar toten Hunden als Garnitur.

Sybil Also, dann wäre das geklärt.

André Gut. Freut mich auch für Kurt. Es wird ihm guttun, wenn er mal etwas Besonderes machen kann... Ich würd gern kurz mit ihm reden, wenn es euch nichts ausmacht?

Sybil Nein, natürlich nicht.

André steht auf und geht zur Küche.

Basil Gut, dann lasse ich also am Montag die Speisekarten drucken.
Sybil Das kann Polly doch machen.
Basil Kann sie nicht.
Sybil Kann sie doch.
Basil Kann sie nicht.
Sybil Kann sie doch.
Basil Kann sie nicht.
Sybil Kann sie doch... sie **kann** das! Du kannst die Anzeige für das *Echo* schreiben, aber sieh zu, daß es nicht zu hochnäsig klingt, Basil – wir wollen die Leute ja nicht abschrecken.
Basil Ich will nur das Gesindel fernhalten, Schatz.

In der Küche reden inzwischen André und Kurt miteinander; Manuel ist beschäftigt.

André Also, viel Glück, alter Freund. Schön, dich hier bei uns zu haben.
Kurt Danke für... na, du weißt schon.
André Keine Ursache... Hat mich gefreut, dich kennenzulernen, Manuel.
Kurt *(legt den Arm um Manuel)* Er ist mein Freund.
Manuel Einen Abend ich kochen Paella für euch zwei.

Beide lachen. André wendet sich zum Gehen.

André Und Kurt... *(Hebt mahnend den Finger.)*
Kurt Hast du kein Vertrauen zu mir?
André Ciao. *(Geht in den Speisesaal zurück.)*
Kurt *(pathetisch)* Manuel! Du und ich, wir machen Fawlty Towers berühmt für seine Küche!
Manuel *Qué?*
Kurt Exzellent... tipp-topp... *famosos*... ach, du bist so süß! *(Er küßt Manuel auf die Stirn.)*

Im Speisesaal; es ist der Gourmet-Abend. Eine im Polly-Stil handgemalte Speisekarte verkündet »Gourmet-Abend im Fawlty Towers«. Basil legt auf einem Tisch Besteck zurecht. Er hebt einen Löffel hoch und betrachtet ihn.

Basil Manuel! *(Manuel nimmt den Löffel, haucht ihn ausgiebig an, wischt ihn mit seiner Serviette ab und legt ihn wieder hin; Basil nimmt ihn und gibt ihn Manuel zurück.)* Hol einen **sauberen**!
Manuel Ist sauber jetzt.
Basil *(wischt den Löffel in Manuels Haaren ab)* Ist dreckig jetzt.

Manuel rennt damit weg. Man hört das Telefon an der Rezeption klingeln. Basil studiert mißbilligend die Speisekarte.

Polly *(beim Hereinkommen)* Gefällt Ihnen die Speisekarte, Mr. Fawlty?
Basil Nein.
Polly Wie schön.
Basil Was?
Polly Danke! Vielen Dank!

Sie geht hinaus, vorbei an Manuel, der mit einem neuen Löffel hereinkommt. Er will ihn auf den Tisch legen.

Basil Gib her, gib her... danke.

Basil legt den Löffel an seinen Platz. Sie betrachten ihn beide. Basil korrigiert seine Lage. Manuel will vorsichtig danach greifen; Basil schlägt ihm auf die Hand.

Sybil *(kommt aus der Halle herein)* Basil, nun rate mal, wer eben angerufen und abgesagt hat, um zwölf Minuten nach sieben?
Basil Wer?
Sybil Die Coosters.
Basil Was!? Alle **vier**?
Sybil Prachtvoll, nicht wahr.
Basil Aaah! Was haben sie gesagt?
Sybil Einer von ihnen ist krank.
Basil Na, hoffentlich ist es nichts Geringfügiges.
Sybil Ist dir klar, daß wir **vier Leute** zu unserem Gala-Eröffnungs-Essen haben?
Basil Ist doch Wurscht! Ist doch Wurscht!
Sybil Ist doch **Wurscht**? Wir haben vier Leute, Basil. Wollen wir die in der Küche abfüttern?
Basil Aber bedenke doch, **wer** sie sind... Colonel und Mrs. Hall,

beides Friedensrichter, und Lionel Zuckerer, einer der führenden Rotarier von Torquay.

Sybil Damit kommen wir ganz groß raus.

Basil Er ist dieses Jahr Kassenwart, Schatz.

Sybil Ich hätte dich nie diese Anzeige schreiben lassen dürfen. Was für eine Idee, »Kein Zutritt für Gesindel« drunterzusetzen. *(Geht hinaus.)*

Basil *(ruft ihr nach)* Wenn man *haute cuisine* präsentiert, will man doch nicht, daß die Arbeiterklasse da ihre Nase reinsteckt. *(Er schaut in die Küche, wo Polly Essen zubereitet.)* Alles in Ordnung? Wo ist denn Kurt?

Polly Der holt mit Manuel den Wein aus dem Keller.

Basil geht in den Speisesaal zurück, blickt sich stolz um und reibt sich die Hände.

Basil Genau... das ist der wahre Jakob. *(Die beiden älteren Damen Tibbs und Gatsby spähen von der Halle herein.)* Sie da! Sie sollten längst auf Ihren Zimmern sein.

Miss Gatsby Oh!

Basil Sie kommen mir heute abend nicht hier runter, verstanden?

Miss Gatsby Ooh, sieht das nicht entzückend aus!

Miss Tibbs Was gibt es denn?

Basil Ich schick Ihnen mit den Käsebroten eine Speisekarte nach oben. Aber jetzt raus hier! *(Er scheucht sie hinaus.)*

Sybil *(taucht aus der Halle auf)* Sie sind da!

Basil Was?

Sybil Die Halls sind da! *(Sie eilt hinaus.)*

Miss Gatsby & Miss Tibbs Die Halls!

Basil Auf Ihre Zimmer!

Sie trippeln hinaus. Basil holt tief Luft und rückt seinen Schlips zurecht.

Manuel *(kommt aus der Küche angerannt)* Mr. Fawlty... Mr. Fawlty... ich ganz durcheinander.

Basil Jetzt nicht, Manuel! Später! *(Er geht hinaus und läßt Manuel in heller Aufregung zurück.)*

In der Bar sind die Halls mit Sybil im Gespräch. Mrs. Hall ist extrem klein geraten. Der Colonel hat ein autoritäres Auftreten und Kopfzuckungen.

Colonel Hall Heute morgen beim Dauerlauf dachte ich, es wird ziemlich warm *(Kopfzucken)*... aber in Wirklichkeit war es doch recht kühl, und am Nachmittag hat es sich dann zugezogen, entgegen dem Wetterbericht natürlich *(Kopfzucken)*... und es würde mich überhaupt nicht wundern, wenn wir heute abend noch einen Schauer bekämen.
Sybil Aber der Sommer war doch herrlich, nicht wahr?
Basil *(kommt hereinstolziert)* Ah, Colonel! Wie schön, Sie wieder einmal zu sehen.
Colonel Hall Verzeihung?
Basil Wie schön, Sie wieder einmal zu sehen. Wir haben uns letztes Jahr bei der Abendgesellschaft des Golf-Clubs getroffen, Sie erinnern sich vielleicht?
Colonel Hall Nein.
Basil Ach, das tut mir leid, na ja, wir haben nicht viel miteinander gesprochen, eigentlich nur guten Abend gesagt. Einmal kurz mit den Augen gezwinkert, und man hätte es glatt verpaßt. Wie Sie es ja dann auch taten. Nur allzu verständlich. *(Der Colonel zuckt mit dem Kopf; Basil guckt verdutzt.)* Verzeihung?
Colonel Hall Was?

Sybil stößt Basil an.

Basil Ja... wie geht es denn Ihrer reizenden Tochter?
Sybil *(leise)* Sie ist tot.
Basil *(mustert eifrig das Revers des Colonels)* Ihr Anzug gefällt mir. Ist das nicht toll. Wie diese Streifen da hoch- und runtergehen, einfach toll. Was hat der gekostet?
Colonel Hall *(ärgerlich)* Wer **sind** Sie eigentlich? *(Basil starrt ihn verständnislos an.)*... Ich meine, ich weiß ja gar nicht, wie Sie heißen!

Es tritt eine Pause ein.

Basil *(zu Sybil, im Flüsterton)* Ja, wie denn?
Sybil Was?
Basil *(aufgeregt wispernd)* Wie heiße ich...
Sybil *(ruhig)* Das ist mein Mann. Basil Fawlty.

Basil Stimmt, das war's!!
Colonel Hall Was?
Basil Guten Tag.
Colonel Hall Guten Tag. *(Basil streckt die Hand aus; der Colonel ergreift sie und zuckt.)*
Basil Darf ich Ihnen meine Frau vorstellen?
Colonel Hall Die hat mir gerade **Sie** vorgestellt!
Basil Na, so ein Zufall!
Colonel Hall Ja. Ich glaube, Sie kennen meine Frau noch nicht...

Doch die winzige Mrs. Hall steht hinter dem Colonel, und weder Basil noch Sybil können sie sehen.

Basil *(zu Sybil)* Tot? *(Sybil nickt.)*
Colonel Hall Darf ich Ihnen Mrs. Hall vorstellen?

Basil und Sybil schauen sich verblüfft um, dann entdecken sie Mrs. Hall. Diese wie auch jene gucken um den Colonel herum und lächeln sich zu.

Basil Oh, Verzeihung! Hab Sie gar nicht gesehen da unten. Bleiben Sie ruhig sitzen! *(Sybil gibt ihm einen Rippenstoß; er sieht sich Mrs. Hall näher an.)*
Sybil Was darf ich Ihnen zu trinken anbieten, Mrs. Small? **Hall**!
Basil Ja, einen Kurzen oder... oh!
Sybil Einen Sherry... wie wär's mit einem Sherry?
Mrs. Hall Einen Sherry – wunderbar.
Basil Gut. Groß, oder... oder... oder nicht **ganz** so groß?
Colonel Hall Ja. Klein und trocken.
Basil *(betrachtet immer noch Mrs. Hall)* Ach... das würde ich nicht sagen.
Colonel Hall Was?
Basil Ich weiß nicht...
Colonel Hall *(verärgert)* Zwei kleine trockene Sherrys.
Basil Ah, ich verstehe, was Sie meinen! Entschuldigung!

Der Colonel zuckt. Die Glocke an der Rezeption läutet. Basil verbeugt sich und zieht sich zurück.

In der Halle warten Mr. und Mrs. Zuckerer an der Rezeption. Basil kommt angerauscht.

Basil Ah, Mr. und Mrs. Zuckerer, guten Abend... willkommen im Fawlty Towers.

Mr. Zuckerer Guten Abend

Basil *(galant)* Wie überaus *au fait* von Ihnen, daß Sie heute abend an unserer kleinen kulinarischen *soirée* teilnehmen wollen.

Mr. Zuckerer Wir unterstützen es nur zu gern, wenn es in Torquay mal etwas Neues gibt.

Mrs. Zuckerer Was für eine außergewöhnliche Idee. Hoffentlich klappt es.

Basil Nun, wir sind hoffnungsvoll.

Polly taucht aus der Küche auf. Sie wirkt ziemlich aufgeregt.

Polly Mr. Fawlty!

Basil Ah, Polly! Würdest du bitte Mrs. Zuckerer den Mantel abnehmen?

Polly Ja, sicher. *(Sie hilft Mrs. Zuckerer aus dem Mantel.)*

Basil *(mit einer beflissenen Geste zur Bar hin)* Vielen Dank... Wollen Sie bitte...

Polly Mr. Fawlty?

Basil Ja?

Polly Kann ich Sie mal kurz sprechen?

Basil Ja. *(Zu den Zuckerers)* Das ist Polly. Sie wird Sie im weiteren Verlauf des Abends bedienen.

Polly Ähm...

Basil Na?

Polly Es geht um Kurt.

Basil Ja?

Polly Er hat ein Glas zuviel... von den Shrimps.

Basil Was?

Polly Er hat **ein Glas zuviel**... von den Shrimps.

Basil Shrimps? Es gibt heute abend keine Shrimps, Polly.

Die Zuckerers betrachten sie mißtrauisch. Basil deutet zur Bar, und sie setzen sich dorthin in Bewegung.

Polly *(zupft Basil am Arm)* Er ist **voll**...er neuer Ideen.

Basil Was redest du da?!

Polly *(bedächtig)* Er ist bes-...**orgt** um die Gäste, und er liegt total betr-...**übt** unterm Tisch. *(Rollt seltsam mit den Augen.)*

Basil *(zu den Zuckerers)* Entschuldigung. *(Zu Polly)* Hast du was getrunken?

Polly Nein, **ich nicht!**

Basil *(zischt)* Na, dann benimm dich gefälligst. *(Zu den Zuckerers.)* Tut mir unendlich leid, daß Sie warten mußten. Wollen Sie bitte... *(Zu Polly, die ihn immer noch zurückhalten will)* Laß das und reiß dich zusammen!

Als sie sich in die Bar begeben, schnappt Polly flehentlich nach seinem Ärmel. Er dreht sich heftig um und tut, als wolle er sie schlagen; sie jault kurz auf und springt zurück. Die Zuckerers haben das beobachtet; er gibt zur Tarnung vor, sich einen Fussel vom Ärmel zu zupfen.

Basil Darf ich Ihnen jetzt einen kleinen Aperitif anbieten, während Sie Ihr Menü wählen?

Sie gehen in die Bar, und diesmal läßt Polly sie ziehen.

Mr. Zuckerer Das ist sehr freundlich von Ihnen... Lotte?

Mrs. Zuckerer Tomatensaft bitte.

Basil Mr. Zuckerer?

Mr. Zuckerer Ja, einen Tomatensaft auch für mich, danke schön.

Sie gehen in die Bar. Basil will sie eilends vorstellen.

Basil Schön, schön... ach, Colonel... Colonel und Mrs. Hall, darf ich Ihnen Mr. und Mrs. Zuck... *(Der Colonel zuckt; Basil gibt sich taktvoll und unterdrückt den Namen.)* Sie kennen sich bereits?

Colonel Hall Nein, noch nicht.

Basil *(zu Mr. Zuckerer)* Ja?

Mr. Zuckerer Nein.

Basil Sehr schön. Also, was wünschen Sie zu trinken?

Mrs. Hall Was?

Basil Zu trinken?

Mrs. Hall Ich habe den Namen nicht verstanden.

Basil Ach, Sie haben ihn nicht verstanden? So ein verdammtes Pech!

Colonel Hall Na?

Basil Hallo, wie gehts?

Colonel Hall Nein, wir wissen **immer** noch nicht, wie sie **heißen**.

Basil Fawlty. Basil Fawlty.

Colonel Hall Nein, nein. . . **sie**.

Basil Ach, **sie**! Bitte vielmals um Verzeihung, ich dachte, Sie meinten **Sie**. Ach Gott, ziemlich heiß hier, nicht wahr? Ich könnte auch etwas zu trinken gebrauchen. Noch einen Sherry?

Colonel Hall Ja, wollen Sie uns denn nicht vorstellen?

Basil Hab ich das nicht?

Colonel Hall Nein!

Basil Oh, tut mir leid! Das sind Mr. und Mrs.. . . *(Murmelt.)*

Colonel Hall Was?!!!

Basil Mr. und Mrs.. . . *(Er gibt einen kleinen Schrei von sich und fällt ohnmächtig um; er bleibt ein paar Sekunden lang liegen, dann schlägt er die Augen auf und schaut nach oben.)* 'tschuldigung! Bin in Ohnmacht gefallen. *(Steht auf.)* Ah, das hat mir gutgetan. So, jetzt hole ich Ihnen den Tomatensaft. *(Er geht an die Bar.)*

Mr. Zuckerer *(zu den Halls)* Zuckerer mein Name.

Colonel Hall Hall. Guten Tag. Möchten Sie sich nicht zu uns setzen?

Sie nehmen alle am Tisch der Halls Platz. Sybil kommt mit den Getränken und den Speisekarten für den Gourmet-Abend.

Sybil Möchten Sie einen Blick auf die Karte werfen?

Basil regeneriert sich an der Bar und schenkt weitere Sherrys ein. Er trinkt einen. Neben ihm taucht Polly auf.

Basil Ja? Was ist?

Polly Stellen Sie bitte die Flasche hin!

Basil Was **willst** du?

Polly Stellen Sie bitte die **Flasche** hin!

Basil Was **ist** denn?

Polly Kurt ist betrunken.

Basil bleibt ruhig, läßt aber die Flasche fallen. Sie springt in Stücke. Die Gäste fahren hoch.

Basil *(ruft)* Entschuldigung! *(Zu Polly)* Betrunken?!

Polly So gut wie bewußtlos.

Basil Schön. *(Er macht einen übermenschlichen Versuch, sich zusammenzunehmen; der Versuch schlägt fehl)* Aaaah!!! *(Zu den Gästen)* 'tschuldigung!! 'tschuldigung!! *(Zu Polly)* Wie das?

Polly Ich weiß nicht. Es ging so schnell. Er hat sich mit Manuel gestritten.

Basil Mit Manuel?

Polly Er hat sich in ihn verguckt.

Basil Ver-**was**?

Polly Verguckt... Sie wissen schon... verliebt.

Pause. Dann schlägt Basil in seiner Verzweiflung mit der Faust auf den Bartresen. Unseligerweise erwischt er ein Metalltablett, das in die Luft hüpft und mit lautem Krach wieder landet. Die Gäste fahren ausgiebig hoch.

Basil *(zu den Gästen)* 'tschuldigung!! 'tschuldigung!! Wenn Sie mich einen Augenblick entschuldigen würden... es dauert nur einen Augenblick! *(Er stürmt in die Halle hinaus, Polly ihm nach.)* Ich hab's ja gewußt, ich hätte nie einen Franzosen anheuern sollen.

Polly Er ist Grieche, Mr. Fawlty.

Basil Grieche?

Polly Sicher.

Basil Das ist ja noch schlimmer. Die haben das doch erfunden. *(Er macht die Küchentür auf; Kurt lehnt äußerst unsicher mit einer Flasche in der Hand an der Wand; Basil geht ruhig, aber mit viel Autorität auf ihn zu.)* Okay. Gib her, Kurt. Na los, gib mir die Flasche.

Kurt *(lallt vor sich hin und hält die Flasche von Basil weg)* Nein. Geh weg. Laß mich in Ruhe.

Basil *(geduldig)* Na los, gib schon her. *(Er will nach der Flasche greifen, doch Kurt widersetzt sich.)*

Kurt Manuel! *(Er versetzt Basil einen Stoß, und dieser torkelt in den Speisesaal.)*

Basil *(zurückkehrend)* Na komm schon, Kurt...

Kurt Manuel!! Er liebt mich nicht!

Basil Tja, bei solchen Dingen darf man nichts überstürzen.

Kurt Ich will Manuel!

Basil Da läßt sich doch sicher was arrangieren. Kann ich jetzt die Flasche haben?

Kurt Ach, er ist so süß.

Basil Ja, er ist süß, ich weiß, ja.

Kurt Er ist wunderbar.

Basil Ja, ja, ich weiß. *(Er packt die Flasche; sie kämpfen; Basil fällt nach hinten und schlägt mit dem Kopf in einen Teller Lachsmousse; er gibt*

Kurt einen Schubs, der taumelt zurück und bricht zusammen; Basil schlägt ihm ins Gesicht) Kurt! Na komm, Kurt! *(Zu Polly)* Bring mir schwarzen Kaffee, schnell!

Polly Den kann er nicht trinken. Er ist hinüber.

Basil Nein, er hat ja nur eine halbe Flasche getrunken. Na komm, Kurt, na komm schon. . .

Polly nimmt zwei weitere leere Flaschen aus dem Ausguß und zeigt sie ihm; Basil macht Anstalten, Kurt zu erwürgen. Polly versucht, ihn davon abzuhalten.

Manuel *(hinter der Tür zum Speisesaal)* Hören mir zu, Kurti! Ich komm rein, aber nix schmusen. Du verstehen? **Nix schmusen!**

Basil *(läßt davon ab, Kurt zu würgen, packt Manuel und schleift ihn herein)* Da siehst du, was du angerichtet hast!

Manuel *(zurückschreckend)* Tot?!

Basil Völlig hinüber.

Polly Er ist nur betrunken, Manuel.

Basil *(zu Manuel)* Das ist deine Schuld.

Manuel *Qué?*

Basil Du hättest ruhig etwas. . . toleranter sein können.

Manuel Toledo?

Basil Du sollst **nett** zu ihm sein!

Manuel Sie nix verstehn – ist nicht genug. Er will **küssen** mich!

Basil Ach, ein Küßchen in Ehren. . .

Polly Mr. Fawlty!! Rufen Sie André an – er kann für uns kochen!

Basil André?! Der hat heute abend **selber** auf! Donnerstags hat er geöffnet, du taube Nuß.

Polly Aber er könnte es da machen, und Sie holen es mit dem Auto ab!

Basil *(hält inne, durchdenkt das)* Ah! Genial! *(Küßt sie auf die Stirn.)* Genial! *(Packt Manuel in ähnlicher Absicht, weicht dann zurück.)* Igitt!. . . Okay! *(Rennt zur Tür.)*

Mrs. Zuckerer Bei Hummer **kann** ich einfach nicht widerstehen.

Colonel Hall Nein, für mich geht nichts über Tournedos.

Sybil Hätten Sie gern noch etwas zu trinken?

Colonel Hall Nein, ich glaube nicht – wir könnten eigentlich bestellen.

Sybil Ich bin sofort zurück. *(Sie hält Ausschau nach Basil.)*

In der Halle ist Basil in heller Aufregung am Telefon.

Basil Hummer kannst du nicht, nein, okay, **okay**... aber André, die **Tournedos**?... Ja, tut mir leid, tut mir **leid**... tut mir leid...

Sybil *(kommt von der Bar herein)* Basil!

Basil Ja, natürlich will ich die Ente! Ja, das ist hervorragend, aber kannst du ein, zwei Saucen machen? Wunderbar! Wir haben es! Danke, danke, André. *(legt den Hörer auf)*

Sybil Wieso sprichst du mit André?

Basil Was ist denn, was ist denn?

Sybil Sie wollen bestellen, Basil.

Basil *(steckt ein Blatt Papier in die Schreibmaschine)* Na, halt sie hin, halt sie hin!

Sybil Was!?

Basil Hinhalten!! Hinhalten, du dumme Frau!! Tisch ihnen irgendeine Lüge auf. *(Fängt wild mit zwei Fingern an zu tippen; einer davon ist nicht in Form.)*

Sybil *(streng)* Was geht hier vor?

Basil Ppssst!!

Sybil Würdest Du mir bitte sagen, was du da machst?

Basil *(kämpft mit verklemmten Tasten)* Wir müssen die Karte ändern.

Sybil Wieso?... Wieso?... **Wieso!!!???**

Basil *(hektisch)* Na ja, er ist da drin, er ist hinüber, total hinüber, deshalb muß André...

Sybil Wer?

Basil Was?

Sybil Wer ist hinüber?

Basil Kurt! Was dachtest du denn – Henry Kissinger? *(Hämmert wieder auf die Tasten ein.)*

Sybil Was soll das heißen, hinüber?

Basil Er ist betrunken.

Sybil Betrunken?

Basil Blau! Besoffen! Eben betrunken! Kapiert?

Sybil *(entgeistert)* Das glaub ich nicht.

Basil Ich auch nicht. Vielleicht hab ich nur geträumt. *(Er schlägt den Kopf heftig auf den Tisch; nichts passiert.)* Nein, ich hab es nicht geträumt, wir sitzen in der Patsche. *(Er zieht das Blatt aus der Schreibmaschine.)* André kocht, und ich hol es mit dem Auto ab.

Sybil Was kocht er?

Basil Ente.
Sybil Ente?
Basil Ente!
Sybil Ente!?
Basil Du weißt doch, was eine **Ente** ist!?! *(Er rennt flügelschlagend und quakend herum.)*

In der Bar; Basil kommt noch immer quakend herein, womit er einige Aufmerksamkeit erregt. Er schlüpft mühelos wieder in die Rolle des schleimigen Gastgebers.

Basil Bitte vielmals um Verzeihung, daß ich Sie habe warten lassen.
Colonel Hall Wir würden jetzt gerne bestellen...
Basil Ja, ganz recht... ähm...
Colonel Hall Meine Frau hätte gern den Hummer als Haupt-...
Basil **Ah**, ja! Äh, Entschuldigung...
Colonel Hall Ja?
Basil Da wäre noch eine Kleinigkeit... Sie haben leider die falsche Karte bekommen. Hier ist die heutige Abendkarte.
Colonel Hall Was?
Basil *(sammelt die Erstfassungen wieder ein)* Äh, ja, der Koch hat es sich leider anders überlegt und vergessen, uns Bescheid zu sagen. So ist er nun mal, genial, aber launisch.
Colonel Hall Was, er hat alles umgestoßen?
Basil Leider ja. Ja, es war ihm nicht gut genug, deshalb hat er's weggeschmissen. Er ist ein furchtbarer Perfektionist.
Mrs. Zuckerer Den Hummer?
Basil Hummer, Tournedos, der ganze Segen, alles im Mülleimer.
Mrs. Zuckerer Das ist aber merkwürdig.
Basil Ja. Wer möchte da nicht Eimer sein, kann ich nur sagen. Und **hier** ist Ihre neue Karte.
Colonel Hall Ente mit Orange... Ente mit Kirschen... Ente *surprise*?
Mrs. Zuckerer Was ist Ente *surprise*?
Basil Ah! Das ist Ente ohne Orangen und ohne Kirschen.
Colonel Hall *(gerät allmählich in Wut)* Sagen Sie, ist das alles? **Ente**?
Basil *(sieht auf der Karte nach)* Ähm... Jaaa... Natürlich auf drei **äußerst** verschiedene Arten zubereitet.
Colonel Hall Und was macht man, wenn man keine Ente mag?
Basil Tja, wenn man keine Ente mag... ähäm... *(humorvoll)* dann

sitzt man ziemlich in der Patsche. *(Er lacht, aber es wirkt nicht ansteckend.)*

Mrs. Hall Ich mag sie zum Glück sehr gern!

Basil Au fein! Also. . . viermal Ente, ja?

In der Küche kniet Sybil neben Kurt und fahndet nach Lebenszeichen. Polly kommt.

Sybil Du hast recht. Und jetzt holt er also diese Ente von André. . .

Polly Ja, aber ich weiß nicht, was er als Gemüse nehmen will.

Sybil Das können wir ja herausfinden und wenigstens das Gemüse machen.

Basil *(kommt hereingerannt, Manuel hinterdrein)* Dreimal Lachsmousse, Polly. Und einmal Meeräsche mit Senfsauce, für Mrs. Hall. Okay. . . wo sind die Meeräschen?

Polly Da!

Polly zeigt hin und beginnt die Mousse anzurichten. Basil hastet zu einem Gefäß mit Meeräschen, nimmt ein paar heraus und legt sie auf einen Teller. Die Atmosphäre ist hektisch, aber kooperativ.

Sybil Was hast du als Gemüse gedacht, Basil?

Basil Dasselbe. Dasselbe wie auf der anderen Karte, Schatz.

Sybil André macht keine?

Basil Nein, nein, mach du sie, du und Polly. . . Senfsauce, Senfsauce. . . *(Er gießt Senfsauce über die Meeräschen und nimmt den Teller.)* Also, ihr macht sie fertig, während ich mit dem Auto weg bin, ja? Bist du bereit, Polly?

Polly Ja.

Basil Manuel! *(Manuel nimmt die Fische; Basil zeigt auf die Mousse.)* Also, zwei von denen für Tisch neun, und eins davon und das da für Tisch vier. Los geht's.

Im Speisesaal nehmen die Halls und die Zuckerers eben Platz. Polly geht mit der Mousse zum Tisch der Zuckerers und Manuel zu dem der Halls mit den Meeräschen und der Mousse. Er stellt sie verkehrt herum hin.

Basil Nein, nein, anders herum.

Manuel *Qué?*

Basil An-ders-he-rum.

Manuel Ah! *(Zu den Halls)* Bitte! *(Bedeutet ihnen, sie sollten die Plätze tauschen.)* Bitte umtauschen!

Basil Nein, nein, die **Teller**!

Manuel *Qué?*

Basil Die Teller! Die **Teller** umtauschen!

Manuel Ah, **dreckig**! Ich umtauschen. *(Er nimmt die Teller und will damit in die Küche.)*

Basil *(tritt ihm in den Weg)* Nein, nein, komm her. Guck mal. . .

Er nimmt Manuel die Teller ab und macht es vor. Manuel nimmt sie mit überkreuzten Armen entgegen, breitet die Arme aus und stellt die Teller genau so hin wie zuvor. Basil zieht Manuel vom Tisch weg und flüstert ihm etwas zu. Die Halls tauschen die Teller selbst um. Manuel hat sich inzwischen belehren lassen und tauscht sie wieder zurück.

Manuel Verzeihung, Verzeihung, ist falsch.

Basil sieht die Teller und schlägt Manuel. Währenddessen tauschen die Halls die Teller wieder um.

Basil *(zu den Halls)* Bitte vielmals um Verzeihung. Er kommt aus Barcelona. *(Er tauscht die Teller mit abschließender Gebärde zurück; zu Manuel)* Ich möchte bloß wissen, was der an dir findet!

Die Halls sehen sich an, dann stehen sie wortlos auf und tauschen die Plätze. Basil und Manuel fahren entsetzt zusammen.

Mrs. Hall Ob wir wohl etwas zu trinken bekommen könnten, Liebling?

Colonel Hall Kann ich bitte die Weinkarte haben, Fawlty?

Basil Aber gewiß doch, Major. . . **Colonel!** *(Er eilt zur Anrichte; Mr. Zuckerer entfernt ein langes schwarzes Haar aus seinem Mund und späht mißtrauisch in die Mousse.)* Schmeckt es?

Mr. Zuckerer *(unschlüssig)* Ähm, ja. . .

Basil *(beugt sich vor)* Sehr schön. . . Mrs. Zuckerer?

Mr. Zuckerer entdeckt etwas auf Basils Kopfhaut und starrt unverwandt hin.

Mrs. Zuckerer Ja, ja, sehr gut, danke, Mr. Fawlty.
Basil Sehr schön. *(Er entfernt sich.)*
Mr. Zuckerer *(stößt seine Frau an)* Der hat das in den Haaren!

Basil kommt wieder an den Tisch der Halls. Mrs. Hall will eben den ersten Bissen zu sich nehmen. Der Colonel hat gerade gekostet.

Mrs. Hall Wie ist es denn, Liebling?
Colonel Hall Ziemlich gut, erstaunlicherweise.

Mrs. Hall nimmt einen Happen Meeräsche.

Basil Hier ist die Karte, Colonel.
Colonel Hall Vielen Dank.
Mrs. Hall *(stößt einen schrillen Schrei aus)* Iiihh! *(Basil erstarrt.)*
Colonel Hall Was ist denn, Petal? Was ist los?
Mrs. Hall Iiihhhh!
Basil *(fröhlich)* Na, schmeckt's?
Mrs. Hall Ich glaube, mir wird schlecht!
Basil Ausgefallenes Aroma, nicht wahr?
Mrs. Hall Das ist nicht gegart, Sie Ignorant!
Colonel Hall Hören Sie mal! Was treiben Sie da mit uns? *(Zu Mrs. Hall)* Du meinst, das ist **roh?**
Basil Hätten Sie es lieber **gegart?**
Colonel Hall Natürlich hätte sie es lieber gegart!
Basil Selbstverständlich. *(Er läßt eilends den Teller verschwinden.)* Dann hole ich Ihnen eine gegarte – die ist sogar noch besser.
Mrs. Hall Nein! Nein!

In der Küche machen Sybil und Polly das Gemüse fertig. Manuel ist bei Kurt, der an der Wand lehnt. Basil kommt hereingerannt.

Basil Die ist roh. Die Äsche ist roh! Was machen wir jetzt damit? *(Sie schauen ihn verständnislos an; er rennt zu Kurt.)* Kurt! Kurt, hör zu... **was machen wir damit?** *(Kurt stöhnt leise auf.)* Grillen?... *(Kurt macht die Augen auf, starrt die Äsche an und stöhnt.)* Wenn sie gegrillt wird, dann mach »hm-hm«! *(Kurt schüttelt leicht den Kopf.)* Okay! **Braten?** Mach einfach »hm-hm«! *(Kurt rollt mit den Augen und kotzt auf den Teller; Basil wendet sich an die anderen.)*... Klappt doch prima, nicht?

Sybil Basil, mach bitte, daß du rauskommst. **Ich** kümmer mich um den Fisch. Geh du und hol die Ente! *(Sie führt ihn hinaus.)*
Basil *(läßt sich nicht lange bitten)* Okay. Okay. Oh! **Wein!**
Sybil Was?
Basil Der Colonel möchte Wein. Ich geh mal... *(Macht einen Schritt in Richtung Speisesaal und hält dann inne.)* Nein, geh **du,** Polly. Eine Frau schlägt er bestimmt nicht. *(Stürzt zum Vordereingang.)*

Im Speisesaal. Polly kommt herein und geht auf den Colonel zu, der kritisch seine Mousse beäugt.

Polly *(zaghaft)* Haben Sie... haben Sie schon gewählt, Major... **Colonel?**
Colonel Hall Hm?
Polly Haben Sie sich für einen Wein entschieden?
Colonel Hall Ach ja. Chablis bitte.
Polly *(nimmt die Weinkarte)* Danke.
Colonel Hall Fräulein!
Polly Ja?
Colonel Hall *(gewichtig)* Da ist ein **Haar** in meiner Mousse.
Polly Reden Sie doch nicht so laut, sonst wollen sie alle eins.
Colonel Hall **Was!!!!**
Polly Entschuldigung. *(Sie schnappt sich die Mousse und eilt damit fort; der Colonel zuckt.)*

Unterdessen steuert Basil hektisch seinen Wagen und schimpft dabei über andere Fahrer.

Basil Ach, geh doch aus dem Weg... mach schon!

Wieder im Speisesaal; Polly eilt mit weiterer Mousse herbei. Sie stellt sie vor den Colonel hin.

Polly *(liebreizend)* Bitte vielmals um Verzeihung. *(Zu Mrs. Hall)* Die Meeräsche kommt gleich.

Derweil fährt Basil vor Andrés Restaurant vor und rennt in die Küche. André hat die Ente auf einer Servierplatte bereitgestellt.

André Ah, Mr. Fawlty... da sind Sie ja... eine herrliche Ente für

Sie... die ist – mmhmm – köstlich. Hier bitte, und vergessen Sie die Saucen nicht.

Basil Ah, wunderbar.

André Hoffentlich klappt jetzt alles wie am Schnürchen... viel Glück.

Er deckt die Ente ab und reicht sie Basil mitsamt den Saucen. Basil rennt zum Auto, springt hinein und will starten. Das Auto will nicht.

Basil Na los!

Wieder im Speisesaal. Manuel steht aufmerksam daneben, als der Colonel seinen Wein kostet. Der Colonel nickt und zuckt.

Manuel Was, nix gut?

Colonel Hall Nein, nein, er ist sehr gut.

Manuel gießt dem Colonel noch etwas Wein ins Glas. Der Colonel nippt daran. Manuel schenkt sofort wieder nach; der Colonel schreckt zusammen und verschüttet etwas. Manuel schenkt wieder nach.

Basil fährt auf dem Vorplatz vor. Polly wartet am Haupteingang, sieht den Wagen und läuft ins Haus. Basil springt mit der Ente aus dem Auto und rennt in das Hotel.

Basil *(kommt in die Küche gerannt)* Da, Polly.

Sybil kümmert sich um die Saucen. Basil guckt sich die Ente an. Sie sieht gut aus.

Basil So, ich tranchiere sie auf dem Servierwagen. **Gut gemacht**, Leute! Manuel, mach den Servierwagen fertig. Okay, los geht's...

Manuel rennt durch die Schwingtür in den Speisesaal.

Sybil *(winkt Basil mit einer Saucenschüssel)* Basil!

Er bleibt stehen und dreht sich um. Die Tür schwingt zurück und schlägt ihm die Ente aus der Hand.

Basil O mein Gott! Sieh doch, was du angerichtet hast, du ganz unglaubliche Kuh!

Polly Augenblick. . . ich glaube, das kriegen wir wieder hin.

Basil Was? *(Er kniet nieder und sieht sich die Ente an; sie ist noch ganz!)* Ja! Du hast recht!

Er streckt freudig die Hand danach aus. Die Schwingtür geht auf und versetzt ihm einen furchtbaren Schlag an den Kopf. Manuel kommt herein, tritt in die Ente und geht ein paar Schritte mit der Ente am Fuß. Basil heult auf, stürzt sich auf Manuel und will ihm den Schuh aus der Ente ziehen. Die Ente fällt herunter; aber das arme Ding hat furchtbar gelitten.

Basil Guck! Guck dir das an! Nun guck dir das bloß mal an!

Sybil Kann ich irgendwie helfen?

Basil Ja! Geh und bring dich um! Nein!!! Ruf erst noch André an! Sag ihm, wir brauchen noch eine. *(Er wirft mit der Ente nach dem bewußtlosen Kurt; zu Polly)* Geh und rede mit ihnen!

Polly Was?

Basil Unterhalte sie oder mach sonst was!

In der Halle ist Sybil am Telefon.

Sybil Oh, André, hier ist Sybil Fawlty. . . Tja, es hat leider jemand reingetreten. . .

Auf dem Vorplatz springt Basil ins Auto und fährt los. Im Speisesaal klampft Manuel vor den verdutzten Gästen auf der Gitarre herum und gibt seltsame spanische Laute von sich. Basil fährt derweil mit Raketengeschwindigkeit bei Andrés Restaurant vor. Er stürmt in die Küche; André legt eine neue Ente auf eine Servierplatte und deckt sie ab. Basil will eben danach greifen, da lenkt André ihn ab, indem er ihm neue Saucen offeriert. Während er wegschaut, kommt ein Kellner, stellt eine ähnliche Servierplatte mit Deckel ab und nimmt Basils Ente mit. Basil lehnt die Saucen ab, dreht sich um und nimmt die Servierplatte. Er rennt hinaus, schwingt sich in das Auto und betätigt den Anlasser. Der winselt kläglich.

Basil Na los. Na **los!**

Im Speisesaal hat Manuel sein Lied beendet. Polly applaudiert mit Begeisterung, die Gäste applaudieren ohne Begeisterung. Es tritt eine Pause ein; dann läßt Polly ihre Nummer vom Stapel.

Polly *(singt)* Ich bin ein Girl, das nicht nein sagen kann... ich weiß nicht mehr ein, nicht mehr aus...

Basil ist unterdessen in eine enge Gasse eingebogen. Sie wird von einem geparkten Lieferwagen blockiert. Er flucht, hupt, wartet, gibt auf, stößt zurück und würgt den Motor ab. Er will wieder starten. Diesmal will der Wagen überhaupt nicht. Er wird noch hektischer.

Basil Na los schon, starte, ja?! Starte, du blödes Vieh!! Na los doch! Herrgottnochmal!! Ich warne dich – wenn du nicht startest...! *(Schreit wutentbrannt.)* Ich zähle bis drei!!! *(Er betätigt den Anlasser, ohne Erfolg.)* Eins... zwei... **drei...!!** Okay! Das war's! *(Er springt aus dem Wagen und hält ihm eine Standpauke.)* Das war einmal zuviel! Okay! Sag bloß nicht, ich hätte dich nicht gewarnt! Ich hab's dir immer wieder in aller Deutlichkeit gesagt! Okay! Okay... das war's! Jetzt verprügel ich dich nach Strich und Faden! *(Er rennt weg und kommt mit einem großen Ast zurück; er drischt gnadenlos auf das Auto ein.)*

Im Speisesaal schließt Polly ihre Vorstellung ab.

Polly Ich kann nicht spröde und nicht unnahbar tun... Wie soll ich sein, was ich nicht bin... Ich sag... nicht... nein! *(Manuel applaudiert lautstark.)*
Colonel Hall *(laut)* Irgendein Lebenszeichen von der Ente?
Polly Ähm... sie kommt gerade...

Basil rennt unterdessen den Vorplatz hinauf. Im Speisesaal ist jetzt Sybil an der Reihe.

Sybil Onkel Ted kommt also mit dem Kasten Bockbier an, ha, ha, ha... und Mutter sagt: »Ach Ted, sieh mal, wer da ist«... und **er** sagt, ha, ha, ha...

Basil schlittert in die Küche herein, kommt rutschend zum Stehen und sieht Polly, die das Gemüse fertig hat.

Basil Okay, Polly?!
Polly Okay!
Basil Hast du die Saucen?
Polly Jawohl!
Basil Also, los!

Er schreitet triumphierend in den Speisesaal. Er stellt die Platte auf den Servierwagen und schiebt ihn feierlich vor sich her.

Basil Meine Damen und Herren!! Es tut mir unendlich leid, daß ich Sie habe warten lassen.

Er schärft mit Aplomb sein Messer. Dann hebt er den Deckel und strahlt die Gäste an. Beim Herunterschauen sieht er keine Ente vor sich, sondern einen großen, reichverzierten, rosafarbenen Triflepudding. Er betrachtet ihn beifällig, dann sperrt er plötzlich Mund und Nase auf und knallt den Deckel zu. Er hebt ihn wieder etwas an und späht ungläubig darunter. Er nimmt den Deckel fort und schaut sich im ganzen Saal nach der entsprungenen Ente um. Er kann sie nicht entdecken. In verzweifelter Hoffnung sieht er auf der unteren Platte des Wagens nach. Schließlich taucht er mit beiden Händen in den Pudding und wühlt darin herum. Unglücklicherweise birgt er keine Ente. Er wendet sich seinen Gästen zu und lächelt über das ganze Gesicht.

Basil Tja, ähm. . . wer möchte Pudding?
Colonel Hall Was?
Basil Pudding gefällig, Mrs. Hall?
Colonel Hall *(unheilvoll)* Was ist mit der Ente, Fawlty?
Basil Ente ist aus. Tut mir leid.

Die Deutschen

Die Privatstation eines Krankenhauses. Sybil sitzt aufrecht im Bett und futtert Pralinen. Basil ist zu Besuch.

Basil Ob auch bestimmt alles gutgeht?
Sybil Was, Basil?
Basil Ich sagte, ob auch bestimmt alles gutgeht?
Sybil Holst du mir mal mein Bettjäckchen?
Basil Ähm. . . Bettjäckchen. *(Er steht auf und wühlt in der Schublade neben dem Bett herum.)*
Sybil In der Kommode, das blaue, in der **Kommode.**

Basil geht mit einem leichten Seufzer durch das Zimmer zur Kommode.

Sybil Also, du vergißt die Feueralarmübung morgen nicht, ja?
Basil Nein, Schatz, nein, ich komm **durchaus** zurecht. . . Das da? *(Hebt ein rosa Bettjäckchen hoch.)*
Sybil Das ist doch nicht blau.
Basil Na ja. . . es sind so blaue Sachen drauf.
Sybil Das sind Blümchen, und ich hab nicht um das mit den Blümchen gebeten, oder?
Basil Nein, ganz recht, das hast du nicht. Eigentlich hab ich das nur genommen, um dich zu ärgern. Ich meine, wozu **brauchst** du das ganze Zeug da?
Sybil Was?
Basil Du bist doch nur für drei Tage hier. Willst du jeden Abend einen Kostümball veranstalten? *(Hält ein leuchtend blaues Bettjäckchen hoch.)* Das da?
Sybil Ist das blau?
Basil Bläulich, würd ich sagen.
Sybil Du denkst doch daran, die Sachen von Thomas abzuholen, ja.
Basil Ja, ja.
Sybil Ach, und ich hab heute früh vergessen, den Schimmel von dem Cheddar abzukratzen, also erinner den Koch daran.
Basil In Ordnung.
Sybil Und sieh doch **bitte** zu, daß du endlich den Elchkopf aufhängst. *(Basil seufzt.)* Er liegt schon **zwei** Wochen da rum, Basil.
Basil Ja, ja, ja.
Sybil Ich weiß nicht, wozu du den gekauft hast.

Basil Er wird der Halle ein gewisses Flair verleihen, Sybil. Er ist stilvoll.

Sybil Er ist **räudig.**

Basil Gar nicht wahr.

Sybil Es sind **Lebewesen** drin, Basil – er ist widerlich.

Basil Er ist nicht widerlich, er ist **superb.**

Sybil Ich will jetzt nicht mit dir streiten, Basil, schaff ihn einfach aus dem Weg und bring ihn an die Wand, ich möchte nicht immer wieder mit der Strickjacke dran hängenbleiben. Und würdest du mir bitte mein Telefonbüchlein geben?

Basil *(steht auf und durchstreift den Raum auf der Suche nach dem Buch)* Ich meine, es ist ja nicht so, daß ich nicht genug zu tun hätte. Ich meine, ich steh ganz alleine da, und morgen kommen die Deutschen...

Sybil Aber erst um die Mittagszeit. Du könntest es am Vormittag erledigen.

Basil Am Vormittag ist die **Feueralarmübung!**

Sybil Das dauert nur zehn Minuten... In der **Tasche.**

Basil *(hält Ausschau nach einer Tasche)* Ich dachte, die Sklaverei wäre abgeschafft.

Sybil Denkst du eigentlich immer nur an dich?

Basil Ach...

Sybil In der **Tasche.** *(Sie zeigt sie ihm – sie liegt auf dem Bett.)*

Basil Ach ja, in der Tasche. Laß mich nur machen. Leg du hier ruhig die Füße hoch, und ich geh und schlepp noch einen Zentner Limonenkekse für dich hoch... *(Er reicht ihr das Büchlein.)*

Sybil Mir steht eine Operation bevor, Basil.

Basil Ach ja, wie geht's denn dem guten alten Zehennagel? Immer noch eingewachsen, hm? Gräbt sich noch immer feste in den Knochen hinein? Bohrt sich in den Nerv, ja? Böser alter Nagel.

Sybil Er tut noch immer weh, falls du das meinst, Basil.

Basil Na, morgen früh ist er raus, der arme kleine Teufel. Ob sie ihn mir wohl präparieren würden, nur so als Andenken?

Sybil Es ist bestimmt eine Anfrage wert. Du könntest ihn neben dem Elch an die Wand hängen. Sie würden recht gut zueinander passen.

Basil Ha, ha, ha!

Die Schwester kommt energisch herein.

Schwester *(zu Sybil)* Ah, da sind Sie ja. *(Zu Basil)* Na los, raus hier!

Basil *(späht angelegentlich unter das Bett)* Ach, haben Sie mit mir gesprochen? Tut mir leid, ich dachte, es wäre vielleicht ein Hund hier.

Schwester O nein, hier gibt's keine Hunde.

Basil *(mustert sie eingehend)* Da würd ich nicht drauf wetten.

Schwester O nein, verboten. Na los schon, Sie sind im Weg.

Basil Fawlty mein Name, **Mr.** Fawlty.

Schwester *(zu Sybil)* Wir setzen Sie mal etwas auf.

Sybil *(zuckersüß)* Danke, Schwester.

Schwester *(steckt Sybil ein Thermometer in den Mund)* So, einfach unter die Zunge stecken. *(Sie erblickt Basil.)* Sind Sie immer noch da?

Basil Sieht so aus.

Schwester Gleich kommt der Doktor.

Basil *(fährt wie erschrocken hoch)* Großer Gott! Ein Doktor – ich meine, hier, im Krankenhaus?! Was machen wir denn jetzt?

Schwester Sie machen, daß Sie rauskommen!

Basil Ich möchte bloß mal wissen, warum man Sie »Schwester« nennt! Ist das ein Kosename?

Sybil gibt einen warnenden Laut von sich – das Thermometer hindert sie am Sprechen.

Schwester Hören Sie, Mr. Fawlty, ich bitte Sie nicht noch einmal.

Basil Sie hätten doch wohl nichts dagegen, wenn ich meiner Frau auf Wiedersehen sage? Sie kommt morgen unters Messer.

Schwester Es ist ein eingewachsener Zehennagel!

Basil Ah, Sie wissen es also, ja? Na, das wird hilfreich sein. *(Zu Sybil)* Tja, dann alles Gute, und wenn dir noch irgend etwas einfällt, was ich machen soll, dann ruf ruhig an.

Wieder ein Warnsignal von Sybil.

Schwester Fertig?

Basil Grade eben. Vielen herzlichen Dank auch.

Schwester Keine Ursache.

Basil Das Vergnügen war ganz meinerseits... Eingewachsener Zehennagel. Rechter Fuß. Sie finden ihn am Ende des Beins. *(Er rauscht in den Korridor hinaus und stößt fast mit dem Doktor zusammen, der eben ins Zimmer treten will)*

Doktor Mr. Fawlty?

Basil Ja?

Doktor Doktor Fin.
Basil Ach, guten Tag, Doktor.
Doktor Sie haben gerade Ihre Frau besucht?
Basil Ja. Hab ihr eben Lebewohl. . . ich meine, *au revoir* gesagt.
Doktor Ja. Nun, es handelt sich um eine sehr einfache Operation. Aber hinterher wird es ziemlich schmerzen.
Basil So, so. So, so. O je. . .
Doktor Nur vorübergehend, aber machen Sie sich bitte keine Sorgen.
Basil Nein, also, ich werd's versuchen. . . Es wird ziemlich schmerzen?
Doktor Ja.

Der Doktor geht in Sybils Zimmer. Basil reibt sich befriedigt die Hände.

Die Rezeption im Hotel. Major Gowen ist in der Halle, als Basil hereinstolziert kommt und hinter den Tresen geht.

Basil *(heiter)* 'n Abend, Major.
Der Major 'n Abend, Fawlty. Hampshire hat gewonnen.
Basil Ach ja? Ist das nicht schön, wie wunderbar!
Der Major Ach, Fawlty, wie geht's. . . ähm. . . ähm. . .
Basil . . . meiner Frau?
Der Major Genau, genau.
Basil Gut, ausgesprochen gut. Morgen früh kommt er raus.
Der Major Sie kommt schon wieder raus? Gut.
Basil Nicht sie, der Nagel. Sie operieren erst morgen.
Der Major Was?
Basil Der Nagel. Er kommt morgen früh raus.
Der Major Wieso hat sie denn einen Nagel in sich?
Basil Ich dachte, ich hätte es Ihnen erzählt, Major, ihr Zehennagel kommt raus.
Der Major Was, nur einer?
Basil Tja, er ist eingewachsen, Major.
Der Major Nun ja. . . wenn was weh tut. . . kommt es eben raus.
Basil Genau. Tja. . . und jetzt bin ich alleine und kann hier mal alles richtig in Schwung bringen.
Der Major Dann sind Sie jetzt allein, nicht wahr?
Basil So sieht es aus.

Der Major Sie bleibt ja nicht lange weg, nicht wahr?
Basil Nein, nein, nein, es sei denn, das Ganze geht grandios schief.
Der Major Na ja... Sie haben ja immer noch Elsie als Hilfe.
Basil Wen?
Der Major Elsie.
Basil Tja, die... ähm... die hat uns vor ein paar Jahren verlassen, Major.
Der Major Komisch – ich dachte, ich hätte sie gestern gesehen.
Basil Nein, wohl kaum – sie ist in Kanada.
Der Major Seltsam, diese Frauen.
Basil Tja, ich muß mal wieder ran...
Der Major Ich hab mal eine gekannt... sah umwerfend aus, das Mädel... groß, nicht wahr... der Vater war Bankier.
Basil Tatsächlich.
Der Major Den Namen der Bank hab ich vergessen.
Basil Ist ja auch egal.
Der Major Ich hatte wohl einen Narren an ihr gefressen, sonst hätte ich sie nicht mitgenommen, um... Indien zu sehen!
Basil Indien?
Der Major Damals im *Oval*... schönes Spiel, prachtvolles Finale... also, Surrey mußte dreiunddreißig Läufe schaffen, und das in etwa einer halben Stunde... da ist sie gegangen und wollte sich die... die Hände pudern oder so... Frauen... ähm... ist nie wiedergekommen.
Basil Wie schade.
Der Major Und das Komische war... den ganzen Vormittag hat sie die Inder Nigger genannt. »Nein, nein, nein«, hab ich gesagt, »die Nigger sind die von den **West**indischen Inseln. Das da sind Kanaken.« »Nein, nein«, sagt sie. »**Alle** Cricketspieler sind Nigger.«
Basil Sie bringen alles entsetzlich durcheinander, nicht wahr? Das Denken liegt ihnen nicht. Das kann ich täglich an Sybil beobachten.
Der Major Wenn mir doch bloß der Name wieder einfiele. Sie hat immer noch meine Brieftasche.
Basil Wie ich schon sagte, keinerlei Fähigkeit zum logischen Denken.
Der Major Wer?
Basil Die Frauen.
Der Major Ach ja, ja... Ich dachte, Sie meinen die Inder.
Basil Nein, nein, nein, nein... hat das nicht Oscar Wilde gesagt: »Sie haben einen Kopf wie Schweizer Käse«?
Der Major Wie meinen Sie das – hart?

Basil Nein, nein – voller Löcher.
Der Major Tatsächlich?. . . Die Inder?
Basil Nein, die **Frauen!**
Der Major Oha!

Polly kommt herein und bückt sich hinter Basil, um etwas zu suchen.

Basil Ja, können wir behilflich sein?
Polly Hallo.
Basil Da haben Sie's. Drei Jahre College und weiß nicht, ob Morgen oder Abend ist.
Der Major Es ist. . . äh. . . etwa zwei Minuten vor sechs.
Basil *(zu Polly)* Was suchst du denn da?
Polly Mein Deutschbuch.
Basil *(zu dem Major)* Morgen früh kommen ein paar Deutsche, Major, deshalb will Polly mal wieder eine ihrer Fremdsprachen aufpolieren.
Der Major Deutsche! Hierher?
Basil Nur für ein paar Tage, Major.
Der Major Für die Deutschen hab ich nicht viel übrig. . .
Basil Ich weiß, was Sie meinen, aber. . .
Der Major Krauts sind das und weiter nichts. Lumpenpack!
Basil Tja, hm, man muß vergeben und vergessen, Major. . . auf Teufel komm raus. . . Schweinebande. . . Nun gut, ich sollte jetzt wohl mal den Elch aufhängen
Der Major Lieben muß man sie wohl trotzdem, nicht wahr?
Basil Die Deutschen?
Der Major Nein, nein – die **Frauen!** Die **Deutschen** hassen, die **Frauen** lieben.
Polly *(taucht hinter dem Tresen auf)* Und was ist mit deutschen Frauen?
Der Major Können gut Karten spielen. . . aber wohlgemerkt, ich würde ihnen nicht mal guten Tag sagen. . . *(Geht brummelnd ab.)*
Polly *(zeigt Basil den Sprachführer)* Gefunden.
Basil Ich weiß nicht, warum du dich damit abgibst.
Polly Es hieß doch, ein paar von ihnen sprechen kein Englisch.
Basil Das ist doch ihr Problem, oder? *(Polly geht ab.)* Keine Ahnung, warum sie alles so kompliziert machen muß. *(Er geht in das Büro und hebt liebevoll den Elch hoch.)* Hast ihr die Strickjacke zerrissen, ja? Hmmmmm. . .

Er geht wieder in die Halle und klettert mit dem Elch auf einen Stuhl an der Wand, wo er den Kopf aufhängen will. Der Major kommt aus der Bar und schaut auf die Uhr.

Der Major Guter Gott, es ist fast sechs, Fawlty!
Basil Tatsächlich?
Der Major Tja, hm, wenn Sie soweit sind, könnte ich ja einen... ähm... Fruchtsaft oder so zu mir nehmen.
Basil Ich mache auf, sobald ich damit fertig bin, Major.
Der Major Noch eilt es ja nicht... *(Tapert wieder in die Bar zurück.)*
Basil Alter Saufkopp. *(Hält den Elchkopf an die Wand und will eine Stelle mit dem Bleistift markieren, da klingelt das Telefon.)* Polly!... Polly!... Manuel!!! *(Seufzt schwer und klettert hinunter, wobei er den Elchkopf mitnimmt; er legt ihn auf den Tresen und geht an den Apparat.)* Ja, Fawlty Towers, ja, hallo?... *(Offenbar ist es Sybil.)* Ich war eben dabei, du dumme Frau! Ich hab ihn gerade weggelegt, um ans Telefon zu gehen und mich von dir ermahnen zu lassen, das zu tun, was ich gerade tue! Ich meine, wozu soll das gut sein, daß du mich ermahnst, etwas zu tun, was ich sowieso schon tu... Ich meine, **wozu soll das gut sein, verdammt noch mal??!** Ich tu's grade, ja?!... Ja, hab ich geholt, ja. Nein, ich bin noch nicht dazu gekommen, ich hab's in einer Tour versucht, seit ich wieder hier bin... Ja, mach ich, ja. Nein, noch nicht, aber ich mach's noch, ja. Ich weiß, ja. Ich werd versuchen, das in Ordnung bringen zu lassen. Sonst noch was? Ich meine, hättest du das Hotel gern ein bißchen weiter nach links versetzt, oder... ja, gut, viel Spaß bei der Operation, Schatz. Wollen hoffen, daß alles gutgeht. *(Legt den Hörer auf.)* Ich wünschte, ihr wäre die Zunge eingewachsen.

Manuel kommt strahlend aus der Küche.

Manuel Ja?
Basil Aha, ein Butler wie er im Buche steht. Nun?
Manuel Sie haben gerufen, Sir.
Basil Vor einer Woche, aber mach dir nichts draus.
Manuel *Qué?*
Basil O Buddha... Also geh und bring mir einen Hammer.
Manuel Äh... *cómo?*
Basil Hammer.

Pause, während der Manuel darüber nachsinnt.

Manuel Oh, Hammelbraten.

Basil Ach, muß ich das denn jedesmal wieder durchmachen? Hör zu, einen **Hammer!**

Manuel Meinen Hamster?

Basil Nein, nicht deinen Hamster! Wie soll ich denn mit deinem Hamster einen Nagel einschlagen? Obwohl, ich könnt's ja mal versuchen – nein, ist schon egal, ich hol ihn selbst, komm du her und räum auf, du weißt schon, aufräumen.

Manuel Aufräumen, *sí.*

Basil *(geht Richtung Küche)* Ich holen Hhhammmmmer und hhhauen dich aufs Hhhirn damit. Hhhau ruck. . .

Er verschwindet. Manuel steht hinter dem Tresen und macht Sprachübungen.

Manuel Hhhhammer. Wie geht's, wie steht's, Sir? Sehen Sie, ich spreche gut Englisch, ich lerne es aus einem Buch. Hhhallo. Ich bin Englisch. Hhhallo. *(Er hockt sich hinter den Tresen; der Major kommt aus der Bar herein – er hört Manuel, sieht aber nur den Elch.)* Wie geht's, wie steht's, Sir. Ich kann Englisch. *(Manuel steht kurz auf, als der Major sich gerade umdreht.)* Hallo, Major. Wie gehts denn so?

Der Major *(dreht sich wieder um, doch Manuel ist bereits wieder verschwunden)* Äh. . . äh. . . äh. . . Danke, gut.

Manuels Stimme Schöner Tag heute.

Der Major *(beäugt den Elch)* Ähm. . . ja? Ja, ja, kann man wohl sagen. . .

Manuels Stimme Ich kann Englisch. Ich lerne es aus einem Buch.

Der Major Ach ja? Tatsächlich? *(Basil kommt mit einem Hammer zurück.)* Ah! Da sind Sie ja, Fawlty.

Basil Ja, ich mach gleich auf, Major. *(Er hebt den Elch hoch und stellt ihn auf einen Stuhl.)*

Der Major Oh, schön. . . sagen Sie, das ist ja ein außergewöhnliches Tier, Fawlty. . . wo haben Sie das denn her?

Basil Samsons, in der Stadt.

Der Major Tatsächlich? War es. . . war es teuer?

Basil Ähm, zwölf Pfund, glaube ich. *(Fängt an, den Nagel einzuschlagen.)*

Der Major Großer Gott!. . . Aus Japan, was?

Basil Aus Kanada, glaub ich, Major.

Der Major *(zieht kopfschüttelnd ab Richtung Bar)* Wußte gar nicht, daß die Kanadier so clever sind.

Basil *(guckt dem Major nach)* Hat ja früh angefangen. *(Er steigt vom Stuhl, da kommt Polly herein und stellt eine Vase mit Blumen auf den Tresen.)* Polly? Was riecht denn da so?

Polly Blumen. Ich hab sie eben aus dem Garten geholt.

Basil Warum verpestest du denn damit die Luft? Was ist mit den Dingern aus Plastik?

Polly . . . Die sind beim Bügeln.

Basil nimmt den Elch und will eben wieder auf den Stuhl steigen, da klingelt das Telefon.

Basil Ach, gehst du bitte mal ran? Ich will das hier gerade aufhängen.

Polly Fawlty Towers. . . Oh, hallo, Mrs. Fawlty.

Basil Ich bin **dabei!** Ich bin gerade dabei! Sag ihr das! **Ich bin gerade dabei!**

Polly Er sagt, er ist grade dabei. Was macht der Nagel?

Basil Ich wünschte, es wär dieser hier! *(Er hängt den Elch an den Nagel.)* Da, sag der Königin der Tyrannen, ihre Strickjacken sind auf ewig in Sicherheit. Mr. Elch ist oben. Es ist geschafft, geschafft, geschafft.

Polly Er ist oben. *(Der Elch fällt von der Wand und Basil auf den Kopf.)* Er ist wieder unten. *(Zu Basil)* Haben Sie einen Dübel genommen?

Basil Gib her, gib her.

Er rennt zum Telefon und stolpert dabei über Manuel, der sich immer noch ungesehen hinter dem Tresen zu schaffen macht.

Polly *(ins Telefon)* Nein, er ist gerade über Manuel gestolpert. . . und jetzt hat er sich anscheinend unter dem Drehstuhl eingeklemmt. . . und eben sind ihm die Blumen auf den Kopf gefallen. . . nein, sonst ist alles in bester Ordnung.

Am nächsten Morgen; an der Rezeption. Basil hängt den Elch wieder auf. Manuel hält sich zur Verfügung.

Manuel Ist oben. Gut. Oben. Sehr gut.

Basil Okay, gut. *(Eine Geweihschaufel sackt runter.)* Tja, was ist jetzt wieder?... Okay! Na los, geh wieder an die Arbeit! *(Zu sich selbst)* Zwölf Pfund...

Manuel geht in die Küche. Mr. und Mrs. Sharp kommen zum Haupteingang herein.

Basil Guten Morgen.
Mr. Sharp Guten Morgen.
Basil Sie wissen ja, daß wir in ein paar Minuten eine Feueralarmübung haben?
Mr. Sharp Nein, das wußten wir nicht.
Basil Sie haben die Bekanntmachung nicht gelesen?
Mr. Sharp Nein.
Basil Na schön, wenn Sie es klingeln hören, dann seien Sie bitte so gut und gehen für ein paar Minuten hinaus, wir müssen das Gebäude räumen. Vielen Dank.
Mr. Sharp Oh.

Während die Sharps hinausgehen, kommt Polly aus dem Speisesaal.

Polly Mr. Fawlty, wissen Sie, daß es fast zwölf ist?
Basil Ja?
Polly Na ja, die Feueralarmübung...
Basil Ja, ich hab's nicht vergessen, ich hab es gerade erst jemandem erzählt – ich komm schon zurecht. Ich meine, du weißt, was du zu tun hast, ja?
Polly Aufpassen, daß die Leute aus den Zimmern im oberen Stock herauskommen.
Basil Und dabei noch zwei morgenländische Sprachen lernen, ja.
Polly Mr. Fawlty?
Basil Ja?
Polly Wer ist sonst noch für den oberen Stock eingeteilt?
Basil Nur du. Es dauert ja bloß einen Moment.
Polly Ja, aber ich bin nur zu den Mahlzeiten da.
Basil Na und?
Polly Tja, was ist, wenn es brennt und ich bin nicht da, wer ist dann für oben zuständig?
Basil ... Darum kümmern wir uns, wenn es soweit ist, ja? Was soll die Panik? Daß es immer um alles eine **Debatte** geben muß. *(Das*

Telefon klingelt, er nimmt den Hörer ab.) Hallo, Fawlty Towers... Ach, was ist denn **nun** schon wieder, kannst du mich nicht in Ruhe lassen? Ja, wir machen's gleich, ich hab's nicht vergessen! Ja, ich weiß, ich **weiß**, daß ich den Schlüssel brauche, er ist oben auf... *(Ist er aber nicht.)* Tja, wo **ist** er denn?... Wieso hast du den denn da reingetan, den klaut doch keiner, oder?... Ja, ich weiß, daß **du** das weißt, aber **ich** doch nicht, oder?... Ja, jetzt schon, vielen Dank auch... *(Legt auf und geht ins Büro.)* ... Warum muß sie alles so kompliziert machen – ich leg etwas weg und weiß, wo es ist, und dann muß sie ankommen und das verdammte Ding woanders hinlegen, damit ich's nicht mehr finde... *(Er macht den Safe auf, und die Einbruchsicherung geht los.)* Und warum hat sie **die** angestellt? Ach, ich hätt's mir denken können... *(Er geht in die Halle; der Major ist hereingekommen.)* Tut mir leid, tut mir leid, Major, das ist nur die Einbruchsicherung. *(Er schaltet die Klingel ab.)*

Der Major Was?

Basil *(zu Miss Tibbs, die mit Miss Gatsby hereingekommen ist)* Tut mir leid, Miss Tibbs!

Miss Tibbs Was?

Basil Das war die Einbruchsicherung, die Feueralarmübung ist erst in ein paar Minuten. *(Zu einer großen Frau, die in die Halle gekommen ist)* Tut mir leid – Verzeihung!

Der Major Einbrecher, Fawlty?

Basil Nein, keine Einbrecher. Meine Frau hat die... ähm... *(zu der großen Frau)* Entschuldigung!

Große Frau Ja?

Basil Das war nicht der Feueralarm, tut mir leid, das war nur der... äh...

Große Frau Ich dachte, es gibt einen Probealarm?

Basil Ja, um zwölf, aber noch nicht jetzt.

Große Frau Es ist aber zwölf.

Basil Noch nicht ganz, danke. *(Zu den Sharps, die eben gehen wollen)* Entschuldigung!

Mrs. Sharp Ja?

Große Frau Also, bei **mir** ist es zwölf.

Basil Tut mir leid, aber das war nicht...

Große Frau *(zu dem Major)* Wie spät haben Sie's?

Basil Moment mal!

Der Major Da sind Einbrecher, glaube ich.

Basil Es ist ganz **egal**, wie spät es bei ihm ist – es hat noch nicht angefangen.

Mrs. Sharp Was?

Basil Es hat noch nicht angefangen!

Mrs. Sharp Aber es hat doch geklingelt, oder nicht?

Basil Nein!

Große Frau *(zu Mrs. Sharp)* Er meint, die **Feuerwehrübung** hat noch nicht angefangen.

Mr. Sharp Welche Feuerwehr? Wir haben keine Feuerwehr gehört.

Basil Nein, nein, schauen sie, das war die Einbruchsicherung.

Der Major Sag ich doch!

Große Frau Die Einbruchsicherung?

Basil Ja.

Große Frau Sind hier Einbrecher?

Der Major Offenbar ja.

Basil Moment mal! Was haben Sie denn alle? Es ist doch ganz einfach. Die Feueralarmübung findet statt, wenn ich den Feueralarm auslöse. **Das war nicht der Feueralarm!** Okay?

Mr. Sharp Woher sollen wir wissen, daß das nicht der Feueralarm war?

Basil Weil es sich nicht so **anhört** wie der Feueralarm!

Alle Doch.

Basil Nein!

Alle Doch.

Basil Nein! Der Feueralarm klingt ganz anders. . . er ist einen halben Ton höher.

Große Frau Einen **halben** Ton?

Basil Mindestens. Und überhaupt, die Feueralarmübung fängt erst um zwölf an.

Mr. Sharp Es **ist** zwölf.

Basil Ja, jetzt ja, aber nur, weil wir hier rumgestanden und lang und breit debattiert haben!

Große Frau Hören Sie mal, woher sollen wir eigentlich wissen, welcher Alarm wie klingt? Wir haben es ja noch gar nicht gehört, oder?

Basil Sie wollen es hören? Okay! Ist mir recht. Das ist die Einbruchsicherung. *(Schaltet sie ein.)*

Der Major Sollten wir die nicht erstmal fangen?

Basil Es sind keine da.

Der Major Warum geht dann ständig die Einbruchsicherung los?

Basil Okay! Klar? Okay! *(Er stellt sie ab.)*

Große Frau Was passiert jetzt?
Basil Und das ist der Feueralarm, ja? Der klingt völlig anders. Hören Sie nur!

Der Feueralarm ertönt; er ist tatsächlich einen halben Ton höher. Die Gäste wollen hinausgehen.

Basil Wo wollen Sie denn hin?
Große Frau Na, das ist doch eine Feueralarmübung, oder?
Basil Nein, nein, nein! Das war nur, damit Sie die Glocke hören und wissen, wie sie klingt, wenn ich sie gleich wirklich anstelle! **Was machen Sie da?** Kommen Sie zurück!
Miss Tibbs Wir gehen nach draußen!
Basil Noch nicht! Nur zuhören, Sie dumme Kuh!
Miss Tibbs *(brüskiert)* Was?
Basil Zuhören, einfach nur **zuhören**!!
Manuel *(kommt aus der Küche angerannt)* Feuer! Feuer! Alles raus, bitte! Feuer!
Basil Nein, nein!
Manuel Bitte raus jetzt! Raus!
Basil Klappe!
Manuel Ist Feuer!
Basil Ist nicht Feuer! Ist Glocke!

Polly kommt aus der Küche gerannt und will nach oben gehen.

Basil *(zu Polly)* Wo willst du hin?
Polly Nach oben, um Bescheid zu geben...
Basil Das ist noch kein Probealarm! Ich zeige denen nur, wie sich die Glocke anhört! Geh jetzt da rein und hilf dem Koch.
Manuel Koch nicht da.
Basil Geh und... mach die Fritten.
Manuel Fritten.
Basil Ja. Wenn klingeln... dableiben!
Manuel Was?
Basil Nix Feuer, nur Übung... sag du's ihm, Polly. *(Manuel wird wieder in die Küche befördert.)* Danke schön, vielen Dank, meine Damen und Herren, danke schön.
Der Major Vielleicht sind sie oben, Fawlty.
Große Frau Was passiert jetzt?

Basil *(stellt den Feueralarm ab)* Jetzt... *(Das Telefon klingelt; er reißt den Hörer an sich.)* Wir sind mittendrin!!! *(Knallt den Hörer auf.)* Also, sind wir uns alle einig, wie der Feueralarm klingt? Hervorragend. Wenn das also geklärt ist, machen wir jetzt die Feueralarmübung, die in exakt dreißig Sekunden beginnt. Herzlichen Dank. *(Keiner rührt sich.)* Tja, was machen Sie denn?... Ich meine, wollen Sie hier einfach nur rumstehen?

Mr. Sharp Was schlagen Sie vor?

Basil Na, ein oder zwei könnten doch in die Bar gehen, und ein paar in den Speisesaal... Ich meine, lassen Sie ihrer Phantasie freien Lauf.

Große Frau Wieso?

Basil Das soll doch eine Feueralarmübung sein!

Mr. Sharp Aber wir haben nur ein paar Sekunden Zeit.

Basil Okay, okay!! Dann bleiben Sie eben, wo Sie sind, denn wenn es mal brennt, dann stehen Sie bestimmt alle hier unten in der Halle herum, ja?... Ich weiß nicht, wozu wir uns die Mühe machen, wir sollten Sie alle verbrennen lassen...

Unterdessen setzt Manuel in der Küche die Friteuse in Brand. Bei dem Versuch, die Flammen auszuschlagen, fangen seine Topfhandschuhe Feuer, und dann breitet sich das Feuer in der ganzen Küche aus.

Manuel O nein... nein... bitte... Mr. Fawlty!... *Fuego, fuego, fuego!*

Wieder in der Halle; der Feueralarm ertönt wieder; die Gäste ziehen geordnet ab.

Basil Nein, keine Einbrecher, Major, das war ein Versehen.

Miss Tibbs Komm, Angina.

Miss Gatsby Danke, vielen herzlichen Dank.

Manuel *(kommt aus der Küche gestürzt)* Feuer! Feuer! Feuer! Feuer!

Basil Nein! Nein!

Manuel *Sí! Sí!*

Basil Gehst du wohl wieder da rein! *(Wirft Manuel in die Küche und knallt die Tür zu; Manuel brüllt und rennt wieder raus.)* Sei still – mach einfach deine Arbeit weiter!

Manuel Mr. Fawlty! Ist Feuer!

Basil Hörst du nicht, was ich sage?

Manuel Nein, nein, aber ist Feuer!
Basil *(brüllend)* Ist nicht Feuer! Ist nur Glocke!
Manuel Ist Feuer, ist Feuer, ist Feuer!!

Basil schubst ihn in die Küche zurück. Polly kommt die Treppe heruntergerannt.

Basil Gehst du wohl wieder da rein und hörst mit dem Quatsch auf!
Manuel *(kreischt)* Ist Feuer! Aaaaaaaaaaah!
Basil *(schließt die Küchentür ab)* Er denkt, es brennt.
Polly Oben sind alle raus.

Manuel heult immer noch.

Polly *(ruft durch die Tür)* Manuel! Hör zu. Hör zu! *De nada, de nada,* hier ist kein Feuer!! *(Geht hinter die Rezeption.)*
Manuels Stimme Ist Feuer! Ist Feuer!
Basil *(stellt die Glocke ab)* So, jetzt ist der Brandschutz wieder für ein halbes Jahr zufrieden. Wozu machen wir uns nur die Mühe... *(Zu Manuel)* Bist du wohl still! *(Er geht nach draußen und spricht zu den Gästen)* Danke, meine Damen und Herren, Sie können jetzt wieder hereinkommen.

Er kommt in die Halle zurück. Polly ist am Telefon; Manuel macht einen schrecklichen Radau.

Polly Ja, ja, ja... ja, haben wir gerade gemacht.
Basil Ach, halt doch die Klappe!
Polly Ja, mach ich, in Ordnung. Wiederhören. *(Legt auf; zu Basil)* Haben Sie dem Koch das mit dem Cheddar gesagt?
Große Frau Mr. Fawlty, Mr. Fawlty.
Basil Ja?
Große Frau Da ist ein furchtbarer Krawall da drin.
Basil Ja, ich weiß, das ist nur... okay, okay, ich kümmer mich drum, herzlichen Dank, daß Sie Ihre Nase da reingesteckt haben... *(Er schließt die Küchentür auf; Manuel wankt heraus, wobei er eine Bratpfanne umklammert.)* Jetzt hör mal zu! Mir reichts jetzt. Wenn du so weitermachst, dann... *(Er sieht das Feuer.)* Verzeihung, meine Damen und Herren – können Sie bitte alle in die Halle kommen?

Die Gäste kommen, unwirsch und murrend, alle miteinander zurück.

Basil Tut mir leid... tut mir leid... tut mir leid, daß ich Ihnen allen solche Unannehmlichkeiten bereite, aber... da wäre etwas, das ich wohl erwähnen sollte. Ich... ich weiß nicht recht, wie das passieren konnte... das ist in diesem Hotel noch nie passiert, und ich weiß nicht genau, wie es jetzt dazu gekommen ist... ähm...

Große Frau Um was geht es denn?

Basil Um... nun ja... um gewissermaßen... ähm... lassen Sie es mich so ausdrücken... Feuer!

Große Frau Was?

Basil F-f-f-f-f-f-euer!

Mrs. Sharp Feuer?

Mr. Sharp Wo?

Basil Feuer!... Feuer!!! Feuer!!! Feuer!!!

Die Gäste bewegen sich wieder zum Haupteingang. Polly taucht auf.

Basil Was machen wir jetzt, was machen wir jetzt? *(Er rennt zum Telefon, um Sybil anzurufen.)*

Polly Alarm auslösen! *(Sie rennt hinter den Gästen hinaus.)*

Basil Alarm auslösen... jawohl! Jawohl!... Wo ist der Schlüssel? Wo ist der Schlüssel? Ist denn das zu glauben – ich meine, ist denn das zu glauben – das allererste Mal, daß es hier im Hotel brennt, und jemand verliert den Schlüssel, ich meine, ist das nicht typisch für den Laden hier...? *(Hebt drohend die Faust zur Decke.)* O vielen Dank, lieber Gott, vielen herzlichen Dank, verdammt noch mal!

Polly *(rennt wieder hinein)* Die Scheibe einschlagen!

Basil Was?

Polly Die Scheibe einschlagen!

Basil schlägt mit der Faust auf die Alarmanlage und verletzt sich dabei. Er wirft die Schreibmaschine an die Scheibe – sie trifft daneben. Das Telefon klingelt; er greift nach dem Hörer.

Basil Hallo! *(Nimmt den Hörer, um die Scheibe einzuschlagen und den Alarm auszulösen; ins Telefon)* Danke, vielen Dank! *(Läßt den Hörer fallen und nimmt den Feuerlöscher; er studiert die Gebrauchsanwei-*

sung.) Schnell! Manuel... ziehen, Mann... ziehen, Mann, ziehen... mach die Tür auf...

Er setzt den Feuerlöscher in Gang – Schaum spritzt ihm ins Gesicht. Jetzt ist er blind, läßt den Feuerlöscher fallen und krümmt sich zusammen. Polly rettet das Gerät und schleift es in die Küche. Basil steht auf und schlägt mit dem Kopf gegen Manuels Bratpfanne. Er taumelt, packt Manuel und will ihm einen Schlag versetzen, wankt aber zurück und fällt bewußtlos zu Boden.

Im Krankenhaus. Basil liegt mit einem weißen, turbanartigen Verband um den Kopf im Bett. Er kommt mit einer Folge seltsamer Äußerungen wieder zu sich. Er wendet den Kopf und sieht Sybil, die in einem Rollstuhl sitzt.

Sybil Tja, danke, daß du mich besuchen kommst.
Basil *(sehr undeutlich)* Oh, keine Ursache, ich war nur... ähm...
Sybil Wie fühlst du dich?
Basil Das Feuer!
Sybil Es ist alles...
Basil Das Feuer!!
Sybil Es ist gelöscht. Der Schaden ist nicht sehr groß...
Basil Ach Gott, wo ist es, was haben sie... *(Steigt aus dem Bett.)*
Sybil Basil, was machst du da?
Basil Ich muß zurück, ich muß zurück...
Sybil Basil! Gehst du wohl wieder ins Bett!
Basil Tsch! Krrk! Was ist jetzt wieder?
Sybil Wenn du nicht wieder ins Bett gehst, rufe ich jemand her. Na komm!
Basil Hör zu, Sybil, bitte! Ich mach das schon, wenn du nichts dagegen hast. Also... was für ein Zimmer hätten Sie denn gern?
Sybil Basil!
Basil Ah, da sind Sie ja... hören Sie, ich kann nicht den ganzen Tag herumstehen und schwatzen, ich muß wieder zurück...
Sybil Basil, du bist krank. Der Doktor sagt, du hast eine Gehirnerschütterung. Du mußt dich ausruhen.
Basil Ich ruh mich aus, wenn ich im Hotel bin.
Sybil Ich habe eben mit Polly gesprochen, sie kommen sehr gut allein zurecht.
Basil Weißt du überhaupt, was dieser Feuerlöscher gemacht hat? Er ist

mir ins Gesicht explodiert! Wozu **hat** man denn einen Feuerlöscher? Monatelang hängt er da rum, und wenn es dann wirklich einmal brennt, wenn man das verdammte Ding wirklich einmal **braucht...** da pustet es dir den Kopf weg!! Was sind denn das für Zustände in diesem Land?! Das ist dieser **verdammte Wilson!!!**

Die Schwester kommt energisch herein.

Schwester Aber, aber, was für ein Lärm. Und was denken Sie sich denn dabei, einfach aufzustehen?

Basil Ich geh nach Hause, vielen Dank.

Schwester Na, das wollen wir doch wohl den Doktor entscheiden lassen, nicht wahr? *(Sie führt den protestierenden Basil wieder ins Bett zurück.)*

Basil Nein, das wollen wir nicht.

Schwester Na los, schön wieder ins Bettchen. *(Sie schiebt seine Beine unter die Bettdecke.)*

Basil Rühren Sie mich nicht an, was weiß denn ich, wo Sie sich überall rumgetrieben haben!

Schwester Ja, ja, immer zu einem Scherzchen aufgelegt, hm?

Basil Ja, immer, hm... *(Starrt sie an.)* Mein Gott, sind Sie häßlich.

Sybil Basil!

Schwester Ich hol mal den Arzt. *(Sie eilt hinaus.)*

Basil *(ruft ihr nach)* Sie brauchen einen Schönheitschirurgen, meine Liebe, keinen Arzt!

Sybil Was fällt dir ein, so mit der Schwester zu reden!... Mach, daß du wieder ins Bett kommst!

Basil *(klettert wieder aus dem Bett)* Dir ist anscheinend nicht klar, daß ich im Hotel gebraucht werde.

Sybil Nein, das wirst du **nicht**. Der Betrieb läuft prächtig ohne dich.

Basil Polly kommt nicht allein zurecht!

Sybil Na ja, über Kellner stolpern und sich unter Tischen einklemmen und Alarmanlagen auslösen und Leute in brennenden Zimmern einschließen und Feuerlöscher direkt ins eigene Gesicht abfeuern kann sie nicht. Ich möchte aber meinen, das Hotel kann ein paar Tage ohne diese Kompetenzen auskommen, was meinst du, Basil... hm?

Der Doktor tritt ein.

Doktor Was?
Basil Oh, hallo, Doktor.
Doktor Schon auf, Mr. Fawlty?
Basil Gewissermaßen... *(Deutet vage auf seine Hausschuhe auf dem Fußboden.)* Ah! Da sind sie ja, wie schön! Tja, ich geh wohl besser wieder ins Bett... mir ist etwas mulmig.
Doktor Das wird noch ein Weilchen so bleiben, Mr. Fawlty, ja.
Basil Ja, ganz recht, ganz recht...
Doktor *(macht sich sanft an Basils Kopf zu schaffen, um ihm zum Schlafen zu bringen)* Sie brauchen möglichst viel Ruhe... möglichst viel Ruhe... möglichst viel Ruhe...
Basil Ja... unbedingt... ich, äh... ich...

Ihm fallen die Augen zu. Sybil und der Doktor gehen aus dem Zimmer und schließen leise die Tür hinter sich. Eine Pause; dann schlägt Basil ein Auge auf und blickt sich verstohlen um...

Die Rezeption im Hotel. Polly beendet eben ein Telefongespräch. Als sie den Hörer auflegt, kommt ein Gast an die Rezeption, knallt die Hacken zusammen und verbeugt sich.

Erster Deutscher *Gnädiges Fräulein, können Sie mir sagen, wann das Mittagessen serviert wird, bitte?*
Polly *Um ein Uhr fünf Minuten.*
Erster Deutscher *Vielen Dank.*
Polly *Bitte schön.*

Polly geht in die Küche. Der Deutsche zieht sich nach oben zurück. Misses Tibbs und Gatsby kommen die Treppe hinunter, als Basil durch den Haupteingang eintritt, normal angezogen, aber noch bandagiert.

Basil *(gebieterisch)* Manuel!
Miss Tibbs Oh, Mr. Fawlty!
Basil Ah, guten Abend.
Miss Tibbs Sind Sie schon wieder gesund?
Basil Absolut, danke schön. *(Reicht Manuel, der eben hereinkommt, seinen Koffer.)* Bring das bitte auf mein Zimmer, Schatz.

Manuel nimmt ihn, etwas verblüfft, entgegen.

Miss Gatsby Sind Sie auch bestimmt wieder gesund?
Basil Absolut, danke. Kerngesund.

Er arbeitet sich etwas unsicher bis zum Tresen vor, verfehlt ihn aber. Er taucht wieder auf und nimmt seinen Platz hinter der Rezeption ein.

Manuel Sie okay?
Basil Ja, danke, Schatz. Geh nur und leg dich etwas hin.
Manuel *Qué?*
Basil Ah, da bist du ja. Würdest du bitte meinen Koffer... wo hast du den denn her?
Manuel Was?
Basil Ach, ist schon egal... trag ihn... trag ihn nach oben!
Manuel *Qué?*
Basil Trag ihn... trag ihn...
Manuel Ich gehen und holen Polly.
Basil Danke, ich hatte schon einen. Trag ihn, trag ihn doch... *(Manuel eilt davon.)* Ts! Mit was für Leuten man sich abgeben muß...

Er schaut auf und erblickt ein Paar, das auf die Rezeption zukommt. Er strahlt sie an.

Älterer Deutscher *Sprechen Sie deutsch?*
Basil Wie bitte?
Älterer Deutscher *Entschuldigen Sie bitte, können Sie deutsch sprechen?*
Basil Verzeihung, könnten Sie das noch einmal sagen?
Deutsche Dame Sprechen Sie deutsch?
Basil Ach, **deutsch!** Tut mir leid, ich dachte, bei Ihnen ist irgendwas nicht in Ordnung. Natürlich, die Deutschen!
Deutsche Dame Sprechen Sie deutsch?
Basil Tja... ähm... ein bißchen... ich komm so zurecht.
Deutsche Dame *Ein bißchen.*
Älterer Deutscher *Äh – können wir vielleicht einen Leihwagen kriegen?*
Basil *(mit hilfsbereitem Nicken)* Tja, warum nicht?
Älterer Deutscher *Bitte.*
Basil Ja, gar nicht so einfach... Würden Sie das bitte noch einmal sagen?

Deutsche Dame Bitte?

Basil Könnten Sie das wiederholen... erläutern... Sie wissen schon, repetieren? Ja? Ja?

Älterer Deutscher *Können wir vielleicht einen Leihwagen kriegen?*

Basil *Krieg?*... Ja, also, darauf kommen wir noch zurück.

Älterer Deutscher *Können wir vielleicht*...

Basil *(zu sich selbst)* Kennen wir fleisch?

Älterer Deutscher ...*einen Leihwagen*...

Basil Einlagen... einladen... Ah, ich verstehe! Sie kennen einen Laden für Fleisch. Nicht nötig! **Wir haben Fleisch!** *(Pause; das Paar ist verblüfft.)* Wir selbst Fleisch... hier in Haus!! *(Er stellt pantomimisch Kuhhörner dar.)* Muuh! *(Polly kommt herein.)* Ah, Polly, ich erklär gerade das mit dem Fleisch.

Polly Oh! Wir haben Sie noch gar nicht erwartet.

Basil Ach nein? *(Zischt durch die Zähne)* Das sind Deutsche! Kein Wort über den Krieg!

Polly Ich verstehe. Tja, Mrs. Fawlty hat gesagt, Sie wollten mal ein paar Tage ausspannen, Sie wissen schon, im Krankenhaus.

Basil *(streng)* Müßiggang hat Gold im Mund, Fawlty. Also...

Polly Okay, dann legen Sie sich doch erstmal hin, und ich erledige das hier.

Basil Ja, ja, gute Idee, gute Idee, Elsie. Ja. Bißchen Kopfweh, wenn man's recht bedenkt...

Miss Tibbs Wir finden, Sie sind etwas angegriffen, Mr. Fawlty.

Basil Ja, schon möglich, aber Sie werd ich noch überleben.

Miss Gatsby Sie haben sich wohl verletzt.

Basil Gute Frau, wer so etwas an den Kopf kriegt... der kann es getrost nach Hause tragen.

Miss Tibbs Oh, das wissen wir... es war aber auch ein furchtbarer Schlag.

Basil Hmmmmmm... möchten Sie auch einen? *(Schlägt effektvoll auf die Glocke an der Rezeption.)* Der nächste, bitte.

Zwei Männer und zwei Frauen kommen die Treppe herunter.

Basil *(heiser flüsternd)* Polly! Polly! Sind das auch Deutsche?

Polly Ja, ja, aber ich schaff das schon...

Basil Okay, okay, der Plan sieht so aus. Ich stell mich hier hin und frag sie, ob sie noch etwas trinken wollen vor dem Krieg... vor dem Essen... **kein Wort über den Krieg!** *(Er stellt sich vor die Gäste* *hin, macht eine Verbeugung und stellt pantomimisch essen und trinken dar.)*

Zweiter Deutscher Können wir etwas für Sie tun?

Basil *(fährt erschreckt zusammen)* Ah. . . Sie sprechen englisch.

Zweiter Deutscher Selbstverständlich.

Basil Ah, *wonderbar!* Ähm – wenn ich mich bitte vorstellen dürfte – ich bin der Besitzer von Fawlty Towers, und ich möchte Sie hier bei uns bekriegen – **begrüßen**. . . und Ihnen einen angenehmen Aufenthalt wünschen. Möchten Sie nun gleich essen, oder würden Sie den Siegern – würden **Sie gern** noch etwas trinken und dann erst befehlen. . . Befehlen ist jederzeit bedingungslos Folge zu leisten. . . ähm, dann erst **bestellen. . .!!** Verzeihung! Verzeihung! *(Faßt sich an den Oberschenkel.)* Bißchen Scherereien mit dem Beinchen. . . hab mir so ein kleines Schrapnell eingefangen, damals im Krieg. . . in **Korea!** Im Korea-Krieg, 'tschuldigung, im Korea-Krieg!

Zweiter Deutscher Danke, wir möchten jetzt essen.

Basil verneigt sich graziös und führt sie in den Speisesaal.

Basil Ja schön, gestatten Sie bitte. Darf ich Ihnen sagen, wie sehr wir uns freuen, ein paar Europäer hier zu haben, wo wir jetzt zum Kontinent gehören. . .

Sie gehen allesamt in den Speisesaal. Unterdessen ist Polly am Telefon.

Polly Kann ich bitte Doktor Fin sprechen?

Im Speisesaal nimmt Basil die Bestellungen auf.

Basil . . .ich selbst hab ja, ehrlich gesagt, dagegen gestimmt, aber da wir nun mal drin sind, bin ich entschlossen, mein Scherflein beizutragen, deshalb möchte ich Sie alle hier bei uns in England willkommen heißen. Der Aal ist geräuchert, aber das macht nichts, sonst ist der alte Knabe noch ganz munter. . . Nein, Moment mal, da hab ich was durcheinander gebracht. Ach ja, der Aal ist geräuchert. . . eigentlich sollte der ganze Saal gelüftet werden, nicht wahr. . . ich mach mal ein Fenster auf und sehe nach. . . Und das Kalbfleisch ist mit Rosmarie. . . das ist komisch, ich dachte, die ist in Kanada. . . schmeckt gut und ist gesund. . . schmecken gut und gesund. . . ungesund?

Zweiter Deutscher Das Kalb schmeckt gut?

Basil Ja, ist ja auch egal, ist ja auch egal, machen Sie sich nichts draus.

Erster Deutscher Können wir bitte zweimal Eiersalat haben?

Basil Sicher, warum nicht, warum eigentlich nicht? Wir sind doch jetzt alles Freunde, hm?

Zweiter Deutscher *(heftig)* Eine Kressesuppe...

Basil Alle im Gemeinsamen Markt, alte Zwistigkeiten vergessen, und jedes Wort über den Krieg erübrigt sich... O Entschuldigung!... Entschuldigung, wie war das noch gleich?

Zweiter Deutscher Eine Kressesuppe.

Basil Ach, Kresse, das war's. Als Sie **Kresse** sagten, dachte ich, Sie hätten **Krieg** gesagt. Ach, der Krieg! Ach ja, war mir total entfallen, ja, hab gar nicht mehr an ihn gedacht. Hitler, Himmler und der ganze Verein, ja, ja, total entfallen, einfach so. *(Schnippt mit den Fingern.)* ...Entschuldigung, was war das noch gleich?

Zweiter Deutscher *(mit drohendem Unterton)* Eine Kressesuppe...

Basil Ach ja, Rudolf Heß... und dann Goebbels, auch so einer, an den ich mich kaum noch erinnern kann.

Erster Deutscher Und einen eingelegten Hering!

Basil Hermann Göring, ja, ja... und von Ribbentrop, der war auch dabei.

Erster Deutscher Und viermal Römersalat, bitte.

Basil Gewiß doch, also, ich kümmere mich gleich um Ihre Bestellungen... Bestellungen, denen jederzeit bedingungslos Folge zu leisten ist... Entschuldigung! Entschuldigung!

Polly Mr. Fawlty, würden Sie sich bitte umgehend bei ihrer Frau melden?

Basil Sybil?... Sybil??... Die ist doch im Krankenhaus, du dumme Gans!

Polly Ja, Sie sollen sich dort bei ihr melden!

Basil Kann nicht, hab zu viel zu tun. Hör mal... *(Er flüstert mit fast geschlossenem Mund)* Kein Wort über den Krieg...! Mir ist ein Wort drüber entschlüpft, aber ich glaube, ich bin noch einmal davongekommen... *(Er kehrt zu seinen Gästen zurück.)* Also, es ist alles vergessen, und wir wollen nicht mehr darüber reden. Das sind dann zwei Eiersalat, einmal Rudolf-Heß-Suppe, einen eingelegten Göring und viermal Röhmsalat... nein, Moment mal, da hab ich was durcheinandergebracht, tut mir leid... *(Eine der deutschen Damen ist in Schluchzen ausgebrochen.)* Ich bin etwas durcheinander geraten, weil alle ständig vom Krieg reden, würden Sie daher bitte...

Der zweite Deutsche, der die Dame zu trösten versucht, schaut wütend auf.

Basil Was ist denn?
Zweiter Deutscher Ist schon in Ordnung.
Basil Stimmt irgendwas nicht?
Zweiter Deutscher Würden Sie bitte aufhören, vom Krieg zu reden?
Basil Ich? Sie haben doch damit angefangen!
Zweiter Deutscher Wir haben nicht damit angefangen.
Basil Haben Sie wohl, Sie sind in Polen einmarschiert. . . Warten Sie, das wird Sie aufmuntern, der wird Ihnen gefallen. Also – da ist so eine Frau, die ist absolut dämlich, kann sich überhaupt nichts merken, und ihr Mann ist in einem Bomber über Berlin. . . *(Die Dame heult.)* Entschuldigung! Entschuldigung! Warten Sie, der wird ihr gefallen. . .
Zweiter Deutscher Würden Sie sie bitte in Ruhe lassen?
Basil Nein, der ist zum Schreien, ich hab noch nie erlebt, daß jemand **nicht** darüber gelacht hat!
Erster Deutscher Gehen Sie weg!
Basil Hören Sie mal, den findet sie bestimmt zum Totlachen – sie ist doch Deutsche! *(Legt sich einen Finger unter die Nase für seine Hitler-Imitation.)*
Polly Nein, Mr. Fawlty!! Machen Sie lieber Jimmy Cagney!
Basil Was?
Polly Jimmy Cagney!
Basil Jimmy Cagney?
Polly Sie wissen schon: »Du miese kleine Ratte. . .«
Basil Jimmy Cagney kann ich nicht!
Polly Versuchen Sie's doch bitte: »Dir werd ich's zeigen. . .«
Basil Halt die Klappe! Hier, gucken Sie mal – wer ist das wohl?

Er legt sich den Finger auf die Oberlippe und führt seine Führer-Party-Nummer vor. Das Publikum ist wie gelähmt.

Basil Jetzt mach ich den komischen Gang. . .

Er paradiert mit übertriebenem Stechschritt in die Halle hinaus, macht eine Kehrtwendung und marschiert in den Speisesaal zurück. Die deutschen Frauen sind mittlerweile beide in Tränen aufgelöst, und beide Männer sind aufgesprungen.

Die beiden Deutschen Aufhören!!!
Basil Ich will sie doch nur aufmuntern, Sie dummer Kraut!
Zweiter Deutscher Sie findet das nicht lustig.
Basil Nicht lustig? Sie machen wohl Scherze!
Zweiter Deutscher Sie findet das nicht lustig und wir auch nicht, kein Deutscher findet so was lustig!!!
Basil Sie haben wohl überhaupt keinen Humor, was!
Erster Deutscher *(schreit)* Das ist nicht lustig!!!
Basil Wer hat eigentlich diesen verdammten Krieg gewonnen???

Der Doktor kommt mit einer aufgezogenen Spritze.

Doktor Mr. Fawlty, gleich geht es Ihnen besser – kommen Sie mit.
Basil Gut.

Plötzlich stürzt Basil durch die Küche davon, dann weiter durch die Halle und in sein Büro. Er merkt, daß der Doktor ihm folgt, und macht sich durch die andere Tür in die Rezeption davon. Unter dem Elchkopf trifft er auf Manuel und haut ihm kräftig auf den Kopf. Manuel geht in die Knie. Der Elchkopf fällt von der Wand und schlägt Basil bewußtlos. Der Elchkopf landet auf Manuel. Der Major, der aus der Bar hereinkommt, ist fasziniert.

Manuel *(spricht durch die Elchsnase)* Uuuuuuh, er hat mich auf den Kopf gehauen...
Der Major *(tätschelt die Elchsnase)* Nein, **du** bist **ihm** auf den Kopf geschlagen. **Böser** Elch!
Zweiter Deutscher *(traurig)* Wie konnten die nur gewinnen?

Kommunikationsprobleme

In der Empfangshalle. Es herrscht reger Betrieb; Sybil und Polly kümmern sich um Gäste; Basil beendet ein Telefongespräch. Er geht ins Büro. Mr. Mackintosh tritt an die Rezeption.

Mackintosh *(zu Polly)* Nummer siebzehn, bitte.

Sybil *(zu ihrem Gast)* Auf Wiedersehen. Recht herzlichen Dank. *(Er geht; das Telefon klingelt und Sybil hebt ab)* Hallo, Fawlty Towers... Oh, guten Tag Mr. Hawkins...

Polly *(händigt Mackintosh seinen Schlüssel aus)* Ich habe Ihnen den Wagen wie vereinbart für 14 Uhr bestellt...

Mackintosh Vielen Dank. *(Er geht.)*

Sybil *(ins Telefon)* Sie haben aber heute gesagt, Mr. Hawkins.

Polly *(zu Mr. Yardley, der an den Schalter gekommen ist)* Tut mir leid, daß Sie warten mußten.

Yardley Das macht nichts. Sie nehmen doch Schecks an?

Polly Wenn Sie eine Scheckkarte haben, ja.

Sybil *(ins Telefon)* Dann müssen wir wohl oder übel die Bestellung stornieren... ja. Nein, nein, fünf Uhr ist gut. *(Sie legt auf.)* Oh, Polly... Brenda kann nicht vor Montag anfangen, würde es dir was ausmachen, bis dahin die Zimmer zu übernehmen?

Polly Überhaupt nicht, ich kann das Geld gut gebrauchen.

Sybil Wunderbar. *(Geht ins Büro.)*

Polly *(prüft Yardleys Scheck)* Bitte sehr... vielen Dank, Mr. Yardley.

Yardley entfernt sich. Mr. Thurston tritt zu Polly an den Tresen. Mrs. Richards betritt die Halle durch den Haupteingang, gefolgt von einem Taxifahrer, der ihre Koffer trägt.

Polly *(zu Thurston)* Guten Tag... kann ich Ihnen helfen?

Mrs. Richards Können Sie mir dafür Münzgeld geben, meine Kleine?

Polly Einen Augenblick, bitte – ich rede gerade mit diesem Herrn hier. Ja, Mr. Thurston?

Mrs. Richards Was?

Thurston Dankeschön. Könnten Sie mir vielleicht freundlicherweise...

Mrs. Richards Ich brauche Kleingeld.

Polly Gleich – ich rede gerade mit dem Herrn.

Mrs. Richards Aber ich habe hier einen Taxifahrer, der auf sein Geld wartet. Bestimmt hat der Herr nichts dagegen, wenn Sie mir nur eben das Kleingeld geben.

Polly *(zu Thurston)* Darf ich?

Thurston Aber bitte, machen Sie nur.

Polly *(gibt Mrs. Richards Kleingeld)* Bitte sehr.

Thurston Können Sie mir sagen, wie ich zur Glendower Street komme. . .

Mrs. Richards hat den Fahrer bezahlt, der geht. Sie wendet sich wieder Polly zu.

Mrs. Richards Hören Sie bitte, ich habe ein Zimmer mit Bad und Meerblick für drei Nächte reservieren lassen. . .

Polly *(zu Thurston)* Glendower Street? *(Holt einen Stadtplan.)*

Thurston Ja.

Mrs. Richards Ich bin noch nicht fertig.

Polly Mrs.. . .?

Mrs. Richards Mrs. Richards. Mrs. Alice Richards.

Polly Mrs. Richards, Mr. Thurston. Mr. Thurston, Mrs. Richards. *(Mrs. Richards, leicht aus der Fassung gebracht, schaut Mr. Thurston an.)* Mr. Thurston ist der Herr, den ich im Moment bediene.

Mrs. Richards Was?

Polly *(laut)* Mr. Thurston ist der Herr, den ich bediene. . .

Mrs. Richards Sie brauchen nicht zu schreien, ich bin ja nicht taub.

Polly Mr. Thurston war **vor** Ihnen hier, Mrs. Richards.

Mrs. Richards Aber Sie haben **mich** bedient.

Polly Ich habe Ihnen Kleingeld gegeben, aber ich war noch nicht mit ihm fertig. *(Zu Thurston)* Glendower Street ist diese hier, sie geht von der Chester Street ab.

Mrs. Richards Ist denn hier sonst niemand zuständig? Also wirklich, das ist der unglaublichste Service, den ich je. . .

Polly *(erblickt Manuel)* Eine gute Idee! Manuel! Könntest du bitte Mrs. Richards im Zusammenhang mit ihrer Reservierung behilflich sein. *(Zu Thurston)* So. . . *(Sie fährt fort, Thurston den Weg zu beschreiben.)*

Mrs. Richards *(zu Manuel)* Also, ich habe ein sehr ruhiges Zimmer bestellt, mit Bad und Blick aufs Meer. Ich habe in meiner schriftlichen Zusage ausdrücklich um einen Blick aufs Meer gebeten, vergewissern Sie sich also bitte, daß ich auch einen bekomme.

Manuel *(hat kein Wort verstanden) Qué?*
Mrs. Richards . . . Was?
Manuel . . . *Qué?*
Mrs. Richards Käh?
Manuel *Sí!*
Mrs. Richards Ssie? *(Manuel nickt.)* Kessie? *(Manuel schaut verwirrt drein.)* Kessie? Was wollen Sie damit sagen?
Manuel Nein, nein – *qué* – was?
Mrs. Richards Käh – was?
Manuel *Sí! Qué* – was!
Mrs. Richards Kessie Quass?
Manuel . . . Ja.
Mrs. Richards Wer ist Kessie Quass?
Manuel *Qué?*
Mrs. Richards Ist das der Manager, Kessie Quass?
Manuel Oh, Manager!
Mrs. Richards Er **ist** es also.
Manuel Äh . . . Mr. Fawlty.
Mrs. Richards Was?
Manuel Fawlty.
Mrs. Richards Wovon sprechen Sie eigentlich, Sie alberner kleiner Mann. *(Wendet sich Polly zu, da Mr. Thurston gegangen ist.)* Was geht hier vor? Ich erkundige mich nach meinem Zimmer, und er erzählt mir, daß der Manager ein gewisser Mr. **Quass** ist und zur Zeit **fort** ist.
Manuel Nein, nein, Fawlty.
Mrs. Richards Faltig? Wie alt ist er denn?
Polly Ist schon gut, Mrs. Richards. Er kommt aus Barcelona.
Mrs. Richards Der Manager kommt aus Barcelona?
Manuel Nein, nein. Er aus Swanage.
Polly Und Sie sind auf zweiundzwanzig.
Mrs. Richards Was?
Polly *(lehnt sich über den Tresen, um näher heranzukommen)* Sie sind auf Zimmer zweiundzwanzig. Manuel, bring diese Koffer nach zweiundzwanzig rauf, ja?
Manuel *Sí.*

Er geht mit den Koffern nach oben; Mrs. Richards folgt ihm. Mr. Firkins trifft an der Rezeption ein, als Basil aus dem Büro herauskommt.

Firkins War großartig, Mr. Fawlty.

Basil Ah, schön, daß es Ihnen bei uns gefallen hat. Polly, machst du bitte Mr. Firkins' Rechnung fertig. Und wann werden wir Sie wiedersehen?

Firkins Nicht in den nächsten paar Wochen.

Basil Oh.

Firkins Sie... Sie interessieren sich nicht zufällig für Pferderennen, Mr. Fawlty?

Basil Äh... *(Blickt Richtung Büro; dann etwas leiser)* Na ja, früher einmal.

Firkins Ich frag nur, weil da heute nachmittag in Exeter eine hübsche kleine Stute läuft.

Basil Tatsächlich?

Firkins Drachenkopf. *(Polly gibt ihm die Rechnung.)* Ah.

Basil Drachenkopf?

Firkins Ja, man könnte ein kleines Sümmchen auf sie riskieren... aber sehen Sie zu, daß Sie die Steuer auf die Wette **vorher** zahlen...

Basil *(sieht Sybil aus dem Büro kommen)* Pssst! ... Also, ich bin entzückt, daß es Ihnen bei uns gefallen hat.

Firkins Ein angenehmer Aufenthalt.

Basil Wir hoffen, Sie in nicht allzulanger Zeit wiederzusehen.

Firkins *(zahlt seine Rechnung)* Bitte sehr.

Basil Vielen Dank.

Firkins Wiedersehen, Mr. Fawlty.

Sybil Auf Wiedersehen, Mr. Firkins.

Basil *(zu Sybil)* Ein zufriedener Gast. Wir sollten ihn ausstopfen lassen.

Firkins *(von der Eingangstür)* Ach, Mr. Fawlty. Das Drei-Uhr-Rennen in Exeter, Drachenkopf! Alles klar? *(Er geht.)*

Basil ... Ja. Viel Glück. Recht viel Glück dabei. *(Er macht sich geschäftig an irgend etwas zu schaffen; Sybil starrt ihn an; der Major kommt angeschlendert.)* Morgen, Major.

Der Major Morgen, Fawlty.

Basil *(bemerkt Sybils Blick)* Ja, Schatz?

Sybil Was war das mit dem Drei-Uhr-Rennen in Exeter, Basil?

Basil Oh, irgendein Pferd, auf das er wahrscheinlich setzen will, Schatz. *(Zum Major)* Sie sehen ja heute so geschniegelt aus, Major!

Der Major St.-Georgs-Tag, alter Knabe.

Basil Wirklich?

Der Major Haben wohl einen heißen Tip, was? Wie heißt es?

Basil Äh. . . *(zu Sybil)* Hast du den Namen mitbekommen, Liebling?
Sybil Drachenkopf, Major.
Der Major Wollen Sie Ihr Glück versuchen, Fawlty?
Basil Nnn-ein, nein, nein. . .
Sybil Nein, Basil wettet nicht mehr, Major, nicht wahr, Schatz?
Basil Nein, Schatz, tu ich nicht. Nein, dieser spezielle Quell des Vergnügens wurde zugedreht.
Sybil *(irgendwie leise)* Und wir wollen auch nicht, daß er wieder sprudelt, nicht wahr, Basil? *(Sie geht ins Büro.)*
Basil Nein, das willst du nicht, Schatz. Die große Warnglocke vom achten Mai. Ja. Der gute alte St. Georg, was, Major?
Der Major Hm.
Basil Hat einen widerwärtigen, feuerspeienden alten Drachen getötet, stimmt's Polly?
Polly Glatt mit der Lanze durchbohrt, soweit ich weiß.
Manuel *(kommt herbeigerannt)* Mr. Fawlty, Mr. Fawlty. Ist Mrs. . . . äh, Zimmer, sie nicht mögen. . . wollen sprechen mit Ihnen, gibt Problem.
Basil *(im Gehen)* Hast du mal gesehen, wie meine Frau Toast macht, Polly? *(Er pustet auf beide Seiten einer imaginären Toastscheibe.)*
Der Major Wieso hat er ihn eigentlich getötet, Fawlty?
Basil Ich hab keine Ahnung, Major. Immer noch besser, als ihn zu heiraten. *(Er folgt Manuel die Treppe hinauf.)*
Der Major Heiraten? Deshalb hätte er ihn ja nicht gleich zu töten brauchen, oder? Ich meine, wäre er doch einfach nicht in der Kirche aufgekreuzt!

Oben im Flur folgt Basil im Eiltempo Manuel zu Mrs. Richards' Zimmer. Sie treten ein.

Basil Guten Morgen, Madam – kann ich Ihnen helfen?
Mrs. Richards Sind Sie der Manager?
Basil Ich bin der **Besitzer**, Madam.
Mrs. Richards Was?
Basil Ich bin der Besitzer.
Mrs. Richards Ich möchte den Manager sprechen.
Basil Ich bin außerdem der Manager.
Mrs. Richards Was?
Basil Ich bin außerdem noch der Manager.
Manuel Manaher! Er Manaher!

Basil Klappe!

Mrs. Richards Ach... Sie sind Quass.

Basil ... Ich bin der **Manager**.

Mrs. Richards Quass?

Basil Ich... bin... der... Manager.

Mrs. Richards Ja, ich weiß, das haben Sie mir ja gerade gesagt, was ist denn mit Ihnen los? Jetzt hören Sie mir mal gut zu. Ich habe ein Zimmer mit **Bad** reserviert. Wenn ich ein Zimmer mit Bad reserviere, erwarte ich, ein Bad zu **bekommen**.

Basil Sie **haben** ein Bad.

Mrs. Richards Ich denke nicht daran, sieben Pfund und zwanzig Pence plus Mehrwertsteuer pro Nacht für ein Zimmer ohne Bad zu bezahlen.

Basil *(öffnet die Badezimmertür)* **Da** ist Ihr Bad.

Mrs. Richards **Das** nennen Sie ein Bad? Das ist nicht mal groß genug, um eine Maus drin zu ertränken. Ein Skandal. *(Sie geht zum Fenster hinüber.)*

Basil *(grummelnd)* Ich wünschte, du wärst eine Maus, dann würde ich's dir zeigen.

Mrs. Richards *(am Fenster, von wo aus man eine schöne Aussicht hat)* Und noch etwas – ich hatte um ein Zimmer mit Aussicht gebeten.

Basil *(zu sich selbst)* Taub, verrückt, und blind. *(Geht zum Fenster hinüber.)* Das hier ist die Aussicht, soweit ich mich entsinnen kann, Madam. – Jawohl, das ist sie.

Mrs. Richards Wenn ich für eine Aussicht bezahle, erwarte ich etwas Interessanteres als das hier.

Basil Das ist Torquay, Madam.

Mrs. Richards Mag sein, es ist aber nicht gut genug.

Basil Dürfte ich Sie dann fragen, was für eine Art Aussicht Ihnen von einem Hotelzimmer in Torquay vorschwebte? Vielleicht das Opernhaus in Sidney? Die Hängenden Gärten von Babylon? Majestätisch vorüberziehende Gnu-Herden...

Mrs. Richards Seien Sie nicht albern. Ich erwarte natürlich, daß ich das Meer sehen kann.

Basil Sie **können** das Meer sehen. Es ist da drüben, zwischen dem Land und dem Horizont.

Mrs. Richards Um das zu erkennen, brauche ich ein Teleskop.

Basil In dem Fall darf ich Ihnen vorschlagen, daß sie erwägen, in ein Hotel zu ziehen, das näher am Meer gelegen ist. Oder besser gleich **im** Meer.

Mrs. Richards Jetzt hören Sie mal zu: Ich bin zwar nicht zufrieden, aber ich habe beschlossen, hier zu bleiben. Allerdings erwarte ich, daß Sie mir einen Preisnachlaß geben.

Basil Warum – weil der Krakatau zur Zeit nicht ausbricht?

Mrs. Richards Weil das Zimmer kalt ist, das Bad zu klein ist, die Aussicht unsichtbar ist und das Radio nicht funktioniert.

Basil Stimmt nicht, das Radio funktioniert. Nur Sie nicht.

Mrs. Richards Was?

Basil Mal sehen, ob ich's reparieren kann, du räudige alte Fledermaus. *(Er stellt das Radio auf volle Lautstärke. Manuel steckt sich die Finger in die Ohren; Basil schaltet das Radio aus.)* Ich glaube, wir haben da was empfangen.

Mrs. Richards Was?

Basil Ich glaube, wir haben da was empfangen.

Mrs. Richards *(zu Manuel, der immer noch die Finger in den Ohren hat)* Was machen Sie da?

Manuel *(laut) Qué?*

Basil Madam. . . halten Sie es bitte nicht für unhöflich, wenn ich frage. . . aber tragen Sie zufällig ein Hörgerät?

Mrs. Richards Ein **was**?

Basil Ein Hörgerät!!!!

Mrs. Richards Ja, ich besitze ein Hörgerät.

Basil Möchten Sie, daß ich es für Sie reparieren lasse?

Mrs. Richards Reparieren? Es funktioniert tadellos.

Basil Nein, tut es nicht.

Mrs. Richards Ich habe es im Moment nicht eingeschaltet.

Basil Warum nicht?

Mrs. Richards Die Batterie wird so schnell alle. Was für einen Preisnachlaß werden Sie mir für dieses Zimmer geben?

Basil *(flüstert)* Sechzig Prozent, wenn du das Ding da anstellst.

Mrs. Richards Was?

Basil *(laut)* Meine Frau nimmt sich dieser Dinge an, ich bin sicher, sie wird hocherfreut sein, die Angelegenheit mit Ihnen zu besprechen.

Mrs. Richards Ich werde nach dem Mittagessen mit ihr reden.

Basil Das haben wir verstanden, was?

Mrs. Richards Was?

Basil Vielen herzlichen Dank. Mittagessen wird um halb eins serviert.

Er fegt aus dem Zimmer, hinter Manuel her. Im Flur holt er Manuel ein.

Basil Manuel! Manuel!
Manuel *Sí.*
Basil Gehst du heute ins Wettbüro?
Manuel Was?
Basil Herrje, fang du nicht auch noch damit an. Du gehen Wettbüro. Heute?
Manuel Oh, Bettbüro. *Sí, sí.*
Basil Gut. Also setz das hier *(gibt Manuel einen Fünfer)* auf ein kleines Pferd – Drachenkopf *(schreibt den Namen auf Manuels Handrücken)* . . . aber großes Geheimnis. . . Sybil nicht wissen. . .

In der Halle, gegen sechs Uhr abends. Sybil telefoniert am Rezeptionstresen; Gegenstand der Unterhaltung ist eine Perücke, die auf einem Plastikkopf vor ihr steht.

Sybil Nein, nein, wunderbar, sie wirkt nur ein bißchen butterig im Kontrast zu meiner Haut. Ich bräuchte eher etwas topazfarbenes für meinen Teint, Sie wissen schon, mehr tonale Tiefe. . . Haben Sie einen *Cosmopolitan* da? . . . Also auf Seite 42. . . wo Burt Reynolds zu sehen ist. . . also da steht ein Mädchen hinter ihm, die James Caan anschaut. . . in der Art, die Farbe. . . hm. . . wunderbar, in Ordnung. *(Sie legt auf und guckt ins Büro, wo Polly über den Rechnungen sitzt.)* Polly, ich muß mal nach der Wäsche sehen, kannst du solange für mich die Rezeption im Auge behalten?
Polly Natürlich.

Sybil geht los. Manuel schleicht sich durch den Haupteingang herein. Er duckt sich vor Sybil weg und wirft einen verstohlenen Blick ins Büro.

Manuel *(flüsternd)* Polly. . . Polly. . . wo Mr. Fawlty?
Polly Weiß ich nicht. Was ist los?
Manuel *(aufgeregt)* Ich habe Geld für ihn. Er gewinnen auf Pferd. Aber große Geheimnis. Pst! Mrs. Fawlty. . . Pst!
Polly Dann gib's mir, ich geb's ihm später.

Manuel gibt Polly das Geld. Er sieht, daß Sybil zurückkommt, und stürzt verängstigt davon. Sybil schaut ins Büro und sieht, wie Polly schwer beeindruckt das Geld zählt. Sybil beobachtet sie unbemerkt und geht dann in die Halle. Die Damen Tibbs und Gatsby treten durch den Haupteingang ein.

Sybil Guten Abend, Miss Gatsby. Guten Abend, Miss Tibbs.
Miss Gatsby Guten Abend.
Miss Tibbs Guten Abend.

Sie wenden sich der Treppe zu, auf der Mrs. Richards soeben wutschnaubend herunterkommt.

Miss Tibbs & Miss Gatsby Guten Abend.
Mrs. Richards Erst gibt man mir ein Zimmer ohne Bad, und dann fehlt auch noch das Toilettenpapier.
Miss Tibbs Oh.
Miss Gatsby Möchten Sie welches von uns haben?

Mrs. Richards haut auf die Glocke an der Rezeption.

Miss Tibbs Wir haben uns einen Vorrat angelegt.
Miss Gatsby Möchten Sie gern welches von uns haben?

Mrs. Richards haut weiter auf die Glocke. Die Damen Tibbs und Gatsby gehen nach oben.

Mrs. Richards Hallo! *(Polly kommt aus dem Büro.)* Kleines, in meinem Zimmer gibt es kein Papier. Warum kontrollieren Sie diese Dinge nicht? Dafür werden Sie doch schließlich bezahlt, oder?
Polly Ja also, wir bringen es nicht auf die Zimmer.
Mrs. Richards Was?
Polly Wir legen es im Salon aus.
Mrs. Richards Im Salon?!!
Polly *(bemüht sich aufrichtig zu helfen)* Ich hole Ihnen welches. Möchten Sie einfaches oder das mit unserem Adressenaufdruck?
Mrs. Richards **Adressenaufdruck?!!**
Polly Wieviel Blatt? *(Mrs. Richards wirkt angewidert.)* Wieviel brauchen Sie?
Mrs. Richards *(drischt auf die Glocke ein)* Manager!!
Polly Genügend für **einen**? **Sagen** Sie's mir nur.
Mrs. Richards Manager!! Manager!!

Basil *(kommt aus der Küche)* Ja? Mikroprobe, Mikroprobe. . .!

Mrs. Richards Da sind Sie ja endlich! Noch nie in meinem ganzen Leben ist mir etwas derart Unverschämtes untergekommen. Ich verlange lediglich etwas Toilettenpapier, und da fängt sie an, mich die beleidigendsten. . . persönlichsten **Dinge** zu fragen, die ich je im Leben gehört habe.

Polly *(zu Basil)* Ich dachte, sie wollte Briefpapier.

Mrs. Richards Ich spreche mit Ihnen, Quass.

Basil . . .Quass?

Mrs. Richards Sind Sie taub? Ich sagte, ich spreche mit Ihnen. Mir ist noch nie etwas derart Unverschämtes untergekommen. Sie sagte, daß Leute es im Salon benützen.

Basil Ja, ja, Sie dachte, daß Sie. . .

Mrs. Richards . . .Dann fing sie an, mir die. . .

Basil Nein, nein, hören Sie doch bitte zu.

Mrs. Richards . . .**widerwärtigsten** Fragen zu stellen. . .

Basil . . .Bitte. Ich kann alles erklären!

Mrs. Richards . . .über. . . über. . .

Basil *(dem es tatsächlich gelingt, sie niederzuschreien)* Nein, nein, verstehen Sie doch. . . sie dachte, daß Sie **schreiben** wollten!

Mrs. Richards **Streiten** wollen? Wenn sie Streit sucht, den kann sie haben. . .!

Basil Nein, nein, nein, **schreiben** wollten! *(Er macht Schreibübungen in der Luft.)*

Mrs. Richards . . .Was?

Basil **Schreiben**! Auf dem Papier!

Mrs. Richards . . .Warum sollte ich darauf **schreiben** wollen?

Basil *(gibt auf)* Na schön! Ich werde sofort etwas auf Ihr Zimmer hinaufbringen lassen. Manuel! *(Läutet die Glocke.)*

Mrs. Richards Und **die** funktioniert auch nicht. Was haben Sie gerade gesagt?

Basil O Mann – stellen Sie es **an**!

Mrs. Richards Was?

Basil Stellen Sie es. . . *(Er schreibt wütend auf ein Blatt Papier.)* Stellen. . . Sie. . . es. . . an! *(Zeigt ihr den Zettel.)*

Mrs. Richards Das kann ich nicht lesen. Ich brauche meine Brille! Wo ist sie? *(Sie hat sie sich auf die Stirn geschoben.)*

Polly Sie ist auf ihrem Kopf, Mrs. Richards.

Mrs. Richards Ich habe sie verloren. Es ist die einzige, die ich habe. Ohne sie kann ich absolut nichts lesen.

Basil Entschuldigen Sie bitte...

Mrs. Richards Moment, also heute früh, als ich die Vase gekauft habe, hatte ich sie noch. Ich habe sie aufgesetzt, um sie mir anzusehen. Zum Tee hatte ich sie auch noch...

Basil Mrs. Richards...

Polly ...Mrs. Richards...

Basil ...Mrs. Richards... *(Sie schaut hoch; beide zeigen auf ihre Brille.)* Ihre Brille ist **da**.

Mrs. Richards *(dreht sich um und sieht den Speisesaal)* Da?! Und wer hat sie da hingelegt? *(Sie geht auf den Speisesaal zu.)*

Polly ...Nein!

Basil Nein, nein, nein, auf Ihrem Kopf... *(Mrs. Richards hört ihn nicht.)* Auf Ihrem... schauen... Sie... **auf Ihrem Kopf!**

Mrs. Richards *(bleibt stehen und dreht sich um)* Was?

Basil fängt wieder an zu schreiben, erinnert sich, daß es sinnlos ist, schmeißt den Zettel nach ihr und verschwindet im Büro. Polly folgt ihm.

Polly Tut mir leid, Mr. Fawlty... Manuel hat mich gebeten, Ihnen das hier zu geben. *(Reicht ihm das Geld.)*

Basil Oh!! Danke, Polly. Äh... Polly... Kein Sterbenswörtchen zum Drachen, ja?

Polly geht hinaus in die Halle; Manuel ist da.

Polly Manuel, hol Klopapier, *muchos,* für zweiundzwanzig.

Manuel eilt in Richtung Bar davon. Mrs. Richards kommt aus dem Speisesaal.

Mrs. Richards Sind Sie blind? Sie war die ganze Zeit auf meinem Kopf. Haben Sie das nicht gesehen?

Polly Doch.

Mrs. Richards Hat der Liebe Gott Ihnen keine Augen gegeben?

Polly Ja, aber ich benutze sie nicht, weil die Batterien so schnell alle werden.

Mrs. Richards Schicken Sie mir sofort mein Papier hoch.

Manuel betritt die Halle durch die Bar; er trägt einen riesigen Stapel Klopapier.

Polly Manuel, das ist zuviel.
Manuel Du sagen zweiundzwanzig.

Mrs. Richards geht nach oben, gefolgt von Manuel. Basil begibt sich beschwingt in die Küche und reibt sich fröhlich die Hände. Terry ist da, der mehr oder weniger das Abendessen vorbereitet.

Basil ’n Abend, Terry. *(Schmettert ein kurzes Stück »Cavalleria rusticana«.)* Magst du *Cavallero Rusticana*, Terry?
Terry Hab’s noch nicht probiert, Mr. Fawlty.
Basil Schon gut. *(Er singt noch ein Stück, während er sich einen Imbiß macht.)*
Terry Sie sind aber gut gelaunt, Mr. Fawlty.
Basil Hab ein bißchen Glück beim Pferdetoto gehabt, Terry. Äh... Kein Wort zu meiner schlechteren Hälfte, ja? *(Schneidet sich etwas Käse ab.)* »Der Ascot-Mädel Schwanensang, doo dah, doo dah, die Ascotbahn fünf Meilen lang, doo dah, doo dah day. Sie laufen auch im Wind... *(Sybil tritt ein.)* Sie laufen auch im Schnee... Ich setz mein Geld auf die ›Sturmfee‹...« *(Sieht Sybil.)* ...»I did it my-y way...« Kann Frank Sinatra nicht ausstehen. »Bei dir fühl ich mich jung«, was für ein Schrott.
Sybil *(mißtrauisch)* Du wirkst sehr heiter, Basil.
Basil Hmmm?
Sybil Du wirkst sehr heiter.
Basil Heiter?
Sybil Ja, heiter. Irgendwie... glücklich.
Basil Ach so, »glücklich«. Ja, ich entsinne mich, was das Wort bedeutet. Nein, ich hab nichts bemerkt, Schatz. Ich mach Meldung, wenn irgendwas in der Richtung vorkommen sollte.
Sybil *(vorwurfsvoll)* Also, ich finde, daß du glücklich aussiehst, Basil.
Basil Bin ich aber nicht, Schatz.
Sybil Dieses Herumgetanze, Liedergesinge und Händereiben.
Basil Nein, das ist nur meine Art, den Tag zu überstehen, Schatz. Die Samariter waren anderweitig beschäftigt.
Sybil Ich dachte, du hättest dich vielleicht verliebt. *(Lacht.)*
Basil Meine einzige Liebe bist du, mein Augapfel.
Sybil Oder daß du bei irgend etwas Glück gehabt hast... *(Basil guckt schuldbewußt; ihre Blicke treffen sich; Basil starrt sie verständnislos an; Sybil wendet sich Terry zu.)* Hat Mr. Hawkins das Tonicwater geliefert, Terry?

Terry Ja, Mrs. Fawlty.

Sybil geht in die Halle hinaus. Basil stürzt in den Speisesaal, wo Manuel die Tische deckt.

Basil Manuel, Manuel!
Manuel Ihr Pferd gewinnen, gewinnen!
Basil Pst!!!... Manuel... *(Geht dicht an Manuels Ohr heran.)* Du weißt von nichts. *(Manuel ist verwirrt.)* Du weißt von **nichts.**
Manuel Sie immer sagen, Mr. Fawlty. Aber ich lernen.
Basil Was?
Manuel Ich lernen, ich lernen.
Basil Nein, nein, nein, nein...
Manuel Ich besser werden.
Basil Nein, du verstehst nicht.
Manuel Ich verstehen.
Basil Nein, tust du nicht.
Manuel Doch, **das** ich verstehen.
Basil Pst... du weißt nichts von dem **Pferd**.
Manuel *(zweifelnd)* Ich nichts wissen von Pferd.
Basil Ja.
Manuel Äh... welche Pferd?
Basil Was?
Manuel Welche Pferd ich nicht wissen?
Basil **Mein** Pferd, Knalltüte.
Manuel **Ihr** Pferd, »Knalltute«.
Basil Nein, nein, **Drachenkopf**!
Manuel Es **gewinnen**!
Basil Ja, ich **weiß**.
Manuel Ich auch wissen, daß gewinnen.
Basil Was?
Manuel Ich für Sie Geld setzen. Sie mir geben Geld. Ich gehen in Bettbüro, ich setzen Geld auf...
Basil Ich weiß, ich weiß, ich weiß.
Manuel Warum Sie sagen, ich nichts wissen?
Basil Ach so. Paß auf... paß auf... paß auf... kennst du das Pferd?
Manuel Knalltute? Oder Drachenkopf?
Basil Drachenkopf. Es gibt kein Pferd, das Knalltüte heißt. Du bist die Knalltüte.
Manuel Was heißen Knalltute?

Basil begutachtet die Wertsachen von Lord Melbury (»Ein Hauch von Klasse«)

Manuel, aus Barcelona, wird angelernt (»Baumaßnahmen«)

Basil erkundigt sich nach Mr. O'Reillys Befinden (»Baumaßnahmen«)

Sybil bekundet ihren Unmut (»Baumaßnahmen«)

Basil wünscht Manuel eine gute Nacht (»Die Hochzeitsfeier«)

Polly: »Stellen Sie die Flasche hin!« (»Gourmet-Abend«)

Kurt, ein verliebter Koch (»Gourmet-Abend«)

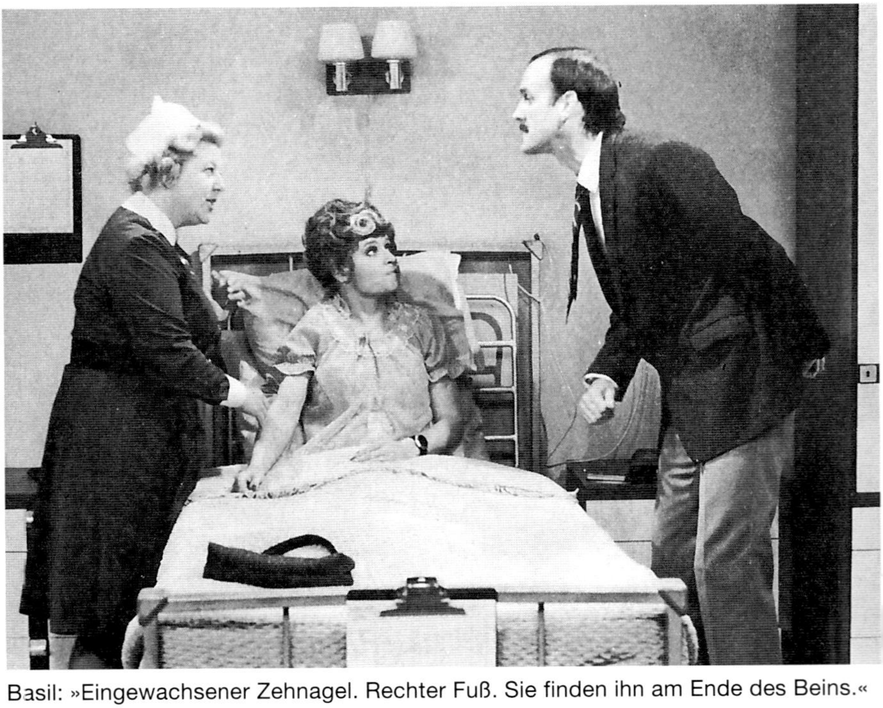

Basil: »Eingewachsener Zehnagel. Rechter Fuß. Sie finden ihn am Ende des Beins.« (»Die Deutschen«)

Basil und Elch (»Die Deutschen«)

Basil erwähnt aus Versehen den Krieg (»Die Deutschen«)

Mrs. Richards und das wiederaufgetauchte Geld (»Kommunikationsprobleme«)

Basil in einem Anfall von Arzt-Kriecherei (»Der Psychiater«)

Basil überprüft die Schrankscharniere (»Der Psychiater«)

Basil, Manuel und Ex-Gast (»Räucherhering und Leiche«)

Polly in ihrer Rolle als Vipernnest (»Der Hochzeitstag«)

Basil *(geht Manuel an die Gurgel)* Das ist egal. . . verstehst du. . . es ist egal. . . Puh. . . Ich könnte den Rest meines Lebens damit verbringen, diese Unterhaltung zu führen. Bitte versuch zu begreifen, bevor einer von uns **stirbt**.

Manuel Ich versuchen.

Basil Du vergißt jetzt alles, was du über Knalltüte weißt.

Manuel Nein, Drachenkopf.

Basil Drachenkopf! Richtig!

Manuel *Sí, sí, sí*. . . irgendwann.

Basil Was?

Manuel . . .Irgendwann. Fruher oder später.

Basil . . .Nein, nein, nein, vergiß es **jetzt**.

Manuel Jetzt?

Basil Tu so, als hättest du's vergessen.

Manuel So tun?

Basil Erzähl niemandem was von dem **Pferd!**

Manuel Ach das, das ich **wissen**, Sie haben mir schon heute früh gesagt. Ts, ts, ts!

Basil starrt ihn an. Sybil steckt den Kopf zur Tür herein.

Sybil Basil.

Basil *(zu Manuel)* Also mach das nicht noch mal. *(Zu Sybil)* Ja, Schatz?

Sybil Es geht um Mrs. Richards.

Basil Ein tödlicher Unfall?

Sybil Man hat ihr Geld gestohlen.

Sybil geht. Basil geht ihr nach und stößt einen tiefen Seufzer aus. Manuel hält ihn am Arm fest.

Manuel Oh, Mr. Fawlty, ich erzählen Polly.

Basil Was? Ach, das ist in Ordnung. Aber erzähl's keinem anderen. Nicht einmal mir. Du weißt nichts.

Sybil *(aus der Halle)* Basil!

Basil Ja, Schatz? *(Er holt sie in der Halle ein.)*

Sybil Basil, du mußt mir bei der Sache helfen. Sie ist furchtbar aufgeregt, sie läßt mich überhaupt nicht zu Worte kommen. Man hat ihr fünfundachtzig Pfund aus dem Zimmer gestohlen, und ich hab ihr gesagt, daß wir überall suchen werden, aber sie besteht darauf, daß wir die Polizei rufen. Was macht man bloß mit so einer Person, sie hört einfach nicht auf.

Sie gehen ins Büro; Mrs. Richards ist da.

Basil *(laut)* Mrs. Richards, wie schön, Sie zu sehen. Gefällt es Ihnen bei uns?
Mrs. Richards Sie brauchen nicht zu schreien. Ich habe mein Hörgerät eingeschaltet.
Basil . . . Oh!
Sybil Mrs. Richards, ich habe meinem Mann gerade erklä. . .
Mrs. Richards Ich bin gerade oben in meinem Zimmer gewesen. Man hat mir fünfundachtzig Pfund aus meiner Handtasche entwendet, die ich unter der Matratze versteckt hatte.
Basil Tatsächlich?. . .
Mrs. Richards Das ist doch eine Schande, ich bin noch keinen Tag da. Was für Angestellte haben Sie hier eigentlich beschäftigt?
Sybil Mrs. Richards. . .
Mrs. Richards Wenn Sie auch nur die leiseste Ahnung davon hätten, wie man ein Hotel betreibt, dann würde so etwas gar nicht erst passieren! So. . . was haben Sie zu Ihrer Verteidigung vorzubringen?

Basil läßt eine lange Rede vom Stapel, die er ausschließlich pantomimisch darstellt.

Mrs. Richards Was?

Basil mimt weiter. Sybil stößt ihn an.

Sybil *(sehr leise)* Basil!
Basil *(mimt »Ja, Schatz?«)*
Sybil *(sehr leise)* Laß das!
Mrs. Richards Moment, Moment, Moment, ich hab es nicht genug aufgedreht. *(Sie fummelt am Regler ihres Hörgeräts herum und schaut Basil an; er reibt sich die Hände.)*
Sybil *(flüstert warnend)* Basil!

Mrs. Richards dreht den Schalter auf oberste Lautstärke.

Basil *(fortissimo)* Ich sagte, ich schlage vor. . .

Mrs. Richards wankt nach hinten und hält sich den Kopf; sie stößt sich den Kopf am Regal, das hinter ihr an der Wand hängt.

Mrs. Richards Mein Kopf!
Basil Ist er abgefallen?
Sybil *(drängelt sich an Basil vorbei)* Zur Seite. *(Zu Mrs. Richards)* Haben Sie sich den Kopf gestoßen?
Mrs. Richards Ja, ja.
Sybil O je, lassen Sie mich mal schauen.
Basil Legen Sie sich lieber hin, bevor noch was passiert.
Sybil *(stößt ihn in die Rippen)* Sei still, Basil.
Mrs. Richards Warum rufen Sie nicht die Polizei?
Sybil Das tun wir, nachdem wir die Zimmer durchsucht haben.
Mrs. Richards Man hat mir mein Geld gestohlen.
Sybil Ja, ja, ich weiß, versuchen Sie, nicht zu reden.
Basil *(hält etwas hoch, was er auf dem Fußboden gefunden hat)* Ist das ein Teil Ihres Gehirns?

Sybil tritt ihn ins Schienbein. Er setzt sich hin und umklammert es.

Mrs. Richards Fünfundachtzig Pfund.
Sybil Halten Sie sich an meinem Arm fest.
Mrs. Richards Ich brauche Ihren Arm nicht, vielen Dank. Ich komme problemlos allein die Treppe hinunter.
Basil Die Treppe **hinunter**? Prima, lassen Sie sich nicht aufhalten, wenn Sie im Keller ankommen – immer geradeaus. Und grüßen Sie mir den Erdkern.

Mrs. Richards hat das Büro verlassen. Sybil schaut ihr nach.

Sybil Sind Sie sicher, daß Sie zurechtkommen?
Basil Und wenn du uns noch mehr Ärger bereitest, besuche ich dich in der Morgendämmerung und jage dir eine Fledermaus unters Nachthemd. *(Reibt sich immer noch das Schienbein.)* Das war doch lustig, nicht wahr, Schatz? Für diese seltenen Augenblicke lohnt sich's doch fast, am Leben zu bleiben, findest du nicht? *(Sybil hat ein Pokerface aufgesetzt.)* Es ist doch schön, wenn man einen solchen Augenblick gemeinsam erlebt, oder, Schatz? Darum geht's doch in der Ehe. Ich weiß das, ich hab's auf der Rückseite einer Streichholzschachtel gelesen.

Sybil Basil, manchmal...

Basil *(legt ihr den Arm um die Hüfte)* Im Ernst, Sybil, weißt du noch, als wir frisch miteinander... verkettet waren, da haben wir eine Menge gelacht.

Sybil *(schubst ihn weg)* Ja, aber nicht gleichzeitig, Basil.

Basil Das stimmt. Das war eine Warnung, oder? Hätten wir gleich merken müssen. Wusch! – Was war das? Das war dein Leben, Kumpel. Ging aber schnell, Mann, krieg ich noch eins? Tut mir leid, Kumpel, mehr gibt's nicht.

Sybil Basil.

Basil Zurück zur Welt der Träume. Ja, Schatz?

Sybil *(irritiert)* Was sollen wir bloß machen?

Basil Uns noch mal fünfzehn Jahre geben?

Sybil Wegen dem **Geld**. Meinst du, wir sollten...

Basil Ach, sie hat's in ihrem Zimmer oder hat es irgendwo rumliegen lassen oder gegessen oder sonst was. Wir werden Manuel raufschicken, damit er ihr Zimmer durchsucht. Polly kann im Salon nachsehen...

Sybil Moment mal. Ich hab doch gerade Polly mit etwas Geld gesehen.

Basil Na bitte, da haben wir's.

Sybil Außerdem war es eine ganze Menge. Sie saß hier und hat es gezählt.

Basil *(von einer plötzlichen Angst gepackt)* Na ja, wahrscheinlich gehört es ihr.

Sybil Nein... sie war in letzter Zeit ziemlich knapp, Basil. Ich werde sie fragen.

Basil Das geht doch nicht. Du kannst sie doch nicht einfach so fragen, Sybil!

Sybil Warum nicht?

Basil Na ja... das ist doch schrecklich unhöflich, jemanden zu fragen, ob ihm Geld gehört oder nicht. Wirklich peinlich. *(Das Telefon an der Rezeption klingelt.)*

Sybil Unsinn, Basil.

Basil begibt sich in die Halle und geht ans Telefon.

Basil Hallo, Fawlty Towers. *(Er unterbricht die Leitung, indem er die Gabel runterdrückt, spricht aber weiter, als sei er noch verbunden.)* Polly Shearman? Selbstverständlich, ich gehe sie gleich holen. *(Er legt den Hörer zur Seite und eilt in Richtung Küche.)*

Sybil *(ruft)* Polly...

Basil stürzt in die Küche.

Basil Terry, wo ist Polly?
Terry *(zeigt zum Speisesaal)* Da drin.

Basil geht in den Speisesaal; Polly ist dabei, Blumen auf die Tische zu stellen.

Basil Polly!... Polly, sie hat dich mit dem Geld gesehen.
Polly Was?
Basil Sybil. Sie hat gesehen, wie du das Pferdegeld gezählt hast. Sie will dich danach fragen... *(Sybil tritt ein.)* Hallo Schatz. Hier ist sie. Hab sie hier gefunden. Wie ich gerade sagte, Polly, meine Frau möchte dich gern in einer etwas heiklen Angelegenheit sprechen.
Sybil Daran ist nichts Heikles, Basil, sei doch nicht albern. *(Zu Polly)* Er glaubt, daß es peinlich ist, wenn ich dich auf das Geld anspreche, das du vor einer Weile im Büro hattest. Ich habe mich nur gefragt, ob es vielleicht jemand bei dir abgegeben hat. Mrs. Richards fehlt nämlich eine bestimmte Summe.
Polly Das Geld... im Büro...
Sybil Du hast es doch gezählt, nicht wahr. Hat es jemand abgegeben?
Polly Aber nein. Es gehört mir.
Sybil Dir?
Polly Ich habe es gewonnen.
Sybil Du hast es **gewonnen**?
Polly Mit dem Pferd, für das Mr. Fawlty einen Tip bekommen hat. *(Zu Basil)* Ich hoffe, das macht Ihnen nichts aus, ich habe nur...
Basil Aber nicht doch, ganz und gar nicht.
Sybil Ich wußte gar nicht, daß du auf Pferde wettest, Polly?
Polly Oh, das tu ich auch nicht... Aber ich war in der Stadt und kam am Wettbüro vorbei, und da dachte ich... na ja, warum nicht?
Basil In der Tat, warum nicht. *(Zu Sybil)* Eine ausgezeichnete Frage, nicht wahr, Schatz? Eigentlich schade, daß du mir nicht erlaubt hast, ein bißchen zu setzen. Ist dir klar, wieviel wir gewonnen hätten? Fünfundsiebzig Pfund für einen Einsatz von fünf Pfund. Aber, na ja, du weißt es am besten.
Sybil Das war also die Quote, ja, Basil?
Basil Ja, das war sie, Schatz. Vierzehn zu eins. Ich hab mir die Über-

tragung im Radio angehört, nur um mich zu vergewissern, daß es gesiegt hat. *(Zu Polly)* Viel Spaß mit deinem Gewinn, Polly. *(Er geht in die Halle.)*

Polly Danke.

Sybil *(leise)* Polly?

Polly Ja, Mrs. Fawlty?

Sybil Wie hieß das Pferd?

Polly Äh... wie es **hieß**... Herrje... ist mir gänzlich entfallen...

Basil schießt zur Tür des Speisesaals herein und stellt sich hinter Sybil. Er formt »Drachenkopf« mit den Lippen. Polly starrt ihn verständnislos an. Er zeigt erst auf Sybil und dann auf seinen Kopf.

Polly Spatzenhirn.

Sybil Spatzenhirn?

Polly Ach nein, was sag ich, das wurde dritter. *(Basil macht schlängelnde und fliegende Bewegungen, zeigt dann auf Sybil.)* Fischweib.

Sybil Was?

Polly Nein, nein, nicht Fischweib. *(Basil zeigt auf Sybil und formt dann mit den Fingern Hörner auf seinem Kopf)* Rumpelstilzchen! Hornochs... nein, nein... *(Basil wiederholt seine Sybil-macht-Toast-Pantomime.)* Nein, es verließ als erster die **Box**, und es hieß *(erleichtert)* Drachenkopf.

Sybil Danke, Polly. *(Sie geht in die Halle, zu Basil)* Sollte sich herausstellen, daß das Geld für das Pferd deins war, dann weißt du, was ich tun werde, Basil. *(Sie geht nach oben ab.)*

Basil *(ruft ihr nach)* Vorher mußt du sie erst wieder annähen. *(der Major erscheint und geht stramm auf die Bar zu; Basil hat eine Erleuchtung)* Major!

Der Major *(ohne seinen Stechschritt zu verlangsamen)* Sechs Uhr, alter Knabe.

Er geht in die Bar. Basil folgt ihm.

Basil Ach ja, natürlich, sechs Uhr, Major. Darf ich Ihnen einen Drink anbieten...

Der Major Oh, sehr anständig von Ihnen. Nur einen schnellen, bin auf dem Weg zu einer Beerdigung.

Basil Ist der Schlips nicht ein bißchen grell, Major?

Der Major Was?

Basil Für eine Beerdigung?

Der Major Oh, ich konnte den Burschen nicht **leiden**. Einer von **der** Sorte. Sie wissen schon, was ich meine. Prost!

Basil Major... können Sie mir einen Gefallen tun?

Der Major Nun ja... ich bin selbst ein bißchen knapp bei Kasse, alter Knabe.

Basil Nein, nein, nein, könnten Sie vielleicht ein bißchen Geld für mich verwahren. *(Er nimmt es aus der Tasche.)* Ich hab es beim Pferderennen gewonnen, nur ist Sybil ein bißchen mißtrauisch, wissen Sie, und sie durchsucht manchmal nachts meine Hosentaschen...

Der Major Oh, selbstverständlich. Welches Pferd?

Basil ...Drachenkopf. *(Gibt dem Major das Geld.)*

Der Major Wann läuft es?

Basil Nein, nein. Es ist heute schon gelaufen. Das hier ist der Gewinn.

Der Major Oh! *(Gibt ihm das Geld zurück.)* Gut gemacht, alter Knabe.

Basil Nein, nein, würden Sie es bitte behalten.

Der Major Aber nein, das geht doch nicht, wirklich nicht, hoch anständig von Ihnen.

Basil Nein, nein, wenn Sie es vielleicht nur über Nacht aufbewahren würden. Wegen Sybil, verstehen Sie? Ein Geheimnis.

Der Major Ah, verstehe, ein Geschenk.

Basil So in der Art, ja. Erwähnen Sie's nicht.

Der Major Ich werde schweigen wie ein Grab.

Basil Ich hol es mir morgen früh von Ihnen zurück und bring's dann auf die Bank.

Der Major Verstanden, alter Knabe. Prost.

Der Major geht aus der Bar und zieht los. Basil gießt sich einen Whisky ein und läßt fröhlich einen Eiswürfel von seinem Unterarm in den Drink hopsen.

Die Halle, am nächsten Morgen. Basil steht an der Rezeption und schreibt die Rechnung für Mr. Mackintosh.

Basil Bitte sehr, Mr. Mackintosh. *(Gibt ihm die Rechnung.)*

Die Damen Tibbs und Gatsby tauchen am Fuß der Treppe auf.

Miss Tibbs & Miss Gatsby Guten Morgen, Mr. Fawlty.

Basil Guten Morgen, meine Damen. *(Das Telefon klingelt; er geht ran.)* Hallo. Fawlty Towers.

Mrs. Richards *(im Off, laut)* Quass!

Basil *(der sieht, wie Mrs. Richards auf ihn zusteuert)*... Ich habe überhaupt nichts **gesagt**. *(Ins Telefon)* Ja?

Mrs. Richards Haben Sie schon die Polizei gerufen?

Basil Äh, entschuldigen Sie bitte, ich telefoniere gerade.

Mrs. Richards Haben Sie sie nun gerufen oder nicht?

Basil *(will gerade nein sagen, ändert aber seine Meinung)*... Ja. Ja, wir haben sie gerufen.

Mrs. Richards Na und, wann wollen sie kommen?

Basil So bald wie möglich. Sie haben heute sehr viel zu tun.

Mrs. Richards Viel zu tun. Ts! *(Sie geht langsam los.)*

Basil Es gab gestern abend ein Blutbad im Nell-Gwynn-Teehaus *(Ins Telefon)* Hallo... ja, selbstverständlich, ja... *(ruft hinter Mrs. Richards her)* Mrs. Richards! **Mrs. Richards!!!** *(Mr. Mackintosh zuckt zusammen.)* Entschuldigung, Entschuldigung... *(Zu Mrs. Richards, die zurückkommt)* Telefon für Sie. Hier. *(Sie nimmt den Hörer; Mackintosh zeigt auf seine Rechnung.)* Ja?

Mackintosh Wofür ist das da?

Basil Äh... Telefongespräche?

Mackintosh Ich habe doch gar nicht telefoniert.

Basil Oh. Äh... Zigaretten?

Mackintosh Ich bin Nichtraucher.

Mrs. Richards *(ins Telefon)* Hallo!! *(Zu Basil)* Es ist niemand dran.

Basil *(nimmt ihr den Hörer ab)* Hallo... ja, ja, ich weiß, daß sie schwer... Ja. *(Zu Mrs. Richards)* Es ist Ihre Schwester. *(Mrs. Richards reißt ihm das Telefon aus der Hand.)*

Mackintosh Also, wofür ist es **dann?**

Basil Drinks?

Mackintosh Drinks? – Ich?

Mrs. Richards *(ins Telefon)* Hallo. Hallo. Wir sind unterbrochen worden.

Basil *(reißt ihr den Hörer aus der Hand)* Hallo... passen Sie auf, Sie erzählen's **mir**, und ich erzähl's **ihr**...

Mrs. Richards *(zu Mackintosh)* Nicht mal die Telefone funktionieren.

Basil Ihre Schwester sagt, daß Sie ein Angebot über siebenundachtzigtausend Pfund für Ihr Haus in Brighton haben.

Mrs. Richards Siebenundachtzig? Geben Sie her. *(Reißt das Telefon wieder an sich.)* Red keinen Unsinn, Stephanie! Neun-zwo-sieben-fünfzig waren meine Worte, und keinen Penny weniger, sag ihm das! *(Knallt den Hörer auf.)* Warum kann eigentlich niemand richtig zuhören? *(Geht in Richtung Speisesaal davon.)*
Mackintosh Nun?
Basil Also gut, streichen wir diese 32 Pence, ja? Seien wir doch nett zueinander. So...
Mackintosh Oh, vielen herzlichen Dank.

Mackintosh stellt einen Scheck aus. Der Major kommt aus dem Speisesaal.

Basil Ah! Major! *(Eilt hinter dem Tresen hervor und fängt den Major ab.)* Major... kann ich es jetzt haben?
Der Major Was denn, alter Knabe?
Basil Das Geld... das Geld, das ich Ihnen gestern abend gegeben habe.
Der Major Wovon reden Sie, Fawlty?
Basil Sie erinnern sich doch... Ich habe Ihnen gestern abend eine Summe Geldes gegeben. Kurz bevor Sie zu dieser Trauerfeier gegangen sind.
Der Major Trauerfeier?
Basil Ja.
Der Major **Daran** erinnere ich mich nicht, alter Knabe.
Basil Sie wurde für einen... Burschen, den Sie nicht leiden konnten, abgehalten. Ähm... Sie wissen schon, er war einer von der Sorte.
Der Major Einer von welcher Sorte?
Basil Na ja...
Der Major Ein warmer Bruder?
Basil Ja.
Der Major *(zeigt in Richtung Speisesaal)* Welcher?
Basil Nein, nein. Hören Sie, Sie hatten Ihren besten Anzug an.
Der Major Tatsächlich? Ach ja, natürlich – ich bin ins Theater gegangen, natürlich.
Basil Nein, nein.
Der Major Doch, mit Winnie Atwell.
Basil Winnie Atwell?
Der Major Nun ja, **Marjorie** Atwell, Marjorie... ich nenne sie immer Winnie, weil sie wie Winnie aussieht.

Basil . . .Aber sie ist doch keine Schwarze.

Der Major Schwarz? Churchill war kein Schwarzer.

Basil Hören Sie, hören Sie, ich habe Ihnen fünfundsiebzig Pfund gegeben – Sie haben sie dort hineingesteckt. . . *(Zeigt auf die Tasche des Majors.)*

Die Tür des Speisesaals öffnet sich schwungvoll, Mrs. Richards schreitet heraus und auf Basil zu. Der Major tapert die Treppe hinauf.

Mrs. Richards Was fällt Ihnen eigentlich ein, mir zu erzählen, Sie hätten die Polizei gerufen?

Basil Ich. . .

Mrs. Richards Sie haben nichts dergleichen getan. Ihre Frau hat mir gerade gesagt, daß Sie immer noch dabei sind, die Zimmer zu durchsuchen.

Basil Also, ich dachte, **sie** hätte sie gerufen.

Mrs. Richards Sie Lügenmaul, Sie!

Sybil *(tritt ein)* Mrs. Richards. . .

Mrs. Richards *(zu Basil)* Rufen Sie sie jetzt! Sofort!

Basil Ja, aber verstehen Sie doch. . .

Sybil Mrs. Richards, das tun wir auch, sobald wir die Zimmer. . .

Mrs. Richards Na schön. Dann rufe ich sie eben selbst. *(Sie geht auf den Tresen zu, gefolgt von Sybil.)*

Sybil Könnten wir nicht wenigstens warten, bis. . .

Mrs. Richards Ich habe so eine Absteige meinen **Lebtag** noch nicht gesehen. *(Greift zum Telefon.)*

Sybil *(fällt ihr in den Arm)* Schon gut, Mrs. Richards. Würden Sie freundlicherweise das Telefon im Büro benutzen?

Mrs. Richards Was?

Sybil **Dieses** hier. Danke. *(Geleitet sie ins Büro und ruft Basil zu)* Hol den Schlüssel und durchsuch ihr Zimmer. *(Geht ins Büro.)*

Basil In Ordnung. *(Nimmt den Schlüssel.)*

Der Major *(erscheint am Fuß der Treppe und hält ein Bündel Geldscheine in der Hand)* Ich hab's gefunden, Fawlty!

Basil Was?

Der Major Es war in meiner Tasche.

Basil Ah! *(Blickt verstohlen zum Büro.)*

Der Major Ja, in meinem neuen Anzug. Da. *(Steckt die Geldscheine in die Jackettasche.)* Sehen Sie?

Basil *(versucht sein Geld zurückzubekommen)* Das ist großartig, Major.

Der Major Einfach reingestopft.
Basil Ja, kann ich's. . .
Der Major Keine Ahnung, wie es dort hingekommen ist.
Basil Ja, aber kann ich's jetzt. . .
Der Major Ich habe nämlich die feste Angewohnheit, mein Geld in der Gesäßtasche aufzubewahren.
Basil Bitte! Bitte!
Der Major Was ist denn, alter Knabe?
Basil Kann ich's bitte haben.
Der Major Oh! Ja, ja, das Geld. . . ja, natürlich. . . *(Greift in seine Gesäßtasche.)* Oh! *(Kramt in der Tasche herum.)* Herrje, es ist weg.
Basil Nein, nein – Sie haben es dort hineingetan.
Sybil *(steht in der Bürotür)* Basil!
Der Major *(hat es gefunden)* Hier ist es! *(Zieht das Geld heraus und zeigt es vor.)*
Sybil Was ist das?
Der Major Ich habe es gefunden, Mrs. Fawlty. Das Geld.
Sybil Oh, das ist ja großartig. Mrs. Richards!
Basil Was?
Sybil Wir haben Ihr Geld gefunden.

Mrs. Richards kommt aus dem Büro.

Basil *(starr vor Entsetzen)* Äh. . . nein!
Sybil Der Major hat Ihr Geld gefunden.
Basil Nein, Schatz.
Sybil Was? *(Nimmt das Geld.)* Danke, Major. *(Gibt es Mrs. Richards.)* Sehen Sie, ich wußte ja, daß es wieder auftaucht.

Mrs. Richards betrachtet es mißtrauisch und fängt an, es zu zählen.

Basil *(wimmert unverständlich)* Äh. . . äh. . .
Sybil Was ist los, Basil?

Aber ihm fällt nichts ein, was er sagen könnte. Mrs. Richards fährt fort, das Geld zu zählen.

Der Major Glück gehabt, was Fawlty?
Mrs. Richards Es fehlen zehn Pfund.
Sybil O je.

Basil *(übertrieben)* Nicht doch!! Zehn Pfund! Mein **Gott!!** Keine Angst, wir machen eine Kollekte! *(Ergreift die Spendenbüchse des Blindenhilfswerks, stellt sie auf den Kopf und schüttelt sie wild.)*
Sybil Basil!! Hör damit auf!
Mrs. Richards Was macht er **jetzt** schon wieder?

Basil schüttelt immer noch die Büchse. Sybil starrt ihn einen Augenblick an und schüttet ihm dann eine Tasse Kaffee ins Gesicht. Er erstarrt.

Sybil Was in aller Welt machst du da? *(Zu Mrs. Richards)* Ich werde die anderen zehn sofort suchen, Mrs. Richards. *(Zum Major)* Wo haben Sie es genau gefunden, Major?
Der Major In meiner Tasche.
Sybil In Ihrer **Tasche?**
Der Major Ja, ja, aber nicht in diesem Anzug – in dem neuen.
Sybil Würde es Ihnen etwas ausmachen, wenn ich auf einen Sprung hochkommen und kurz nachsehen würde?
Der Major Aber nein, nicht im geringsten, nicht im geringsten.
Sybil *(zu Mrs. Richards)* Ich schaue mal, ob ich sie finden kann. Dauert nicht lange.
Der Major Es ist bei den... äh... *(Er kann sich nicht erinnern.)*

Sybil verschwindet über die Treppe nach oben.

Basil *(zu Mrs. Richards)* Entschuldigen Sie...
Mrs. Richards *(zum Major)* Sagten Sie, es sei in Ihrer Tasche gewesen?
Der Major Ja.
Basil Mrs. Richards, darf ich Ihnen...
Mrs. Richards Was hat es in Ihrer Tasche zu suchen?
Basil Darf ich Ihnen erklären...
Mrs. Richards Sie erklären hier gar nichts. Sie sind ja völlig übergeschnappt. Nicht mehr ganz dicht im Oberstübchen.
Basil Ja. Ja, das stimmt. Ja, ich bin vollkommen übergeschnappt. Darum habe ich ihm auch das Geld gegeben, damit er darauf aufpaßt.
Mrs. Richards Was?
Basil Verstehen Sie doch, es handelt sich um eine Verwechslung. Das Geld hier gehört in Wirklichkeit mir.
Mrs. Richards Ihnen?

Basil Ja. Wie der Major bestätigen wird. Ich habe es gespart, weil ich meiner Frau ein Geschenk machen wollte, nicht wahr, darum konnte ich eben nichts sagen, aber ich habe es gestern abend dem Major gegeben.

Mrs. Richards Was für ein Quatsch. Das ist mein Geld.

Basil Nein, nein, also der Major wird bezeugen, was ich gesagt habe.

Der Major Hmmmmm?

Basil Können Sie das bezeugen, Major?

Der Major Was denn, alter Knabe?

Basil Das Geld, das ich Ihnen gestern abend gegeben habe, Sie wissen schon... das Geschenk für meine Frau... Sie erinnern sich doch, daß ich es Ihnen gegeben habe, bevor Sie ins Theater gegangen sind.

Der Major Theater?

Basil Ja, Sie wissen schon. *(Flüstert)* Das Geld, das ich beim Pferderennen gewonnen habe.

Der Major Beim Pferderennen.

Mrs. Richards Warum flüstern Sie? Was sagen Sie?

Der Major Er sagt, er hätte es beim Pferderennen gewonnen.

Mrs. Richards *(laut)* Beim Pferderennen gewonnen!

Basil Pssst. Ist ja auch egal. *(Zum Major)* Können Sie sich erinnern, daß ich es Ihnen **gegeben** habe? *(Der Major überlegt.)* Denken Sie nach. Bitte denken Sie nach.

Pause.

Der Major ...Wie war noch mal die Frage?

Basil Das Geld! Das Geld! Erinnern Sie sich?... *(Sieht Manuel aus dem Speisesaal kommen.)* Manuel. Manuel. Komm mal her. Manuel... Du erinnerst dich doch, daß ich gestern etwas Geld hatte. *(Manuel schaut ihn mißtrauisch an; Basil flüstert)* Das Geld, das ich mit dem Pferd gewonnen habe.

Manuel Ah! *Sí*...

Basil Erzähl es Mrs. Richards! Erzähl ihr, daß ich gestern das Geld hatte!

Manuel *(stolz)* Ähem: Ich nichts wissen.

Basil Was?

Manuel Ich nichts wissen.

Basil Nein, nein.

Manuel **Nichts.**

Basil Nein, nein, vergiß das.

Manuel Ich vergessen **alles**. Ich nichts wissen.

Basil Nein, ihr kannst du's erzählen. Ihr kannst du's erzählen.

Manuel Nein, kann ich nicht.

Basil Doch, doch, erzähl's ihr, bitte, bitte, erzähl's ihr. . . ich bring dich um, wenn du's nicht tust. . .

Manuel *(fährt sich mit dem Finger quer über die Kehle und zwinkert Basil zu)* Nein, ich nichts wissen. *(Zu Mrs. Richards)* Ich kommen aus Barcelona. *(Er geht ab.)*

Mrs. Richards Ich höre mir diesen Unsinn nicht länger an. Ich werde jetzt mein Frühstück beenden. Und wenn ich wiederkomme, möchte ich den Rest meines Geldes sehen. *(Sie dampft in Richtung Speisesaal ab.)*

Sybil *(kommt die Treppe herunter)* Gib sie ihr, Basil.

Basil Was?

Sybil Ich kann sie nicht finden. Gib ihr zehn aus der Kasse.

Basil . . . In Ordnung. *(Er öffnet die Kasse, indem er mit dem Kopf dagegen haut, und entnimmt ihr zehn Pfund.)* Zehn Pfund. *(Er knallt sie auf den Tresen und beginnt, sich das Hemd auszuziehen.)*

Sybil Was machst du da?

Basil Ich gebe ihr mein letztes Hemd.

Manuel *(steckt seinen Kopf durch die Küchentür)* Sehen Sie, ich nichts wissen.

Basil Ich werde dich an einen Vivisektionisten verkaufen. *(Manuel verschwindet; der Major schlendert davon; Basil ist gerade damit fertig, sein Hemd zusammenzufalten.)* So. Tja. . .

Er steht einen Moment reglos da, dann fängt er an, laut zu heulen. Mr. Kerr kommt durch den Haupteingang herein, er trägt eine große, reich verzierte Vase.

Kerr Guten Tag, Mr. Fawlty.

Basil *(zwischen Schluchzern)* Guten Tag.

Kerr Ist bei Ihnen eine Mrs. Richards zu Gast?

Basil *(bricht hinter dem Tresen zusammen, so daß man ihn kurze Zeit nicht sieht; taucht wieder auf.)* Ja.

Kerr Ah. Nämlich sie hat die gestern gekauft, sie wollte, daß wir liefern. Die Sache ist die. . . *(zieht einen Handschuh aus der Tasche)* sie hat Geld bei uns liegenlassen. Hier in dem Ding drin, fünfundneunzig Piepen. . . sehen Sie sich das an. *(Basil guckt.)* Die Putzfrau hat ihn heute früh gefunden, hätte ihn fast in den Mülleimer geworfen, ein Glück, was? *(Basil ist hypnotisiert.)* Ist sie in der Nähe?

Basil . . .Nein. Ich geb's ihr.

Kerr *(gibt ihm den Handschuh)* Sehr freundlich, Mr. Fawlty. Auf Wiedersehen.

Er geht und läßt die Vase auf dem Tresen stehen. Polly tritt ein. Basil starrt das Geld an und wirft dem Lieben Gott eine Kußhand zu.

Basil Wir haben ihr Geld gefunden!

Polly Wo?

Basil . . . Sie hat es liegenlassen. . . ist ja egal. . . ich bin mit zehn Pfund im **Plus.**

Polly Zehn Pfund im **Plus?**

Basil Ja – selbst wenn ich ihr zehn gebe – bin ich immer noch im Plus. . . Polly. . . zum erstenmal im Leben liege ich vorn! Ich gewinne! Aha! *(Sieht Mrs. Richards im Anmarsch; schadenfroh)* Hallo, Mrs. Richards. Wie schön, Sie zu sehen. Die schöne Vase, die Sie gestern gekauft haben, ist eben angekommen. So, und jetzt sagen Sie mir noch mal, gehört das Geld, das Sie gerade hatten, Ihnen oder mir?

Mrs. Richards Das sagte ich doch schon, es gehört mir.

Basil Sind Sie absolut sicher?

Mrs. Richards Allerdings.

Basil Aber es fehlen Ihnen immer noch zehn Pfund. *(Zieht das Bündel aus der Tasche, das er gerade bekommen hat, und schält einen Geldschein heraus.)* Polly, würdest du das hier bitte Mrs. Richards geben?

Mrs. Richards *(ahnt etwas)* Was ist das?

Basil Das gehört **mir.** *(Er schwenkt es.)*

Mrs. Richards starrt ihn unentschlossen an. Basil strahlt. Sybil taucht hinter ihm auf und schaut auf das Bündel.

Sybil Was ist das, Basil?

Basil bekommt einen Schreck, findet aber keine geeignete Antwort.

Polly Das ist meins.

Sybil Was?

Polly Das ist das Geld, das ich beim Pferderennen gewonnen habe.

Basil So ist es, Schatz. Polly hat mich gebeten, es für sie im Safe aufzubewahren. So... das wäre geklärt... und hier ist dein Geld, Polly... hier Ihre schöne Vase, Mrs. Richards.

Er hält das Geld immer noch in der rechten Hand, hebt die Vase vorsichtig mit der Linken auf und hält sie ihr hin. Der Major kommt hereingesegelt; er ist ziemlich aufgeregt.

Der Major Fawlty... Sie haben mir das Geld **doch** gegeben! Sie haben es mit diesem Pferd gewonnen!

Basil ist entsetzt. Sybil versucht ihm das Geld aus der Hand zu reißen; er umklammert es mit der Linken und läßt dabei die Vase fallen. Sie zerbricht. Er schreit.

Mrs. Richards Diese Vase hat fünfundsiebzig Pfund gekostet.
Sybil Oh, das **tut** mir aber leid, Mrs. Richards. Wir **müssen** sie Ihnen ersetzen.

Sie zählt Mrs. Richards die Geldscheine vor. Basil ist völlig verzweifelt.

Der Psychiater

In der Empfangshalle. Polly ist mit den Aufnahmeformularitäten für ein Pärchen beschäftigt. Sybil telefoniert. Basil telefoniert am zweiten Apparat. . . er wartet.

Sybil O je. . . o je. . .
Basil Hallo?
Sybil Du **Ärmste.**
Polly Oh, Manuel.
Basil Hallo, Vermittlung. Was ist da los?
Sybil Ja, ich **weiß**. . .
Polly Nummer zehn.
Basil . . .Ich versuche andauernd, die Zeitansage zu erreichen.
Sybil O je. . .

Manuel führt die Gäste davon.

Basil . . .Na ja, sie ist besetzt.
Sybil O wie scheußlich. . .
Basil . . .Seit zehn Minuten ist sie besetzt. Wie kann das sein, meine Frau spricht gerade mit jemand anderem.
Sybil Du mußt den Kopf ganz nach hinten halten, dann hört es meistens auf.
Basil In Ordnung. *(Er legt auf und wählt erneut.)* Die Zeitansage hat offenbar den Hörer beiseite gelegt. Oder es hat innerhalb von zwanzig Meilen leichte Regenfälle gegeben.
Sybil Ich würde es an deiner Stelle lieber sein lassen, daß nicht noch mehr über die Bettdecke läuft.
Basil Kein Durchkommen. *(Er legt den Hörer auf.)* Die Zeitansage ist abgestellt. Offensichtlich hat sie ihre Rechnung nicht bezahlt. *(Geht ins Büro.)*
Sybil Gut, ruf mich wieder an, wenn du das Blut gestillt hast. *(Sie legt den Hörer auf.)* Ich weiß wirklich nicht, warum sie bei ihm bleibt *(Betrachtet eine Zeitschrift.)* Oh, das ist mal hübsch.

Mr. Johnson kommt durch den Haupteingang herein; er ist leger gekleidet, und sein Hemd klafft bis zum Gürtel auf.

Polly Oh, hallo. Haben Sie den Reiseführer bekommen? *(Er zeigt ihn ihr.)*

Sybil Guten Abend, Mr. Johnson.
Mr. Johnson 'n Abend. Irgendwelche Nachrichten?
Polly Drei, glaube ich. *(Sie holt seine Nachrichten.)*
Sybil Drei Stück... alle wollen Sie, was?
Mr. Johnson Oh, das würde ich nicht so sagen.
Sybil Nun ja... man ist nur einmal ein Single.
Basils Stimme *(aus dem Büro)* Zweimal ließe sich arrangieren.
Sybil Was hast du gesagt, Basil?
Basil Nichts, mein Schatz. *(Er kommt herein und starrt Johnson an, der ein bißchen an eine höhere Affenart erinnert.)* Haben wir für die Woche genügend Bananen besorgt, Schatz?

Sybil wirft ihm einen Blick zu, er geht ins Büro zurück, wo er sich hinsetzt. Er hört Sybils durchdringende Lache; sie irritiert ihn. Als sie das nächstemal lacht, läuft er in Nachahmung von Johnson betont leger zur Rezeption zurück und setzt sich vor die Schreibmaschine. Johnson erzählt Sybil gerade eine Geschichte.

Mr. Johnson Und da sagt Harry: »Du magst mich nicht mehr? Warum nicht?« Und da sagt er: »Weil du so arrogant geworden bist.« Und da sagt Harry: »Arrogant? *Moi?*« *(Sybil lacht; Basil verzieht keine Miene.)* Ich versuch nur mal, diese Nummer zu erreichen. *(Er geht in die Bar.)*
Sybil Oh, das war doch köstlich. *»Moi«*... hast du das gehört, Basil?
Basil Was denn, Schatz?
Sybil Den Witz.
Basil Oh, einen Witz. Nein, ich hab gehört, wie du gelacht hast, ich dachte, er gibt vielleicht eine Teeparty.
Sybil Teeparty? Ach so, jetzt verstehe ich die Bananen-Anspielung. Du findest, daß er aussieht wie ein Affe.
Basil Nur aus einigen Blickwinkeln.
Sybil Also, aus diesem Blickwinkel ist er sehr attraktiv.
Basil Attraktiv?
Sybil Du weißt schon – locker – amüsant – bezaubernd.
Basil Bezaubernd, ja? Auf jeden Fall hat er sich mit Zaubermittelchen eingedeckt. Ich hab meinen Lebtag noch nie so viele Medaillen an einem einzigen Hals hängen sehen. Bestimmt ist er der tapferste Orang-Utan in England. Warum in aller Welt muß sich einer dermaßen herausputzen?

Sybil Sie sind ja nicht nur zur Zierde da – sie haben eine symbolische Bedeutung.

Basil Sybil, diese Sorte würde sich doch Hundekacke um den Hals hängen, wenn sie aus Gold wäre.

Sybil Basil, du bist manchmal so ungebildet. Eins davon ist **zufällig** ein Rhinozeroszahn, ein anderes ein altägyptisches Fruchtbarkeitssymbol...

Basil Muß ja wahnsinnig praktisch sein.

Sybil Es soll nicht praktisch sein, Basil. Es geht auf die Anfänge der Zivilisation zurück.

Basil Er auch, wenn ich mir so seine Stirn betrachte.

Sybil Sag mal, Basil, was hat dieser... dieser mediterrane Typ eigentlich an sich, daß er dir so gegen den Strich geht? Ist es die Tatsache, daß Frauen ihn attraktiv finden?

Basil Sybil...

Sybil Du bist der Meinung, daß wir Mädchen lieber Leute wie Gladstone und Earl Haig und Baden-Powell erregend finden sollten... hab ich recht?

Basil Nun ja, zumindest besaßen sie eine gewisse Würde. Man kann sich Earl Haig nur schwer mit bis zur Hüfte aufstehendem Hemd und einer vor Freundschaftskettchen starrenden Brust vorstellen.

Sybil Gegen die Medaillen hatte er ja wohl weniger, gegen die Orden.

Basil Darum geht's nicht.

Sybil Ich nehme mal an, du verwechselst sie mit Affen, weil Affen wissen, wie man sich amüsiert – sie wissen, was Spaß macht. Das macht sie wahrscheinlich so sexy. *(Dr. und Mrs. Abbott treten durch den Haupteingang ein.)* So habe ich das noch nie gesehen. *(Zu den Abbotts)* Guten Abend.

Dr. Abbott Guten Abend. Ich hatte vorhin angerufen, mein Name ist Abbott.

Sybil Ja, natürlich. Leider haben wir **keine** Absage erhalten, darum ist es nach wie vor ein Zimmer ohne Bad.

Dr. Abbott Das macht nichts.

Sybil Gut. Würden Sie das bitte für mich ausfüllen. Ja, wir haben im Moment alle Hände voll zu tun.

An seinem Ende vom Tresen imitiert Basil verhalten einen Affen. Mrs. Abbott schaut ihn an. Er sieht sie.

Basil Ich amüsiere mich nur. Guten Abend.

Mrs. Abbott Guten Abend.

Basil *(zu Dr. Abbott)* Guten Abend.

Dr. Abbott Guten Abend.

Basil *(trommelt sich ein paarmal auf die Brust, in Tarzan-Manier)* Ah. . . das hat gutgetan.

Sybil Danke, Mr. Abbott. *(Sie schaut noch einmal auf die Karte.)* Oh, **Doktor** Abbott, entschuldigen Sie bitte.

Basil *(erstarrt einen Sekundenbruchteil)* Doktor?

Dr. Abbott . . . Ja.

Basil Das tut mir schrecklich leid, das hat man uns nicht gesagt. *(Dr. Abbott blickt ihn fragend an.)* Man hat uns nicht gesagt, daß Sie ein Doktor sind.

Dr. Abbott Oh.

Basil Wie geht es Ihnen, Doktor. *(Er hält ihm die Hand hin; Dr. Abbott schüttelt sie kurz.)* Freut mich, Sie hier begrüßen zu können, Doktor.

Dr. Abbott Danke.

Sybil Sie haben Zimmer Nummer fünf, Doktor.

Basil Und Mrs. Abbott, herzlich willkommen. *(Er schüttelt ihr die Hand.)*

Dr. Abbott Dr. Abbott, übrigens.

Basil . . . Wie bitte?

Dr. Abbott **Doktor** Abbott.

Mrs. Abbott Zweimal Doktor.

Basil *(zu Dr. Abbott)* Sie sind **zweimal** Doktor?

Mrs. Abbott Ja.

Basil Also, wie sind Sie zweimal Doktor geworden? Das ist äußerst ungewöhnlich. . . Ich meine, haben Sie zweimal die Prüfung gemacht, oder. . .?

Dr. Abbott Nein, meine Frau ist Doktor. . .

Mrs. Abbott . . . **Ich** bin Doktor.

Basil Sie sind auch Doktor! Dann sind Sie also **dreimal** Doktor!

Dr. Abbott Nein, ich bin nur einmal Doktor. Und meine Frau ist auch einmal Doktor.

Sybil *(läutet demonstrativ die Glocke)* Manuel! *(Sie hat Basil erfolgreich unterbrochen; zu den Abbotts)* Ihr Zimmer ist am Ende der Treppe auf der linken Seite.

Basil Ah, ich verstehe! Wissen Sie, als Sie sagten, daß Sie zweimal Doktor wären, dachte ich. . . *(Manuel kommt aus der Küche ange-*

rannt.) Manuel, würdest du bitte die Koffer der Doktoren auf Nummer fünf bringen. *(Er zeigt ihnen den Weg und folgt ihnen dann die Treppe hinauf. Manuel geht mit den Koffern hinterher.)* Ja, bitte hier entlang, Herr und Frau Doktor. . . ja, also, als Sie sagten, daß Sie zweimal Doktor seien, da dachte ich, Sie wären vielleicht ein Doktor der **Medizin**, vielleicht ein Doktor der Archäologie. . .

Sie sind fort. Mr. Johnson tritt an die Rezeption.

Sybil Sind Sie durchgekommen?

Mr. Johnson Besetzt, ich versuch's gleich noch mal. Sagen Sie, was ich ganz vergessen habe, gibt's was Neues im Zusammenhang mit dem Zimmer für meine Mutter?

Sybil O ja, Nummer sechzehn hat beschlossen, nun **doch** zu bleiben, leider. . . ich hab's auch schon woanders für Sie probiert, aber leider ist es im Moment überall voll.

Mr. Johnson Na ja, keinen Streß. . . es wird ihr schon nichts ausmachen, das Zimmer mit mir zu teilen.

Sybil Glückliche Mama, ha, ha, ha.

Mr. Johnson Ich probier nur noch mal die Nummer eben.

Sybil Ach, nehmen Sie doch einfach dieses hier.

Mr. Johnson Oh, vielen Dank. *(Er wählt; Sybil betrachtet den Schmuck an seinem Hals.)*

Sybil Darf ich fragen. . . dieses Zeichen an Ihrer Kette, **neben** dem ägyptischen Fruchtbarkeitssymbol. . . was ist das. . .?

Mr. Johnson Das ist ein griechisches Sternzeichen.

Sybil Oh, es ist wunderschön. Wo haben Sie es her?

Mr. Johnson Äh, aus Colchester, glaube ich.

Sybil Colchester!

Mr. Johnson *(ins Telefon)* Oh, hallo, kann ich bitte mit John Lawson sprechen?. . . Ja, ist gut, ich bleib dran. . .

Sybil Ihre Mutter kommt also morgen?

Mr. Johnson Ja, in aller Frühe. Sie nimmt den Nachtzug oben in Newcastle.

Sybil Newcastle.

Mr. Johnson Ja, sie ist zu Besuch bei ihren Enkelkindern. Sie ist siebenundsiebzig. . .

Sybil Siebenundsiebzig! Ist das nicht erstaunlich. . . alte Leute sind doch phantastisch, wenn sie so voller Leben sind, finden Sie nicht? Macht uns allen Mut, nicht wahr?

Mr. Johnson Hmmm...

Sybil Meine Mutter... andererseits... kann eine ganz schöne Plage sein... wissen Sie, es ist ja ganz in Ordnung, wenn sie einen starken Lebenswillen haben, aber Mutter, na ja, also sie hat eher einen Todeswillen... sie macht sich über alles Sorgen...

Mr. Johnson *(ins Telefon)* Nein, ist schon gut, ich warte.

Sybil Sie hat diese, na ja, morbiden Ängste, könnte man es nennen... Zum Beispiel vor Lastwagen... Ratten, Türklinken, Vögeln, Höhen, vor zu großen Räumen, zu kleinen Räumen, es ist ziemlich schwer, die Raumgröße für sie richtig hinzukriegen, wissen Sie...

Mr. Johnson *(nickend, nicht sonderlich interessiert)* Hmmm...

Sybil Vor Fußbällen, Fahrrädern, Kühen... Und ständig nervt sie einen mit Männern, die sie angeblich verfolgen... was glaubt sie bloß, was sie ihr antun könnten... sich über ihr übergeben, meint Basil...

Mr. Johnson *(ins Telefon)* Könnte ich meine Nummer hinterlassen, er kann mich zurückrufen...

Sybil Und vor dem Tod.

Mr. Johnson Ja, verstehe, ist gut.

Sybil Sie hat Angst vor dem Tod. Redet ständig davon. Ich hab ihr gesagt, daß sie da machtlos ist, ich meine, die Natur muß nun mal ihren Lauf nehmen... man kann nur hoffen, daß es sich nicht ewig hinzieht und schmerzhaft ist, aber sie kann es einfach nicht akzeptieren...

Mr. Johnson Entschuldigen Sie bitte... *(Ins Telefon)* Hallo John! Wie geht's?... Danke gut... Nein, nur übers Wochenende...

Basil kommt die Treppe herunter und läuft durch die Halle zur Rezeption, wobei er Johnson sichtlich ungehalten betrachtet. Sybil ignoriert es. Er gesellt sich zu ihr hinter den Tresen.

Basil Reizende Leute.

Sybil Hmmm.

Basil Die Abbotts... reizende Leute.

Sybil Ja. Sind sie, alle drei.

Mr. Johnson ...Nein, heute hab ich schon was Besseres vor...

Basil Weißt du Schatz, dieses Kostüm, das Mrs. Abbott trägt, so was solltest du dir auch besorgen.

Sybil Wie, du meinst für die Gartenarbeit?

Mr. Johnson ...Nein, morgen abend geht nicht, aber wie wär's mit Lunch?

Basil Attraktive Frau. Wie alt würdest du sie schätzen, Sybil?
Sybil Achtundvierzig, fünfzig.
Basil Auf keinen Fall, Sybil!
Sybil Ich hab wirklich keine Ahnung, Basil. Vielleicht ist sie zwölf.
Mr. Johnson Nein, riesig. . .prächtig. . .
Basil Ja, sehr angenehm, diese Art von Leuten zu Gast zu haben, nicht wahr. Gehobener Beruf, gebildet, zivilisiert. . . *(Er schaut Johnson an.)* Diese Woche haben wir offenbar beide Enden der Evolutionsskala bei uns.

Ohne daß Johnson ihn sehen kann, kommt er im Affengang hinter dem Tresen hervor. Die Abbotts erscheinen am Fuß der Treppe. Er hält inne, aber ein kleines bißchen zu spät.

Basil Guten Abend.
Dr. Abbott Wir machen nur einen kleinen Spaziergang. Um wieviel Uhr servieren Sie das Abendessen?
Basil Halb acht bis neun.
Mr. Johnson . . .Also dann bis morgen. *Ciao. (Legt auf.)*
Mrs. Abbott Haben Sie einen Führer von Torquay?
Basil Einen Führer. . . ähm. . . o je, ich glaube, sie sind uns schon wieder ausgegangen.
Mr. Johnson *(zu Mrs. Abbott)* Möchten Sie vielleicht diesen hier solange haben? Ich hab ihn mir in der Stadt besorgt.
Mrs. Abbott Oh, danke schön. . . *Was ist los in Torquay.*
Mr. Johnson Ja, eins der dünnsten Bücher der Welt. *(Sie lachen.)*
Basil Was?
Mr. Johnson Eins der dünnsten Bücher der Welt. . . wie *Humor bei Margaret Thatcher* oder *Große englische Liebhaber.*

Alle lachen mit Ausnahme von wem wohl.

Sybil *(amüsiert)* Oh, sehr komisch, findest du nicht, Basil? *(Geht ins Büro.)*
Mrs. Abbott *(zu Johnson)* Vielen Dank.

Die Abbotts gehen hinaus.

Basil *(zu Johnson)* Essen Sie heute abend hier?
Mr. Johnson Pardon?

Basil Essen Sie heute abend hier? Hier in dieser anachronistischen Kaschemme.

Mr. Johnson . . . Ich hatte es eigentlich nicht vor.

Basil Nicht ganz Ihre Szene, was?

Mr. Johnson Ich dachte, ich probiere ein Lokal in der Stadt aus. Können Sie mir irgendwas empfehlen?

Basil An welche Art von Speisen hatten Sie gedacht – Südfrüchte? Oder. . .

Mr. Johnson Kann man irgendwo französisch essen gehen?

Sybil kommt aus dem Büro zurück.

Basil Ja, in Frankreich, habe ich gehört. Anscheinend schmeckt denen das da. Und das Schwimmen wird sicherlich Ihren Appetit anregen. Sie müssen sich beeilen, die Flut geht in sechs Minuten raus.

Sybil Entschuldigen Sie bitte den Holzhammerhumor meines Mannes, Mr. Johnson. Es gibt ein sehr hübsches Restaurant – La Pomme d'Amour.

Mr. Johnson La Pomme d'Amour? Der Liebesapfel.

Sybil Ja, in der Orchard Street.

Basil *(nachdenklich)* Oder dieses altägyptische Restaurant. . . Die Goldene Hunde-. . . irgendwas. . .

Sybil *(zu Johnson)* Viel Spaß wünsche ich Ihnen. . . bis später dann.

Mr. Johnson Danke. *(Er geht hinaus.)*

Sybil *(dreht sich um und redet leise auf Basil ein)* Ich hab die Nase bis obenhin voll von dir.

Basil Was, Schatz?

Sybil Du kriegst es ja wohl einfach nicht hin, mh? Entweder scharwenzelst du permanent rum und leckst ihnen die Stiefel, oder du giftest sie an wie eine Puffotter auf dem Kriegspfad. *(Sie geht ins Büro.)*

Basil *(zu sich selbst)* Versuch nur, mich zu amüsieren.

Im Speisesaal, gegen Ende des Abendessens. Die Abbotts sind gerade mit ihrem Hauptgang fertig. Basil tritt zu ihnen an den Tisch.

Basil Ah. . . hat Ihnen das Rindfleisch geschmeckt?

Mrs. Abbott O ja, danke.

Basil Sehr gut. Hätten Sie gern ein Dessert?

Mrs. Abbott Nein, nur Kaffee, danke sehr.

Dr. Abbott Für mich nur Kaffee.

Basil Zwei Kaffee, Sybil! Zwei Kaffee bitte hierher, Schatz... Würden Sie uns vielleicht bei einer Kleinigkeit Gesellschaft leisten...? *(Die Abbotts sehen ihn verwirrt an.)*... Ähm... einen kleinen Aperitif, Cognac, Brandy... auf uns, mit uns... etwas, wofür wir zahlen, aufs Haus – wie man so schön sagt.

Mrs. Abbott Warum nicht, danke sehr. Ja, ich hätte gern einen Cognac vielleicht...

Basil Dr. Abbott?

Dr. Abbott Einen Port, danke.

Basil *Mon plaisir.*

Er geht zur Anrichte hinüber, um die Drinks zu holen. Sybil nähert sich.

Sybil Kaffee für Sie, Doktor?

Mrs. Abbott Danke.

Sybil Und für Sie, Doktor.

Dr. Abbott Danke.

Sybil Waren Sie schon mal in Torquay?

Mrs. Abbott Ja, aber das ist schon einige Jahre her – wir hatten gerade ein freies Wochenende und dachten plötzlich, es wäre eine gute Idee, einmal aus London herauszukommen.

Sybil Wunderbar... weiß oder schwarz?

Mrs. Abbott Schwarz, danke.

Sybil *(zu Dr. Abbott)* Ihrer auch schwarz, Doktor?

Dr. Abbott Danke.

Basil *(kommt mit den Drinks)* Einen Cognac für Sie, Doktor. Es ist doch hochinteressant, daß Sie beide Doktor sind – Port für Sie, Doktor –, weil ich vor langer Zeit einmal erwogen habe, Chirurg zu werden.

Sybil Baumchirurg. *(Lacht.)*

Basil Danke, Sybil.

Sybil Er mußte die Karriere aufgeben. Konnte den Anblick von Harz nicht ertragen. *(Lacht.)*

Basil Der hat schon einen kleinen Bart, nicht wahr, Schatz? Mein Urgroßvater mütterlicherseits war ein Doktor, daher hat meine Familie immer gehofft, ich würde mal...

Sybil ...ein Hotel leiten. Sind Sie beide praktische Ärzte?

Mrs. Abbott Nein, ich arbeite in der Pädiatrie.

Basil Füße, ja?

Sybil Herrje, Basil.

Mrs. Abbott Kinder.

Basil Na, Kinder haben doch Füße, oder? Damit bewegen sie sich fort, mein Schatz. Das mußt du dir das nächstemal ansehen, ist sehr aufschlußreich. *(Zu Dr. Abbott)* Und Sie, Doktor? Sind Sie ein...

Dr. Abbott Ich bin Psychiater.

Basil Auch sehr nett. Prost. *(Er nimmt einen hastigen Schluck von Dr. Abbotts Port, dann fällt es ihm auf.)* Ich hole Ihnen einen neuen. *(Er saust zur Anrichte.)*

Sybil Psychiater, wie aufregend. Wir hatten noch nie einen Psychiater bei uns zu Gast. Wir hatten einmal einen Geistheiler, gleich im ersten Monat, als wir eröffnet hatten.

Dr. Abbott Tatsächlich.

Sybil Psychiatrie ist ein relativ neuer Berufszweig, nicht wahr?

Mrs. Abbott Na ja, Freud hat um 1880 angefangen.

Sybil Ja, aber erst jetzt sieht man sie im Fernsehen.

Basil *(kommt mit dem Port zurück)* So, bitte schön. Ich muß... äh... entschuldigen Sie mich... *(Er zieht sich in die Küche zurück.)*

Dr. Abbott *(wechselt das Thema)* Wie lange haben Sie das Hotel schon?

Sybil Ja also, mein Mann und ich haben es 1966 gekauft...

Basil steht bei der Küchentür und wirft verstohlene Blicke in den Speisesaal. Polly kommt hinzu und sieht ihm verwundert über die Schulter.

Basil *(zu Polly)* Bleib zurück, bleib zurück.

Polly ...Was ist denn los?

Basil ...Abbott...

Polly Was ist mit ihm?

Basil ...Psychiater... guck ihn dir an... guck... guck, wie er zuhört... siehst du...? Ihm entgeht nichts. Und sie merkt es nicht. Guck! Guck, wie er redet! Diese Leute haben ein fotografisches Gedächtnis. *(Schaut zu Polly, aber sie ist schon wieder bei der Arbeit.)* Sybil! Sybil! *(Er geht in den Speisesaal zurück.)*

Sybil Ja, Basil?

Basil Könnte ich dich kurz behelligen, Schatz?

Sybil Worum geht's denn?

Basil Nur ein kleines Problem. *(Dr. Abbott wendet sich Basil zu.)* Nichts Persönliches. Nichts, das irgendwie von privater Natur wäre oder so. Geht nur um...

Sybil Entschuldigen Sie uns einen Moment, ja?

Basil und Sybil gehen in die Küche.

Sybil Was ist los, Basil?
Basil Immer... immer... mit der Ruhe, okay?
Sybil Was?
Basil Bleib immer schön auf Distanz. Ich meine, vergiß nicht, wer du bist, ja?
Sybil ... Wer ich bin...
Basil Na ja, also erzähl ihm nichts von dir.
Sybil Basil, ich bin durchaus in der Lage...
Basil Schon gut, schon gut... was hast du ihm erzählt?
Sybil Nichts. Wir haben uns über Schottland unterhalten.
Basil Schottland? Was findet er an Schottland so interessant?

Sybil berührt ihn, um ihn zu besänftigen, er zuckt zusammen.

Sybil O Basil, warum bist du bloß so nervös?
Basil Ich bin nicht nervös. Ich sage nur – »immer mit der Ruhe«. In Ordnung? Wir alle. Immer nur schön mit der Ruhe, alles klar?
Sybil Was ist bloß in dich gefahren?
Basil Nichts ist in mich gefahren. Ich habe lediglich gesagt »immer mit der Ruhe«. Kann ich nicht mal »immer mit der Ruhe« sagen, ohne daß gleich Panik ausbricht? *(Immer manischer.)* Ich meine, was wird hier eigentlich gespielt?
Sybil Basil, jetzt hör mir mal zu...
Terry Hören Sie, Mr. Fawlty, immer mit der Ruhe.
Basil Paß auf – damit eins klar ist. Verstanden? Du sagst nicht »immer mit der Ruhe« zu mir. Ich bezahle dich nicht dafür, daß du zu mir »immer mit der Ruhe« sagst. Ich bezahle dich, damit du hier Ruhe bewahrst. Unsinn – ich bezahle dich, damit ich **dir** sagen kann, daß du die Ruhe bewahrst. Also immer schön mit der Ruhe. Klar? *(Sybil legt die Hand auf seinen Arm; er zuckt zusammen.)*
Sybil *(nimmt trotzdem seinen Arm und führt Basil beiseite)* Hör mal – warum regst du dich so auf?
Basil Ich **rege** mich nicht...
Sybil Du mochtest ihn doch, als er ankam...
Basil Hör mal...

Sybil . . . und nur, weil du dann festgestellt hast, daß er Psychiater ist, steigerst du dich in. . .

Basil Das macht mir doch gar nichts. Das. . . das macht mir nichts. Wenn er unbedingt Psychiater sein muß, ist das sein Problem, nicht meins. Die sind doch sowieso alle völlig plemplem, aber darum geht's ja nicht. Hör mal. Hör mal! Wie verdient der wohl sein Geld?. . . Indem er seine Nase in. . .

Sybil O Basil. . .

Basil Nein, laß mich ausreden. . . in anderer Leute Dings. . . äh. . . Privatangelegenheiten steckt. Nur mal für mich selbst gesprochen, ich habe keine Lust, daß ein völlig fremder Mensch an meinem Ding – in meinen privaten Dingen rumschnüffelt. Mehr sage ich gar nicht.

Sybil Sie machen hier Urlaub. Sie sind nur hier, um sich zu amüsieren. . .

Basil Das kann er gar nicht.

Sybil Was kann er nicht?

Basil Er kann mir nichts über mich erzählen, was ich nicht so schon weiß. Diese ganze Psychiatrie ist doch nichts als Schaumschlägerei. *(Sybil gibt ihm die Rechnung der Abbotts; er nimmt sie und geht brummelnd in Richtung Speisesaal.)* Du weißt doch, wovon die alle besessen sind, oder?

Sybil Wovon denn?

Basil Du weißt doch, worum sich angeblich alles drehen soll, hmmm?. . . Um **Sex**. Alles hängt mit Sex zusammen. Pah! So eine Saubande. . . *(Er geht in den Speisesaal.)*

Im Speisesaal. Basil tritt an den Tisch der Abbotts.

Mrs. Abbott Na ja, aber wenn sie das tun, müssen sie wohl oder übel das Hotel schließen. . .

Basil *(legt die Rechnung neben Dr. Abbott)* Ja. . . wenn Sie hier bitte nur unterschreiben würden. Recht herzlichen Dank. *(Er geht wieder, um den Tisch des Majors abzuräumen, geht dann in die Küche.)*

Dr. Abbott Ja. *(Liest die Rechnung.)* Wir haben uns gerade darüber Gedanken gemacht, wie Leute in Ihrem Beruf ihre Ferien organisieren. Wie oft können Sie wegfahren? *(Aber Basil hat das nicht gehört; er kehrt genau in dem Moment wieder an den Tisch zurück, als Dr. Abbott hochschaut und fragt)* Wie oft schaffen Sie es?

Basil Pardon???

Dr. Abbott Wie oft schaffen Sie und Ihre Frau es? *(Es folgt eine ziem-*

lich lange Pause, während derer Basil die unterschiedlichsten Dinge durch den Kopf gehen.)... Sie erlauben doch, daß ich frage?

Basil Natürlich, natürlich... ungefähr durchschnittlich, wenn Sie so fragen.

Mrs. Abbott Durchschnittlich?

Basil Jawohl.

Dr. Abbott Und was ist Ihrer Meinung nach durchschnittlich?

Basil Das wissen **Sie** ja wohl am besten, ha, ha, ha.

Mrs. Abbott Nun... zweimal im Jahr vielleicht?

Basil ...Was?!

Dr. Abbott Einmal im Jahr?

Basil guckt erstaunt aus der Wäsche.

Dr. Abbott Nun ja, wir haben uns schon gedacht, daß es nicht einfach sein kann... meine Frau konnte sich nicht so recht vorstellen, wie Sie es überhaupt schaffen... wissen Sie...

Basil Nun, wenn sie es genau wissen wollen... zwei- oder dreimal die Woche, so sieht's aus! *(Die Abbotts starren ihn an.)*

Dr. Abbott In der Woche...

Basil Ja. Eigentlich ganz normal, oder? Wir sind hier in Torquay ziemlich normal, müssen Sie wissen.

Er wendet sich ab, geht Richtung Küche und läßt die Abbotts verwirrt zurück. Er betritt forsch die Küche, aber sobald sich die Türen hinter ihm geschlossen haben, verfällt er in ein glasiges Starren. Sybil und Polly plaudern munter.

Sybil ...und da sagt er: »Arrogant? *Moi?*« Ich mag Männer, die mich zum Lachen bringen.

Polly *(die Basils geistesabwesenden Blick bemerkt)* Ist alles in Ordnung, Mr. Fawlty?

Basil Hmmm? Ja, ja,... danke...

Sybil Was ist los, Basil?

Basil Nichts, Schatz, ich hab mich nur mit... Dr. Abbott unterhalten...

Sybil Also wenn ich mir einen Psychiater leisten könnte, dann wäre er genau mein Typ, ich kann mir nichts Netteres vorstellen, als sich mal richtig von Mensch zu Mensch auszusprechen, ich bin sicher, daß sie Frauen verstehen...

Basil Sybil...
Sybil Was denn, Schatz?
Basil Weißt du... weißt du, was er mich gerade da draußen... gefragt hat?
Sybil Was denn?
Basil Er hat mich gefragt... *(Flüstert ihr ins Ohr.)*
Sybil Mach dich nicht lächerlich, Basil.
Basil Ich sage die Wahrheit, ehrlich, Gott ist mein Zeuge.
Sybil Was ist bloß heute mit dir los?
Basil Er hat sich umgedreht und mich gefragt. Einfach so.
Sybil Na und, was hat er gesagt?
Basil Er sagte... *(Flüstert.)*... Dann sagte seine Frau...
Sybil Sie haben über Ferien geredet, Basil... Ich hatte ihnen gerade erzählt, wie schwer es ist, wegzu...
Basil Zweimal im Jahr!! Ogottogott... was hab ich bloß gesagt?
Sybil Das macht doch nichts.
Basil Na, wie hätte ich das ahnen können?

Er eilt in den Speisesaal, aber die Abbotts sind schon gegangen. Er sprintet in die Halle, wo er die Abbotts am Haupteingang abfängt.

Basil Hallo! Das war ja eben ein unfreiwilliges Mißverständnis, da haben Sie die ganze Zeit über Sex gesprochen, und **ich** dachte, es ginge um Spaziergänge. Nein, nicht Sex! **Ferien.** Ferien. Sex! Ha, ha, ha. Nein, meine Frau und ich machen ungefähr zweimal im Jahr einen. Urlaub, meine ich, einen Urlaub, wohingegen, was einen guten Spaziergang anbelangt, also dafür nehmen wir uns ungefähr zwei- oder dreimal die Woche Zeit, im Durchschnitt, für einen richtig schönen ausgedehnten Spaziergang...
Dr. Abbott Gut, wir wollen gerade auch einen machen.
Basil Vielen Dank... also, viel Spaß dabei... beim Spaziergang! Beim **Spaziergang!**

Die Abbotts gehen. Basil wendet sich dem Rezeptionstresen zu, wo Raylene Miles wartet, ein sehr attraktives australisches Mädchen.

Basil Entschuldigen Sie bitte...
Raylene Mein Name ist Raylene Miles. Ich habe ein Zimmer reserviert.
Basil Ach ja, richtig. Würden Sie so freundlich sein und das für uns

ausfüllen... *(Sie nimmt die Karte und beugt sich über den Tresen, um darauf zu schreiben; sie trägt ein ziemlich tief ausgeschnittenes Kleid, und Basils Augen schweifen nach unten; genau in diesem Moment schaut sie auf; er wendet sich peinlich berührt ab und schaut dann wieder hin.)* Sehr niedlich.

Raylene ...Oh. Vielen Dank.

Basil Ihr Dings. Ich meine Ihre Reize! Ihr reizendes Amulett! *(Zeigt auf ihren Anhänger)* In der Mitte...

Raylene Ja, ich weiß.

Basil Darf ich fragen, was es darstellt?

Raylene *(schreibt weiter)* Es ist ein St.-Christopherus-Medaillon.

Basil Sankt...?

Raylene Sankt Christopherus. *(Sie hält es hoch, damit Basil es sich ansehen kann; Basil heuchelt größtes Interesse; in diesem Augenblick naht Sybil.)* Der Schutzheilige der Reisenden.

Basil Oh, hallo Schatz. Ein St.-Christopherus-Medaillon. *(Sybil wirft ihm einen Blick zu und stellt sich zu ihm hinter den Tresen.)* Beschützt die Reisenden. *(Zu Raylene)* Hübsches Ding.

Sybil *(zweideutig)* Ja, das ist sie... wo hast du die Bestellscheine hingelegt, Basil?

Basil Äh... da unten, Schatz.

Sybil Wo?

Basil Hier unten, Schatz...

Sie bücken sich beide, um sie zu suchen, und können daher nicht sehen, wie Johnson sehr vorsichtig durch den Haupteingang hereinkommt. Er ist in Begleitung eines hübschen Mädchens, das nicht gesehen werden will. Als er merkt, daß Basil und Sybil beschäftigt sind, gibt er ihr ein Zeichen, und sie schlüpft die Treppe hinauf. Er tritt nonchalant an die Rezeption.

Mr. Johnson Hallo. Könnte ich bitte den Schlüssel für Nummer sechs haben?

Sybil Oh, Sie sind aber heute abend früh wiedergekommen, Mr. Johnson.

Mr. Johnson Ja, na ja, ich muß ja morgen wegen Mutter früh aufstehen.

Sybil händigt ihm unter viel Gelächle den Schlüssel aus. Er geht nach oben.

Basil *(zu Raylene)* Danke schön. Wir haben Sie in Nummer sieben untergebracht.
Sybil *(läutet die Glocke)* Manuel. . .
Basil *(kommt um den Tresen herum, um Raylenes Koffer zu nehmen)* Ist schon in Ordnung, Schatz, ich bring sie hoch. *(Zu Raylene)* Wir haben einen spanischen Portier – wir lernen ihn zur Zeit an. . . wäre einfacher, einen *(laut, hinter Johnson her)* **Affen** anzulernen!!

Er führt den Weg zur Treppe an, gefolgt von Raylene. Sybil starrt ihnen böse hinterher. Manuel kommt aus der Bar.

Sybil Ist schon gut, Manuel. *(Sie entdeckt eine kleine Plastiktüte, die Raylene vergessen hat.)* Oh! *(Sie hebt sie auf und geht damit los; Manuel schaut sich verständnislos um.)*

In dem oberen Flur. Johnson rennt ihn entlang, öffnet die Tür zu seinem Zimmer und läßt das Mädchen herein. Er macht in dem Moment die Tür hinter sich zu, als Basil und Raylene auftauchen. Sie gehen am Zimmer der Abbotts und an Johnsons vorbei, bevor sie Raylenes erreichen – alle drei Zimmer liegen auf derselben Seite.

Basil Ich habe gedacht – Sie sind nicht ganz zufällig Australierin, wenn Sie die Frage gestatten?
Raylene O je, ist mein Akzent so stark?
Basil Nein, nein, nein, es ist nur, weil Sie ziemlich groß sind, darum dachte ich. . . *(Sie gehen in Raylenes Zimmer; Basil stellt die Koffer ab.)* So, da wären wir, das ist Ihr Zimmer. Ich hoffe, es gefällt Ihnen, Aussicht über die englische Riviera, da unten hinter den Bäumen. *(Sie bewundert die Aussicht, er bewundert sie.)* Hier ist Ihr Bad. . . so, da wären wir. . . *(Er knipst den Lichtschalter vom Bad an, der sich außen gleich neben der Tür befindet, und geht hinein; dann kommt er wieder heraus.)* Oh. . . das Licht funktioniert nicht. *(Geht ins Bad.)* Ich bringe das eben in Ordnung. . . hatten Sie eine anstrengende Reise?
Raylene Sieben Stunden im Bus. *(Sie fängt an, ein paar Yoga-ähnliche Entspannungsübungen zu machen und läßt ihren Kopf kreisen.)* Ist der Speisesaal noch geöffnet?
Basil *(aus dem Bad)* Also, unser Koch geht leider um neun nach Hause. Wir könnten Ihnen natürlich ein paar Sandwiches machen.
Raylene *(bewegt sich zur Wand neben dem Bad hin)* Ich hätte eigent-

lich lieber eine warme Mahlzeit. Gibt es ein Restaurant in der Nähe? *(Sie lehnt sich gegen die Wand und macht eine Art Kniebeuge.)*

Basil Ja, es gibt ein richtig gutes kleines walisisches Lokal, Leek House, ungefähr fünf Minuten zu Fuß – Sie müßten aber gleich losgehen.

Raylene Oh, kein Problem. *(Sie streckt die Arme nach oben.)*

Basil Gehen Sie nach links, wenn Sie aus dem Tor kommen, und immer geradeaus, dann ist es auf der rechten Seite.

Ohne zu schauen, greift er vom Badezimmer aus nach dem Lichtschalter. Seine Hand bekommt Raylenes linke Brust zu fassen. Er versucht, sie anzuschalten, spürt aber, daß irgendwas nicht stimmt, und tastet nach. Raylene guckt ungläubig an sich herab, gerade in dem Moment, als Sybil den Raum betritt. Basil steckt den Kopf aus dem Bad, sieht, wo seine Hand ist, guckt Raylene an, dreht sich dann um und sieht Sybil. Seine Hand zuckt zurück. Eine peinliche Pause entsteht.

Sybil *(zu Raylene)* Sie haben das hier unten stehenlassen.

Sie dreht sich um und geht. Basil starrt ihr hinterher und wendet sich dann Raylene zu.

Basil Tut mir leid... ich hab den Schalter ausprobiert... tut mir leid... *(Er stürzt hinaus, hinter Sybil her.)*

Im Flur. Als Basil aus dem Zimmer kommt, dreht sich Sybil um, die Hände in die Hüften gestemmt.

Basil Sybil, Sybil, Sybil, es tut mir leid, ich wußte nicht, daß sie da steht, ich hab den Schalter ausprobiert...

Sybil Es ist so **jämmerlich**, Basil.

Basil Nein, versteh doch, Sybil, ich hab den Schalter gesucht...

Sybil Bemüh dich nicht...

Basil Hör doch mal, das Licht im Bad hat nicht funktioniert, verstehst du, okay? Da bin ich reingegangen und hab die Fassung überprüft, sie war locker...

Sybil Ich hab darüber gelesen, Basil. Man nennt es die Wechseljahre des Mannes. Oh... und noch einen guten Rat. Wenn du ein Mädchen begrapschen willst, dann hab wenigstens den Anstand, bei ihr im **Zimmer** zu bleiben, während du zugange bist, hm?

Sie dreht sich um und geht. Basil will ihr nachgehen, gibt aber auf. Er geht in Raylenes Zimmer zurück.

Basil Tut mir leid, ich muß mich bei Ihnen entschuldigen, daß ich Sie. . . ich hab nach dem Lichtschalter gesucht.

Raylene Oh, das ist mir klar, ist schon in Ordnung. Ich hoffe, daß Ihre Frau nicht. . .

Basil Ach, meine Frau, nein, nein, sie hat mir ja andauernd was über den Schalter vorgejammert.

Raylene Wo war noch mal dieses Restaurant?

Basil Zum Tor hinaus, links halten, fünf Minuten, dann kommt es auf der rechten Seite. Leek House.

Raylene Danke.

Basil Keine Ursache.

Er geht hinaus. Als er den Flur entlanggeht, kommt er an Johnsons Tür vorbei.

Mr. Johnsons Stimme . . .»Arrogant? *Moi?*«

Basil bleibt stehen. Er hört eine lachende Frauenstimme. Er lauscht einen Augenblick an der Tür und geht dann einen Schritt zurück, kurz bevor die Tür sich öffnet und Johnson herauskommt.

Basil Ja? Was kann ich für Sie tun?

Mr. Johnson Ähm. . . ich hätte gern gewußt, ob ich einen. . . jetzt noch einen Drink bekommen könnte.

Basil Einen Drink.

Mr. Johnson *(macht die Tür hinter sich zu)* Na ja. . . eine Flasche Champagner.

Basil Champagner?

Mr. Johnson Ja.

Basil Verstehe. . . Der Punkt unserer Hausordnung über Besucher ist Ihnen bekannt, ja?

Mr. Johnson *(unschuldig)* Hm?

Basil Keine Besucher in den Zimmern der Gäste nach zweiundzwanzig Uhr.

Mr. Johnson . . .Oh.

Basil Besucher des anderen. . . äh. . . Geschlechts.

Mr. Johnson Nein, war mir nicht bekannt.

Basil Aha.
Mr. Johnson Aber jetzt weiß ich's. Könnten Sie mir also den Champagner heraufschicken, bitte?
Basil *(überrascht)* Was?
Mr. Johnson . . . Den Champagner.
Basil Sie wollen ihn alleine trinken?
Mr. Johnson Muß ich ja wohl.
Basil Wie Sie wünschen. Eine Flasche Champagner für eine Person.
Mr. Johnson Danke.
Basil Und ein Glas.
Mr. Johnson Mehr brauch ich nicht. . . es sei denn, Sie möchten mir Gesellschaft leisten?
Basil Nein, vielen Dank. Nicht, wenn ich bei der Arbeit bin.
Mr. Johnson Oh, da macht's mir gerade am meisten Spaß.

Er geht in sein Zimmer. Basil eilt die Treppe hinunter und ruft.

Basil Manuel! *(Manuel taucht auf.)* Eine Flasche Champagner und ein Glas! Schnell!

Basil schießt wieder die Treppe hinauf und stellt sich neben Johnsons Tür; er lauscht angestrengt. Miss Tibbs und Miss Gatsby erscheinen hinter ihm.

Miss Tibbs Mr. Fawlty.
Basil *(schreckt leicht auf)* Hm?
Miss Tibbs Wußten Sie, daß wir einen Psychiater bei uns haben?
Basil Ja, ja, das wußte ich.
Miss Gatsby Ist er hier, um den Major mitzunehmen?
Basil Was?
Miss Tibbs Ist er hier, um den Major mitzunehmen?
Basil Nein.
Miss Gatsby Oh, prima!
Miss Tibbs Wir hatten uns schon Sorgen gemacht. *(Sie gehen langsam weiter.)*
Miss Gatsby *(zu Miss Tibbs)* Ich bin sicher, daß es in Birmingham auch welche gibt.

Sie gehen den Flur entlang ins Off. Basil schiebt sich wieder an die Tür, um weiterzuhorchen; da öffnet sie sich, und Johnson steht vor ihm.

Basil Gute Nacht, die Damen. *(Zu Johnson)* Kommt gleich. *(Er bleibt stehen; Johnson steht da und guckt ihn an; also muß er weitergehen.)* Nur noch einen kleinen Augenblick.

Er geht weiter, und Johnson schließt die Tür. Basil bleibt an der nächsten Tür stehen, schaut sich um, schließt sie auf und schlüpft hinein. Es ist das Zimmer der Abbotts. In der Dunkelheit macht er die Tür hinter sich zu und geht zu der Wand, die an Johnsons Zimmer angrenzt. Er hält sein Ohr gegen die Wand und lauscht konzentriert. Die Abbotts kommen hereinspaziert und schalten das Licht ein. Er sieht sie und bekommt einen Schreck; er bekommt gleich noch einen zweiten, als ihm klar wird, daß dieser Mann der gefürchtete Psychiatermensch ist. Er führt gekonnt eine Wandabtaste-Nummer vor und klopft dagegen wie ein Arzt, der einem Patienten die Brust abhorcht.

Basil Diese Wand hier. . . äh, man hat sich unten beschwert. . . Ich bin gerade dabei, sie zu überprüfen, gut? Ja, ich glaube, sie ist in Ordnung. . . Einen Moment noch. . . *(Hält dramatisch inne.)* Nein! Nein, alles in Ordnung. Gut, also, tut mir leid, daß ich Sie stören mußte. Gute Nacht. *(Er schlüpft zur Tür hinaus.)*
Die Abbotts *(amüsiert)* Gute Nacht.

Im Flur stellt Basil fest, daß die Luft rein ist, und legt sein Ohr an Johnsons Tür. Mrs. Abbott kommt aus ihrem Zimmer. Basil sieht sie und klopft ein paarmal gegen die Tür, genauso, wie er es in ihrem Zimmer getan hat.

Basil Ah. . . *(Wendet sich Mrs. Abbott zu.)* Kann ich Ihnen helfen?
Mrs. Abbott Das Badezimmer?
Basil Ja. Zweite Tür links.

Sie geht los. Die Tür geht auf, und Johnson steht da, hinter Basil.

Mr. Johnson Ja?
Basil Kommt gleich!

Johnson wirft ihm einen äußerst bedeutungsschwangeren Blick zu und schließt die Tür. In seinem Zimmer gibt er dem Mädchen, das auf seinem Bett sitzt, zu verstehen, daß sich jemand im Flur herumtreibt. Er verriegelt die Tür. Draußen im Flur kommt Manuel mit einem Tablett ange-

rannt, auf dem sich eine Flasche Champagner in einem Kübel und ein Glas befinden. Basil nimmt es ihm ab und greift mit der anderen Hand nach dem Türknauf. Er atmet tief durch und wirft sich mit der Schulter gegen die Tür. Da sie verriegelt ist, taumelt er zurück und läßt das Tablett fallen. Manuel fängt geschickt den Kübel mit der Flasche auf; das Tablett und das Glas gehen geräuschvoll zu Boden. Johnsons Tür geht auf. Basil sieht Johnson und versetzt Manuel eine Kopfnuß. Manuel läßt den Kübel fallen.

Basil *(zu Manuel) Stupidissimo!* Du Festland-Flasche! *(Zu Johnson)* Entschuldigen Sie. Ich besorge Ihnen eine neue. *(Zu Manuel) Un altero. Pronto! Pronto! Pronto! (Er winkt Manuel weg.)*
Dr. Abbott *(schaut aus seinem Zimmer heraus)* Alles in Ordnung?
Basil Ja, wunderbar, vielen Dank. Nur, daß dieser spanische Affe... pardon... Mensch... wieder mal alles vermasselt hat. Südländisches Spatzenhirn! Mir ist schleierhaft, wie die jemals eine Armada zusammengekriegt haben. Egal, ich bring das hier in Ordnung... gut, also, wenn Sie bitte wieder auf Ihre Zimmer gehen möchten, vielen Dank.

Der gute Dr. Abbott verschwindet wieder, und Johnson macht ebenfalls seine Tür zu. Basil tritt einen Augenblick zurück, da eilt der Major zu ihm.

Der Major Fawlty!
Basil Ja?
Der Major Kommen Sie, kommen Sie...! Da ist etwas, das Sie wissen sollten...
Basil Was denn?
Der Major Es ist ein Psychiater im Hotel.
Basil Ja, ich weiß.
Der Major Sie **wissen** es?
Basil Ja.
Der Major Oh! Also, offenbar hat er sich als Hotelgast verkleidet.
Basil Er **ist** Hotelgast, Major.
Der Major Oh! *(Schleicht sich.)*
Basil Vielleicht ist er ja **wirklich** gekommen, um dich mitzunehmen.

Manuel kommt mit einem neuen Tablett angerannt, auf dem Champagner und ein Glas stehen. Basil nimmt das Tablett und klopft an Johnsons Tür. In Johnsons Zimmer; das Mädchen sitzt auf dem Bett. Sie schlüpft ins Bad, während er sich nonchalant auf dem Bett zurücklehnt und anfängt, eine Zeitung zu lesen.

Mr. Johnson Herein! *(Basil tritt ein; alles sieht normal aus.)* Danke. Auf den Tisch, bitte. Vielen Dank.

Basil stellt das Tablett ab und sieht sich einmal gründlich um. Er erspäht einen Aschenbecher.

Basil Ah! *(Er leert den Inhalt in seiner Hand aus, schaut sich noch einmal nach allen Seiten um und geht zur Tür.)* Danke. *(Er geht hinaus; wartet einen Moment und öffnet dann plötzlich die Tür erneut.)* Ja?

Da er Johnson nicht bei irgend etwas erwischt hat, macht er die Tür wieder zu. Im Flur öffnet er die Hand und beäugt die Asche. Er hält einen Zigarettenstummel dicht vor sein Auge und betrachtet ihn eingehend. Dr. Abbott kommt aus seinem Zimmer und tritt hinter Basil. Basil bemerkt ihn einen Augenblick zu spät, schuldbewußt versteckt er die Hand hinter dem Rücken und zeigt sie dann wieder vor, um zu demonstrieren, daß er ein reines Gewissen hat.

Basil Entsetzliche Angewohnheit. *(Stäubt die Asche von seinen Händen.)*
Dr. Abbott Das Badezimmer.
Basil Oh, zweite Tür links.

Dr. Abbott entfernt sich. Basil schleicht sich an Raylenes Zimmer heran, öffnet die Tür und schlüpft hinein. Es ist dunkel. Er geht auf die Wand zu. Aber Raylene liegt schlafend im Bett; als Basil die Wand erreicht, wacht sie auf und fängt an zu schreien.

Raylene Aaaaah! Wer sind Sie?
Basil Schon gut. Schon gut. Ich bin's nur. Bitte, bitte, ich bin's doch nur!
Raylene Was machen Sie da? Was wollen Sie?

Dr. Abbott kommt herein und knipst das Licht an.

Dr. Abbott Was geht hier vor?
Basil Nichts! Ich wußte nicht, daß sie hier ist. Ich bin nur gekommen,

um die Wand zu überprüfen. *(Zu Raylene)* Macht es Ihnen etwas aus?... Entschuldigen Sie bitte... ich dachte, Sie wären ins Restaurant gegangen. *(Er klopft die Wand ab.)*

Raylene *(verwirrt)* Ich war plötzlich so müde.

Basil Nein, alles in Ordnung. Tut mir leid, daß ich Sie stören mußte. *(Zu Dr. Abbott)* Verdammte Wände. *(Er geht hinaus.)*

Dr. Abbott *(zu Raylene)* Geht es Ihnen wieder besser?

Im Flur. Basil kommt heraus. Sybil eilt die Treppe herauf.

Sybil Was war das?

Basil Was? Äh... nichts, Schatz...

Sybil Warum hat sie so geschrien? Was hast du getan?

Mr. Johnson *(steckt den Kopf durch seine Tür)* Was ist los?

Basil Nichts. Sie dachte, es sei jemand in ihrem Zimmer.

Mr. Johnson Jemand in ihrem Zimmer?!

Basil Ja, jemand in ihrem Zimmer.

Mr. Johnson Oh... dann werden Sie ihr das Doppelte berechnen müssen.

Er geht wieder hinein. Dr. Abbott kommt aus Raylenes Zimmer.

Sybil *(zu Basil)* Was hast du da drin **gemacht**?

Basil *(zu Dr. Abbott)* Alles wieder in Ordnung?

Dr. Abbott Mit ihr schon. *(Er geht in sein Zimmer.)*

Sybil *(nimmt Basils Arm)* Was hast du da drin **gemacht**?

Raylene kommt aus ihrem Zimmer.

Raylene Oh, Mr. Fawlty, das tut mir wirklich leid. Ich wußte ja nicht, daß Sie es sind.

Basil Schon in Ordnung. Schon in Ordnung. *(Zu Sybil)* Ich erklär's dir... ich erklär's dir nachher. *(Er stürzt davon; Sybil wirkt ausgesprochen nachdenklich.)*

Raylene Zu blöd von mir, tut mir leid, ich wußte nicht, daß er es war. Er ist reingekommen, um die Wände zu überprüfen.

Sybil Die **Wände** zu überprüfen?

In der Halle. Manuel steht herum und ißt ein Eis. Basil wirbelt die Treppe herunter.

Basil Manuel! Manuel! Schnell! Komm mit!

Er stürzt durch den Haupteingang. Manuel legt sein Eis ab und geht ihm nach. Sie rennen hinaus. Basil hebt eine Leiter auf, die am Boden liegt, und sie stellen sie unter einem erleuchteten Fenster auf. In Johnsons Zimmer ist Johnson gerade dabei, dem Mädchen Champagner in einen Plastikbecher einzuschenken. Draußen macht sich Basil daran, die Leiter hinaufzusteigen. Manuel folgt ihm, bis Basil ihn zurückscheucht. Er gleitet hinab. In Johnsons Zimmer sieht man, wie Johnson und das Mädchen Champagner trinken. Draußen erreicht Basil das obere Ende der Leiter. Er wirft einen Blick durchs Fenster. Allerdings ist es das Zimmer der Abbotts, in das er hineinguckt. Mrs. Abbott sitzt im Nachthemd da und kämmt sich das Haar. Mr. Abbott kleidet sich gerade aus. Gerade als Basil seinen Irrtum bemerkt, sehen sie ihn. Sie starren ihn an. Er lächelt schwach und beginnt, das Fenster abzuklopfen. Dabei greift er zu weit nach oben, verliert den Halt und stürzt ins Off. Die Leiter fällt um. Basil landet auf dem Rücken, die Leiter landet auf ihm. Er stöhnt.

Manuel Hilfe! Hilfe! *(Er läuft eilig ins Hotel zurück.)*

In der Halle; Sybil kommt gerade die Treppe herunter.

Sybil Basil! Basil! *(Sie geht in den Speisesaal.)*
Manuel *(kommt hereingelaufen)* Mrs. Fawlty! O Mrs. Fawlty! **Mr.** Fawlty!
Sybil Was?
Manuel Er wehgetan. Er von Leiter gefallen.
Sybil Von einer **Leiter**?
Manuel *Sí.* Bitte kommen, kommen, kommen!

Sie begeben sich in die Halle.

Sybil Was hat er auf einer Leiter zu tun gehabt?
Manuel Er versuchen, Mädchen zu sehen.
Sybil **Was!**
Manuel Er versuchen in Zimmer zu gucken und Mädchen zu sehen. Kommen! Kommen!
Sybil *(deren Mund zu einer dünnen Linie wird)* Verstehe.
Manuel Ich ihm sagen, er müssen sein vorsichtig, aber er wollen sehen Mädchen.

Sybil Also gut!

Sie gehen zügig durch den Haupteingang hinaus. Basil ist auf den Beinen und versucht, angeschlagen wie er ist, die Leiter wieder aufzustellen. Sybil kommt um die Ecke gerauscht.

Basil Hallo, Schatz. Ich wollte gerade...

Er bekommt eine Ohrfeige, die nicht von schlechten Eltern ist, und fällt flach auf den Rücken. Sybil macht auf dem Hacken kehrt und marschiert davon. Basil kommt taumelnd auf die Beine.

Basil Was zum...

Er nimmt wütend die Verfolgung auf. Manuel springt schnell aus dem Weg. Basil rennt durch den Haupteingang und dann die Treppe hinauf. Sybil hat die Tür zu ihrem Zimmer geöffnet, als Basil sie einholt.

Basil Was in drei Gottes Namen machst du mit mir? Wieso hast du mich geschlagen?
Sybil Wie kannst du es wagen! *(Sie haut ihn noch mal.)* Wie **kannst** du es wagen!
Basil Bist du verrückt geworden, was ist denn in dich gefahren?
Sybil Das weißt du wirklich nicht?
Basil Nein.
Sybil Was hast du da oben auf der Leiter gemacht? Sag schon...
Basil Ich habe versucht, das Mädchen zu sehen. Ist das so merkwürdig? *(Sybil schlägt ihn.)* Hörst du auf, mich zu schlagen!
Sybil Geh von der Tür weg. Und wag es ja nicht, heute nacht hier reinzukommen.

Sie knallt die Tür zu. Basil guckt dumm aus der Wäsche. Manuel ist im Blickfeld erschienen. Basil sieht ihn.

Basil Verrückt. Sie ist vollkommen verrückt geworden.
Manuel Verrückt. Sie verrückt geworden.
Basil Ich meine, **warum** in aller...
Manuel Verrückt! Ich sagen zu ihr: »Sie versuchen, in Zimmer von Mädchen zu gucken«, und dann... *(zuckt die Achseln)* sie verrückt geworden.

Basil . . . Was?

Manuel Ich ihr sagen! Mr. Fawlty gehen, um Mädchen zu gucken. . . in Schlafzimmer. Mr. Fawlty verrückt nach diese Mädchen. Klar? Klar. Darum Sie gehen nach oben, um sie zu gucken. . . Mrs. Fawlty. . . *(Achselzucken)* sie verrückt geworden.

Basil äfft sein Achselzucken nach, geht dann auf Manuel zu, hebt ihn hoch, dreht ihn um, so daß er kopfüber hängt, und schüttelt ihn wütend.

Basil Ich strafe dich dafür, daß du am Leben bist. Und solange du am Leben bist, werde ich nicht aufhören, dich. . . *(Dann bemerkt er Mrs. Abbott, die vom Badezimmer zurückgekehrt ist und ihm zuschaut; er läßt Manuel fallen und tut so, als würde er ihn in etwas unterweisen.)* Also, auf diese Art würde es ein Engländer machen, verstehst du. Ein Deutscher andererseits, also ein Deutscher würde so machen. . . *(Demonstriert einen Tritt, ohne jedoch tatsächlich zu treffen.)* Nein, das reicht für heute. . . gut, morgen früh machen wir mit dem Training weiter. *(Zu Mrs. Abbott)* Wir bilden ihn gerade in der Kunst des Hotelmanagements aus. Es ist übrigens ziemlich interessant. . . *(Er lehnt sich lässig mit dem Arm gegen die Tür der Abbotts.)* Er kommt aus Barcelona. . . *(Aber Dr. Abbott macht gerade die Tür auf, und Basil fällt direkt ins Zimmer, wobei er schwer aufplumpst; er steht auf.)* Pardon. Ich habe die Tür verfehlt.

Dr. Abbott . . . Oh. . .

Basil Alles in Ordnung? Alles äh. . . **normal**?

Dr. Abbott Ja, danke sehr.

Mrs. Abbott geht an Basil vorbei ins Zimmer.

Basil Prima. Also. . . Ich werde Sie dann der Sache überlassen. Ich meine. . . ins Bett gehen, schlafen! Vielleicht auch träumen. Ha! Ich wünsche Ihnen eine schöne Nacht. Eine schöne Mütze voll Schlaf. Schlafen Sie gut.

Mrs. Abbott Gute Nacht. Sie auch.

Basil Danke! Werde ich. *(Er macht die Tür zu und bleibt im Flur stehen.)* Die Frage ist nur, **wo**. . . *(Er schaut sich um, sein Blick fällt auf den Besenschrank, er öffnet ihn und schaut dann Johnsons Tür gegenüber an.)* Ich erwisch dich schon noch, du parasitärer Pavian.

Im oberen Flur. Früh am nächsten Morgen. Basil sitzt unrasiert am oberen Treppenabsatz. Polly erscheint mit zwei Frühstückstabletts. Sie sieht Basil und starrt ihn an.

Polly Ist alles in Ordnung?
Basil Hm?
Polly Ist alles in Ordnung?
Basil Ja. Gib mir auch so eins. *(Nimmt eins der Tabletts.)* Für Sybil. Ja, geh, geh schon weiter! *(Er geht rasch zu Sybils Zimmer und klopft an die Tür.)* Sybil... Schatz?
Sybils Stimme Was willst du?
Basil Hab dir deinen Tee gebracht, Schatz.
Sybils Stimme Stell ihn einfach vor der Tür ab.
Basil *(stellt das Tablett ab)* Ja, ist gut, Schatz... äh... Sybil?
Sybils Stimme Ich **spreche** nicht mit dir, Basil.
Basil Könnte ich bitte bloß meinen Rasierapparat haben, Schatz... nur für die Gäste... *(Die Tür geht auf, und Sybil reicht ihn raus; Basil schiebt seinen Fuß in die Tür.)* Danke, Schatz... sieh mal...
Sybil *(versucht, die Tür zuzumachen)* Basil, würdest du...
Basil Ich möchte dir nur etwas erklären, Schatz.
Sybil Nimm deinen Fuß aus der Tür.
Basil Laß mich doch erklären.
Sybil Es interessiert mich nicht.
Basil Sieh mal... als ich gestern abend sagte, daß ich das Mädchen anschauen wollte, da meinte ich nicht diese... Raylene... sowieso... dieses australische Mädchen... ich meinte das Mädchen im Zimmer neben ihr, in **Johnsons** Zimmer.
Sybil ...Basil.
Basil Johnson hat gestern nacht ein Mädchen auf sein Zimmer geschmuggelt... die wollte ich mir ansehen, nicht dieses... australische Bauerntrampel.
Sybil Basil, du hast acht Stunden Zeit gehabt, um dir was auszudenken... ist dir wirklich nichts Besseres eingefallen?
Basil Du glaubst mir nicht.
Sybil Hau ab.
Basil Na schön! Ich gehe sie holen. Ich gehe sie holen und zeig sie dir.
Sybil Genau, das mach nur.
Basil Und das mach ich auch. *(Sie schmeißt die Tür zu.)* Na schön! Du wirst schon sehen... *(Er rennt davon.)*

In Johnsons Zimmer. Er und das Mädchen sind vollständig angekleidet. Sie sitzt auf dem Bett und legt Make-up auf. Es klopft an der Tür, sie huscht ins Bad.

Mr. Johnson Herein.

Mrs. Abbott steckt den Kopf durch die Tür.

Mrs. Abbott Oh, Mr. Johnson. Möchten Sie Ihren Führer wiederhaben?
Mr. Johnson Oh, danke, ja. . .

Sie kommt herein; die Tür klappt hinter ihr zu. Im Flur kommt Basil angerauscht. Als er sich Johnsons Tür nähert, hört er weibliches Lachen. Basil schlüpft in den Besenschrank und läßt die Tür halb offenstehen. Mrs. Abbott kommt aus Johnsons Zimmer heraus.

Mr. Johnsons Stimme Also, bis später dann. Vielen Dank.
Mrs. Abbott *(ruft in die Richtung ihres eigenen Zimmers)* Okay, Schatz.

Dr. Abbott kommt heraus. Basil springt besenschwingend aus dem Schrank.

Basil Alles klar! Hab ich euch erwischt. *(Er sieht, wen er da gestellt hat, und beäugt daraufhin einen Fleck hoch oben an der Wand.)* Da oben! Da hab ich gewischt. *(Er stößt den Besen ein paarmal nach oben; die Abbotts starren ihn an.)* So, das haben wir. Na bitte. Alles wieder normal. Viel Spaß bei Ihrem Spaziergang. *(Er fängt an, den Teppich zu fegen; die Abbotts gehen die Treppe hinunter.)*
Dr. Abbott *(leise, als sie unten angekommen sind)* Der Mann bietet genug Stoff für eine ganze Konferenz.

Oben stellt Basil den Besen wieder in die Kammer, aber dabei stößt er irgend etwas um. Er beugt sich vor, um wieder Ordnung zu schaffen, und hebt eine Flasche auf. Er stellt fest, daß er sich mit lauter dunklem, klebrigem Zeugs die Hand vollgeschmiert hat. Im Flur guckt Johnson zu seiner Tür heraus.

Mr. Johnson Okay, die Bahn ist frei.

Das Mädchen will gerade herauskommen, hört aber ein Geräusch und geht wieder hinein. Raylene kommt aus ihrem Zimmer. Als sie an der Besenkammer vorbeigeht, springt Basil heraus.

Basil So! Das hätten wir!

Er packt sie von hinten. Ohne es recht zu merken, erwischt er mit seiner vollgeschmierten Hand Raylenes rechte Brust. Sie quietscht.

Raylene Was machen Sie da? Herrje, was ist hier los?
Basil *(läßt sie los)* Psst! Entschuldigen Sie, ich dachte, Sie wären jemand anders.
Raylene Sie haben mich zu Tode erschreckt...
Basil Ja, es tut mir furchtbar leid, wissen Sie, da drin ist ein Mädchen, der Typ hat sie letzte Nacht reingeschmuggelt... *(Sybil kreuzt auf.)*... Ich... ich habe gerade Miss Miles... unser... unser kleines Problem... zu erklären versucht... *(Raylene wendet sich Sybil zu, wobei der schwarze Handabdruck auf ihrer Brust schreiend sichtbar ist; Basil hat ihn nicht bemerkt; Sybil schon.)*... Das mit dem zusätzlichen Gast... die Freundin von Mr. Johnson... auf sechs... letzte Nacht...
Sybil Was hast du da an der Hand, Basil?
Basil Was?... Oh, das ist irgendein Zeugs aus dem Besenschrank, Schatz. Irgendwas, was ich umgeschüttet habe... *(Er folgt Sybils Blickrichtung und sieht Raylenes handbedruckte rechte Brust.)* Huch! *(Instinktiv will er die verräterische Spur mit der Hand verdecken, berührt Raylene ein zweites Mal und zieht die Hand hastig wieder zurück.)* Entschuldigung! Eine Verwechslung.
Raylene Wie bitte?
Basil Entschuldigung. Eine Verwechslung.

Sybil ist gegangen. Basil stürzt ihr nach. An der Küchentür holt er sie ein.

Basil Sybil! Sybil!! Sybil!!! Paß auf. Ich sage ihr, daß sie abreisen soll. Ich werde jetzt das andere Mädchen holen, nur um es dir zu beweisen, aber ich werde Miss Miles sagen, daß sie... abreisen muß... Raus! Raus! Genau! Raus! Raus!

Er rennt wieder zu Raylenes Zimmer hinauf. Die Tür ist angelehnt. Er betritt sehr vorsichtig das Zimmer. Es ist leer.

Basil Ähm... entschuldigen Sie... ich möchte mich wirklich für alles entschuldigen, aber ich muß Sie trotzdem bitten...

Raylene kommt aus dem Bad, sie trägt weiße Hosen und einen aufreizenden Stütz-BH. Sie kann Basil nicht sehen, der sich hinter ihrem Bett unsichtbar macht. Sie geht ins Badezimmer zurück; er will sich gerade wieder davonmachen, als es klopft. Er springt in Deckung. Raylene hört im Bad das Klopfen und dreht sich um.

Raylene Herein.

Sie geht wieder ins Bad. Sybil betritt das Zimmer. Von Basil keine Spur.

Sybil Es tut mir leid, Sie zu belästigen, aber ich wollte mich für das Verhalten meines Mannes entschuldigen.
Raylene Nein, das brauchen Sie doch nicht, Mrs. Fawlty...
Sybil Er macht im Moment eine ziemlich schwere Phase durch...
Raylene Nein, wirklich nicht. Ich verstehe es zwar nicht ganz – er scheint **tatsächlich** aus irgendeinem Grund ziemlich verstört zu sein, ich bin aber sicher, daß es dafür eine ganz harmlose Erklärung gibt...

Sybil hat jedoch Basils Finger entdeckt, der aus dem Schrank hervorlugt und die Tür zuhält.

Sybil Basil.

Keine Antwort. Sie haut gegen die Tür. Der Finger verschwindet blitzschnell. Basil kommt heraus.

Basil Oh, hallo Schatz... ich überprüfe nur die Schranktüren...

Sybil schaut Raylene an, deren Kinn runterklappt.

Sybil *(zu Raylene)* Also schön, was wird hier gespielt?
Raylene ...Ich war im Badezimmer!
Basil Ja, war sie, Schatz, da hab ich kurz mal reingeschaut und die Scharniere überprüft, und...
Sybil Du kannst doch nicht im **Ernst** glauben, nicht mal in deinen kühnsten Träumen, daß solch ein Mädchen sich auch nur im ent-

ferntesten für eine alternde, nach Pomade riechende Bohnenstange wie dich interessieren könnte?

Basil . . . Was für ein Mädchen, Schatz?

Sybil Dieses hier, Basil. Dem du seit seiner Ankunft nachstellst.

Basil Hast du den Verstand verloren, meine Teuerste?

Sybil Was hast du hier zu suchen?

Basil Hör mal, du weißt doch, daß wir ständig Ärger mit diesen Scharnieren gehabt haben. . . Schon gut, schon gut, wenn du die Wahrheit wissen willst, ich bin gekommen, um mich für den Zwischenfall eben zu entschuldigen, als ich dachte, sie sei das Mädchen in Johnsons Zimmer. . . du weißt schon, als ich meine Hand auf ihre. . .

Sybil geht hinaus auf den Flur. Basil kommt hinter ihr hergerannt.

Basil Sybil, Sybil, Sybil, hör mir doch zu. . .

Sybil Wenn du glaubst, daß ich meine Zeit damit vergeude, mir noch mehr von deinen erbärmlichen, miesen kleinen Lügen anzuhören, dann. . .

Basil Das sind keine Lügen, ich versuche ja gerade. . .

Sybil Warum stehst du nicht dazu wie ein Mann? Wenn du die Gäste befummeln willst, dann gib's wenigstens **ehrlich zu**, ohne so ein klägliches Gewese drum zu machen. . .

Basil *(dem jetzt doch die Hutschnur platzt)* Halt's Maul!

Sybil . . . Na prima, jetzt hast du's geschafft.

Basil Nein, hab ich nicht. Ich fang gerade erst an. Ich hab dich satt, du, du. . . giftige toupierte alte Kuh. Warum spülst du dir nicht mal die Tomaten aus den Ohren und läßt ein bißchen Verstand in dieses schlummernde Organ rein, das du unter deinem komischen Rattennest da versteckt hältst? Es gibt eine Frau in dem Zimmer da drüben, die Johnson letzte Nacht eingeschmuggelt hat, klar? Das ist die Frau, die ich die ganze Zeit zu erwischen versuche. *(Sybil ist sichtlich unbeeindruckt.)* Klar? Klar! *(Er zieht sie zu Johnsons Zimmer rüber.)* Bleib da stehen! Bleib da stehen!. . . Und paß auf. *(Er ist so überwältigend in seiner Wut, daß Sybil vorübergehend aus Versehen gehorcht; er klopft an Johnsons Tür; Johnson öffnet.)* Champagner?

Mr. Johnson . . . Was?

Basil Darf's vielleicht noch eine Flasche Champagner sein? Ich dachte Sie hätten gesagt, daß Sie Champagner bevorzugen, wenn Sie bei der Arbeit sind.

Mr. Johnson Ist bei Ihnen eine Schraube locker?

Basil Eine Schraube? Nein, ich habe nur so ziemlich den Eindruck gewonnen, daß jemand bei Ihnen im Zimmer ist. Eine weibliche Person, vielleicht, eine Dame, wissen Sie – eine andere Person des widersprüchlichen Geschlechts.

Mr. Johnson **Mrs.** Johnson ist bei mir, das stimmt.

Basil *(triefend vor Ironie)* Ach ja, natürlich . . . die kleine Ehefrau, was? Das Dumme ist nur. . . ich glaube mich zu erinnern, daß Sie meiner Frau erzählt haben, Sie seien unverheiratet.

Mr. Johnson Bin ich auch.

Basil Verstehe. Wer ist dann diese Mrs. Johnson, hm? Die Gattin des verstorbenen Präsidenten? Oder. . .

Mr. Johnson Sie ist meine Mutter.

Basil . . . Ihre Mutter. Ah, verstehe. Das kleine Flittchen ist Ihre alte Mutti, ja? O Mann, das ist stark. Mrs. Johnson ist mal eben auf einen Quickie hochgekommen, was?

Mr. Johnson Gewiß doch. *(Er geht ins Zimmer.)*

Die Damen Tibbs und Gatsby sowie der Major tauchen im Hintergrund auf. Basil reibt sich in sarkastischer Vorfreude die Hände.

Basil Mutter Johnson. Mutter Johnson. Komm raus, komm raus, wo du auch bist. *(Eine sehr liebe und sehr ältere Dame erscheint in der Tür; Basil schaltet auf charmant um.)* Guten Tag, guten Tag, gefällt es Ihnen bei uns?

Mrs. Johnson Ja, vielen Dank.

Basil Na, dann hol ich den Champagner, das muß gefeiert werden.

Mrs. Johnson geht wieder hinein. Die Tür klappt hinter ihr zu. Sybil, die Damen Tibbs und Gatsby sowie der Major entfernen sich. Basil vergräbt das Gesicht in seinen Händen, dann zieht er sein Jackett ganz über den Kopf, hockt sich hin und hüpft verzweifelt herum. Die Abbotts kommen gerade rechtzeitig die Treppe herauf, um seine Vorstellung mitanzusehen. Mrs. Abbott schaut ihren Mann an, als heische sie fachlichen Rat.

Dr. Abbott Ich habe Urlaub.

Sie gehen in ihr Zimmer. Basil rollt sich auf die Seite und nimmt eine embryonale Haltung ein.

Waldorfsalat

Im Speisesaal des Hotels. Das Abendessen geht seinem Ende entgegen. Der Raum ist sehr voll, und Basil, Polly und Manuel rennen wie wild hin und her. Nur Sybil steht neben einem Tisch in der Mitte und ignoriert das geschäftige Treiben. Sie unterhält sich mit Mr. Libson, der allein am Tisch sitzt. Er wirkt äußerst gelangweilt.

Sybil O so ein herrliches Fleckchen Erde, nicht wahr? All die schönen Bäume und Felder und die Vielfalt der Vögel.

Mr. Libson Ja, das ist wahr.

Sybil Und man kann einfach hinfahren und alles hinter sich lassen, die ewigen Turbulenzen des modernen Lebens. Denn letztendlich brauchen wir **alle** unsere Einsamkeit, nicht wahr.

Mr. Libson *(von Herzen)* Jawohl, die brauchen wir.

Sybil Heutzutage ist es nämlich nicht **einfach**, sich die Zeit zu nehmen, um. . . ich weiß nicht, das Leben zu genießen, weil immer irgendwas zu tun ist, alles ist ja so hektisch, nicht wahr. Wir irren doch alle nur von einem Punkt zum anderen, bis die Dinge uns über den Kopf wachsen, und mal ganz ehrlich – wozu das Ganze?

Basil flitzt vorbei auf dem Weg zu einem Tisch, an dem Mr. und Mrs. Johnstone sitzen. Mrs. Johnstone hat einen halb aufgegessenen Krabbensalat vor sich. Mr. Johnstone hat sein Melonenstück aufgegessen.

Basil Sind Sie fertig?

Mrs. Johnstone Äh, ja. . .

Basil *(beginnt, die Teller abzuräumen)* Danke.

Mr. Johnstone Ähm, meine Frau. . .

Basil Ja?

Mrs. Johnstone Ich glaube, diese Krabben sind nicht mehr ganz gut.

Basil Oh, das glaube ich nicht.

Mrs. Johnstone Also, sie schmecken ausgesprochen merkwürdig.

Basil Es hat sich aber sonst niemand beschwert.

Mrs. Johnstone Nun, ich bin ziemlich überzeugt, daß sie nicht mehr gut sind.

Basil Sie haben aber die Hälfte gegessen.

Mrs. Johnstone Ich habe es auch nicht gleich bemerkt.

Basil Sie haben es nicht gleich bemerkt?

Mrs. Johnstone Ja, es lag an der Sauce, verstehen Sie? Ich war mir nicht sicher.

Basil Und darum haben Sie die Hälfte gegessen, um **ganz** sicherzugehen?

Mr. Johnstone Hören Sie, meine Frau findet, daß sie schlecht sind.

Basil Und was soll ich da machen... möchten Sie einen neuen ersten Gang?

Mrs. Johnstone Nein, danke.

Mr. Johnstone Bist du sicher?

Mrs. Johnstone Ja, ist schon gut, ich nehme nur den Hauptgang.

Mr. Johnstone *(zu Basil)* Also schön, wir bestellen die Vorspeise ab.

Basil Abbestellen? Ah, Sie meinen, von der Rechnung nehmen, meinen Sie **das**?

Mr. Johnstone Nun ja, da sie ungenießbar ist...

Basil Aber anscheinend ist ja nur eine **Hälfte** ungenießbar.

Mr. Johnstone Dann ziehen Sie eben **jetzt** die Hälfte ab, und wenn meine Frau in der Nacht die andere Hälfte herauswürgt, verrechnen wir den Rest morgen früh. Und jetzt hätten wir gern unser Lamm, wenn Sie so freundlich wären.

Basil schwirrt in Richtung Küche ab. Sybil ist immer noch dabei, Mr. Libson zu langweilen.

Sybil Also drei aus unserem Bekanntenkreis sind in diesem Jahr von uns gegangen, alle Anfang sechzig. Seitdem halte ich mich mit Butter zurück...

Manuel kommt mit einem Krug Wasser herein. Er kann sich nicht mehr entsinnen, für wen er bestimmt war, und sieht sich suchend um. Mr. Arrad, der mit seiner Frau zusammensitzt, versucht Manuels Aufmerksamkeit zu erregen, aber Manuel stellt den Krug an einem Tisch ab, der von zwei Frauen mittleren Alters besetzt ist, Miss Gurke und Miss Hare.

Miss Hare Nein, wirklich, das ist in Ordnung.

Miss Gurke Aber es besteht nur aus Knorpel.

Miss Hare Nein, wirklich, hier ist ein gutes Stück, siehst du?

Miss Gurke O Doris, es ist einfach scheußlich.

Miss Hare Nicht doch, meine Liebe, so schlecht ist es nicht. Ich habe schon schlimmeres Fleisch gegessen.

Miss Gurke Ich verstehe einfach nicht, wie sie immer wieder damit durchkommen.
Basil *(erkundigt sich im Vorbeigehen pro forma)* Alles in Ordnung?
Miss Gurke Ja, vielen Dank.
Miss Hare Sehr gut, vielen Dank...

Basil entfernt sich. Miss Gurke schaut ihm mißbilligend nach. Sybil läßt Mr. Libson endlich allein und geht in die Küche. Basil tritt an Mr. und Mrs. Arrads Tisch.

Basil Alles zu Ihrer Zufriedenheit?
Mr. Arrad Ja, vielen Dank.
Basil Danke. *(Er geht weiter.)*
Mrs. Arrad *(zu ihrem Mann)* Warum **sagst** du denn nichts?
Mr. Arrad Es hat ja doch keinen Sinn. Wir werden einfach nicht noch mal hier absteigen.
Mrs. Arrad Dann sage **ich** es.
Mr. Arrad Aber wozu sich noch ärgern, wir reisen morgen ab.
Mrs. Arrad Das ist mir gleich, ich werde es sagen. Wir sitzen hier seit fast einer halben Stunde und warten...

Aber Manuel taucht endlich mit ihrem Essen auf – Scholle für Mrs. Arrad und Lamm für Mr. Arrad.

Mr. Arrad Was ist das?
Manuel *Sí.*
Mr. Arrad Hören Sie, ich hatte eine kalte Fleischplatte mit Salat bestellt. Ich warte seit etwa einer halben Stunde darauf.
Manuel Salat?
Mr. Arrad Ja.
Manuel Wollen umbestellen?
Mr. Arrad ...Nein! Ich möchte nicht umbestellen...
Manuel Okay. *(Will losgehen.)*
Mr. Arrad Was?... Wo wollen Sie **hin**? Ich **möchte** das nicht!
Manuel Sie sagen, Sie nicht wollen umbestellen.
Mr. Arrad Ich möchte meinen Salat.

Manuel geht davon, es ist ihm ein Rätsel. Basil hält sich in der Nähe auf.

Mrs. Arrad *(stubst ihren Mann an)* Nun mach doch...
Mr. Arrad *(zu Basil)* Entschuldigen Sie bitte.
Basil Ja?
Mr. Arrad Hören Sie, wir haben jetzt eine halbe Stunde gewartet, das heißt, wir haben beim Kellner bestellt und...
Basil Ach, der. Ein hoffnungsloser Fall, finden Sie nicht auch?
Mr. Arrad Ja, also, ich möchte mich nicht beschweren, aber wenn er dann irgendwann mal etwas bringt, ist es nicht das, was man bestellt hat.
Basil Wem sagen Sie das? Ich meine, Sie müssen ja nur hier essen. Aber wir müssen damit leben. Ich mußte ihm die ganze Überfahrt von Barcelona bis hierher bezahlen. Wir bekommen einfach kein Personal, was soll man machen. Es ist ein Alptraum. *(Er geht und fühlt sich schon viel besser.)*
Mrs. Arrad *(zu ihrem Mann)* Ich dachte, **du** wolltest dich bei **ihm** beschweren.

Manuel kommt mit der kalten Fleischplatte mit Salat angelaufen. Er stellt den Teller vor Mr. Arrad auf den Tisch. Dann schaut er auf den Teller und erstarrt. Mr. Arrad ißt bereits den ersten Bissen, da entreißt Manuel ihm den Teller wieder. Basil beobachtet die Szene. Manuel starrt immer noch den Teller an.

Basil *(nimmt Manuel den Teller weg)* Hörst du sofort auf damit! *(Er stellt den Teller wieder vor Mr. Arrad hin.)* Tut mir leid.

Manuel flüstert Basil etwas ins Ohr. Basil lugt über Mr. Arrads Schulter auf den Teller.

Basil Pardon. *(Er nimmt den Teller wieder hoch und schaut ihn prüfend an, stellt ihn wieder hin und entfernt ihn dann abermals, genau in dem Moment, als Mr. Arrad wieder zu essen anfangen will; er konsultiert Manuel.)* Wo denn?
Manuel *(zeigt mit dem Finger)* Da gucken!
Basil Danke vielmals. *(Er stellt den Teller wieder hin.)* Guten Appetit.

Er geht. Die Arrads beäugen mißtrauisch den Teller. Manuel vollführt eine Pantomine dessen, was immer er da gesehen hat, indem er mit imaginären Flügeln flattert. Basil geht am Tisch der Johnstones vorbei.

Mr. Johnstone Sie haben unser Lamm doch nicht vergessen?
Basil Nein, nein, ist schon unterwegs, ist schon unterwegs!
Mrs. Arrad *(ruft Basil)* Entschuldigen Sie bitte. Im Salzfäßchen ist Zucker.
Basil . . . Sonst noch was?
Mrs. Arrad Ich habe gerade Zucker über meine Scholle gestreut.
Basil Über Ihre Scholle? Haben Sie Grundbesitz?
Mrs. Arrad Über **diese** Scholle.
Basil *(erwischt Polly im Vorbeigehen)* Polly – sag bitte Terry, daß er noch nicht Schluß machen soll – wir brauchen noch einmal Scholle. *(Reicht ihr den Teller.)* Auf dieser hier ist Zucker.
Polly Was für eine süße Scholle.
Basil Was?
Polly Ich werde die olle Scholle ersetzen lassen.
Basil Was hat Zucker in diesem Salzfaß zu suchen? Was glaubst du wofür wir dich bezahlen?
Polly Für mein Durchhaltevermögen? *(Geht mit der anstößigen Scholle in die Küche.)*
Mr. Johnstone *(ruft Basil)* Das Lamm!
Basil Ich hole es, ich hole es!

Er geht in die Küche. Sybil kommt heraus; Miss Gurke winkt sie zu sich.

Miss Gurke Äh. . . entschuldigen Sie bitte.
Sybil Ja?
Miss Gurke Es tut mir leid, aber wäre es möglich, daß wir unseren Fruchtsalat wieder abbestellen?
Sybil Tja, das ist schwierig, der Koch hat schon die Dose aufgemacht.
Miss Gurke Oh.
Miss Hare Dann lassen wir es dabei, ich bin sicher, daß er sehr lecker ist.

Sybil begibt sich wieder an Mr. Libsons Tisch und bringt ihm den nächsten Gang.

Sybil So, bitte schön.
Mr. Libson Oh, vielen Dank.
Sybil Ach ja, wie gesagt, ich mag schöne Gegenden wirklich sehr.

Basil *(kommt vorbei, mit etlichen Dingen beladen)* Viel zu tun heute abend, nicht wahr?

Sybil *(zu Mr. Libson)* Ich zähle Ihnen mal ein paar von meinen Lieblings-Orten auf. . .

Basil Ich sagte, daß heute abend viel zu tun ist.

Sybil Ich unterhalte mich gerade mit Mr. Libson, Basil.

Basil Gut. Ja, das hilft uns unheimlich.

Sybil Ich bin sicher, daß du zurechtkommst.

Basil O ja, ich komme zurecht. Zurechtkommen ist die leichteste Übung. Seine Lieben nicht zu Lungenhaschee zu verarbeiten ist schon schwieriger.

Er will gerade Mr. Johnstone, der erleichtert ist, daß der große Moment nun doch noch gekommen ist, die beiden Teller mit Lamm vorsetzen, als die Glocke an der Rezeption ertönt.

Sybil *(zu Mr. Libson)* Wußten Sie, daß die Brücke in Bideford lauter verschiedene. . .

Basil Es ist jemand an der Rezeption, Schatz. Soll ich nachsehen?

Sybil Ja.

Basil Ich bin dran, was? Gut. Ach ja! Natürlich. Komisch, seit fünfzehn Jahren bin ich dran. *(Es gelingt ihm, die Tür zur Halle aufzustoßen; er hat noch beide Teller in der Hand.)* Trotzdem, wenn ich tot bin, dann bist **du** dran, mein Schatz – dann bist du »dran«.

Mr. Johnstone *(der sein Lamm verschwinden sieht)* Entschuldigen Sie, aber das Lamm kommt hier hin.

Basil Ich werde es entfernen lassen, wenn es Sie stört.

Er begibt sich in die Halle. Mrs. Hamilton steht vor dem Rezeptionstresen.

Basil *(gereizt)* Ja?

Mrs. Hamilton Guten Abend.

Basil bemerkt, daß sie ziemlich attraktiv ist, und macht halblang.

Mr. Johnstone *(aus dem Speisesaal)* Ist das unser Lamm?

Basil *(über die Schulter)* Noch nicht. *(Zu Mrs. Hamilton)* Guten Abend.

Mrs. Hamilton Ich habe heute früh ein Zimmer reserviert, telefonisch... für Mr. und Mrs. Hamilton.

Basil Ja, in der Tat. Ich erinnere mich genau. *(Er geht hinter den Tresen und stellt die Teller ab.)* Ah, hervorragend, Hamilton?...

Mrs. Hamilton So ist es.

Basil Ja, also, darf ich Sie im Fawlty Towers willkommen heißen. Ich bin überzeugt, daß Sie einen angenehmen und erquicklichen Aufenthalt haben werden.

Mr. Johnstone *(taucht in der Halle auf und zeigt auf die Teller)* Könnten wir die jetzt bitte haben?

Basil Aber ja doch, tun Sie sich keinen Zwang an.

Mr. Johnstone Sie sind jetzt damit fertig, ja?

Basil Absolut. *(Mr. Johnstone nimmt die Teller und macht wieder kehrt.)* *Bon apétittttttttttt.*

Mr. Johnstone dreht sich um. Basil strahlt.

Mr. Johnstone *(zu Mrs. Hamilton)* Ich kann Ihnen die Selbstbedienung hier empfehlen. Sie ist ausgezeichnet.

Basil Das ist alles, danke.

Mr. Johnstone Was?

Basil Ihr Lamm wird kalt, Mr. Johnstone.

Mr. Johnstone Kälter.

Basil Möchten Sie's aufgewärmt haben?

Mr. Johnstone Vergessen Sie's. *(Geht wütend ab.)*

Basil Sie könnten Ihre Frau überreden, sich draufzusetzen. *(Zu Mrs. Hamilton)* Tut mir leid, aber das ist der Abfall, mit dem wir uns hier herumschlagen müssen... So, wenn Sie bitte so freundlich wären, diese Anmeldung auszufüllen... *(dreht sich um und nimmt den Schlüssel vom Brett)* Mr. und Mrs. Hamilton, ach ja, wir haben Sie in Zimmer zwölf untergebracht, es hat einen reizenden Panoramablick über den Rasen.

Mr. Hamilton ist eingetreten. Er ist auf aggressive Weise amerikanisch. Er ist außerdem sehr naß.

Mr. Hamilton Was für eine Fahrt, was? Alles auf der falschen Straßenseite – und das Wetter, was kriegen Sie dafür, daß Sie in einem solchen Klima leben, Lebensmittelmarken? Das ist ja nicht zum Aushalten.

Basil *(zu Mrs. Hamilton)* Ich muß mich für den Herrn entschuldigen.

Mr. Hamilton Fünf Stunden von London hier runter gebraucht… hab die Autobahn nicht finden können. Mußte eine kleine Seitenstraße nehmen, die M5 oder so.

Basil Tut mir leid, daß sie nicht breit genug für Sie war. Viele der englischen Autos haben ja Lenkräder.

Mr. Hamilton Ach ja, wirklich? Man könnte meinen, daß da drinnen kein Platz für sie wäre.

Basil *(leise, zu Mrs. Hamilton)* Verstehen Sie, was ich meine?

Mrs. Hamilton Was?

Basil *(zu sich selbst)* Ab-fall. *(Wirft einen kurzen Blick auf Mr. Hamilton und hält sich in feiner Ironie die Nase zu.)*

Mrs. Hamilton Darf ich Ihnen meinen Mann vorstellen?

Basil *(begreift und reibt sich sofort heftig die Nase, lächelt Mr. Hamilton an, schaut sich dann um)* Der Abfall, mit dem wir uns hier rumschlagen müssen. *(Greift sich ein Blatt Papier.)* Schauen Sie bloß. *(Knüllt es zu einem Ball zusammen; Sybil taucht an der Küchentür auf; Basil wirft den Papierball nach ihr.)*

Sybil Basil!

Basil Noch mehr Abfall, Schatz.

Sybil Was?

Basil Noch mehr von dem verdammten Abfall. Bäh!

Sybil Polly und Manuel gehen jetzt, Basil.

Basil Ist gut, ich kümmere mich nur noch um Mr. und Mrs. Hamilton, Schatz.

Sybil Guten Abend.

Mr. & Mrs. Hamilton Guten Abend.

Sybil geht in den Speisesaal. Basil läutet die Glocke.

Basil Manuel! Manuel wird Ihnen die Koffer auf Ihr Zimmer tragen. Ich hoffe, daß es Ihnen bei uns gefällt.

Mr. Hamilton Danke. Müssen wir einen Tisch für das Abendessen bestellen?

Basil Abendessen?

Mr. Hamilton Ja. *(Basil schaut demonstrativ ein paarmal auf die Uhr.)* Gibt's da ein Problem?

Basil Nun ja, es **ist** bereits nach neun.

Mr. Hamilton Na und?

Basil Ja, also... die Bedienung macht nämlich um neun Schluß.

Mr. Hamilton Um neun.

Basil Also schön – wenn Sie vielleicht direkt in den Speisesaal gehen könnten, dann ließe sich...

Mr. Hamilton Hören Sie mal. Wir haben fünf Stunden gebraucht, um hierherzukommen. Wir möchten uns frisch machen, vielleicht erst einen Drink nehmen, verstehen Sie.

Basil Ja, ähm... könnten Sie das nicht vielleicht hinterher machen?

Mrs. Hamilton Wir sollen **was** machen?

Basil Na ja...

Mr. Hamilton Sie meinen, daß wir unseren Drink vor dem Dinner und nach dem Dinner nehmen, uns frisch machen und dann ins Bett gehen sollen?

Basil Wenn sich das einrichten ließe... es würde die Sache für uns wesentlich einfacher machen.

Mr. Hamilton Sollten wir vielleicht **jetzt** ins Bett gehen? Würde das die Sache für Sie einfacher machen?

Basil Was?

Mr. Hamilton Wir sind ein bißchen müde, mein Junge. Wir wollen uns waschen, entspannen. In ein paar Minuten kommen wir wieder runter.

Basil Ja, na ja, also der Koch macht aber um neun Schluß.

Mr. Hamilton Um neun. Um neun. Warum macht der Koch um neun Schluß? Hat er nicht mehr lange zu leben?

Basil Nein, nein, aber das ist die Zeit, um die er nun mal Schluß macht.

Mr. Hamilton Passen Sie mal auf. Wir sind von London hier runtergefahren, um hier zu übernachten, klar? Wollen Sie mir im Ernst mitteilen, daß Sie nicht ein paar Minuten länger aufmachen können, damit wir anständig essen können?

Basil Na ja, wir könnten Ihnen Sandwiches zubereiten... Schinken, Käse...

Mr. Hamilton Wir wollen was Warmes essen.

Basil Getoastete Sandwiches?

Mr. Hamilton Soll das ein Witz sein?

Basil Also... eigentlich nicht.

Mr. Hamilton Eigentlich nicht. *(Zu Mrs. Hamilton)* Hast du so was schon mal gehört? *(Zu Basil)* Was ist verdammt noch mal mit diesem Land los? Nach drei kriegt man keinen Drink, nach neun nichts mehr zu essen, seid ihr immer noch im Krieg?

Basil Nein, nein, nein, es ist das Personal, verstehen Sie.

Manuel kommt aus der Küche, um die Koffer zu holen.

Mr. Hamilton Ach so, das Personal. . .
Basil Wir müssen das Personal von weither. . .
Mr. Hamilton Wieviel?
Basil Was?
Mr. Hamilton *(zieht ein Bündel Banknoten aus der Tasche)* Wieviel von diesem Micky-Maus-Geld brauchen Sie, um den Koch noch eine halbe Stunde hierzubehalten? Ein. . . zwei. . . zwanzig Pfund, hm? Reicht das?
Basil *(denkt einen Augenblick nach, dann)* Ich sehe mal, was ich für Sie tun kann.
Mr. Hamilton Danke sehr.

Die Hamiltons gehen zur Treppe. Basil begutachtet die Banknoten, steckt sie ein und läuft eilig durch die Halle zur Küche. Manuel quetscht sich zwischen den Hamiltons durch und führt dann den Weg nach oben an.

Manuel Verzeihung, pardon, pardon, Verzeihung bitte, hier lang bitte. . .

In der Küche. Terry wäscht sich die Hände, als Basil hereinkommt, eine Torte sieht und bewundernd daran riecht.

Basil Mann, die sieht ja absolut phantastisch aus. Ähm. . . oh, Terry, fast hätte ich's vergessen. Eben sind noch ein paar Gäste angekommen, wie immer im letzten Augenblick, typisch. . . tut mir leid, das macht uns genausoviel Umstände wie dir.
Terry Mir macht das keine Umstände, Mr. Fawlty.
Basil Äh, nein, sie wollen nämlich zu Abend essen, und sie bestehen darauf, sich erst noch den Dreck abzukratzen, der sich irgendwie auf ihnen aufgetürmt hat, als sie die M5 runtergezuckelt sind.
Terry Also, ich hab heute abend meinen Kurs, Mr. Fawlty.
Polly *(schaut zur Tür herein)* Wir sind abfahrbereit, Terry.
Terry Alles klar, Poll. *(Polly geht wieder.)*
Basil Einen Moment, einen Moment. . . hab ich's vergessen zu erwähnen? Ich werde es wiedergutmachen, nicht wahr? Aus meiner eigenen Tasche.

Terry Es geht mir nicht ums Geld, Mr. Fawlty, aber mein Karate bedeutet mir 'ne Menge.

Basil Eine halbe Überstunde und ein Taxi nach Hause.

Terry Wenn ich eine Woche aussetze, Mr. Fawlty, dann komm ich in der Woche drauf als Musbrei nach Hause.

Basil Eine volle Überstunde.

Terry Tut mir leid, Mr. Fawlty.

Basil Was soll ich denen denn sagen?

Terry ...zwei Stunden.

Basil Was?

Terry Zwei Überstunden.

Basil Hast du nicht gesagt, daß es dir nicht ums Geld geht?

Terry Ist auch so, aber ich kann mir nicht vorstellen, was Sie Ihren Gästen sagen wollen.

Basil Hör mal Terry, ich würde dir zwei Überstunden bezahlen, wenn ich's mir **leisten** könnte!

Draußen hupt es.

Terry Tut mir leid, Mr. Fawlty.

Basil Anderthalb Stunden!

Terry Bar auf die Hand?

Basil Bar auf die Hand!

Terry Na schön, Mr. Fawlty, anderthalb Stunden, aber um halb zehn geh ich, dann krieg ich noch was von meinem Kurs mit.

Basil ...Und ich kann den Abwasch machen.

Terry Na, Sie wissen ja, wie's ist, Mr. Fawlty.

Basil Ja, ich weiß, wie's ist. Ich bezahle dich für anderthalb Stunden, und du verkrümelst dich nach einer halben, so ist es. *(Gibt ihm Geld.)* Das ist Sozialismus.

Terry O nein, Mr. Fawlty, das ist freie Marktwirtschaft.

Polly *(schaut wieder zur Tür herein)* Komm jetzt, Terry. Man läßt eine Dame nicht warten.

Basil Eine Dame!

Polly Sie kommt aus Finnland, Mr. Fawlty, und sie ist sehr hübsch. Groß, blond... *(Terry macht ihr hinter Basils Rücken verzweifelt Zeichen)* ...ähm... *(Sie verstummt und geht ab.)*

Basil Das finnische Flittchen ist deine Karatelehrerin, was?

Terry Na ja, ist ja auch so 'ne Art Karate, oder?

Basil Schon gut, gib her. *(Reißt ihm das Geld aus der Hand.)*

Terry Was?

Basil Ich zahle dir Überstunden, damit du einen Kurs ausfallen läßt, und nicht, um euer Vorspiel zu verlängern.

Terry Ja, aber sie ist doch...

Basil Nein, schon gut. Ich mach den Abwasch, ich mach auch das Essen. Geh nur los und amüsier dich. Und mach dir keine Sorgen um mich, viel Spaß auch. Ich schaff das schon. Und du mach dir ein paar finnische Freuden.

Terry geht in die Halle ab. Polly wartet.

Polly Mach schon, Manuel.

Polly und Terry gehen durch den Haupteingang hinaus. Manuel geht durch die Bar in die Halle.

Manuel Hey, wo bist du, Polly? Warten auf mich! *(Er jagt ihnen hinterher.)*

Im Speisesaal, etwas später. Sybil sitzt an einem Tisch nahe der Tür und liest einen Roman von Harold Robbins. Die Tür geht auf, und Basil geleitet die Hamiltons herein.

Basil Danke. Wenn Sie vielleicht dort drüben Platz nehmen wollen...

Sybil Guten Abend.

Mr. & Mrs. Hamilton Guten Abend.

Sybil Gefällt Ihnen Ihr Zimmer?

Mr. Hamilton Ja, es ist sehr hübsch.

Mrs. Hamilton Sehr hübsch, vielen Dank.

Sybil Das freut mich. *(Sie erhebt sich, räumt ihre aufgegessene Vorspeise ab und bringt sie in die Küche.)*

Basil Ich gehe Ihnen eben unsere heutige Speisekarte holen... Oh, möchten Sie vielleicht einen Drink vor dem Essen?

Mr. Hamilton Einen Scotch mit Soda und einen »Schraubenzieher«, bitte.

Basil Ähm... und für Sie, meine Dame?

Mrs. Hamilton Der »Schraubenzieher« ist für mich.

Basil Verstehe... ähm... möchten Sie ihn gleich oder nach dem Essen?

Mrs. Hamilton Na, jetzt, bitte.

Basil Kann ich Ihnen bei irgendwas behilflich sein?

Mrs. Hamilton Was?

Basil In Ordnung. Also einmal Scotch und einen... Schraubenzieher.

Mr. Hamilton Ich glaube, ich leiste dir Gesellschaft. *(Zu Basil)* Zwei »Schraubenzieher«, ja?

Basil Sie möchten auch einen Schraubenzieher?

Mr. Hamilton Sie haben's erfaßt.

Basil Schön. Also einen Scotch, und Sie brauchen beide einen Schraubenzieher.

Mr. Hamilton Nein, nein, nein. Vergessen Sie den Scotch. Zwei »Schraubenzieher«.

Basil Ich verstehe. Und die Drinks lassen Sie weg.

Mr. Hamilton Was?

Basil Also nichts zu trinken.

Mr. Hamilton Was meinen Sie damit: »Nichts zu trinken«?

Basil Na ja, Ihre Schraubenzieher können Sie ja schlecht trinken. Ha, ha.

Mr. Hamilton Haben Sie einen besseren Vorschlag, was wir damit tun sollten?

Mrs. Hamilton Wodka mit Orangensaft!

Basil Ah, selbstverständlich, Madam.

Mr. Hamilton Und zwar zwei. Und vergessen Sie die Schraubenzieher.

Basil Sind Sie sicher?

Mr. Hamilton Wir schaffen's auch ohne.

Basil Wie Sie wünschen, Sir. *(Er geht in die Küche.)*

Mr. Hamilton *(liest sarkastisch in einer Touristenbroschüre)* »Entspannen Sie sich und genießen Sie die sorglose Atmosphäre und den Charme Alt-Englands...« *(Er sieht Sybil, die gerade wieder hereingekommen ist.)* Ich hoffe, daß wir Sie nicht beim Abendessen stören.

Sybil *(setzt sich an ihren Tisch)* Keineswegs, nein. Sie sind Amerikaner?

Mrs. Hamilton Ja, so ist es.

Sybil Wo kommen Sie her?

Mrs. Hamilton Aus Kalifornien.

Sybil Wie herrlich. Aber **Sie** sind doch Engländerin, nicht wahr?

Mrs. Hamilton Ja, aber ich lebe nun schon zehn Jahre dort.

Sybil **Zehn** Jahre. Haben Sie manchmal Heimweh?

Mrs. Hamilton Ja schon. Aber ich liebe Kalifornien – es hat so ein herrliches Klima. Man kann schwimmen und in der Sonne liegen und dann nach dem Mittagessen in die Berge hinauffahren und Skilaufen.

Sybil Wie herrlich. *(Basil kommt herein.)*

Mr. Hamilton Ich mag ja England und die Engländer, aber das Wetter hier würde mich fertigmachen.

Mrs. Hamilton Harry findet es bedrückend.

Basil *(stellt die Drinks auf dem Tisch der Hamiltons ab)* Also, ich finde es nicht bedrückend. Du, Sybil?

Sybil Allerdings, Basil.

Basil Ja, also meine Frau findet es bedrückend. Ich finde es eher erfrischend.

Sybil Was findest du erfrischend daran, Basil? . . . Die Feuchtigkeit, den Sprühregen, den Nebel. . .?

Basil Es ist ja nicht immer so, Schatz. Es ändert sich auch.

Sybil Mein Mann ist wie das Klima. **Er** ändert sich auch. Heute früh hat er sich zwei Stunden lang über das »Sauwetter« ausgelassen, ha, ha, ha.

Basil Ja, stimmt, es war diese Woche ungewöhnlich feucht, aber normalerweise sind wir hier unten an der englischen Riviera ziemlich verwöhnt mit dem Wetter.

Sybil Mr. und Mrs. Hamilton haben mir gerade von Kalifornien erzählt. Am Vormittag kann man schwimmen gehen und nachmittags in die Berge hochfahren und skilaufen.

Basil Klingt ziemlich anstrengend.

Mr. Hamilton Immerhin hat man die Wahl.

Basil Ja, aber ich glaube nicht, daß mir das gefallen würde. Ich mag's hier unten. Das ganze Jahr über haben wir ein sehr mildes Klima. Es gibt Palmen bei uns in Torquay, wissen Sie. Gibt es in Kalifornien auch Palmen?

Mr. Hamilton Burt Lancaster soll eine haben. Aber ich glaube kein Wort davon. *(Er nimmt einen Schluck von seinem »Schraubenzieher«.)* Was zum Teufel ist das denn?

Basil Äh. . . Wodka mit Orangensaft. . .

Mr. Hamilton Orangensaft?

Mrs. Hamilton Ich fürchte, er ist nicht frisch.

Basil Nicht? *(Er nimmt das Glas und riecht daran.)*

Mrs. Hamilton Nein.

Basil Wir haben gerade eine neue Flasche aufgemacht.

Mr. Hamilton Hören Sie mal, frisch heißt, daß der Saft aus einer Orange kommt, und nicht aus einer Flasche.

Basil Ach so! Sie hätten gern frisch **gepreßten** Orangensaft.

Mr. Hamilton Im Gegensatz zu frisch aufgeschraubtem Orangensaft, allerdings.

Basil . . . Überlassen Sie das mir, ich meine, ich werd's sofort dem Koch melden. *(Er hastet geschäftig in die Küche.)*

Sybil Das tut mir leid. Sehr viele Engländer bevorzugen den Geschmack von Orangensaft aus der Flasche. . .

Mrs. Hamilton Oh, das macht doch nichts. Es ist nur so, daß bei uns in Kalifornien frischer Orangensaft quasi aus dem Wasserhahn fließt.

Sybil Ach, tatsächlich? Natürlich, ist ja **so** gut für die Haut, nicht wahr. Ich würde rasend gern einmal nach Kalifornien fahren. Es klingt so aufregend. *(Sie zeigt auf ihr Buch.)*

Mrs. Hamilton Oh! *Die Unersättlichen.* Gefällt es Ihnen?

Sybil O ja, ich liebe Harold Robbins. Ich habe das Buch schon dreimal gelesen.

Mrs. Hamilton *Der Pirat* ist sein bestes, finde ich. Ich lese seine Bücher immer, wenn Harry auf Reisen ist. Wenn er zu Hause ist, komme ich irgendwie nie dazu.

Sybil Wozu braucht man Harold Robbins, wenn man einen Mann aus Fleisch und Blut zu Hause hat. *(Sie lacht; Basil kommt herein.)*

Mrs. Hamilton Wie lange sind Sie schon verheiratet, Mrs. Fawlty?

Sybil Oh, seit 1485.

Basil *(stellt die »Schraubenzieher« ab)* So, bitte sehr, frischer Orangensaft.

Sybil Aber jetzt mal im Ernst, seine Helden sind alle so interessant. Rücksichtslos und sexy und. . . dominant.

Basil *(verteilt die Speisekarten)* Wessen Helden denn, mein Schatz? Prousts? E. M. Forsters?

Sybil Wir sprechen von Harold Robbins.

Basil Ach ja, natürlich. Meine Frau mag Harold Robbins. Nach einem Tag harter Arbeit unter der Trockenhaube muß sie sich immer mit einem billigen Nervenkitzel entspannen.

Sybil Basil!! *(Geht in die Küche ab.)*

Basil Haben Sie den mal gelesen? Das ist der schrecklichste amerikanische. . . also nicht amerikanisch, sondern transatlantische Schund. So eine Art seichtes pornographisches Geplänkel. Immerhin hält er meine Frau von der Straße fern.

Mr. Hamilton Wir mögen ihn beide.

Basil *(guckt einen Moment entgeistert)* Ach so! **Robbins!**

Mr. Hamilton Was?

Basil Harold Rob**bins**. Ich dachte, Sie meinten diesen grauenhaften Mann, wie heißt er gleich, äh, Harold... Robinson. O je! Eine Zumutung!

Mr. Hamilton Wie wär's mit Waldorfsalat.

Basil Ist der auch von ihm? Ja, Sie haben vollkommen recht. Mein Gott, das war vielleicht der letzte Dreck, oder?

Mr. Hamilton ...Könnten Sie mir bitte einen Waldorfsalat machen.

Basil Oh... äh... Wa...?

Mr. Hamilton Waldorfsalat.

Basil ...Ich glaube, der Waldorf ist uns gerade ausgegangen.

Mr. Hamilton *(zu Mrs. Hamilton)* Hast du das schon mal erlebt.

Mrs. Hamilton Er ist hier nicht so bekannt, Harry.

Basil Ja, was ich Ihnen heute empfehlen könnte, wäre...

Mr. Hamilton Hören Sie, ich bin überzeugt, daß Ihr Koch mir einen Waldorfsalat zubereiten kann, hm?

Basil Ich wäre da nicht **zu** sicher.

Mr. Hamilton Na, er ist doch wohl ein Koch, oder?

Basil Ja, hätten Sie nicht lieber einen...

Mr. Hamilton *(brüllt)* Dann finden Sie's raus, klar? Gehen Sie einfach rein und fragen Sie ihn, ob er mir einen Waldorfsalat zubereiten kann!

Basil ...Natürlich. *(Er geht in die Küche, taucht aber fast unmittelbar darauf wieder auf.)* Er ist sich nicht **hundertprozentig** sicher... er hat's aber fast zusammen. Salat und Tomaten mit Walderdbee...?

Mr. Hamilton Nein, nein, nein, Sellerie, Äpfel, Walnüsse und Weintrauben.

Mrs. Hamilton In einer Mayonnaisesauce.

Basil Genau. Übrigens hat er mich gebeten Ihnen zu sagen, daß er heute abend besonders die Pastete empfehlen kann.

Mr. Hamilton Ich will keine Pastete.

Basil Oder die... die Grapefruit.

Mr. Hamilton Grapefruit?

Basil Die Grapefruit.

Mr. Hamilton Wie ist sie zubereitet?

Basil Nun, sie ist halbiert, mit einer Cocktailkirsche in der Mitte. *(Sybil kommt wieder herein.)*

Mr. Hamilton Hören Sie mal! Ich hab Ihnen nicht zwanzig Pfund dafür bezahlt, daß irgendein Typ eine Grapefruit in zwei Hälften schneidet und eine Cocktailkirsche in die Mitte pappt. *(Sybil horcht beim Stichwort »zwanzig Pfund« auf.)*

Basil Genau.

Mr. Hamilton Ich möchte einen Waldorfsalat.

Basil Selbstverständlich. Einmal Waldorfsalat.

Mrs. Hamilton Und einen grünen Salat für mich.

Basil Und einmal grünen Salat. Ja. Und wenn wir den Waldorfsalat nicht schaffen. . .?

Mr. Hamilton *(laut)* Ich will einen Waldorfsalat! Und zwei *filets mignons. (Basil ist total verwirrt.)*

Mrs. Hamilton Steaks.

Mr. Hamilton Steaks!

Basil Steaks!

Mr. Hamilton Blutig.

Basil Blutig!

Mr. Hamilton Nicht aus der Flasche.

Basil Nicht aus der Flasche. Klar. *(Er verschwindet in der Küche.)*

Sybil Möchten Sie einen Blick in die Weinkarte werfen? *(Sie gibt sie ihnen.)*

Mrs. Hamilton Danke.

Sybil Entschuldigen Sie, daß ich frage, aber sagten Sie, Sie hätten zwanzig Pfund gezahlt. . .?

Mr. Hamilton Ja, aber es geht uns nicht ums Geld, meine Frau und ich wollten zu Abend essen, und Ihr Mann sagte, daß Ihr Koch gewöhnlich um neun Uhr geht. . .

Sybil Da stimmt was nicht. Selbstverständlich kann der Koch länger machen. . .

Basil *(kommt aus der Küche zurück)* Tut mir fürchterlich leid, er hat's schon wieder vergessen. . . Walnüsse, Käse. . .

Mr. Hamilton Nein! Keinen Käse! Sellerie, Äpfel, Walnüsse, Weintrauben!

Basil Gut!

Mr. Hamilton Mit Mayonnaise.

Basil Gut! *(schreit in die Küche)* Jetzt mach endlich! *(Geht in die Küche.)*

Sybil Äh. . . würden Sie mich bitte einen Moment entschuldigen?

Mr. Hamilton Pardon. . . eine Flasche von dem Volnay, bitte.

Sybil Natürlich. Danke. *(Sie geht in die Küche.)*

In der Küche wühlt Basil verzweifelt in einem großen Pappkarton.

Sybil Was höre ich da von zwanzig Pfund, Basil?
Basil Wir haben keinen Sellerie. Ist denn das die Möglichkeit?
Sybil Ich finde schon den Sellerie. Was war mit den zwanzig Pfund?
Basil Er hat mir zwanzig Pfund gegeben, damit die Küche offenbleibt, aber der Koch wollte nicht. . . ich meine, wo tut er die Sachen bloß hin?
Sybil Wenn du nur mal richtig hinsehen würdest. . .
Basil Ich **habe** richtig hingesehen. Es gibt keinen Sellerie, keine Weintrauben. . . Walnüsse! Zum Totlachen, eher findet man in dieser verdammten Küche eine Büchse Nilpferdscheiben im Schlafrock als eine einzige Walnuß. *(Er schaut in den Kühlschrank.)*
Sybil Also, Äpfel hätten wir schon mal. *(Hält welche hoch.)*
Basil Na fabelhaft! Das müssen wir feiern. Wir machen eine Apfelparty. Jeder bringt seinen Apfel mit und würgt ihn einem anderen rein.
Sybil Basil, ich werde schon alles finden. Geh lieber eine Flasche Volnay holen.
Basil Was ist überhaupt ein Waldorf – eine Walnuß vom Lande?
Sybil Es ist das Hotel, Basil. Das Waldorf-Hotel. In New York.
Basil *(der plötzlich eine gute Idee hat)* Warte mal, warte mal!
Sybil *(warnend)* Basil.
Basil *(geht in den Speisesaal)* Alles in Ordnung?
Mrs. Hamilton Ja, danke.
Mr. Hamilton Könnte nicht besser sein.
Basil Wie schön. Ähm. . . übrigens, was ich Sie fragen wollte. . . haben Sie zufällig schon mal einen Ritzsalat probiert?
Mr. Hamilton Einen Ritzsalat?
Basil Ja, eine traditionelle altenglische. . . Sache. Aus Äpfeln, Grapefruit und Kartoffeln in einer Mayonnaisesauce.
Mr. Hamilton Nein, habe ich noch nie probiert, glaub ich.
Basil Ah!
Mr. Hamilton Und werde ich auch nicht probieren.
Basil Nicht, na ja, wahrscheinlich ist das sehr vernünftig. So, äh, also. . . wegen Ihres Waldorfsalats. . .
Mr. Hamilton Ja?
Basil Ja, also, ich habe ein kleines Zwiegespräch mit dem Koch geführt, und die Sache ist die, was die Äpfel betrifft, geht alles klar. Absolut **überhaupt** kein Problem mit den Äpfeln. Während. . . an der

Selleriefront, da, ähm... vielleicht sollte ich besser erklären, wir bekommen unseren Sellerie immer mittwochs geliefert, zusammen mit dem Kohl, den Zwiebeln, den Walnüssen, den Weintrauben... Sachen von der Art, aber in dieser Woche ist der Fahrer...

Mr. Hamilton Mr. Fawlty.

Basil Ja, also er stellt die Kiste in den Wagen...

Mr. Hamilton Es interessiert mich nicht.

Basil ...und rutscht irgendwie vornüber aus und verfängt sich mit dem Arm in der Tür des Lasters, genau so, und er hat ihn vielleicht gebrochen...

Mr. Hamilton Sie haben keinen.

Basil Sie haben ihn geröntgt, und morgen erfahren wir, ob sie operieren müssen, jedenfalls, mit einem Wort... wir haben keinen, nein. Aber... äh... trotzdem... man denkt doch unwillkürlich, wie gut es einem selbst geht, nicht wahr. Wir funktionieren noch, und alle unsere Körperteile sind heil und ganz. Ich meine, mal ganz offen gesprochen, Gesundheit ist doch im Grunde das einzige, was zählt, oder?

Mr. Hamilton Das ist ein Haufen Scheiße!

Basil *(interessiert)* Ach, finden Sie? Also ich sage immer...

Mr. Hamilton Was ist hier eigentlich los, verdammt noch mal? Auf dem Schild da draußen steht doch »Hotel« – also ist das hier nun ein Hotel oder nicht?

Basil Na ja... in einem gewissen Sinn.

Mr. Hamilton Wissen Sie was, Freundchen – wenn mir so was in den Staaten passieren würde, würde ich nicht mal meinen Hund hier übernachten lassen.

Basil Verwöhntes Tier, was? Ein Pudel?

Mr. Hamilton *(steht auf und konfrontiert Basil)* Pudel! Ich hab mich wohl nicht deutlich genug ausgedrückt, was? Ich steige in diversen Hotels auf der ganzen Welt ab, verstehen Sie, aber das ist das erste Mal, daß ich einen Koch bestechen muß, damit er mir ein Essen kocht, und dann stellt er fest, daß er nicht mal die einfachsten gottverdammten Zutaten hat. Heiliger Strohsack, kapieren Sie nicht, was das hier für ein beschissener **Laden** ist?

Basil *(schreit in Richtung Küche)* Du hast das hoffentlich gehört, Terry!

Mr. Hamilton Ich spreche mit **Ihnen**!

Basil *(zur Küche hin)* Schon gut Terry, du kannst weitermachen...

Mr. Hamilton Halten Sie's Maul und hören Sie mir zu. Merken Sie nicht, daß es das nicht bringt?

Basil Ja, ich verstehe, was Sie meinen.

Mr. Hamilton Und dann erzählen Sie mir eine bescheuerte Geschichte von irgendeinem Lieferanten, der sich den Arm bricht. Eins verstehe ich nicht, Fawlty, wenn Ihr Koch die Zutaten nicht von dem Kerl kriegen konnte, wieso hat er sie sich dann nicht von einem anderen besorgt, hä?

Basil Genau. Ein hoffnungsloser Fall.

Mr. Hamilton *(erstaunt)* Was?

Basil Er ist ein hoffnungsloser Fall. Absolut hoffnungslos.

Mr. Hamilton Na bitte. Und Sie sind der Manager, oder? **Sie** sind verantwortlich. Was gedenken Sie also zu tun, hä?

Basil *(vertraulich)* . . . Ich werde ein paar Takte mit ihm reden.

Mr. Hamilton Mit ihm reden? Blasen Sie ihm den Marsch! Geigen Sie ihm die Meinung.

Basil Geigen?

Mr. Hamilton Sagen Sie ihm, wenn er nicht spurt, setzt es Arschtritte.

Basil Setzt es. . .

Mr. Hamilton **Ich** werd's ihm sagen *(Schickt sich an, in die Küche zu gehen.)*

Basil *(hält ihn zurück)* Nein, nein!! Nein, ich sag's ihm. Überlassen Sie das mir.

Mr. Hamilton Zeigen Sie's ihm!

Basil Mach ich. Ich weiß Bescheid. Ich weiß Bescheid. Sonst setzt es Tritte in den. . .?

Mr. Hamilton Arsch!

Basil Darein! Genau! . . . Und zweimal grünen Salat?

Er geht in die Küche. Im selben Moment kommt Sybil mit einem Waldorfsalat und einem grünen Salat heraus. Sie stellt sie auf den Tisch.

Sybil So, bitte sehr. Einmal grüner Salat und einmal Waldorfsalat.

Mr. Hamilton *(verwirrt)* Aber ich dachte. . .

Sybil Ja? *(Die Glocke an der Rezeption läutet.)* Oh – würden Sie mich bitte einen Moment entschuldigen?

Sie geht hinaus. Die Hamiltons beäugen die Salate. In diesem Moment erhebt sich Basils Stimme in der Küche.

Basils Stimme Das bringt's nicht, hast du mich verstanden? Bringt's nicht! *(Tut so, als sei er Terry)* Aber Mr. Robinson hat sich den Arm verletzt! *(Wieder er selbst)* Das ist doch ein Haufen Exkremente, sonst gar nichts!

Mrs. Hamilton *(kostet seinen Salat)* Schmeckt gut.

Basils Stimme Warum kannst du keinen Waldorfsalat machen?

Mr. Hamilton *(zu Mrs. Hamilton)* Ist es Waldorfsalat?

Mrs. Hamilton *(überrascht)* Ja.

Basils Stimme Gleich als erstes morgen früh besorgst du Zutaten für einen Waldorfsalat, oder es setzt Tritte in den Allerwertesten! *(Als Terry)* O nein, nein, nein, das können Sie doch nicht machen! *(Als er selbst)* Doch, das ist mein Ernst. Mein voller Ernst!

Sybil *(kommt aus der Halle zurück)* Alles in Ordnung?

Mrs. Hamilton Ja, danke.

Sybil Sind Sie sicher, daß nichts...

Mr. Hamilton Nein. Es schmeckt wirklich gut.

Sybil Sehr schön.

Mr. Hamilton Übrigens... Ihr Koch?

Sybil Ja?

Mr. Hamilton Ist er schon lange bei Ihnen?

Sybil Ungefähr ein halbes Jahr. Er hat vorher in Dorchester gearbeitet.

Mrs. Hamilton Im Dorchester?

Sybil Nein, **in** Dorchester. Ungefähr vierzig Meilen von hier...

Basil *(kommt mit zwei Portionen grünem Salat herein)* So, bitte sehr, zweimal grüner Salat.

Sybil Basil!

Basil Ja, Schatz?

Sybil Mr. Hamilton **hat** seinen Waldorfsalat, Schatz.

Basil Nein, Schatz, der Koch konnte ihn nicht zubereiten. Er hatte keine Zutaten. Ich hab ihm deswegen gerade seine Vier Buchstaben poliert.

Sybil *(zeigt auf den Salat)* Aber da steht er doch.

Basil Was?!

Sybil Da steht der Waldorfsalat. Der Koch hat die Zutaten gefunden. *(Sie nimmt die beiden grünen Salate an sich.)*

Mr. Hamilton Schmeckt gut.

Basil *(zu Sybil, durch die Zähne)* Wenn er die Zutaten gefunden hat, warum hat er mir dann nichts **gesagt**? Ist das vielleicht zuviel verlangt? Ist er plötzlich stumm geworden? Oder hat ihm jemand während der letzten zwei Minuten die Zunge rausgerissen?

Sybil Basil.

Mr. Hamilton *(höhnisch)* Vielleicht geht's dem Arm von Mr. Robinson wieder besser.

Basil Das tut mir wirklich leid.

Mr. Hamilton Ist schon gut.

Basil Nein, ist es nicht.

Mr. Hamilton Das macht doch nichts.

Basil Aber mir macht's was.

Mr. Hamilton Mir nicht. Ich hab meinen Waldorfsalat.

Basil *(schnappt ihn weg)* Würden Sie mich bitte entschuldigen.

Mr. Hamilton Ja, Herrgott noch mal!!

Basil *(schreit)* Terry!! Was hat das hier zu bedeuten? *(Er geht in die Küche ab.)*

Sybil Basil, bring ihn sofort wieder zurück. *(Zu Mr. Hamilton)* Es tut mir leid, ich hole ihn Ihnen. *(Sie geht Richtung Küche.)*

Basils Stimme *(aus der Küche)* Entschuldigung? Davon kann ich mir auch nichts kaufen! Und komm von den Knien hoch! *(Sybil betritt die Küche.)* Überlaß das mir, Sybil, ich regle das.

Sybils Stimme Basil!

Basils Stimme Ich bin noch nicht mit dem Koch fertig, Sybil, ich meine, warum hast du's mir nicht gesagt, warum nicht, du blöde Kuh. Was sagst du, Terry? Nein, ich bin noch nicht fertig, noch lange nicht, dir werd ich's zeigen, Bürschchen... *(Man hört einen lauten Knall.)* ... Aua!!!!!

Sybil *(kommt mit dem Salat zurück)* Entschuldigen Sie bitte das kleine Durcheinander, der Koch ist noch nicht allzulange bei uns, und wir räumen gerade die Küche um. *(Sie gibt Mr. Hamilton den Salat zurück.)*

Mr. Hamilton Danke.

Sybil Oh, Sie haben ja Ihren Wein noch gar nicht. Basil!... Eine Sekunde. Basil!

Die Küchentür geht auf, und Basil, der sich ein Tuch an die Stirn hält, schaut matt heraus.

Basil *(schwach)* Ja, mein Herz?

Sybil Mr. und Mrs. Hamilton haben ihren Wein noch nicht.

Basil Oh.

Sybil Und Basil – hat der Koch schon die Steaks in Arbeit?

Basil Nein – ich sag's ihm. *(Er verschwindet in der Küche.)*

Mrs. Hamilton Fehlt Ihrem Mann etwas?

Sybil Aber nein. Er hat nur einen ziemlich anstrengenden Tag gehabt.

Mr. Hamilton Sie sind hier beide allein, stimmt's?

Sybil Wir haben seit acht Jahren nicht mehr richtig Urlaub gemacht.

Mrs. Hamilton Seit acht Jahren?!

Sybil Ja, ich muß manchmal einfach raus, nur für ein paar Stunden, selbst wenn's nur zum Friseur ist oder eine runde Golf oder ein Bridge-Abend mit ein paar von den Mädels, oder hin und wieder eine Fahrt über Land, nur ich ganz allein, mal auf einen Sprung runter nach Cornwall, manchmal ist es wunderschön dort...

Basil taucht wieder auf, mit einem Hut, der seltsam tief über seine Schläfe gezogen ist.

Sybil *(zu den Hamiltons)* Ja, Sie müssen unbedingt Cornwall besuchen, solange Sie hier sind. *(Geht in die Küche.)*

Basil Ihr Volnay, Sir.

Mr. Hamilton Oh, danke. *(Probiert den Wein.)*

Basil Ach, übrigens, ich habe mit dem Koch gesprochen, und wir haben geklärt, wie's passiert ist. Offenbar dachte er, er hätte...

Mr. Hamilton *(lobt den Wein)* Sehr gut, vielen Dank.

Basil ...Danke... hätte... hätte **zwei** Bestellungen für Waldorfsalat bekommen, verstehen Sie, und im Grunde hatte er auch die Zutaten, aber...

Mr. Hamilton Nein, ist schon gut, es macht doch nichts.

Basil ...erst als er den einen fertig hatte, war ihm klargeworden, daß nicht genug Zutaten für den zweiten da waren, verstehen Sie...

Mr. Hamilton Hören Sie, machen Sie sich keine Gedanken.

Basil *(zieht einen Brief aus der Tasche)* Jedenfalls, hiermit wird alles erklärt.

Mr. Hamilton Was ist das?

Basil Ein Brief.

Mr. Hamilton Ein Brief?

Basil Ein Brief vom Koch. Der alles erklärt.

Mr. Hamilton Ein Brief vom Koch?!

Basil Er wollte sich persönlich entschuldigen, aber ich wollte nicht, daß er Ihnen die Zeit stiehlt, darum habe ich gedacht...

Mr. Hamilton Mann, vergessen Sie's einfach, ja?

Basil Ich les ihn Ihnen vor.

Mr. Hamilton Ich will mein Steak!

Basil Es dauert nicht lange. *(Macht den Brief auf und liest)* »Liebe Mrs. und Mr. Hamilton, ich hoffe, es geht Ihnen gut. Dies ist nur eine kurze Nachricht, in der ich Ihnen mitteilen möchte, daß ich die volle Verantwortung für das schreckliche Durcheinander des heutigen Abends übernehme. Hätte ich nur auf Mr. Fawlty gehört, dann wäre dieses Fiasko gar nicht erst passiert.« *(Täuscht spontane Überraschung vor)* Oh! *(Von der Küche her dringt zunehmend Rauch ins Zimmer; Basil bemerkt ihn nicht und liest weiter)* »Ich möchte Ihnen nur sagen, daß es ein solches Kuddelmuddel... *(die Hamiltons haben den Rauch gesehen)* ...im Verlauf meiner Karriere noch nie gegeben hat, aber jetzt haben wir geklärt, wie alles passiert ist, und darum werde ich wieder zur Bestform auflaufen. Unterschrift: Terry.«

Basil lächelt die Hamiltons an, folgt ihren Blicken und sieht den Rauch. Er stößt ein seltsames, wütendes Grunzen aus und macht Anstalten, in die Küche zu gehen, schaut noch einmal die Hamiltons an, haut dreimal vielsagend die rechte Faust in die linke Handfläche und stürmt dann in die Küche. Krach und Geschrei dringen heraus.

Basils Stimme Was machst du da? Was soll das heißen, du hast sie anbrennen lassen?

Mr. Hamilton Ich hab endgültig die Nase voll von diesem Theater. *(Er steht auf und geht Richtung Küche.)*

Basils Stimme Wie kann man die einfach vergessen?

Mr. Hamilton betritt die Küche und stellt sich hinter Basil, der eine leidenschaftliche Ansprache im luftleeren Raum hält.

Basil *(tut so, als sei er Terry)* Na ja, ich habe noch einen zweiten Waldorfsalat gemacht. *(Als er selbst)* Einen zweiten Waldorfsalat? Wofür in aller Welt wolltest du einen zweiten Waldorfsalat machen? *(Er nimmt seinen Hut ab und drischt auf den Kühlschrank ein; als Terry)* Vorsicht, Mr. Fawlty! Ich bin nur ein kleiner Wicht! *(Als er selbst)* Was sollen denn Mr. und Mrs. Hamilton denken?... *(Er gestikuliert in Richtung Speisesaal; dies beschert ihm den Anblick von Mr. Hamilton; er hält jäh inne, dann reißt er sich zusammen und lächelt freundlich.)* Mr. Hamilton, darf ich Ihnen Terry vorstellen, der... *(Er zeigt ins Leere und zuckt überrascht zusammen.)* Wo ist er hin? *(Zu Hamilton)* Wo ist er hin? Haben Sie ihn gesehen?

Mr. Hamilton Vielleicht ist er irgendwo essen gegangen.

Er verläßt entschlossen die Küche und geht zu seiner Frau in den Speisesaal.

Mr. Hamilton Komm, Schatz.
Mrs. Hamilton Was ist denn, Harry?
Mr. Hamilton Wir reisen ab.
Mrs. Hamilton Was ist denn passiert?
Mr. Hamilton Das erzähl ich dir später.

Sie verlassen beide den Speisesaal, gehen in die Halle und bewegen sich auf die Treppe zu. Basil steckt den Kopf aus der Küchentür.

Basil Ihr Steak ist im Nu fertig, Mrs. Hamilton... *(Hamilton bleibt stehen, aber Mrs. Hamilton geht weiter die Treppe hinauf.)* Wahrscheinlich hat er Sie kommen hören und Angst gekriegt, und dann ist er zur Hintertür hinausgeschlüpft, wissen Sie, nach allem, was passiert ist...
Mr. Hamilton Für was für einen Hornochsen halten Sie mich eigentlich?
Basil ...Horn...?
Mr. Hamilton Glauben Sie wirklich, ich hätte nicht mitgekriegt, was sich da drin abspielt?
Basil Oh, ein kleines Debakel, könnte man sagen.
Mr. Hamilton Ich spreche davon, daß Sie mir zwanzig Pfund abknöpfen, um den Koch dazubehalten, ihn statt dessen nach Hause schicken, das Essen selber kochen und dann so tun, als sei er noch da.
Basil Ach so, **das**.
Mr. Hamilton Ja, das. Und es würde mich interessieren, was Sie dazu zu sagen haben.

In der Zwischenzeit haben sich einige Gäste in Hörweite versammelt. Unter ihnen befinden sich der Major, Mr. Arrad und die Damen Tibbs und Gatsby.

Basil *(zu ihnen)* Guten Abend.
Mr. Hamilton Ich habe Sie was gefragt!
Basil Ja – es tut mir leid, daß Ihr Essen heute abend nicht ganz Ihren Wünschen entsprach.

Mr. Hamilton *(wendet sich an die anderen Gäste)* Ha! Ich würde es so formulieren: Das hier ist das mieseste, heruntergekommenste Hotel mit dem unfähigsten Management in ganz Westeuropa.

Der Major Nein! Nein! Das kann ich so nicht stehen lassen! Es gibt da ein Etablissement in Eastbourne... wie hieß das gleich noch mal...?

Mr. Hamilton *(zu Basil)* Und Sie sind die Antwort des Britischen Touristenverbands auf Donald Duck.

Basil Also hören Sie mal, ich weiß, daß heute abend einiges schiefgelaufen ist, aber Sie müssen wissen, daß wir tausende zufriedener Gäste beherbergt haben...

Mr. Hamilton Na prima, fragen wir sie einfach, ja?

Basil Was?

Mr. Hamilton Fragen wir sie. *(Zu den Zuschauern)* Sind Sie alle zufrieden? *(Schweigen; zu Mr. Arrad)* Sie – sind Sie zufrieden?

Basil *(zum Major)* Ja, Major, sind Sie zufrieden? Ich meine, Sie sind jetzt seit sieben Jahren bei uns, sind Sie zufrieden?

Der Major Aber ja, ich finde es hier wunderbar.

Basil *(zu Miss Tibbs und Miss Gatsby)* Meine Damen, sind Sie zufrieden?

Die Damen Tibbs & Gatsby O ja, vielen Dank, Mr. Fawlty.

Miss Tibbs Und danke, daß Sie gefragt haben.

Basil Keine Ursache... Mr. Arrad – Sind Sie zufrieden?

Mr. Arrad Äh, nun, ja, ich...

Basil Miss Gurke?

Miss Gurke O ja, sehr nett, ja...

Basil *(zu Mr. Hamilton)* Sehen Sie... zufriedene Gäste! Wenn dieses kleine Hotel natürlich nicht Ihrem Geschmack entspricht, dann dürfen Sie das offen sagen, das ist Ihr Recht. Und selbstverständlich statte ich Ihnen Ihr Geld zurück. *(Er kramt nach den £20; ohne daß er es merkt, kommt Mr. Johnstone hinzu und stellt sich hinter ihn.)* Ich weiß ja, wie wichtig das für Sie Amerikaner ist. Aber Sie müssen bedenken *(er händigt ihm das Geld aus)*, daß es hier in England Dinge gibt, denen wir mehr Wert beimessen, Dinge, die vielleicht bei Ihnen in Amerika in Vergessenheit geraten sind, die aber hier in England viel, viel mehr bedeuten...

Mr. Johnstone Ich bin nicht zufrieden.

Basil ...und die bei uns... was?

Mr. Johnstone Ich bin nicht zufrieden.

Basil Na ja, Leute wie Sie sind eben nie zufrieden.

Mr. Johnstone Wie bitte?

Basil Ein Paar wie Sie kann man doch gar nicht zufriedenstellen, Ihnen sollte man Stroh aufs Zimmer streuen.

Mrs. Johnstone Sie sind der unhöflichste Mensch, dem ich je begegnet bin.

Basil Ich habe doch noch gar nicht angefangen...

Mr. Hamilton *(übernimmt die Gesprächsleitung)* Und Sie werden auch nicht anfangen. Sie halten hübsch still, und diese Leute erzählen uns, ob sie zufrieden sind oder nicht. Und wenn Sie sich von der Stelle bewegen, Fawlty, kriegen Sie einen Tritt in den Arsch.

Basil Hintern sind Ihr Thema, was?

Mr. Hamilton *(zu Johnstone)* Bitte, Sir?

Mr. Johnstone Ich glaube, daß das vermutlich das schlechteste Hotel ist, in dem wir je abgestiegen sind.

Mrs. Johnstone Das stimmt. Der Service hier ist eine Katastrophe.

Mrs. Arrad Das kann ich nur bestätigen.

Mr. Hamilton Können Sie das?

Mrs. Arrad Ja. Sie werden es nicht glauben, aber wir mußten fast eine halbe Stunde auf unser Hauptgericht warten, und als es dann kam, war es das falsche.

Mr. Arrad Und als ich mich beschwerte, hat er mich mit irgendeinem Unsinn abgefertigt über...

Mrs. Johnstone Bei mir waren die Krabben schlecht, und als ich es ihm sagte, hat er Streit angefangen.

Miss Gurke Und ihr Fleisch war wirklich ungenießbar.

Mr. Libson Und ich habe Sie dreimal gebeten, meinen Heizkörper zu reparieren, und nichts ist passiert.

Mr. Hamilton *(packt Basil am Schlips)* Zufriedene Kunden, hm? Meine Fresse! *(Läßt Basil los und geht nach oben.)*

Basil Das ist typisch, absolut typisch... für die Art von *(schreit)* **Verarschung**, die ich mir von Leuten wie Ihnen bieten lassen muß. Sie schnorren sich hier durch und erwarten, daß man sie von vorne bis hinten bedient, während ich versuche, ein Hotel zu führen. Haben Sie überhaupt die **leiseste** Ahnung, wieviel hier zu tun ist? Haben Sie je daran gedacht? Natürlich nicht, weil Sie alle viel zu sehr damit beschäftigt sind, Ihre Nasen in jede Ecke zu stecken und nach Dingen zu schnüffeln, über die Sie sich beschweren können, nicht wahr. Ich will Ihnen mal was sagen – genauso hat es mit Nazi-Deutschland angefangen. Ein Haufen Tunichtgute, die nichts Besseres zu tun hatten, als Unruhe zu stiften. Danke sehr, fünfzehn Jahre Skavenarbeit, um Typen wie Sie bei Laune zu halten, sind genug. Mir reicht's. Los, packen Sie Ihre Koffer und hauen Sie ab!

Mrs. Hamilton kommt wieder die Treppe herunter.

Mrs. Hamilton *(zu Basil)* Sie sind bereits gepackt.
Mr. Hamilton Und bestellen Sie zehn Taxis, klar? Ich bezahle. *(Er und Mrs. Hamilton gehen nach oben.)*
Basil Los, los!
Miss Gurke Was?
Basil Raus, raus mit Ihnen allen.
Mrs. Arrad Raus?
Basil Na los. Ab nach oben. Packen Sie Ihre Koffer. *Adiós!* Raus!
Mr. Johnstone Es regnet.
Basil Das hätten Sie sich vorher überlegen können, oder? Jetzt ist es zu spät. Los, raus! *Raus! Raus!*

Die Gäste gehen nach oben. Sybil ist in der Halle erschienen.

Sybil Basil – was **machst** du da?

Die Gäste bleiben auf der Treppe stehen.

Basil Das will ich dir erklären, mein kleiner Ackergaul. Die Gäste und ich haben ein bißchen geplaudert, und das Fazit der Sache ist, daß sie alle abreisen.
Sybil *(kann es nicht fassen)* Abreisen!?
Basil Also laß es mich so ausdrücken, Schatz – entweder **sie** gehen oder ich! *(Sybil starrt ihn nur an.)* Alle Mann zurück. Meine Frau hat eine bessere Idee. **Ich** gehe statt dessen. *(Die Gäste kommen wieder in die Halle zurück.)* Na dann, auf Wiedersehen, Schatz. Es waren interessante fünfzehn Jahre, aber auch die schönste Zeit ist mal zu Ende. *(Küßt sie.)* Ich hoffe, daß dir deine neue Arbeit hier gefällt, nämlich dabei zu helfen, ein Hotel zu führen. Auf Wiedersehen, Major. Auf Wiedersehen, meine Damen, Grüße an Polly und Manuel. Tschüß, mein Schatz.

Er schickt sich an zu gehen. Die Hamiltons kommen mit ihrem Gepäck herunter.

Sybil Du hast die Schlüssel vergessen, Basil.

Basil In der Tat, Schatz, ja. *(Er gibt sie ihr.)* Oh, und auf Wiedersehen, wer sonst noch da ist. Ich hoffe, daß Ihnen Ihr Aufenthalt hier gefällt. Vergessen Sie nicht – wenn Sie irgendwelche Beschwerden haben, zögern Sie nicht, sie meiner Frau mitzuteilen. Zu jeder Tages- und Nachtzeit. Einfach rufen! Tschüß!

Er schreitet erhobenen Hauptes zum Haupteingang hinaus. Draußen gießt es in Strömen. Er geht weiter, bleibt aber nach ein paar Metern stehen und läßt sich vom Regen durchnässen. Er blickt auf und denkt nach. . . In der Halle telefoniert Mr. Hamilton, während die anderen Gäste noch als Gruppe zusammenstehen.

Mr. Hamilton *(ins Telefon)* Zehn Minuten, wunderbar.

Er legt den Hörer auf. Basil kommt wieder herein.

Basil *(zu Sybil)* Hallo, Schatz, ich bin wieder da.

Sybil Was willst du noch, Basil?

Basil Ein Zimmer, bitte. Nummer zwölf ist frei, soviel ich weiß. Ich hätte gern um halb zehn Frühstück im Bett, bitte, und zwar Eier mit Schinken, Würstchen und Grilltomate und Waldorfsalat und literweise heißen Schraubenzieher zum Nachspülen. . .

Räucherhering und Leiche

Die Hotelbar, abends. Sybil steht hinter der Theke, Manuel bedient Gäste. Der Major sitzt an einem Tisch mit Mrs. Chase, die ein Schoßhündchen streichelt.

Mrs. Chase Und er liebt Pekannüsse und Walnüsse, und er schwärmt geradezu für diese kleinen Käsefußbälle... nicht wahr, mein Schatz... ist er nicht goldig?

Der Major *(nicht sehr interessiert)* Ganz hübscher kleiner Bursche. Was ist es für einer?

Mrs. Chase Er ist ein kleiner Chitzu.

Der Major Ach ja? Ogottogottogott. Und was für eine Rasse?

Mrs. Chase Nun, er ist ein Schoßhund, nicht wahr?

Der Major Ein Stoßhund? Hm, kaum zu glauben, daß der zu so was taugt, was?

Basil *(hinzutretend)* Hallo Major, kann ich Ihnen noch einen bringen?

Der Major Ah... *(Schaut auf seine Uhr.)* Warum nicht, warum nicht?

Basil Und für Sie, Mrs. Chase?

Mrs. Chase Oh, für mich nichts, danke, aber Prinz hätte gerne eine kleine Untertasse mit warmer Milch, es ist ja bald unsere Schlafengehenszeit.

Basil Ja... Manuel! *(Zu Mrs. Chase)* Manuel wird ihm jeden Wunsch von den Augen ablesen. Ich muß mich heute abend leider um die Leute kümmern... *(Geht ab; Manuel eilt ins Bild.)* Manuel – *por favor, el perro microscópico...*

Dr. Price kommt in die Bar.

Sybil Oh, guten Abend, Dr. Price.

Dr. Price Guten Abend.

Sybil Was hätten Sie gern?

Dr. Price Einen Scotch bitte... und ich nehme an, es ist zu spät, um noch etwas zu essen zu bekommen? Ich habe das Abendessen verpaßt.

Sybil An was hatten Sie denn so gedacht?

Dr. Price Na, am liebsten ein paar Würstchen.

Sybil Oh, die hat der Koch leider schon weggeschlossen. Wir könnten Ihnen ein paar Sandwiches machen – Schinken, Käse, Tomaten...

Dr. Price Nun, dann Schinken. Danke.
Sybil Ich kümmer mich darum. Basil...
Basil *(der gerade Getränke serviert)* Ja, Schatz?
Sybil Würdest du bitte ein paar Schinken-Sandwiches machen?
Basil Also, ich bin gerade...
Sybil Für Dr. Price. *(Das Telefon in der Halle klingelt.)*
Basil Oh... natürlich. Ja, einen Moment, Doktor. *(Serviert das Getränk.)* Hier, Major.
Sybil Entschuldigung, das Telefon. *(Geht ab.)*
Basil *(zu Manuel, der dabei ist, das Fenster zu schließen)* Na, haben wir noch etwas Zug gefunden, ja?
Mrs. Chase Wir müssen sehr aufpassen, Mr. Fawlty, er ist nicht sehr robust.
Basil Allerdings. Ein plötzlicher Windstoß könnte seine Gesundheit ruinieren. Wenn man sie doch bloß in luftdichten Behältern aufbewahren könnte!
Der Major Würde er wohl kaum Luft kriegen, Fawlty, hm?
Basil Er könnte es versuchen, Major, er könnte es versuchen. *(Er wischt den benachbarten Tisch ab, an dem ein kleiner glatzköpfiger Mann und eine rothaarige, ziemlich sexy-aussehende Frau sitzen.)* Noch einen Drink für Sie?
Mann Hm, nein danke, es ist schon spät... und wir sollten... nach oben gehen.
Basil Klar, klar. *(Zu sich)* Tut mir leid, Sie aufgehalten zu haben. *(Zu Dr. Price)* Nun, Doktor, ein Sandwich? Zwei?
Dr. Price Oh, eins reicht, danke!
Basil Mit Vergnügen. *(Ab in Richtung Küche.)*

In der Halle. Sybil ist am Telefon an der Rezeption; sie ist unverkennbar am Tratschen.

Sybil Nein, nein das war die, die er beim dritten Mal dabei hatte. Beim ersten Mal war es die Runtergekommene, dann seine Frau, dann sie, jetzt die rot... *(Der Mann und die Rothaarige kommen an die Rezeption.)* ...Ja, das muß herrlich gewesen sein. *(Zum Mann)* Nummer zwölf... mal sehen... *(Gibt ihm den Schlüssel.)*
Mann Danke. *(Er und seine Begleitung gehen nach oben.)*
Sybil *(ins Telefon)* ...Wirklich, ganz herrlich. Ja, das waren sie... nicht viel, mit zunehmendem Alter werden sie weniger wählerisch.

Eine Gesellschaft kommt durch den Haupteingang herein. Miss Young, Mr. Ashe, Mr. Xerxes und Mr. Zebedee. Sie haben offensichtlich geschäftlich miteinander zu tun. Mr. Ashe schaut schuldbewußt drein.

Mr. Ashe Tut mir leid.

Mr. Xerxes Ich bitte Sie! Macht doch überhaupt nichts, wir treffen uns dann morgen früh.

Mr. Zebedee Sie hatten eine lange Fahrt.

Mr. Xerxes Sie brauchen einfach eine Mütze voll Schlaf.

Miss Young Und Sie fühlen sich wirklich gut?

Mr. Ashe Bestens, bestens, nur ein bißchen...

Miss Young Ja, genau.

Mr. Xerxes Also, Sie hauen sich jetzt sofort hin, und wir holen Sie morgen früh um halb zehn hier ab.

Mr. Zebedee Wir trinken dann hier einen Kaffee und sind um zehn beim Direktor.

Mr. Ashe Gut, in Ordnung, danke.

Die anderen Gute Nacht. Bis morgen früh. Und schlafen Sie gut.

Mr. Ashe Also bis halb zehn... tut mir leid... *(Sie verlassen das Hotel, und Mr. Ashe wendet sich an Sybil.)*

Sybil *(ins Telefon)* Harris... ach, er ist wieder allein... o nein, das hätte ich nicht gedacht, er sieht Fußball. *(Zu Mr. Ashe)* Nummer acht?... Wo waren wir stehengeblieben... *(Gibt ihm den Schlüssel.)* Fühlen Sie sich nicht wohl?

Mr. Ashe Ach... nicht sehr, nein...

Sybil Meine Güte. Möchten Sie was Heißes zu trinken?

Mr. Ashe Nein, danke... Geht schon, danke.

Sybil Wenn Sie irgendeinen Wunsch haben...

Mr. Ashe *(im Weggehen)* Ja, danke.

Sybil *(ins Telefon)* Nein, das war er nicht, das war ein neuer.

Basil *(kommt mit einem Teller mit Sandwiches aus der Küche; zu Mr. Ashe)* Gute Nacht. *(Ashe reagiert nicht darauf und geht in Richtung Treppe.)* Ich sagte: Gute Nacht.

Mr. Ashe Ja... gute Nacht!

Basil Hat gar nicht weh getan, oder?

Sybil Basil!

Mr. Ashe unsicher ab, während Basil die Halle durchquert.

Basil Gute Manieren kosten nichts, Schatz.

Sybil Es geht ihm nicht gut, Basil.

Basil Er sollte nur gute Nacht sagen, Schatz. Kein Mensch hat von ihm verlangt, eine Parlamentsrede zu halten.

Sybil Basil, wenn es dir nicht gutgeht...

Basil *(geht in die Bar)* Nur zwei kleine Worte, Schatz, um ein wenig Freude in diese Welt zu bringen.

Mr. Ashe *(kommt wieder runter)* Entschuldigung...

Sybil Ja, Mr. Ashe? Was kann ich für Sie tun?

Mr. Ashe Wäre es wohl möglich, daß ich morgen mein Frühstück ans Bett bekomme?

Basil *(kommt zurück)* ...ans Bett?

Mr. Ashe Ja.

Sybil Natürlich, Mr. Ashe!

Basil Ja, das schaffen wir auch noch, Schatz, nicht wahr?

Sybil Ja, machen wir. *(Ins Telefon)* Ich ruf dich zurück. *(Legt den Hörer auf.)*

Basil Sind es die Beine?

Mr. Ashe Bitte?

Basil Nun, die meisten unserer Gäste schaffen es, morgens runterzukommen.

Sybil Großes oder kleines Frühstück?

Mr. Ashe Ja, also...

Sybil Unser Koch macht ein hervorragendes großes Frühstück, Eier, Schinken, Würstchen, Tomaten, überbackenes Brot...

Mr. Ashe Ein kleines.

Sybil Auch keinen Räucherhering?

Mr. Ashe Oh, Räucherhering... gerne, ja.

Basil resigniert ab.

Sybil Toast, Butter, Marmelade...

Mr. Ashe Ja, danke.

Sybil Tee oder Kaffee?

Mr. Ashe *(dem es wirklich nicht gutgeht)* Ja, hm... Tee, danke.

Sybil Eine Zeitung?

Mr. Ashe Ähm... den Telegraph...

Sybil Danke... und gute Nacht.

Mr. Ashe zieht sich zurück, Sybil geht ins Büro, Basil erscheint wieder.

Basil Rosenholz, Teak, Mahagoni?

Mr. Ashe Wie bitte?

Basil Welches Holz bevorzugen Sie für das Frühstückstablett?

Mr. Ashe Ist mir eigentlich egal.

Basil Sind Sie sicher? Also gut, dann gehen Sie mal ins Bett und schlafen sich richtig schön aus. Vielleicht krieg ich ja auch noch die eine oder andre Stunde Schlaf. *(Mr. Ashe, der die Stufen hochsteigt, nachrufend)* Aber ich bin früh genug auf, um Ihnen Ihr Frühstück ans Bett servieren zu können. *(Ashe ist weg.)* Wenn Sie sich bemühen, mit offenem Mund zu schlafen, brauchen Sie gar nicht wach zu werden. Ich schmeiß dann den Räucherhering in kleinen, liebevoll gebutterten Stückchen einfach rein, wenn Sie einatmen... falls Ihnen das nicht zuviel ist. *(Macht Sybil nach)* Basil! *(Haut sich auf die Hand.)*

Der Speisesaal am nächsten Morgen zur Frühstückszeit. Dr. Price sitzt am mittleren Tisch; Polly nimmt seine Bestellung auf.

Dr. Price Würstchen, bitte.

Polly Nur Würstchen?

Dr. Price Nur Würstchen.

Polly Tee oder Kaffee?

Dr. Price Kaffee, bitte.

Am Tisch von Mrs. Chase gibt es einen kleinen Aufruhr. Polly geht hinüber. Der Hund sitzt auf einem Stuhl am Tisch.

Manuel Aber ist...

Mrs. Chase Nein, nein, keine Untertasse.

Manuel *Cómo?*

Mrs. Chase Ich sagte, eine Schale.

Manuel Eine Schal?

Mrs. Chase Ja. Und nicht kalt wie das hier, das ist zu **kalt**. Ich sagte lauwarm, nicht wahr?

Polly *Mas grande*, Manuel – *de agua caliente.*

Manuel Ah. *(Er und Polly ab.)*

Mrs. Chase Hiervon könnte er eine Lungenentzündung kriegen. Und bringen Sie noch ein Kissen. Er sitzt nicht hoch genug.

Polly und Manuel gehen in die Küche. Terry kocht und Sybil hilft ihm.

Polly Würstchen für Tisch sechs, Terry.
Terry Kommen schon.
Polly *Mas grande,* Manuel

Sie eilt in die Halle, an Basil vorbei, der, während er hereinkommt, einen Blick in die Zeitung wirft.

Basil Schon wieder ein Streik in der Autoindustrie. Kaum zu glauben.
Sybil *(gibt ihm eine Dose)* Bitte leg diese Heringe zurück. Basil, geht das?
Basil Wir sollten unsre Fabriken nach Mallorca verlegen.
Sybil In den Kühlschrank.
Basil *(liest auf der Dose)* Mindestens haltbar bis... Wann war der sechste?
Sybil Ach, das ist schon in Ordnung.
Basil Das steht aber auf der Verpackung, Sybil.
Terry Die sind noch gut, Mr. Fawlty.
Basil *(sucht in der Zeitung)* Der sechste?
Sybil Das machen die nur, um sich abzusichern.

Polly eilt herbei und gibt Manuel ein Kissen. Er geht damit in den Speisesaal.

Terry Eier und Würstchen, Poll.

Der Speisesaal. Manuel geht mit Kissen und Schale zum Tisch von Mrs. Chase. Er stellt die Schale auf den Boden.

Mrs. Chase Auf den Tisch... auf den Tisch! *(Manuel legt das Kissen auf den Tisch.)* Nein! **Das!** *(Manuel stellt die Schale unsicher auf den Tisch. Mrs. Chase hebt den Hund hoch.)* Jetzt legen Sie ihm das unter. *(Manuel stellt die Schale auf den Stuhl.)* Das Kissen! Das Kissen!

Manuel schiebt das Kissen unter den Hund, aber der schnappt nach ihm und landet einen Treffer.

Manuel Hat mich gebissen!
Mrs. Chase Sie haben ihn erschreckt.
Manuel *Qué?*

Mrs. Chase Wenn Sie so hektische Bewegungen machen wie eben, muß er Sie ja beißen. Haben Sie keine Hunde in Kalkutta?

Polly *(kommt hinzu)* Entschuldigung, aber haben Sie Eier und Würstchen bestellt?

Mrs. Chase Ja. Die Würstchen sind für ihn. *(Polly stellt den Teller ab.)*

Manuel Ooh!

Polly Was ist denn los, Manuel?

Manuel Er hat mich gebissen.

Mrs. Chase Zerschneiden, bitte. In kleine Stücke. *(Polly fängt an, die Spiegeleier zu zerschneiden.)* Nein, nicht meine Eier, nicht meine Eier. Die Würstchen!

Polly Oh, Entschuldigung. *(Sie fängt an, die Würstchen zu schneiden, aber der Hund schnappt auch nach ihr.)*

Manuel Hat Polly auch gebissen. Sehen Sie?

Mrs. Chase Wenn Hunde im Speisesaal erlaubt sind, sollte die Bedienung wenigstens eine Ahnung davon haben, wie man mit ihnen umgeht.

Polly *(liebenswürdig)* Ich werde sie in der Küche kleinschneiden, Mrs. Chase.

Mrs. Chase In **kleine** Stücke!

Die Küche. Terry ist mit den Heringen fertig.

Terry Räucherhering fertig!

Polly und Manuel kommen rein. Sie stellt den Teller wütend ab.

Manuel Hat dich verletzt?

Basil schaut auf die Heringe.

Sybil Basil, was machst du da?

Basil Weißt du, wann der sechste **war**?

Sybil Bringst du sie jetzt bitte hoch?!

Terry Die sind noch gut, Mr. Fawlty.

Basil Sollen die diese Farben haben?

Sybil Basil, bringst du sie jetzt bitte hoch! Was ist los, Manuel?

Polly Diese haarige Mücke hat uns beide gerade gebissen.

Sybil Wie bitte?

Manuel Nix gut in Speisesaal jetzt.

Sybil Tja, sie zahlt für den Hund extra, Manuel, insofern... **Basil**, es ist **nach** acht!

Basil *(den Blick immer noch starr auf die Heringe gerichtet)* Jemand zu vergiften ist in diesem Land immer noch strafbar, Sybil.

Sybil Los, beweg dich endlich, wir haben einen harten Tag vor uns, ich hab die Männer von der Wäscherei für heute bestellt...

Basil Die Männer von der Wäscherei! Mein Gott! Aber natürlich, Frauenarbeit ist unsichtbare Arbeit.

Sybil Was machst du, Polly?

Polly Ich bereite die Würstchen zu. *(Sie gibt einen Schuß Tabasco dazu.)* Wurst à la Durst.

Der obere Flur; Basil mit dem Tablett. Im Gehen schaut er auf die Zeitung. Er erreicht Mr. Ashes Tür und klopft.

Basil Guten Morgen! Frühstück!

Im Zimmer. Mr. Ashe sitzt mit offenen Augen im Bett. Er ist tot. Das Licht ist an. Man hört Basil klopfen.

Basil Frühstück! *(Er öffnet die Tür, tritt ein und stellt das Tablett vor Mr. Ashe aufs Bett.)* Bitte sehr. *(Er hebt ein Buch vom Boden auf; Mr. Ashe sackt nach vorn, und es sieht so aus, als ob er in die Zeitung schaut. Basil legt das Buch auf den Nachttisch.)* Schon wieder ein Streik in der Autoindustrie. Traumhaft, was? *(Er geht zum Fenster und zieht die Vorhänge auf.)* Der Steuerzahler blecht jedes Jahr Millionen, die kassieren das Geld und fangen an zu streiken. Reinster Sozialismus. Ich meine, wenn es denen keinen Spaß macht, Autos zu bauen, warum tun sie sich nicht nach einem anderen gottverdammten Job um, warum entwerfen sie nicht Kirchen oder komponieren Violinkonzerte? Das British-Leyland-Konzert in vier Sätzen, alle schön langsam und mit vierstündigen Teepausen dazwischen. Ich sag Ihnen warum: weil die an nichts interessiert sind, außer sich auf den Förderbändern rumzuwälzen und sich mit meinem Geld zu mästen. Macht es Ihnen was aus, wenn ich das Licht ausmache? *(Er macht das Licht aus und dreht sich beim Hinausgehen zu Mr. Ashe um.)* Also, viel Spaß mit Ihrem Frühstück... Entschuldigung, ich hab das nicht mitgekriegt... oh, gern geschehen, nicht der Rede wert! *(Er schließt die Tür hinter sich und geht den Flur entlang zur Treppe.)* Unglaublich! Un-glaub-lich! Kein einziges gottverdammtes Wort. Man steht um halb sechs auf, damit die Herrschaften bis mittags im Bett liegen bleiben können, und kriegt man ein Dankeschön dafür? *(Er ist schon am Fuß der Treppe, als Polly mit einem kleinen Silberkännchen in der Hand aus der Küche kommt.)* Was ist das?

Polly Hab die Milch vergessen.

Basil Fang kein Gespräch mit ihm an, der läßt einen gar nicht wieder gehn. *(Er verschwindet in die Küche; Polly geht die Treppe rauf.)*

Die Küche. Sybil ist mit der Wäscheliste beschäftigt.

Basil Was sagt man dazu? Ich bring ihm sein Frühstück, ich schlepp es die ganze Treppe hoch, ich stell es vor ihm hin, ich leg ihm die Zeitung griffbereit, ich räum das Zimmer auf, öffne die Vorhänge, und rat mal, was er sagt? *(Sybil ist sehr mit der Liste beschäftigt.)* Ich sagte: Rat mal, was er sagt!

Sybil Hmm?

Basil Nichts! *(Keine Reaktion.)* Dein Freund, der in Nummer acht. Nichts... kein Sterbenswort. Hörst du mir überhaupt zu? Hallo, hallo... kann mich jemand hören? Habe ich aufgehört zu existieren? Bin ich unsichtbar geworden? Sybil, Sybil, Sybil... kannst du mich sehen?

Sybil *(wendet sich ihm zu)* Nein. *(Widmet sich wieder ihrer Liste.)*

Basil Auch gut. Also dann. Ich werd mich ein bißchen hinlegen. Nein, werd ich nicht, ich werde ein paar Gäste erschlagen. *(Geht in den Speisesaal.)*

Der Speisesaal. Er schleicht sich hinter einen Gast, als seltsame, würgende Klänge wie Todesröcheln von Mrs. Chases Tisch hörbar werden.

Mrs. Chase Du armer kleiner Junge... du armes kleines Hundi-Pundi... komm, laß mich mal sehen.

Die Küche. Terry gibt Manuel einen Teller mit Würstchen.

Terry Die Würstchen für Dr. Price.

Polly stürmt in die Küche, ziemlich aufgeregt.

Sybil Was ist los, Polly?

Polly Er ist tot.
Sybil Tot? Wer?
Polly Zimmer acht.
Sybil Ashe. Aber Basil hat ihm gerade das Frühstück gebracht.
Polly Er ist kalt.
Sybil O nein!

Sybil und Polly rennen in die Halle. Manuel und Terry schauen sich stumm an. Basil kommt rein.

Basil Was ist mit dem Hund los?
Manuel Er tot.
Basil Also jedenfalls kämpft er im Augenblick ziemlich um sein Leben. Ein toter Hund im Frühstücksraum? Das kostet uns **mindestens** einen Stern im Hotelführer.
Manuel Nein, nein... Mr. Ashe ist tot.
Basil Das würde einiges erklären.
Terry Nein, Mr. Fawlty, wirklich... Poll hat es gerade gesagt.
Basil Was geht hier vor? Ich hab ihm gerade die Heringe ge... O mein Gott! *(Er dreht sich rum und galoppiert raus.)*

Die Halle. Basil rennt nach oben, an Sybil vorbei, die die Treppe runterkommt.

Sybil Ashe ist tot. Ich hole Dr. Price.
Basil Warte... warte! *(Aber sie ist schon weg; er läuft rauf.)*

Mr. Ashes Zimmer. Polly ist da; Basil stürmt rein. Er starrt auf den Leichnam.

Polly Ich hatte gerade die Milch auf das Tablett gestellt... *(Basil ergreift den Teller mit den Räucherheringen und schaut sich fieberhaft um.)*... Was tun Sie da? *(Basil ergreift die Heringe und schiebt den Teller unter das Bett.)*... Was **tun** Sie da?
Basil *(eilt zum Fenster)* Ich hab es ihr gesagt. Ich hab ihr gesagt, der sechste. Dafür können wir zwanzig Jahre kriegen. *(Er bekommt das Fenster nicht auf.)*
Polly Was?
Basil Die Heringe! Die Heringe! O mein Gott! *(Er kriegt das Fenster ein bißchen hoch.)*

Polly Mr. Fawlty, er ist seit Stunden tot! *(Basil kämpft weiter mit dem Fenster.)* Mr. Fawlty! Er ist eiskalt. Er muß seit Stunden tot sein. Er muß im Schlaf gestorben sein. Mr. Fawlty!

Basil Was, was?

Polly Er hat die Heringe nicht angerührt. Sehen Sie doch! Fühlen Sie mal!

Basil Was?

Polly Fühlen Sie doch mal!

Basil *(berührt den Körper)* Kalt wie Eis.

Polly Ja.

Basil Großer Gott! Danke! Ist das nicht herrlich! O ich bin so glücklich! Hurraaa! *(Polly versucht ihn zu beruhigen.)* Hur. . . *(Er dreht sich um und sieht Sybil mit Dr. Price dastehen.)* Traurig, nicht? Ts, ts, ts! *(Er versteckt die Heringe in seinem Pullover.)*

Dr. Price Darf ich fragen, wer. . . *(Schaut Basil an; er hat die Heringe gerochen.)*

Basil Bißchen stickig, nicht? Ich mach mal ein Fenster auf.

Sybil *(Dr. Price erinnernd)* Wer. . .?

Dr. Price Wer hat die Leiche gefunden?

Sybil Polly.

Polly Ich hab die Milch hochgebracht. . . und. . . die hatten wir vergessen.

Dr. Price Sie haben die Milch mit dem Frühstück gebracht?

Sybil Nein, das Frühstück war schon gebracht worden.

Dr. Price Also, wer hat ihm das Frühstück gebracht? Wer hat ihn gefunden?

Basil ist am Fenster; er versucht einen der Heringe hinauszuschmeißen, trifft aber die Scheibe; der Hering prallt zurück und landet auf dem Boden. Basil stellt den Fuß drauf. Dr. Price schaut ihn an.

Basil Äh, ich hab das Frühstück gebracht.

Dr. Price *(sieht den Hering)* Was ist das?

Basil Also. . . das ist ein Teil davon.

Dr. Price Wovon?

Basil Ein Teil vom Frühstück.

Dr. Price Sie haben ihm sein Frühstück gebracht.

Basil Ja.

Dr. Price Also haben Sie ihr erzählt, er sei tot.

Basil Ja.

Dr. Price *(zu Polly)* Warum haben Sie ihm dann... *(Basil versucht den anderen Hering unter dem Pullover hervorzuholen, aber Dr. Price schaut zu ihm hin und wendet sich dann wieder an Polly)* Warum haben Sie ihm dann noch die Milch gebracht?

Polly Warum?

Dr. Price Ja, warum?

Polly Also, als er sagte, Mr. Ashe sei im Bett verschieden, habe ich verstanden »im Bett geblieben«.

Sybil Also, genaugenommen hat er gar nicht gesagt, daß Mr. Ashe tot sei, Dr. Price.

Basil Ich habe gesagt, er sei ziemlich still.

Dr. Price Still?

Basil Genau.

Sybil Worüber hast du dich noch mal mit ihm unterhalten, Basil? Streiks, oder?

Basil Danke, Sybil.

Dr. Price Das verstehe ich nicht. Er ist seit zehn Stunden tot.

Basil Ja, das ist so endgültig, finden Sie nicht?

Sybil Basil!

Basil Ja, Schatz, findest du nicht, daß es endgültig ist? Ich finde, es ist gottverdammich **ziemlich** endgültig.

Dr. Price Wollen Sie damit sagen, Sie haben nicht gemerkt, daß dieser Mann tot ist?

Basil Die Leute reden nicht viel am frühen Morgen... ich bitte Sie – ich hab nur ein Tablett abgeliefert, oder? Wenn ein Gast nicht »So ein Tag, so wunderschön wie heute« singt, muß ich noch lange nicht denken: Da ist schon wieder einer über Nacht abgekratzt, ein neuer Name im Fawlty-Towers-Erinnerungsbuch. Ich meine, das hier ist schließlich ein Hotel und nicht die Burmesische Eisenbahn.

Sybil Basil!

Basil Immerhin steht da draußen ein großes Schild mit »Hotel« drauf, nicht wahr. Vielleicht sollte man das genauer fassen: »Hotel für Gäste, die eine Chance von über 50% haben, die Nacht zu überstehen«... Was guckt ihr mich alle so an?

Sybil *(geht zu ihm; ruhig)* Basil, aus deinem Pullover schaut ein Hering raus.

Basil Ach, **da** ist der! Ich hab ihn schon überall gesucht. Das ist der andere.

Sybil Wir sind dann unten, Doktor. *(Drängt Basil aus dem Zimmer.)*

Polly Soll ich das Beerdigungsunternehmen anrufen?

Sybil Ja bitte, Polly.

Basil *(ruft über die Schulter zurück)* Ich bin seit halb sechs auf den Beinen! *(Man trägt ihn aus dem Raum; Dr. Price fängt mit seiner Untersuchung an.)*

Die Halle. Sybil, Basil und Polly kommen die Treppe herunter. Basil hat immer noch einen Hering in der Hand.

Sybil Er wollte heute abreisen. Gegen Mittag kommen ein paar Leute, um ihn abzuholen.

Basil Na, dann tun wir ihn in ein anderes Zimmer.

Sybil Wir sind ausgebucht. Jetzt tu den doch weg! *(Basil schmeißt den Hering in die Küche.)* Leg die Leiche solange ins Büro, bis der Beerdigungsunternehmer kommt.

Basil Jetzt?

Sybil Wenn der Doktor fertig ist. *(Sie geht zur Rezeption; Polly, am Telefon, wählt.)*

Basil Was machst du da?

Sybil Ich mach seine Rechnung fertig.

Basil Und wem willst du die geben?

Sybil Ich werde sie in seine Brieftasche legen. Man wird dort nachschauen. Ich berechne ihm besser nichts fürs Frühstück.

Miss Gatsby erscheint in der Tür zum Speisesaal.

Polly *(ins Telefon)* Mr. Simkins? Hier Fawlty Towers. Über Nacht ist hier leider jemand verstorben. . . wann könnten Sie die Leiche abholen? *(Sie sieht Miss Gatsby herankommen.)*. . . Die Teiche. . . bei den Teichen, ja. . .

Basil *(nimmt Miss Gatsby charmant am Arm, um sie fortzuschaffen)* Guten Morgen, guten Morgen!

Miss Gatsby Sie sind ja heute morgen sehr gut gelaunt, Mr. Fawlty.

Basil *(gut gelaunt)* Ja, einer der Gäste ist gerade verstorben.

Miss Gatsby Oh, Sie böser Mann. *(Ab.)*

Basil Manuel! Manuel! *(Manuel kommt aus der Küche gerannt und staubt dabei den Hering ab, den Basil ihm abnimmt.)* Manuel, wir gehen jetzt rauf und holen die Leiche. *(Zu Polly)* Polly. . . Polly. . . *(Er nickt in Richtung Treppe.)*

Polly *(ins Telefon)* Ja, wenn's geht. *(Sie legt auf.)*

Basil *(schwenkt den Hering, dann sieht er Dr. Price die Treppe runterkommen)* Wäre es in Ordnung, wenn. . .

Dr. Price nickt. Basil, Manuel und Polly stürmen die Treppe hoch.

Dr. Price *(zu Sybil)* Könnte ich bitte mal telefonieren, ich muß den Leichenbeschauer anrufen. . .

Sybil Den Leichenbeschauer?

Dr. Price Ich kann den Totenschein nicht ausstellen, weil ich nicht sein Arzt bin. Ich muß diesen Tod melden. . .

Sybil Ja, ich verstehe. Natürlich. Kommen Sie bitte hier entlang, Doktor. *(Sie führt ihn ins Büro.)*

Im Flur oben. Polly bewacht die Treppe. Basil guckt aus Mr. Ashes Zimmer.

Basil *(zu Polly)* Alles klar?

Polly Alles klar. . .

Basil und Manuel erscheinen; sie tragen den Leichnam, er ist in ein Tuch eingewickelt, einige zusammengelegte Handtücher liegen auf ihm drauf.

Manuel Ist schwer.

Basil Komm schon, komm!

Miss Tibbs taucht hinter ihnen auf und will gerade überholen.

Miss Tibbs Guten Morgen, Manuel.

Manuel Guten Morgen.

Einige Handtücher fallen runter.

Miss Tibbs Oh. . . Ich heb sie auf. *(Sie hebt die Tücher auf und versucht sie wieder draufzulegen.)*

Basil Nein, ist schon gut, lassen Sie nur. Nein, lassen Sie, das ist schwer.

Miss Tibbs Nein, ich mach das schon. Ich lege sie da drauf.

Basil Lassen Sie sie doch, nur keine Umstände. Wir schaffen das schon.

Miss Tibbs Aber das macht doch keine Umstände.

Basil So lassen Sie sie doch liegen!

Miss Tibbs Ich weiß, man muß sie nur so falten. *(Manuel stöhnt unter dem Gewicht.)*

Basil Gehen Sie weg! Voran, Manuel, voran, beweg dich!

Polly *(nimmt Miss Tibbs am Arm)* Ich mach das schon, Miss Tibbs.

Miss Tibbs Aber das mach ich doch gern. *(Die zwei setzen sich mit der Leiche in Bewegung, aber Miss Tibbs steht auf dem Tuch; es gleitet zu Boden; Miss Tibbs schreit)* Aahhh! Er ist tot!

Basil Geschieht Ihnen recht!

Polly *(bemüht sich, die schreiende Miss Tibbs zu beruhigen)* Schh! Schh! Ist ja gut, Miss Tibbs.

Miss Tibbs Ah! O mein Gott!

Basil Seien Sie still.

Polly versucht, Miss Tibbs zu beruhigen, aber es gelingt ihr nicht.

Miss Tibbs Aaaaaaaaaaaahhh!

Basil Kleb ihr eine!

Polly Wie bitte?

Basil Sie ist hysterisch. Gib ihr eine Ohrfeige.

Polly versucht, Miss Tibbs den Mund zuzuhalten, aber diese beißt sie; Polly zieht die Hand schnell zurück. Manuel stöhnt.

Miss Tibbs Mord! Mord!

Basil Hau zu!

Polly tut's. Miss Tibbs klappt zusammen und fällt flach auf den Boden. Manuel läßt die Leiche fallen.

Basil *(zu Polly)* Na, ist ja toll! Bravo! Gut gemacht! Zwei tot, nur noch fünfundzwanzig vor uns. *(Er hört ein Geräusch von unten.)* Schnell, Polly!

Polly rennt zur Treppe. Basil zieht die Leiche ins nächste Zimmer und holt dann Manuel, der ihm hilft, Miss Tibbs ins gleiche Zimmer zu schleppen. Polly kniet am Boden und hält Mr. und Mrs. White auf, die heraufkommen.

Polly Ich hab hier irgendwo meinen Ring verloren, ah . . . da ist er ja.

(Man hört, wie eine Tür zugeschlagen wird.) Oh, Entschuldigung, ich bin Ihnen im Weg. *(Sie steht auf.)*

Mr. White Es geht schon. *(Sie gehen an ihr vorbei und auf das Zimmer zu, in das Basil und Manuel die Leiche und Miss Tibbs geschleppt haben.)*

Polly *(schiebt sich zwischen das Paar und die Tür)* Ist dies Ihr Zimmer?

Mr. White Ja.

Polly Es ist wunderbar, nicht wahr?

Mrs. White Ja.

Polly Hat Ihnen das Frühstück geschmeckt?

Mr. White Ja, danke, ja, ja. Entschuldigen Sie... meinen Sie, wir könnten eben mal reingehen und unsere...

Polly Besser nicht.

Mr. White Wie bitte?

Polly Ach wissen Sie, im Moment wird es gerade saubergemacht. Und zwar von Mr. Fawlty.

Mrs. White Aber wir brauchen unsere Sachen.

Mr. White Ja, wir wollen nämlich ausgehen.

Polly Also, das dauert nur noch ein paar Minuten.

Mrs. White Tut mir leid, aber wir sind schon etwas spät dran. *(Sie greift nach der Türklinke.)*

Polly Entschuldigen Sie... Mr. Fawlty! *(Sie klopft.)* Mr. Fawlty!!!

Basils Stimme Ist die Luft rein?

Polly Hallo... Mr. Fawlty...

Basils Stimme Jemand da?

Polly Mr. und Mrs. White wollen in ihr Zimmer.

Basils Stimme Oooonein! Einen Moment! *(Pause; dann öffnet sich die Tür einen Spaltbreit.)* Hallo!

Mr. White Können wir reinkommen?

Basil Ähm...

Polly Ich hab den Herrschaften bereits erklärt, daß Sie gleich mit Saubermachen fertig sind.

Basil Ja, höchstens noch fünf Minuten.

Mr. White Könnten Sie nicht später weitermachen?

Im Zimmer hört man Manuel stöhnen, dann einen schweren Fall.

Basil *(zu Manuel)* Hebst du bitte den Aschenbecher auf, Manuel? *(Zu den Whites)* Später weitermachen?

Mrs. White Wenn wir unsere Sachen geholt haben.

Polly Es dauert ja nur noch ein paar Minuten.
Mr. White Also hören Sie, Mr. Fawlty, wir wollen unsere Sachen haben.
Basil Sehr wohl, ja, haben Sie vielen Dank! *(Er verschwindet, schließt die Tür und verriegelt sie.)*
Mr. White Er hat zugeschlossen.
Polly Ja, aus Sicherheitsgründen.
Mr. White Haben Sie abgeschlossen??
Basils Stimme Nur ein bißchen.
Mr. White *(schlägt gegen die Tür.)* Lassen Sie uns jetzt rein!
Basils Stimme Einen Moment.

Im Zimmer sind Basil und Manuel dabei, Miss Tibbs Körper in den Schrank zu bugsieren.

Basil Hol die Mäntel . . . hol die Mäntel!

Vor der Tür stehen die Whites.

Mr. White Was geht hier vor?
Polly Na ja, er ist ein ziemlicher Perfektionist.

Im Zimmer; Basil entriegelt die Tür.

Basil Feeertig!

Die Whites kommen rein. Manuel hält zwei Mäntel. Basil poliert mit dem Taschentuch den Kleiderschrank.

Mr. White Was haben Sie denn hier drin gemacht?
Basil Ursprünglich wollten wir die Möbel anders arrangieren, aber es hat nicht funktioniert. Manuel hat Ihre Mäntel.

Manuel gibt Ihnen die Mäntel. Sie schauen sich mißtrauisch um. Sie wollen gerade gehen, als man ein Stöhnen hört. Sie halten an. Manuel fängt laut an zu singen. Polly tut es ihm gleich. Die Whites starren Manuel an.

Basil Das ist schon in Ordnung. Er ist aus Barcelona.

Man hört schon wieder das Stöhnen. Polly tut so, als hätte sie Schmerzen.

Polly Ooooh!
Mrs. White Was ist das für ein Geräusch?
Polly Oh, nur mein Rücken.
Mrs. White Nein, das Stöhnen.

Ein lautes Stöhnen aus dem Kleiderschrank. Basil geht zum Fenster und schaut hinaus.

Basil Ja, das ist seltsam.
Mr. White Nein, nein, das kommt aus dem Schrank.

Basil lauscht. Wieder Stöhnen.

Basil Ja, wir besorgen etwas Öl. *(Noch mehr Stöhnen.)* Schönen Tag noch.
Mrs. White Da ist jemand drin.
Basil Bitte?
Mr. White Ja, hören Sie doch.
Basil Nein, nein, nein. *(Kreischen und Klopfen im Schrank.)* Guter Gott!
Mrs. White Lassen Sie sie raus!
Basil Gute Idee. Also... ja... ähm...
Mrs. White Machen Sie schon.
Basil Machen wir gleich. Steht als nächstes auf der Liste. Wenn Sie es irgendwie einrichten können, besichtigen Sie doch das Museum, es ist...
Mrs. White Aufmachen. Jetzt sofort!
Basil In Ordnung, machen wir, ja. Oh, er ist verschlossen. Verdammt!
Mr. White Wo ist der Schlüssel? Wissen Sie es vielleicht, Polly? Manuel?
Polly Ich nehme an, wir haben ihn irgendwo unten liegengelassen.
Manuel *Qué?*
Basil Wo ist der Schlüssel?
Manuel ...In Ihre Tasche.
Basil Nein, ist er nicht.
Manuel Ist doch.

Basil Nein, ist er nicht.

Manuel *Sí.* Schauen Sie, schauen Sie. *(Trotz Basils Gegenwehr gelingt es ihm, in dessen Tasche zu fassen und den Schlüssel herauszuziehen.)* Schauen Sie!

Basil Bravo, Manuel, recht herzlichen Dank. Danke. Also, nun haben wir ihn.

Mr. White Geben Sie ihn mir. Ich mach das.

Basil Okay, ich mach das schon! *(Er öffnet die Schranktür, und Miss Tibbs kommt zitternd und weinend heraus; Polly tröstet sie.)* Also, ich habe Sie schon mehrfach gewarnt. Sie können sich in Ihrem eigenen Schrank verstecken, aber nicht in dem anderer Leute! *(Hinter ihm öffnet sich langsam wieder die Schranktür, und ein Arm fällt raus; Basil dreht sich zu den Whites zu.)* Tut mir schrecklich leid, die Sache, aber sie kann nichts dafür. Sie hat nicht viel Abwechslung in ihrem Leben, also muß sie selbst für etwas Unterhaltung sorgen.

Polly *(sieht den Arm)* Sie hat Probleme mit ihrem **Arm**. Darum geht sie in den **Schrank**.

Basil Genau.

Mrs. White Geht es Ihnen besser?

Polly Ihr Arm ist dort eingeklemmt!

Basil Passiert ihr immer wieder.

Miss Tibbs *(schluchzend)* Er ist tot!

Basil Ja, ihr Mann. Sie ist noch nicht drüber weg. Vor dreißig Jahren gestorben.

Polly *(lauter)* Ja, die **arme** Frau!

Basil schaut sich um und sieht den Arm aus dem Schrank ragen.

Miss Tibbs Im Schrank!

Basil Nein, heute nicht mehr. Sie haben genug. *(Zeigt plötzlich in die andere Ecke des Raumes.)* O mein Gott, sehen Sie sich das an!

Die Whites sehen hin. Basil rennt zur Tür und beginnt, auf etwas herumzutrampeln. Polly saust zum Schrank, stopft den Arm zurück und schließt die Tür. Sie geht wieder zu Miss Tibbs. Manuel beobachtet Basil, glaubt, er habe kapiert, was dieser tut, und beginnt spanisch zu tanzen. Basil hebt eine imaginäre tote Spinne auf und schmeißt sie weg. Manuel tanzt immer noch.

Basil Danke, Manuel. Das genügt. *(Zu den Whites)* Können wir noch etwas für Sie tun?

Miss Tibbs Zimmer. Miss Tibbs liegt auf dem Bett. Sybil schenkt Tee ein.

Miss Tibbs Ach, es war so schrecklich, Mrs. Fawlty, das können Sie sich gar nicht vorstellen.
Sybil Ja, ich weiß.
Miss Tibbs Es war stockdunkel da drin... und dieses Ding... mit der Hand...
Sybil Ja, ich weiß. *(Gibt Miss Tibbs den Tee.)* Jetzt ruhen Sie sich erst mal ein bißchen aus und denken an etwas ganz anderes.
Miss Tibbs Aber es hätte etwas **passieren** können.
Sybil Er war **tot**, meine Liebe.
Miss Tibbs Ein Mann ist und bleibt ein Mann, Mrs. Fawlty.
Sybil *(leicht konsterniert)* Ja, allerdings...
Miss Tibbs Ich muß mit ihm darüber reden.
Sybil Mit ihm **reden**?
Miss Tibbs Mit Mr. Fawlty. Wir sind seine ältesten Gäste...
Sybil Aber erst ruhen Sie sich etwas aus.
Miss Tibbs Mich so zu erschrecken. Ich muß mit ihm reden.
Sybil Tun Sie das, wenn Sie sich etwas besser fühlen. *(Ab.)*

In der Halle stehen die Whites am Empfang. Mr. White telefoniert.

Mr. White Sehr gut, danke. *(Er legt auf; zu Mrs. White)* Alles klar, Schatz, im Seaview-Hotel gibt's noch freie Zimmer.
Mrs. White Heute schon?
Mr. White Ja.
Mrs. White Na, dann sehen wir uns die doch an.
Mr. White Und wenn die nichts taugen, sehen wir uns die oben beim Schlachthof an.

Sie verlassen das Hotel. Pollys Kopf erscheint am oberen Ende der Treppe.

Polly Okay.

Basil und Manuel kommen eilig die Treppe herab und schaffen Mr. Ashe ins Büro. Der Major, der aus der Bar kommt, sieht sie. Sie setzen die Leiche in den Drehstuhl. Der Major kommt ins Büro, die Zeitung in der Hand.

Der Major Morgen, Fawlty.
Basil Ah, hallo, Major.
Der Major Die Zeitung schon in Sicht?
Basil Sie haben sie in der Hand, Major.
Der Major Ach ja? Tatsächlich! Also wissen Sie, Fawlty, wissen Sie... *(zeigt auf Mr. Ashe)*... sieht nicht gerade wie das blühende Leben aus.
Basil Major, sagen Sie es keinem weiter, aber er ist tot.
Der Major Aha!... Erschossen, hm?
Basil Nein, nein, nein. Im Schlaf gestorben.
Der Major Im Schlaf? Ja, da paßt man eben nicht gut auf.
Basil Ja.
Der Major Würde ihn hier nicht so rumliegen lassen, Fawlty.
Basil Nein, nein, das Beerdigungsunternehmen ist unterwegs, um ihn abzuholen.
Der Major Ah! Nicht wahr, sie ziehen immer die Fliegen so an.

Basil geht in die Halle. Dr. Price kommt gerade aus dem Speisesaal.

Dr. Price Bitte, ich warte immer noch da drin...
Basil Wie?
Dr. Price Ich hatte noch kein Frühstück.
Basil Richtig, tut mir leid. Kommt sofort, kommt sofort... *(Eilt in die Küche.)*
Dr. Price *(zu sich)* Sind doch nur Würstchen. *(Er geht in den Speisesaal.)*

Die Küche. Basil geht eilig zum Kühlschrank und holt ein paar Würstchen raus. Im Hintergrund sieht man Miss Tibbs, die zur Rezeption geht und die Glocke läutet.

Miss Tibbs Mr. Fawlty, ich muß mit Ihnen reden, bitte.

Sie läutet noch einmal. Basil schließt die Tür zur Halle und macht sich daran, die Würstchen zu braten. Dann geht er in den Speisesaal. Dr. Price sitzt an seinem Tisch.

Basil Entschuldigung wegen der Verspätung, Doktor. Der gewohnte Service steht Ihnen ab sofort wieder voll und ganz zur Verfügung, ha, ha, ha. *(Aus der Richtung des Büros hört man einen Schrei.)*... Noch Kaffee? *(Noch ein Schrei.)* Oder Tee? *(Dr. Price sieht ihn verwirrt an.)* Ich werde mal das Radio leiser stellen.

Er geht in die Küche, dann rast er durch die Halle ins Büro. Miss Tibbs liegt langgestreckt auf dem Boden; Mr. Ashes Arm schwingt leicht hin und her.

Basil Oh! *(Manuel und Sybil erscheinen in der Tür.)*

Manuel Miss Tibbs.
Sybil O nein.
Basil Nicht zu fassen.
Sybil Warum hast du ihn **hierhin** getan?
Basil Also, er paßte nicht in den Safe, und die Schubladen waren alle voll... Komm, Manuel. *(Sie machen sich daran, den Leichnam hinauszutragen.)* Traumhaft, nicht? **Unsere** Gäste! Sie machen sogar noch Schwierigkeiten, wenn sie tot sind.
Sybil Wohin schaffst du ihn?
Basil Küche.

Sie eilen mit der Leiche in Richtung Küche, aber Miss Gatsby erscheint auf der Treppe.

Sybil Polly.
Polly *(lenkt Miss Gatsby ab)* Einen Moment, bitte...!

Basil und Manuel schwenken in Richtung Hoteleingang, um Miss Gatsby zu entgehen. Draußen fahren gerade die Whites ab. Mrs. Whites sieht sie und stößt ihren Mann an.

Basil Hallo!

Mr. White schaut sie an. Polly erscheint in der Tür und winkt. Alle verschwinden nach drinnen. Die Whites fahren weiter, man hört das Geräusch eines Autounfalls.

In der Halle. Basil und Manuel eilen mit der Leiche wieder herein. Polly hebt die heruntergefallenen Laken und Tücher auf und dirigiert die

Männer in Richtung Küche; aber die Tür zum Speisesaal geht auf, und Mrs. Chase erscheint, auf dem Arm einen todgeweihten Hund, der ab und zu Sterbelaute ausstößt. Sie geht nach oben, an Basil und Manuel vorbei, die hilflos mit der Leiche dastehen.

Mrs. Chase Er ist ernsthaft krank.
Basil Wie schrecklich.
Mrs. Chase Stehen Sie nicht einfach da rum. Rufen Sie einen Tierarzt!
Basil In Ordnung.
Mrs. Chase Man hat ihn vergiftet.

Sie verschwindet nach oben. Die drei starren ihr nach, dann verfallen sie in fieberhafte Aktion. Sie tragen die Leiche in die Küche, die völlig verqualmt ist.

Basil Auf den Tisch! Auf den Tisch! *(Sie legen sie auf den Tisch.)* Mach die Hintertür auf!

Manuel öffnet sie. Polly schmeißt Laken und Tücher in einen großen Wäschekorb neben der Tür, dann geht sie in die Halle. Basil nimmt die verkohlten Würstchen vom Herd. Dr. Price schaut vom Speisesaal herein.

Basil *(zeigt ihm die Würstchen)* Tut mir leid. Etwas **sehr** durch. Wir geben Sie nach unten ins Krematorium.
Dr. Price *(sieht die Leiche)* Was zum Henker. . .?
Basil Oh. . .
Dr. Price Sie können doch einen Leichnam nicht in der Nähe von Lebensmitteln aufbewahren.
Basil Nicht?
Dr. Price Natürlich nicht.
Basil Na gut. Okay. Tut mir leid. Manuel!

Sie heben die Leiche wieder hoch.

Manuel Wohin? Wohin?
Basil Leg ihn dort in den Korb.

Sie tun die Leiche in den Wäschekorb.

Dr. Price Nicht hier drin... nicht in der Küche.
Basil Wenn sie meinen.

In der Halle; die Whites kommen durch die Tür herein. Mrs. White ist stark mitgenommen. Mr. White preßt sich ein Taschentuch gegen den Kopf. Sie gehen nach oben, während Basil und Manuel mit dem Korb aus der Küche kommen und ihn beim Kleiderständer absetzen, der zwischen Küchentür und Speisesaaltür an der Wand steht. Basil sieht nicht die Whites, aber nimmt einen neuen Gast wahr, Mr. Ingrams, der an der Rezeption steht.

Basil Sybil!

In der Bar. Sybil sitzt neben einer sehr stark mitgenommenen Miss Tibbs.

Sybil *(rufend)* Ich kümmere mich gerade um Miss Tibbs, Basil! *(Zu Miss Tibbs)* Wie geht es Ihnen jetzt, meine Liebe? *(Miss Tibbs starrt regungslos vor sich hin.)*

In der Halle.

Basil *(zu Mr. Ingram)* Dauert keine zwei Minuten. *(Er eilt zurück in die Küche.)*

In der Küche. Dr. Price wartet auf ihn.

Basil Tut mir leid. *(Er eilt in Richtung Würstchen.)*
Dr. Price Würden Sie bitte erst Ihre Hände waschen.
Basil Oh, natürlich.
Dr. Price Und bitte vergewissern Sie sich, daß dieser Raum gründlich gereinigt wird, ehe hier wieder Speisen zubereitet werden.
Basil Gewiß.
Dr. Price Ausgenommen Würstchen. Die können Sie sofort zubereiten, auf mein Risiko.
Basil Aber selbstverständlich. *Tout de suite.*

Dr. Price geht zurück in den Speisesaal, wo Manuel gerade damit beschäftigt ist, seinen Tisch abzuräumen. Dr. Price legt seine Hand in dem Moment auf das Tischtuch, als Manuel es wegziehen will.

Dr. Price Liegenlassen!

Manuel Nein, mitnehmen.

Dr. Price Liegenlassen!

Manuel Nein, nein, ist nicht Zeit, bitte. *(Dr. Price holt Salz und Pfeffer vom Nebentisch.)* Nein, nein, nein, bitte.

Dr. Price Ich sitze hier.

Manuel Kein Lunch bis zwölf.

Dr. Price Ich bin noch beim Frühstück.

Manuel . . .ist vorbei. . . alle weg. . . Frühstück kaputt.

Dr. Price *(setzt sich)* Ich bekomme Würstchen.

Manuel *(reißt den Gewürzständer an sich)* Ist nicht erlaubt.

Dr. Price Stellen Sie das zurück. Hören sie, ich bin Arzt. Ich bin Arzt und will meine Würstchen.

Manuel Ich Ihnen sagen, ist vorbei. Auf Wiedersehen, bitte, auf Wiedersehen.

Dr. Price erhebt sich, holt Salz und Pfeffer von einem anderen Tisch. Als er an seinen Tisch zurückkehrt, macht sich Manuel gerade mit Messer und Gabel davon. Auf den anderen Tischen ist kein Besteck mehr zu sehen.

Dr. Price Hören Sie mal!

Manuel Ist vorbei.

Dr. Price *(wird wirklich wütend)* Geben Sie die her! *(Verfolgt Manuel durch den Saal.)* Na los, na los!

Manuel Nein, ist nicht möglich.

Er verfolgt ihn um den Tisch herum. Basil kommt aus der Küche.

Basil Alles in Ordnung?

Manuel Er will jetzt essen.

Dr. Price Ich wollte mich hinsetzen, aber er nimmt fortwährend alles von meinem Tisch weg.

Basil Bitte vielmals um Entschuldigung.

Dr. Price Er scheint nicht zu verstehen, daß ich mein Frühstück noch nicht hatte.

Basil Manuel? Manuel, ich erklär's dir. *(Er stößt Manuel den Daumen ins Auge.)* Verstehst du? Gut. *(Zu Dr. Price)* Sie werden in ein paar Minuten hier sein.

In der Halle. Sybil nimmt einen Gast auf, einen gewöhnlichen Geschäftsmann.

Sybil Das wär's dann, Mr. Ingrams, Zimmer acht. Die Treppe hoch und dann rechts. Entschuldigen Sie, daß ich Sie nicht hochbegleite, aber einer unserer Gäste ist erkrankt.
Mr. Ingrams *(nimmt den Schlüssel)* Danke.

Er geht nach oben, und Sybil eilt in die Bar zurück. Miss Young, Mr. Xerxes und Mr. Zebedee kommen zur Hoteltür herein. Mr. Zebedee hängt seinen Hut an den Kleiderständer. Basil und Manuel kommen aus dem Speisesaal und gehen zum Wäschekorb; daß dieser etwas anders steht, bemerken sie nicht.

Mr. Xerxes *(zu Basil)* Entschuldigen Sie.
Basil *(hebt mit Manuel den Korb hoch)* Ins Büro.
Miss Young Verzeihung!
Basil Ja?
Miss Young Wir haben eine Verabredung mit Mr. Ashe. *(Basil und Manuel lassen den Korb fallen.)* Wissen Sie, wo er ist?
Basil *(setzt sich wie beiläufig auf den Korb)* . . . Wo er ist? Tja . . .
Miss Young Vielleicht im Speisesaal? *(Basil schüttelt den Kopf.)*
Mr. Xerxes Ob er vielleicht auf seinem Zimmer ist?
Basil Lassen Sie mich mal nachdenken . . . wo mag er sein?

Manuel stellt seinen Fuß auf den Korb und imitiert Basils Denkerpose.

Miss Young Wir wollten ihn abholen. Wir nehmen ihn nämlich mit zu . . .
Basil Wie bitte?
Miss Young Wir wollten ihn abholen.
Basil Ach, Sie sind gekommen, um ihn **abzuholen**?
Miss Young Ja.
Basil *(steht auf)* Oh, tut mir leid. Mir war nicht klar . . . *(Deutet auf ihre Kleidung)* Ganz modisch.
Miss Young Wie bitte?
Basil Moderne Kleidung. Mir war nicht klar, daß so was auch Frauen machen.
Miss Young Was machen?
Basil Sch! *(Er zeigt nach unten auf den Korb.)*

Mr. Zebedee Ist er im Keller?
Basil *(vertraulich)* Nein, nein, im Korb.
Mr. Xerxes **Wie** bitte?
Basil Er ist im Korb.
Miss Young Im **Korb**?
Basil Ja. *(Zu einem vorbeigehenden Gast)* Hallo!
Mr. Zebedee Was. . . was macht er im Korb?
Basil *(mit ganz leichtem Schulterzucken)* Na ja. . . nicht viel.
Mr. Xerxes Wovon reden Sie überhaupt?
Basil Glauben Sie mir nicht? Sehen Sie doch selbst. *(Er öffnet den Deckel ein wenig; sie schauen zögernd hinein; er schaut sich um und hebt ihn höher, sie schauen hinein, dann, sehr verwundert, auf Basil; er schaut sie an, dann in den Korb und erstarrt. Polly kommt die Treppe herab.)* O mein Gott! Er ist weg! Wo ist er?
Polly *(zeigt in den Korb)* Frische Wäsche.
Basil Sie haben ihn mitgenommen!

Basil, Manuel und Polly rasen nach draußen. Der Lieferwagen der Wäscherei will gerade abfahren.

Basil, Manuel & Polly Halt, halt. . . warten Sie, anhalten. . .

Es gelingt ihnen, den Lieferwagen zum Halten zu bringen. Zur gleichen Zeit im Speisesaal: Dr. Price sitzt mit verschränkten Armen an seinem Tisch; er schnuppert. . . Rauch dringt aus der Küche. In der Bar: Sybil sitzt neben einer glotzenden Miss Tibbs; die Glocke an der Rezeption klingelt.

Sybil *(ruft)* Basil!

In der Halle. Mr. Xerxes, Mr. Zebedee und Miss Young stehen erschüttert da. Xerxes hat geklingelt. Basil und Manuel erscheinen außerhalb des Hoteleinganges mit dem Korb.

Basil *(in Richtung Lieferwagen rufend)* Könnten Sie vielleicht noch ein paar Minuten warten? Tut mir leid, Sie aufzuhalten. *(Er und ein zunehmend schwächer werdender Manuel schleppen den Korb rein und stellen ihn neben die Rezeption.)* Alles in bester Ordnung. Wir haben ihn gefunden. Er ist in diesem hier.

Xerxes und Co. starren ihn an. Polly mischt sich ein.

Polly *(vertraulich)* Der Doktor wollte ihn nicht in der Küche haben... deswegen haben wir ihn in den Korb gelegt.
Basil Ist hygienischer.

Mr. Xerxes betätigt die Rezeptionsglocke.

Sybils Stimme *(aus der Bar)* Basil!
Polly *(geht an die Rezeption; zu Mr. Xerxes)* Ja?
Miss Young *(zu Polly, erschöpft)* Sie **arbeiten** hier, ja?
Polly Ja.
Miss Young Wir hätten gern den Manager gesprochen. *(Polly reagiert verständnislos.)*
Basil Ich **bin** der Manager. Gibt es Probleme?
Polly *(bestätigend)* Er ist es... **wirklich**!
Mr. Xerxes Nein, also es scheint sich hier um ein Mißverständnis zu handeln. *(Zu Polly)* Wir sind hier, um einen Ihrer Gäste abzuholen, Mr. Ashe, um ihn mit in die Stadt zu nehmen zu einer Konferenz.
Basil Zu einer Konferenz?
Miss Young Ja, zu einer Konferenz.
Mr. Xerxes Mit unserem geschäftsführenden Direktor.
Basil *(sieht plötzlich klar)* Oh, ich verstehe. Mr. **Ashe**!
Miss Young Ja.
Polly Wir hatten gedacht, sie hätten von **Wäsche** gesprochen!
Basil *(zu sich selbst, aber zu laut)* Sehr gut! *(Laut)* Entschuldigung, Entschuldigung... ach, so ist das... *(Er stützt sich auf den Korb.)*
Sybil *(kommt aus der Bar)* Tut mir leid, daß Sie warten mußten...
Basil Oh, hallo meine Liebe.
Sybil Was machst du da, Basil?
Basil Das ist ein bißchen kompliziert, Schatz, aber wir dachten, daß diese Herrschaften dachten, daß wir dachten, daß sie...
Polly *(zu Basil)* Nein, nein.
Basil Nein, das trifft es nicht.
Polly *(zu Sybil)* Also, sie kamen wegen Mr. Ashe, und wir dachten, sie kämen wegen der Wäsche.
Sybil Mr. Ashe.
Basil Könntest du das hier bitte regeln, Schatz, ich trag dann die Wäsche nach oben.
Sybil Ich verstehe. Danke, Basil.

Basil Nichts zu danken, meine Liebe. *(Er und Manuel tragen den Korb nach oben; Manuel ist am Ende seiner Kräfte und stöhnt entsetzlich.)*
Sybil *(zu Xerxes, Young und Zebedee)* Würde es Ihnen etwas ausmachen, für einen Moment ins Büro zu kommen? *(Sie geht vor, die drei folgen ihr unsicher.)*

Im Flur oben. Basil und Manuel kommen die Treppe hoch. Manuel hat die größte Last zu tragen. Sie stolpern weiter und stellen den Korb direkt vor Nummer acht ab.

Basil Komm, Manuel. Ein letzter Anlauf, dann haben wir's.
Der Major *(im Vorbeigehen)* Noch einer, Fawlty?
Basil Nein, nein, noch immer derselbe, Major.

Der Major geht weiter. Polly ist ihnen nach oben gefolgt, sie öffnet die Tür zu Nummer acht, während Basil und Manuel die Leiche aus dem Korb nehmen und in den Raum tragen wollen – in dem Mr. Ingrams auf dem Bett sitzt und gerade eine lebensgroße Sexpuppe aufbläßt. Basil und Manuel drehen sich um und verlassen schleunigst den Raum.

Basil Tut mir leid, einfach so reinzuplatzen! Tut mir leid!

Ingrams läßt die Puppe los, und die Luft entweicht. Draußen im Flur sehen sich Basil und Manuel unentschlossen um. Polly deutet auf das Zimmer der Whites.

Polly Sie sind in die Stadt gegangen.
Basil Ach ja!

Sie öffnen die Tür und tragen die Leiche hinein. Der Raum ist dunkel. Sie legen die Leiche auf eins der Betten, und Polly zieht den Vorhang zurück. Es wird hell, und man sieht Mrs. White, die im anderen Bett liegt. Als sie sich bewegt, schmeißt Polly die Decke auf sie; Basil und Manuel packen die Leiche und verschwinden aus dem Raum. Mr. White kommt aus dem Badezimmer, er drückt einen Wattebausch an den Kopf. Mrs. White, die versucht, sich aus der Decke zu befreien, fällt auf den Boden.

Polly Entschuldigung! Falsches Zimmer! *(Ab.)*

In der Halle. Basil und Manuel kommen die Treppe herunter. Manuel keucht furchterregend. Sie gehen in die Küche, aber Dr. Price steht am Herd und brät sich ein paar Würstchen. Bevor er sie sehen kann, ziehen sie sich zurück in die Halle. Manuel kann nicht mehr.

Basil Zurück in den Korb! *(Er schubst Manuel zu dem Korb, der neben der Tür zum Speisesaal steht.)* Komm, komm!
Manuel Kann nicht heben.
Basil Komm schon.
Manuel Zu müde.
Basil Da kommt jemand!
Manuel Mr. Fawlty, ich nicht mehr arbeiten wollen hier.
Basil Mach den Korb auf!
Manuel Nein.
Basil Mach den Korb auf! *(Manuel macht auf.)* Jetzt rein. *(Manuel steigt hinein.)* Doch nicht du!
Manuel Ich kündigen.
Basil Raus da!
Manuel Ich im Streik.
Basil Ich warn dich . . .
Manuel Ich bleiben hier. Ist schön. *(Er klettert ganz rein und zieht den Deckel zu.)*
Basil *(fast von Sinnen)* Siehst du den . . .? *(Zeigt auf Mr. Ashe)* Du bist der Nächste!

Er hört ein Geräusch aus dem Büro und schleppt die Leiche weg. Xerxes, Young und Zebedee kommen mit Sybil heraus.

Sybil Tut mir aufrichtig leid . . .
Miss Young Danke.
Sybil Auf Wiedersehen.
Alle Auf Wiedersehen.

Sybil entfernt sich in Richtung Bar. Zebedee, Young und Xerxes bewegen sich auf die Eingangstür zu, als sie Basil sehen. Er hat Mr. Ashe auf den Schirmteil des Kleiderständers gesetzt und steht dicht vor ihm, um ihn aufrecht zu halten und zu verdecken. Er gibt sich demonstrativ lässig mit verschränkten Armen. Die anderen schauen betreten drein.

Basil Auf Wiedersehen.

Mr. Xerxes & Miss Young Auf Wiedersehen.

Basil Auf Wiedersehen. *(Mr. Zebedee kommt her zu Basil.)* Ja?

Mr. Zebedee Könnte ich meinen Hut haben?

Basil Ihren Hut?

Mr. Zebedee Ja. Es ist der. . .

Basil Ja, schicke ich Ihnen nach! Haben Sie eine Visitenkarte mit Ihrer Adresse? Ich schick ihn dann nach.

Mr. Zebedee Könnte ich ihn wohl einfach so bekommen?

Basil Brauchen sie ihn wirklich **jetzt**?

Mr. Zebedee Ja.

Basil Und wenn Sie ihn verlieren? Es ist sehr windig.

Mr. Zebedee Ich hätte ihn gerne.

Basil *(seufzt in Richtung Korb)* Na denn. . . Manuel! Manuel! *(Die anderen schauen besorgt.)* Er ist im Korb. Er ist. . . *(Polly kommt die Treppe runter.)* Polly, könntest du Manuel aus dem Korb helfen, bitte.

Polly *(sieht den Korb)* Manuel?

Basil Ja. Komm, Mädchen, was ist los? Nun mach schon!

Polly *(hebt vorsichtig den Deckel)* Da ist er nicht.

Basil Ist er wohl.

Polly Ist er nicht.

Basil Er ist. . . Sieh doch nach!

Polly *(wühlt in der Wäsche)*. . . Oh, Entschuldigung.

Manuel *(kommt raus; zu Polly)* Du. . . Streikbrecher.

Basil *(zu den anderen)* Sehen Sie! *(Er entfaltet seine Arme, Mr. Ashes Hand wird auf seinem Arm sichtbar; er entfernt sie schnell und kreuzt seine Arme wieder.)* Manuel, würdest du diesem Herrn hier bitte seinen Hut geben?

Manuel Wo?

Mr. Zebedee *(zeigt)* Da! Auf dem Kleiderständer!

Manuel *(sieht Mr. Ashe)* Aaah! *(Er stellt sich neben Basil, um den Toten zu verdecken, und reicht ziemlich umständlich einen Hut hinüber.)*

Basil Welche Farbe hatte er?

Mr. Zebedee Braun. Nein, das ist er nicht. . . *(Polly langt hinüber und nimmt den richtigen Hut.)* Herzlichen Dank!

Miss Tibbs ist auf wackligen Beinen aus der Bar gekommen und stellt nun Basil.

Miss Tibbs Mr. Fawlty! Ich muß mit Ihnen reden – in Ihrem Büro!

Basil Gern, wann würd es Ihnen passen?

Miss Tibbs *(zu den anderen)* Ich bin neunundsiebzig!

Die Whites kommen die Treppe herunter.

Mr. White Was in Dreiteufelsnamen geht hier vor?
Basil Tut mir leid das mit der Decke, sie hat sich ein bißchen verhakt.
Mrs. Chase *(kommt die Treppe herunter, ohne Hund)* Mein Baby! Mein Baby stirbt. *(Allgemeine Verwirrung.)* Sie haben es vergiftet.
Miss Young Ihr **Baby**?
Mrs. Chase Er hat versprochen, einen Tierarzt zu holen.
Miss Young Einen **Tierarzt**?
Basil Sybil!

Dr. Price kommt aus dem Speisesaal mit einem Teller mit Würstchen.

Dr. Price Ich habe mir gerade diese Würstchen gebraten – sie sind verdorben. Sie hätten bis zum dritten verzehrt sein müssen. *(Geht zurück in den Speisesaal.)*

Miss Gatsby kommt die Treppe herunter. Basil sieht Sybil hinter der Rezeption.

Basil Ach, da bist du, meine Liebe. **Gut** siehst du aus. Meine Damen und Herren. . . meine Damen und Herren. . . *(Ruft zur Hoteltür hinaus)* Die Wäsche ist fertig. . .! *(Zu der Versammlung)* Meine Damen und Herren, heute morgen hat es ein ziemliches Durcheinander gegeben und Sie haben eine Erklärung verdient. Es ist mir daher eine besondere Freude, Ihnen mitteilen zu können, daß meine Frau sie Ihnen geben wird. Ich danke Ihnen, herzlichen Dank.

Er weist übertrieben auf Sybil. Die Menge dreht sich ihr zu. Basil schlüpft in den Wäschekorb und klappt den Deckel zu. Zwei Männer von der Wäscherei kommen herein. Polly und Manuel gehen von dem immer noch dasitzenden toten Mr. Ashe weg. Die Wäschereimänner nehmen den Wäschekorb und tragen ihn hinaus. Sybil ist umringt von der Menge, alle beschweren sich lautstark. Der Major kommt die Treppe herab und erblickt die Leiche.

Der Major *(zu Mr. Ashe)* Was ist denn los, alter Junge?

Miss Tibbs sieht die Leiche und fängt an zu schreien. Miss Gatsby stützt sie. Die Verwirrung wird allgemein, als die anderen den Toten sehen.

Sybil Basil! Basil! Basil! Basil!

Der Korb wird auf den Wagen geladen, der fährt ab. Sybils Stimme schwebt ihm wütend hinterher.

Sybils Stimme Basil! Basil! Basil!. . .

Der Hochzeitstag

Die Küche. Terry räumt auf; Polly trocknet Geschirr ab.

Polly Ich meine, es sind ja bloß hundert.
Terry Yeah, für die ist das'n Klacks.
Polly Und ich hab gesagt, ich zahl's in sechs Wochen zurück.
Terry Laß es dir doch vom Lohn abziehen.
Polly Und sie hat gesagt, sie glaubt, das geht schon in Ordnung. *(Sie trocknet ohne hinzusehen eine Vase mit Blumen ab.)*
Terry Poll!
Polly *(merkt, was sie tut, und stellt die Vase hin)* Ich meine, wenn er vor drei Wochen nein gesagt hätte, als ich ihn gefragt habe, da hätte ich das Geld noch irgendwo anders auftreiben können.
Terry Frag ihn gleich heute früh.
Polly Ich hab ihn doch schon dreimal gefragt, so langsam wird es peinlich.
Terry Dann setz ihm die Pistole auf die Brust. Sag, wenn er's dir nicht gibt, dann gehst du.
Polly Ich muß es dieses Wochenende haben.
Terry Dann **frag** ihn doch. Schließlich schmeißen wir beide den verdammten Laden hier praktisch allein.

Er geht. Manuel kommt mit mehreren Einkaufsbeuteln herein.

Manuel Ah, Polly. Deine Malenpinsel.
Polly Danke, Manuel. *(Sie betrachtet die Pinsel.)*
Manuel Da. Und zurück 44 Pence.
Polly Ah... was ist das denn?
Manuel Oh, ich machen Paella, Überraschung heute abend. Rezept von meine Mutter. Ist... *(Macht eine Gebärde, die »große Klasse« besagt.)*
Polly Aber weiß Terry davon?
Manuel Oh... Mr. Fawlty vielleicht sagen?

Sybil kommt offensichtlich verärgert herein. Polly schaut sie an.

Polly Stimmt was nicht?
Sybil *(mit Leidensmiene)* Nichts, was du irgendwie ändern könntest, danke, Polly.

Polly Sind Sie sicher?

Sybil Heute ist unser fünfzehnter Hochzeitstag. . . und rate mal, wer es vergessen hat.

Polly O nein.

Sybil Ich hab wirklich nicht geglaubt, daß er es dieses Jahr vergißt, nicht nach allem, was passiert ist, als er es letztes Jahr vergessen hat. . . Ich sollte es mir nicht so zu Herzen nehmen. Nur bin ich zu meinem Unglück mit einem empfindsamen Gemüt geschlagen. Ach ja, so bin ich eben. Wir haben wohl alle unser Kreuz zu tragen.

Basil *(kommt herein und summt fröhlich den Schluß von Beethovens Neunter)* Weißt du, welches Gedicht dem zugrunde liegt, Polly?

Polly Nein.

Basil Ode an die Freude. *(Zu Sybil)* Hallo, Schatz. *(Zu Polly)* Ach Polly, du vergißt doch nicht, noch ein paar Fläschchen Mineralwasser in die Bar zu stellen, ja?

Polly Nein, ich mach das nachher.

Sybil Ich glaube kaum, daß Polly das vergessen hätte, Basil.

Basil Nein, wollte sie bloß erinnern, Schatz.

Sybil Ach so.

Basil Dachte ich, ja.

Sybil Wirklich?

Basil Nun ja, für mich hat es sich so angehört.

Sybil Du brauchst keine Angst zu haben, daß Polly etwas Wichtiges vergißt, Basil.

Basil Nein?

Sybil Nein.

Basil Wie schön, großartig.

Sybil Nein, **sie** vergißt nichts.

Basil Nein?

Sybil Na, kannst du dich erinnern, wann sie das letzte Mal etwas vergessen hat?

Basil Nein. Mein Gedächtnis ist aber auch nicht das beste.

Sybil Das kannst du laut sagen.

Basil Ach wirklich, Schatz? Oh, vielen Dank. *(Räuspert sich)*. . . Jetzt hab ich vergessen, was es war.

Sybil Na, mach dir keine Sorgen, Basil, solange du nur im Kopf hast, was für **dich** wichtig ist. *(Sie zieht beleidigt ab.)*

Basil Riechts hier irgendwie nach verbrannter Märtyrerin?

Polly *(eilt auf ihn zu)* Mr. Fawlty, heute ist Ihr Hochzeitstag.

Basil *(nickt)* Hmmm. . . aber nichts verraten.

Polly Was?

Basil Ich tu so, als hätte ich's vergessen... Na ja, letztes Jahr **hab** ich es vergessen und wurde dafür gerädert und gevierteilt, deshalb kommen in etwa *(schaut auf die Uhr)* zehn Minuten ein paar Freunde zu einem Überraschungs-Umtrunk. Heute abend macht Manuel eine Spezial-Paella, es gibt Champagner... aber sag ihr noch nicht, daß ich daran gedacht habe... laß sie ruhig noch ein bißchen kochen.

Polly Wäre es nicht einfacher, sie in Öl zu sieden?

Basil Ja, aber nicht so billig.

Manuel *(kommt hinzu)* Ah, Mr. Fawlty, welche Zeit für Paella?

Basil Ähm... um neun... aber Geheimnis, hm?

Manuel Ah, *sí, sí.*

Polly Ach, Mr. Fawlty...

Basil Hmmm?

Polly Haben Sie das mit dem Wagen schon entschieden?

Basil Mit dem Wagen?

Polly Mit dem Geld für den Wagen.

Basil Ah!... Ähm...

Polly Ich hab mit Mrs. Fawlty gesprochen, und sie hat gesagt, das geht in Ordnung.

Basil Ja, ich fürchte nur, sie durchschaut den Stand der Bar-Umsätze in Relation zum festgelegten Kapital nicht so ganz...

Polly Aber es sind doch bloß hundert.

Basil Tja, also...

Polly Ich hab doch gesagt, ich zahl's Ihnen in sechs Wochen zurück.

Basil Ich überleg's mir noch, hm?

Polly Aber ich muß es dieses Wochenende wissen – sie reservieren ihn mir nicht länger.

Basil **Dieses** Wochenende? Das hättest du mir sagen sollen.

Polly Ich hab es Ihnen vor drei Wochen gesagt.

Basil Hör mal, heute ist mein Hochzeitstag, ja? In ein paar Minuten bekomme ich Besuch. Wir besprechen das später. Ach, und wenn der Besuch da ist, dann sei mir doch mit den Mänteln und den Getränken behilflich, ja? *(Er geht hinaus.)*

Polly Eine Hand wäscht die andere, hm?

Terry *(kommt herein und sieht Manuels Zutaten)* Was ist das denn?

Die Halle. Basil kommt aus der Küche und wirkt etwas erleichtert. Miss Tibbs und Miss Gatsby kommen die Treppe herunter.

Miss Tibbs & Miss Gatsby Guten Morgen, Mr. Fawlty.
Basil Guten Morgen, die Damen.

Sie gehen hinaus. Sybil steht an der Bürotür. Basil spürt, daß sie da ist, und dreht sich um.

Sybil Kann ich dich mal kurz sprechen, Basil?
Basil Äh, hat das nicht noch einen Moment Zeit, Schatz?
Sybil Nein. *(Sie geht ins Büro; er folgt ihr.)*
Basil Ist alles in Ordnung, Schatz? Du kommst mir ein ganz klein wenig gereizt vor.
Sybil Weißt du, welcher Tag heute ist, Basil?
Basil Ähm... heute ist der sechzehnte, Schatz.
Sybil Der siebzehnte, Basil.
Basil Nein, Schatz, heute ist der sechzehnte.
Sybil *(leise und zornbebend)* Es ist der siebzehnte, Basil.
Basil Das werden wir gleich haben, Schatz. *(Er geht nach draußen an die Rezeption und holt die Zeitung; Sybil kommt an die Bürotür.)* Oh! Ja, du hast recht. Der siebzehnte April. Ja, ja, ja...
Sybil Weckt das irgendwelche Erinnerungen, Basil?
Basil Erinnerungen?... *(Er strahlt auf.)* Azincourt!
Sybil Was?
Basil Der Jahrestag der Schlacht bei Azincourt? *(Sybil gibt ihm eine Ohrfeige und geht in das Büro; er freut sich.)*... Trafalgar? Crécy? Poitiers? Jom Kippur?

Die Bürotür fällt krachend ins Schloß. Terry kommt aus der Küche herbeigeeilt.

Terry Mr. Fawlty. Manuel sagt, er kocht eine Paella für Sie.
Basil Pssst. Das ist für Mrs. Fawlty. Unser Hochzeitstag...
Terry Ich kann **auch** Paella, wie Sie wissen.
Basil Ja, ich weiß.
Terry Ich war auf der Hotelfachschule.
Basil Ja, ja, das weiß ich... aber er ist schließlich Spanier, und ich dachte, es wäre doch nett...
Terry Gazpacho, Hühnchen auf andalusische Art, Aubergine espagnole, Franco-Fritten... Ich **kann** das alles, wie Sie wissen.

Manuel taucht hinter Terry auf.

Basil Ja, natürlich, aber er wünscht sich das schon, solange er hier ist, und da hab ich gedacht, es wäre doch ganz nett, ihm heute abend mal Gelegenheit zu geben...

Sybil verläßt durch die andere Tür das Büro und geht zum Haupteingang hinaus; sie kommt an Manuel vorbei, der ziemlich aufgelöst wirkt.

Terry Ich will ja keinen Ärger machen, Mr. Fawlty.
Basil Willst du wohl.
Manuel *(zeigt hinter Sybil her)* Mr. Fawlty...
Basil Fang du nicht auch noch an. Ich will keine Diskussionen...
Manuel Nein, nein, bitte.
Basil Sei still! Ich hab ihm gesagt, daß du das machen sollst.
Manuel Nein, nein – Mrs. Fawlty. Sie gehen.
Basil Was?
Manuel Sie weg. Sie weg. Sie gehen weg.
Basil Was? *(Er geht zum Haupteingang hinaus und rennt dann die Treppe hinunter.)* Sybil! Sybil! Sybil! *(Er will sie aufhalten, als sie davonfährt; es gelingt ihm nicht, und er rennt hinter dem Auto her, das die Auffahrt hinunter verschwindet.)* Sybil! Nein! Nein, nein, nein! Du begreifst ja nicht! Ich hab dran gedacht, Sybil! Es gibt eine Party, Sybil, ich hab Leute eingeladen. Komm zurück, heute ist unser Hochzeitstag, du dumme... hohlköpfige... *(Er rennt ein paar Schritte durch das Tor, doch Sybil ist endgültig verschwunden.)* O mein Gott.

Er dreht sich um, fällt auf die Knie und hämmert einen Augenblick mit beiden Fäusten auf den Boden ein. Ein Auto kommt die Auffahrt herauf und bremst ziemlich scharf neben ihm. Darin sitzen Roger und Alice, eins der Paare, die zu dem Umtrunk eingeladen sind.

Roger *(lehnt sich aus dem Fenster)* Ist dir was?
Basil *(steht auf und deutet auf die Stelle, auf die er eingeschlagen hat)* Kleiner Höcker. Wollte das einebnen. *(Er trampelt darauf herum.)*
Alice Sind wir zu früh?
Basil Nein, nein, überhaupt nicht. Kommt rein. *(Das Auto fährt weiter; er rennt voraus in die Halle.)*

In der Halle ist Manuel dabei, Polly etwas zu erklären, als Basil hereingestürmt kommt.

Basil Sie sind da, sie sind da, was sag ich jetzt... was soll ich jetzt sagen?
Polly Ach... sagen Sie, sie ist ähm... tja...
Basil Sie ist »ähm, tja«... ha, ausgezeichnet! Problem gelöst, sie ist »ähm, tja«.
Manuel Ist Überraschungsparty.
Basil Ja.
Manuel Sie nicht da.
Basil *(geduldig)* Ja!?
Manuel Das **sein** Überraschung!

Basil will ihm eine Ohrfeige geben, doch in dem Moment kommen Roger und Alice herein.

Roger Hallo, Bas.
Polly *(zu Basil)* Sagen Sie, sie ist krank.
Basil Sie ist krank!
Roger Was?
Basil Sie ist krank, Sybil, wie geht's euch denn. Was wollt ihr trinken.
Roger Sybil ist übel?
Basil Ja.
Alice Ach je, was hat sie denn?
Roger Habt ihr das gehört? Ich sagte »Sybil ist übel«.
Basil Ja.
Roger Gut, nicht?
Basil Was soll daran gut sein?
Roger Nein, nein, nein – ich sagte »Sybil ist **y**bil«, ja? Also: Sybil ist ybil. Basil ist ein Bybil. Ha, ha!
Manuel *(will nicht zurückstehen)* Manuel *no* übel! Ha, ha! *(Er geht in die Küche.)*
Alice Was ist denn los, Basil?
Roger Ja, was hast du mit ihr angestellt, na, Bas?
Alice Roger!
Roger Sie weiß, wie ich heiße – hat die ganze Nacht geübt.
Alice Was ist denn los, Basil?
Basil Nichts... *(Alice guckt verwundert.)* Nichts.
Alice Mit **Sybil.**
Basil Ach, mit Sybil. Ach... so allerhand, kann man sagen.
Alice Ach je.
Basil Nein, nein, es geht ihr gut. Es geht ihr ausgesprochen gut...

also, ich meine, es geht ihr scheußlich, aber sie wird's überleben, und darauf kommt's ja auf die Dauer an, nicht wahr. Ha, ha.

Alice Dann lauf ich mal schnell hoch und schau nach ihr.

Basil Ach, das kannst du dir sparen. Komm rein und trink was.

Er geht auf die Bar zu. Alice bleibt, wo sie ist. Er bleibt ebenfalls stehen.

Alice Nein, geh du nur. Ich komme gleich nach.

Basil *(geht eilends zu ihr zurück)* Nein, ähm, Alice. . .

Alice Ja?

Basil Ich. . . ich würd an deiner Stelle lieber nicht gehen.

Roger Laß sie doch ein bißchen tratschen, alter Knabe.

Basil Nein, nein, ausgeschlossen.

Alice Aber sie ist da oben ganz allein, sie freut sich bestimmt, wenn sie mal etwas Gesellschaft hat.

Basil Hm-hm.

Alice Also, ich würd mich freuen.

Basil Tja, wenn du so aussehen würdest wie sie, sicher nicht, sie ist nämlich ziemlich angeschwollen. . . na ja. . . *(Deutet auf die Augen.)* Sie sieht ziemlich. . . du weißt doch, wie Sybil auf ihr Aussehen achtet. *(Er packt Alice bei der Hand.)*

Alice Ach, sei nicht albern, Basil, wenn **ich** sie besuche, hat sie sicher nichts dagegen.

Basil *(hält sie zurück)* Doch, ganz bestimmt! Ganz bestimmt, glaube ich.

Alice Aber es ist ihr Hochzeitstag, und sie ist ganz allein.

Basil Auaah! *(Er faßt sich ans Bein.)* Das verflixte Beinchen. . . macht etwas Scherereien. Auu! Trinken wir was. Kommt rein. *(Er versucht, Alice zur Bar zu führen.)*

Alice Armer alter Basil! Na schön, dann ruf ich sie halt an.

Basil Was?

Alice Ich ruf sie von hier unten aus an und hör mal, was sie dazu meint.

Basil Ähm. . .

Alice *(zeigt auf das Telefon an der Rezeption)* Da ist das Telefon.

Roger Komm, Bas, trinken wir was.

Basil *(zu Alice)* Nein, nein, bitte.

Roger Na **komm**!

Basil Bitte.

Alice Warum nicht?

Basil Na ja, sie hat sich etwas schlafen gelegt. . . du verstehst.

Alice Sie kann ja noch den ganzen Tag schlafen, Basil, sie hat doch nichts dagegen, wenn ich mal kurz. . .

Basil Nein, aber sie hat. . . ihre Stimme verloren.

Alice Ihre **Stimme** verloren?

Basil Die Ärmste! Weg. . . einfach so.

Roger Na komm.

Basil Ich komm ja schon, Roger. Nach dir, Alice. . . hier entlang.

Sie gehen in die Bar.

Basil Also, Alice. . . Was möchtest du. . . was möchtest du trinken, Alice?

Alice Gin mit Vermouth, bitte, Basil.

Basil Okay.

Alice War der Arzt schon da?

Basil Äh. . . für dich, Rog?

Roger *(wundert sich, daß Basil fragen muß)* Gin und Tonic.

Basil Ach ja, natürlich. Okay.

Alice Basil, war der Arzt schon da?

Basil Nüßchen?

Roger *(im Flüsterton zu Alice)* Sie hatten Streit miteinander. Sie weigert sich, runterzukommen.

Basil Äh. . . du hast gerade nach dem Arzt gefragt.

Alice Ja.

Basil Na ja, er war, ehrlich gesagt, noch nicht da.

Alice Oh.

Basil Wir werden ihn wohl heute nachmittag holen.

Roger So ein Pech, was? Arme alte Syb. Und ausgerechnet an eurem Hochzeitstag.

Polly kommt aus der Halle herein.

Alice Ah! Hallo, Polly.

Polly Oh, hallo, Mrs. Tarry.

Alice Ist das nicht ein Jammer mit Mrs. Fawlty.

Polly Ja, nicht wahr – der Arzt hat ihr leider ein paar Tage strikte Bettruhe verordnet.

Basil Ja, aber der Arzt war eigentlich noch gar nicht da, Polly – ich weiß nicht, wen du da im Sinn hast. . .

Polly Aber der Mann heute morgen... der sah wie ein Arzt aus.
Basil Ja, ja, er sah in der Tat so aus, ja, das stimmt... aber er war keiner. Unglücklicherweise.
Roger Er war kein Arzt.
Basil Nein, nein. Er war Zahnarzt.
Roger **Zahnarzt?**
Basil Ja.
Roger Was macht denn ein Zahnarzt hier?
Basil Im Hotel wohnen... er ist Gast bei uns, nicht wahr. Auch Zahnärzte wohnen mal im Hotel.
Roger Ja, aber sie laufen nicht rum und erzählen fremden Ehefrauen, sie sollen im Bett bleiben, nicht wahr.
Polly Ach, dann hat er sicher von **seiner** Frau gesprochen.
Roger Von **seiner** Frau.
Basil Also, sehr zum Wohl. Schön, daß ihr da seid. Prost!
Alice Prost.
Roger Prostata. *(Sie trinken.)*
Alice Na, hoffentlich ist sie bald wieder auf dem Damm.
Basil Oh, ja, ja.
Roger Wer – Syb oder die Zahnarztfrau?

Pause.

Basil *(mit gezwungenem Lachen)* Tja, ihr haltet euch beide tapfer, ja?
Roger Ja, ja, könnte gar nicht besser sein.
Alice Und du, Basil?
Basil Ach, ich kann nicht klagen. Also, ich könnte schon, aber es würde ja nichts nützen, nicht wahr. Ha, ha.
Alice Nein... so ein Jammer, und ausgerechnet an eurem Hochzeitstag.
Basil Ja. Trotzdem, nichts währt ewig, nicht wahr. Wir überlegen sogar, ob wir dieses Zimmer renovieren lassen sollen.
Alice Tatsächlich?
Basil Ja. So à la Kapitänskajüte, wißt ihr, ein paar Landkarten an der Wand, ein Tau hier und da, ein Steuerrad in der Ecke, so in der Art.
Roger Ja, damit es hier mal nach was **aussieht**.
Basil **Meine** Idee war das nicht, Roger.
Alice Die arme Sybil.

Arthur und Virginia kommen herein. Die anderen begrüßen sie.

Virginia Hallo, Basil.
Basil Hallo, Virginia. Hallo, Arthur.
Virginia Herzlichen Glückwunsch zum Hochzeitstag!
Basil Oh, danke, danke, ja.
Virginia Wir haben euch eine kleine Überraschung mitgebracht. *(Sie nimmt Arthur eine Kuchendose ab.)*
Alice Oh, darf ich mal gucken? *(Virginia hebt den Deckel hoch.)* Ach, ein Kuchen! Wie reizend!
Basil Sehr schön.
Alice Selbstgebacken?
Virginia Mit extra viel Marzipan.
Basil Es geht ihr nicht gut.
Virginia Hm?
Basil Sybil.
Virginia Nicht gut?
Alice Sie liegt im Bett.
Virginia Das sieht Sybil aber gar nicht ähnlich.
Alice Sie hat die Stimme verloren.
Virginia Was hat sie denn?
Basil Tja, wir sind nicht hundertprozentig sicher.
Roger Sie hätte bestimmt gern etwas von dem Marzipan da.
Basil *(warnend)* Roger.
Roger Wird sie aufmuntern, Bas.
Virginia Gute Idee. Wir bringen ihr ein Stück nach oben.
Basil Ja, wohl lieber nicht.
Virginia Warum denn nicht?
Basil Sie sollte wirklich nicht gestört werden.
Virginia Nur für einen kurzen Augenblick, Basil.
Basil Es ist keine so gute Idee. Morgen, vielleicht.
Virginia Was hat sie denn, um Himmels willen?
Basil Ähm. . .
Virginia War der Arzt schon da?
Roger Nein, aber der Zahnarzt hat sie sich gründlich angeschaut.
Virginia Der **Zahnarzt**?
Basil Nein, also, wir haben den Arzt angerufen, wir haben ihm am Telefon die Symptome beschrieben, und er sagt, sie soll ganz ruhig liegen. *(Polly ist aufgetaucht.)* Ach, Polly. *(Zu Virginia)* Was möchtest du trinken, Virginia?
Virginia Ach, einen Sherry, medium, bitte.

Virginia und Alice setzen sich an einen Tisch. Manuel kommt und will Basil auf sich aufmerksam machen.

Manuel Mr. Fawlty!
Virginia Was hat sie für Symptome?
Basil Tja, sie hat ihre Stimme verloren, und sie ist ganz angeschwollen. *(Zu Manuel)* Ja, was ist denn?
Manuel Ist Terry, er machen groß Schwierigkeiten. . .
Virginia Angeschwollen?
Basil *(zu Manuel)* Was?
Manuel Er rücken mein Topf. Er stellen sein Topf, wo mein Topf sein.
Arthur Für mich ein Bier.
Basil Dann stell deinen Topf doch woanders hin.
Manuel Ich stellen woanders hin, er rücken wieder.
Polly *(murmelnd, während sie mit den Getränken an Basil vorbeigeht)* Was ist geschwollen?
Basil *(durch die Zähne zischend)* Augenlider. *(Zu Manuel)* Sag ihm. . . sag ihm halt, ich hab gesagt, er soll das lassen, ja?
Polly Was?
Basil Die Lider.
Manuel Ich Ihnen sagen, er wollen machen Ärger, er stoßen mit Mop an meine Füße. . .
Polly *(zu Virginia)* Die Glieder.
Virginia Die Glieder!?
Polly Ja, vor allem die Beine. *(Zu Manuel)* Sag's ihm doch einfach. Geh schon. *(Manuel geht hinaus.)*
Virginia Basil – Polly sagt, ihre Beine sind geschwollen.
Basil *(beugt sich vor und schaut Pollys Beine an)* Wirklich?
Virginia Nein, die von Sybil.
Basil Was?
Virginia Sybils Beine.
Basil Sybils **Beine**?
Polly Ihre Glieder!
Basil Oh, ähm, ja, aber nur ein bißchen. Ein winziges bißchen. . . aber vor allem im Gesicht. Die Augenlider, nicht wahr.
Polly *(begreift ihren Fehler)* Oh!
Virginia Ihr Gesicht ist geschwollen, sie hat die Stimme verloren, und die Beine sind ein bißchen. . .
Basil Auseinandergegangen. Traurig, nicht? Armes Schwein.
Virginia Wann kommt denn der Arzt?

Basil Später. Bald. Bald.

Virginia Wann?

Basil Tja, ich weiß nicht genau.

Virginia Dann geh ich wohl mal hoch und schau sie mir an. *(Sie steht auf und will gehen.)*

Basil *(verblüfft)* Was?

Virginia Das hört sich **schlimm** an, Basil.

Basil Es **ist** schlimm. Darum wollen wir auch nicht, daß da Leute raufgehen und mit ihr reden.

Virginia Ich will nicht mit ihr reden, Basil, ich will sie mir ansehen.

Basil Ansehen? Sie ist krank! Warum willst du sie dann verdammt noch mal ansehen?

Virginia Ich bin **Krankenschwester**, Basil. *(Sie will an ihm vorbei.)*

Basil *(zu sich selbst)* O nein! *(Er rennt ihr nach.)* Ich weiß, ich weiß. Ich weiß. *(Er führt sie zurück.)* Habt ihr das gehört, alle miteinander, da kenne ich die gute alte Virginia nun schon seit Jahren, und sie meint, ich hätte vergessen, daß sie Krankenschwester ist. Du bist einfach göttlich, weißt du das? *(Er packt sie und gibt ihr einen Kuß.)*

Virginia Laß mich bitte los, Basil.

Basil Was?

Virginia Ich will mir Sybil ansehen.

Basil Tja, das geht nicht.

Virginia Warum nicht?

Basil Weil... weil... du hast abgenommen, nicht wahr... ist das nicht absolut phantastisch.

Polly Mr. Fawlty, ich glaube, Sie sollten es ihnen sagen.

Basil Ja, gut...

Polly Daß der Arzt heute morgen da war.

Basil Er war heute morgen da. In aller Herrgottsfrühe.

Virginia Warum hast du uns das nicht **gesagt**?

Polly Er wollte Sie nicht beunruhigen.

Basil Ich wollte euch nicht beunruhigen...

Virginia Ist es etwas Ernstes?

Basil Nun ja, möglicherweise... *(Die anderen stoßen einen kleinen Schreckensschrei aus.)* Ich meine, nicht ganz und gar ernst, aber so leicht ernst.

Alice Oh, Basil.

Basil *(tapfer)* Es ist schon in Ordnung, es wär mir nur lieber, wir würden nicht... na ja... darüber reden.

Pause. Der fröhliche Einbruch von Reg und Kitty sorgt für plötzlichen Wirbel.

Reg & Kitty Hallo, zusammen. Hallo, Basil.
Basil *(würdevoll)* Hallo, Reg. Hallo, Kitty.
Kitty Sybil ist wohl nicht da?
Basil Äh, nein, ich war gerade dabei...
Kitty *(zu Reg)* Da hast du's. Ich hab's dir ja gesagt. *(Zu den anderen)* Ich hab sie eben in der Stadt gesehen.
Roger Was?
Kitty In ihrem Wagen. In der High Street.
Basil Ach nein, nein, das ist die andere.
Kitty Welche andere?
Basil Diese Frau, die Sybil etwas ähnlich sieht. Ihr kennt sie doch? Ja?
Virginia Die Sybil ähnlich sieht?
Basil Aber ja... so im Gesicht. Aus dem Norden.
Reg Und fährt einen roten Maxi, ja?
Basil Nun ja, ihr Mann, glaube ich. Sie hat ihn sich wohl ausgeliehen.
Roger Vielleicht hat sie deinen geklaut, alter Knabe. Da draußen steht er nicht.
Basil Er ist in der Werkstatt, Rog.
Virginia Sie sieht Sybil ähnlich?
Basil Ja.
Virginia Und sie kommt aus dem Norden?
Basil Na ja, sie hat einen nördlichen Akzent, wißt ihr. Da kommt sie vermutlich aus dem Norden.
Virginia Du hast mit ihr gesprochen!
Basil Hm.
Virginia Wie heißt sie denn?
Basil Also, wie sie heißt, weiß ich nicht, ich meine, ich hab sie nur ein **einziges** Mal gesehen. Auf einer Party.
Virginia Entschuldigung, Basil, ich wollte nicht...
Reg Nein, nein, nein, natürlich. Übrigens, Basil, wo **steckt** Sybil denn?
Basil Sie liegt im Bett.
Kitty Ach je.
Basil Ja, es geht ihr wirklich nicht gut. Sie darf wirklich niemanden sehen. Also...
Reg Was, überhaupt niemanden?
Basil Nein.

Kitty Können wir nicht mal kurz hereinschauen?

Basil Nein, leider nicht. Sie darf keinerlei Aufregung haben.

Reg Oh, **Basil**. . .

Basil Was meinst du mit »Oh, Basil«?

Arthur Schließlich sind wir ihre ältesten Freunde, alter Junge. Ich meine, es kann ihr nur guttun, und wir sind doch alle hergekommen, um euch beide zu sehen. . .

Basil Tja, tut mir leid, wenn euch das Unannehmlichkeiten bereitet hat. . . *(Gerät allmählich in Erregung.)* Ich meine, ihr bekommt etwas zu trinken, haufenweise Nüßchen, seht eure alten Freunde wieder, habt ein bißchen was zu lachen, aber wenn das nicht reicht, dann. . . dann erstatte ich euch die Benzinkosten.

Arthur Nein, nein.

Reg Nun mal sachte, Basil.

Basil *(beruhigt sich langsam)* Tja, tut mir leid, aber. . .

Virginia Natürlich. Wir verstehen das ja. Du bist ein bißchen durcheinander.

Basil Na ja, wißt ihr. . .

Reg Ja, natürlich. Aber du kennst uns gut genug. Du hättest absagen sollen. Warten, bis sie wieder auf dem Damm ist.

Basil Hätte ich auch, Reg, aber es war einfach keine Zeit dazu.

Roger Keine Zeit dazu?

Basil *(etwas heftig)* Sie ist ja erst vor einer Stunde angeschwollen.

Roger Du hast gesagt, der Arzt sei schon in aller Herrgottsfrühe dagewesen.

Basil Ja, ja, das stimmt. Das war wegen dem Hals. Das Anschwellen hat angefangen, nachdem er weg war, okay?

Virginia **Nachdem!?**

Basil Ja, nachdem. Macht ihr euch Notizen? *(Zu Virginia, die losgehen will)* Wo willst **du** denn hin?

Virginia Ich will sie mir anschauen, Basil. *(Er packt sie und führt sie zurück.)* Aber Basil, das Ganze ist doch sehr merkwürdig, und ich steh hier nicht rum, während eine alte Freundin wie Sybil. . .

Basil Hör zu! Hör zu!!! Das ist doch ganz Sybil: Simpel geht's nicht gut. Sie hat den Hals verloren, und ihr tut die Stimme weh. Der Arzt war da und hat gesagt, es ist ein bißchen ernst, nicht viel, ein bißchen. Er ist gegangen, sie ist angeschwollen, er kommt am Nachmittag noch mal wieder, und es ist das Beste, wenn sie jetzt allein bleibt, was ist daran so merkwürdig?

Roger Daß sie in der Stadt herumfährt.

Basil Was sagst du da?

Roger Äh, nichts, Entschuldigung, nur ein Scherz, Bas – kann ich bitte noch einen Gin haben?

Basil Nur ein Scherz? Sie fährt da unten in der Stadt herum, das glaubst du, ja?

Alice Natürlich nicht, Basil.

Basil Nein, nein, nein, nein, offenbar steh ich hier rum und denk mir verrückte Geschichten aus, daß meine Frau da oben schwer krank im Bett liegt – ja, Roger?

Roger Nein, nein, nein, natürlich nicht – es war nur **tatsächlich** etwas komisch, daß Kitty... diese Frau aus dem Norden da im Auto gesehen hat.

Basil Komisch? ... Ach, **verstehe**! Du meinst, du glaubst, das war **Sybil** da im Auto, und sie ist nicht oben, ja? Ah, jetzt begreife ich. Jetzt ist mir alles klar. Okay, worauf warten wir dann noch alle? Kommt, alle nach oben. *(Er will sie in Marsch setzen; keiner rührt sich.)* Kommt schon. Alle miteinander.

Alice Nein, Basil.

Reg Nein, nein.

Basil Kommt schon! Alle, die mich für einen Lügner halten, kommen mit rauf.

Kitty Nein, natürlich nicht, Basil.

Basil Kommt schon.

Arthur Immer langsam, alter Junge.

Virginia *(freundlich)* Nun sei doch nicht so, Basil.

Basil Kommt rauf und guckt euch Sybil an.

Reg Nein, wir wollen nicht.

Arthur Nein, das Beste wäre, wir lassen sie in Ruhe. Wir besuchen sie ein andermal.

Virginia Ja, wenn es ihr besser geht.

Basil Aber Roger will sie **jetzt** sehen.

Roger Nein, wir dürfen sie nicht stören.

Basil Nein, nein, nein, nein, wenn Roger das will...

Alice Er **will** nicht, Basil. *(Alle schauen Roger an.)*

Roger Na ja, wir könnten kurz guten Tag sagen.

Alice *(wütend)* Oh, **Roger**!!

Basil Okay. Okay. Na schön! Also okay, schön!! Kein Problem. Kein Problem. Ist mir recht. Gute Idee. Ich renn rasch nach oben und bitte sie, daß sie mal eben aufhört mit Sterben, und dann könnt ihr alle raufkommen und sie identifizieren.

Alice *(verlegen)* Basil!

Basil setzt sich in Richtung Halle in Bewegung und packt Polly am Arm, als er an ihr vorbeikommt.

Basil Polly, würdest du mir behilflich sein. *(Er zerrt sie aus der Bar und ruft über die Schulter zurück.)* Schenkt euch noch was zu trinken ein, bitte fühlt euch ganz wie zu Hause, macht es euch gemütlich . . .
Roger Noch Nüßchen?

Die Halle. Basil zieht Polly mit sich.

Polly Was machen Sie da?
Basil Du brauchst nichts zu sagen.
Polly Was? *(Sie sind an der Treppe angelangt; als er sie hinaufziehen will, begreift sie.)* Oh, nein. Nein. Nein. Nein.
Basil Los schon. *(Er packt sie um die Taille und trägt sie praktisch die Treppe hinauf.)*
Polly *(widerstrebend)* Nein!
Basil Na los.
Polly Ich mach das nicht.
Basil O doch.
Polly Ich mach's nicht, ich mach's nicht.
Basil Es ist doch ganz leicht. Du setzt einfach ihre dunkle Sonnenbrille und eine von ihren Perücken auf.
Polly Lassen Sie mich los!

Sie haben den oberen Treppenabsatz erreicht. Basil scheucht Polly durch den Flur.

Basil Ich sorg dafür, daß sie dir nicht zu nahe kommen.
Polly Mr. Fawlty, so hören Sie doch.
Basil Wir ziehen die Vorhänge zu.
Polly Meine Güte, die glauben doch nie im Leben, daß ich . . .
Basil Man glaubt, was man sieht.
Polly Aber ich seh doch ganz **anders** aus!
Basil Du bist eine Frau, oder nicht?
Polly Mein Gesicht ist zu lang.
Basil Dann machen wir es kürzer. Du hast deine Stimme verloren, du brauchst nur zu winken.

Polly Winken?

Basil *(hält sie fest)* Du hebst eine Hand hoch und wackelst damit rum. Den Dreh hast du bald raus. *(Er stößt die Schlafzimmertür auf und schubst sie hinein.)*

Im Schlafzimmer läuft er zum Kleiderschrank, zieht eine Perücke heraus und wirft sie ihr zu.

Polly Mr. Fawlty, ich weiß ja, daß Sie sehr erregt sind, vielleicht haben Sie sogar einen Nervenzusammenbruch, was weiß ich, ich kenn mich da nicht aus – aber Sie müssen wirklich versuchen zu begreifen, daß das so nicht geht.

Basil *(wirft ihr ein Negligé zu)* Zieh das an.

Polly Das geht nicht!

Basil Was denn, was denn!

Polly Ich **mach** das nicht! Wenn Sie hier einen Marx-Brothers-Film inszenieren wollen, dann ist das **Ihr** Problem. Ich hab daran kein Interesse.

Basil Kein Interesse?

Polly Nein.

Basil Das ist alles deine Schuld.

Poll **Meine** Schuld?

Basil Du hast doch gesagt, sie ist krank.

Polly Sie haben sie eingeladen, hier raufzukommen. Sie wollten gar nicht. Tun **Sie** doch so, als wären Sie Sybil. *(Wirft ihm die Perücke zu.)* Legen **Sie** sich ins Bett! *(Wirft ihm das Negligé zu.)*

Basil Ich bin zu groß! Ich hab einen Schnurrbart! Was soll das denn sein, ein Riesenpopel mit Haaren dran?

Polly Das kriegt man so, wenn man anschwillt.

Basil Ich mach dich fertig. Du findest nie wieder einen Job als Kellnerin in Torquay.

Polly Als Kellnerin? Das soll wohl ein Witz sein. Ich helf an der Rezeption aus, ich mach die Zimmer sauber, ich verhandel mit den Lieferanten, ich schraub neue Sicherungen ein, ich reparier die Telefonanlage, und wenn Sie glauben, es gehört jetzt auch noch zu meinen Pflichten, mich als Ihre Anverwandte auszugeben, dann haben Sie noch eine Schraube mehr locker, als ich dachte. Ich mach das nicht. Verstehen Sie? Sehen Sie selbst zu, wie Sie da wieder rauskommen. Ich hab damit nichts zu tun.

Es klopft an der Tür. Basil hört es und mimt einen Herzanfall; er faßt sich an die Brust, gibt gurgelnde Laute von sich und sinkt zu Boden.

Polly Hundert für den Wagen.
Basil Okay.
Polly Jetzt gleich! *(Es klopft wieder an der Tür.)*
Basil Was?!
Polly **Jetzt gleich!**
Basil Jetzt gleich?
Polly Jetzt gleich.

Draußen im Flur steht trotzig erhobenen Hauptes Manuel vor der Tür. Kurz darauf kommt Basil heraus.

Basil Hallo? *(Er erblickt Manuel.)*
Manuel Sein nicht möglich.
Basil Was?
Manuel Sein nicht möglich für mich. Bitte kommen. *(Er faßt Basil am Ärmel.)*
Basil Was ist denn?
Manuel Ist Terry, bitte kommen.
Basil Hör mal, ich hab zu tun.
Manuel Er sagen, ich nicht weiß zu machen Paella. **Er** sagen zu **mir**.
Basil Sag ihm. . .
Manuel Ich ihm sagen, Paella sein spanisch, nicht Cockney-Stinkpastet von Aal. Ich machen Paella wie meine Mamma. . .
Basil Es interessiert mich nicht!
Manuel Rezept von meine Mamma sein groß in Barcelona.
Basil Geh weg! Los schon!
Manuel Nein, nein, Sie kommen – er mich nennen dummes Ausländer, Mamabubi, Lump.
Basil *(reißt sich von Manuel los)* Laß mich los! Also hör mal!
Regs Stimme *(ruft die Treppe hinauf)* Basil!
Basil Ja? *(Zu Manuel)* Sag Terry – er soll dich in Ruhe lassen.
Reg *(taucht oben an der Treppe auf)* Basil?
Basil Ja, Reg? *(zu Manuel)* Los schon. . . weg hier! Du nicht, Reg!
Manuel *(zieht widerstrebend ab)* Sein groß in Barcelona, groß, groß.
Reg Sollen wir jetzt raufkommen?
Basil Äh, ja, einen Moment noch, Reg. Nein, nein, nein, kommt jetzt

ruhig rauf, ja, kommt nur rauf... ja, sie will bloß noch, na ja, das Schlimmste kaschieren.

Reg tritt zögernd näher, dann kommen die anderen hinterhergezockelt.

Virginia Wie gehts ihr, Basil?

Basil Tja, ähm, ich hab sie geweckt und ihr erzählt, daß ihr reinschaut – sie hat sich riesig gefreut, natürlich, aber sie ist sehr schwach, und dann der Hals, na ja, und sie kann sich nur äußerst mühsam verständlich machen. *(Alle nicken und geben sorgenvolle Laute von sich.)* Ist mal 'ne Abwechslung. Hah! *(Eine verlegene Pause.)* Sie sollte jeden Augenblick soweit sein. Sie ist ziemlich fix mit den...

Virginia Sie macht sich doch nicht etwa für uns zurecht?

Basil O nein, nein, nein... nur... na ja. *(Eine Pause.)* Ich soll euch danken und sagen, wie sehr sie sich freut, euch alle zu sehen.

Arthur Gut.

Virginia Dann kann sie doch etwas sprechen, ja, Basil?

Basil Äh... eigentlich nicht, nein. Nein, ich verstehe, was du meinst... sie hat mir das aufgeschrieben, ehrlich gesagt, auf so eine... äh Postkarte, die sie neben dem Bett liegen hat.

Roger Hat sie die frankiert? *(Basil funkelt ihn wütend an.)*

Alice Basil – hast du hier irgendwo einen Aschenbecher?

Basil Ach ja, ich hol dir einen, Alice. *(Er marschiert an ihnen vorbei.)*

Alice Aber Basil, das ist doch nicht...

Basil Nein, macht mir überhaupt nichts, ganz und gar nicht. Bin sofort wieder da...

Er eilt die Treppe hinunter, durch die Halle und in die Bar. Er greift sich eine Flasche, entkorkt sie und hebt sie schwungvoll an, um einen kräftigen Schluck daraus zu nehmen; in dem Moment kommt Manuel an und zupft ihn am Arm.

Manuel Mr. Fawlty! Mr. Fawlty! *(Basil wendet den Blick von der Flasche, deren Inhalt sich zum größten Teil über ihn ergießt.)* Er tun Hackfleisch rein! Er tun verdammtes Hackfleisch rein!!

Basil *(deutet auf das klatschnasse Jackett)* Guck mal, was du angerichtet hast!

Manuel Oh, Verzeihung! Verzeihung! *(Er will Basil abtrocknen.)* Bitte, ich ihm sagen, Paella sein Fischgericht.

Basil *(stößt ihn fort)* Geh weg. Geh weg.

Manuel Was ich machen?
Basil Geh weg! *Arriba* – verschwinde!!

Oben im Flur hat die Gesellschaft angefangen zu streiten.

Roger Ist das nicht wahnsinnig komisch?
Alice Roger!!
Roger Nein, ich meine, wozu in die Kneipe gehen oder Golf spielen, wenn man an einer von Basils Veranstaltungen teilnehmen kann.
Virginia Also komm, Roger. Das ist für ihn bestimmt auch nicht leicht, wo Sybil da krank im Bett liegt.
Roger Na, du weißt ja, was ich davon halte.
Virginia Was?
Alice & Kitty Pssst!
Basil *(kommt mit Aschenbecher, Nüssen und Chips die Treppe herauf)* Da – ich hab euch ein paar Nüßchen mitgebracht.
Alice Ach Basil, das wär doch nicht nötig gewesen.
Basil *(zu Reg)* Nimmst du bitte mal den Aschenbecher. *(Er läßt die Nüsse fallen, was für allgemeine Aufregung sorgt.)* Oh, Verzeihung.
Alice Ach, macht doch nichts.
Basil Ich hol noch welche, ja?
Reg Nein, nein, wir haben ja die Chips.
Basil Sicher? Ich geh gern. . .
Virginia Nein, nein, Chips sind prima.
Basil Wirklich? Okay, okay. *(Er reicht sie herum.)* Chips, Alice?
Alice Danke.
Basil Arthur?
Arthur Für mich nicht, danke.
Basil Kitty, möchtest du Chips?
Kitty Danke, ganz toll, danke.
Basil Halt mal eben – ich hol einen Besen.
Roger Bäsil holt den Bäsen.
Basil Ha, ha, oh, sehr gut, Rog. *(Er rennt wieder den Flur entlang; die anderen schauen ihm verblüfft nach.)*
Roger Wie ein wildgewordener Handfeger! *(Basil verschwindet.)*
Virginia Roger? Wie hast du das vorhin gemeint?
Roger Na ja, sie hatten Streit miteinander. Sie weigert sich runterzukommen.
Kitty *(schockiert)* Roger!

Roger Und jetzt hat er sie soweit gebracht, daß sie uns doch kommen läßt.
Basils Stimme *(von unten)* Es interessiert mich nicht!

In der Halle wird Basil von Manuel aufgehalten.

Basil Es interessiert mich nicht! *(Er wirft Manuel in die Küche und rennt wieder hinauf.)*

Oben im Flur versuchen Alice und Kitty, die Nüsse aufzusammeln. Basil rennt nach oben und will ihnen helfen.

Basil Ach, laßt doch, ich mach das schon.
Reg Basil. *(Basil macht sich weiter zu schaffen.)* Basil?
Basil Hmm?
Reg Ob sie wohl jetzt soweit ist?
Basil Ach ja. Äh. . . gute Idee. Ja, ich seh mal nach. Okay. *(Er macht die Tür auf und schaut kurz hinein.)* Noch nicht ganz. Beinahe. Möchte noch jemand ein paar Chips?
Alle Nein, danke, nein.
Roger Hast du auch Gummibärchen?
Basil *(stellt die Schale neben sie auf den Boden)* Ich stell sie mal da hin. . . bedient euch nur. . . *(Er wirkt verlegen und scharrt mit dem Fuß über den Teppich.)*
Roger Schöner Teppich, Bas.
Basil Danke, ja, er ist inzwischen schon etwas abgetreten.
Roger Ach, ich hab gedacht, das gehört zum Muster.
Alice Schöne Tapete, Basil.
Basil Oh, danke, Alice. Ja, wir haben sie passend zum Teppich ausgesucht. . .
Roger Passend?
Basil Genau, Roger.
Roger Tja, dann ist wohl eins von beiden passé. Ich würd sagen, der Teppich. . .
Basil Du liest wohl zuviel Oscar Wilde, Rog? *(Er deutet nach oben.)* Ich weiß nicht, ob du die Zierleiste da oben schon mal bemerkt hast. *(Er tritt in die Chipsschale, rutscht aus und setzt sich abrupt hin.)*
Alice O je.
Basil Ist okay, ist okay, keine Angst. Ich mach das weg. *(Er steht auf.)*
Roger Wann fängt der Hauptfilm an?

Basil beachtet ihn nicht. Der Major kommt vorbei.

Der Major Morgen, Fawlty. Prächtiger Tag für eine Runde Golf.
Basil Oh, Morgen, Major. Ja.
Der Major Hat jemand Lust auf einen Vierer?
Basil Nein, nein. Wir wollen uns Sybil anschauen, Major.
Der Major Ist auch auf dem Platz, was?
Basil Nein, nein, sie ist krank. Ziemlich krank sogar.
Der Major Oh... dann sollte sie aber im Bett liegen.
Basil Tut sie auch. Wir gehen jetzt rein und schauen sie uns an.
Der Major Ist wohl schon eine andere Gruppe bei ihr drin, was?
Basil Darf ich euch Major Gowen vorstellen, unseren dienstältesten Gast... ich weiß nicht, ob Sie alle hier kennen, Major?
Der Major *(gibt allen die Hand)* Guten Morgen... freut mich, Sie kennenzulernen... willkommen in Torquay.
Alle Guten Morgen, Major.
Basil *(späht ins Schlafzimmer)* Ja, okay. Sie ist jetzt soweit, kommt nur rein. *(Der Major will hineingehen; Basil lotst ihn wieder raus.)* Ja, Sie nicht.

Sie gehen in Sybils Schlafzimmer. Die Vorhänge sind zugezogen, es ist stockdunkel.

Alice Sybil?
Virginia Hallo, meine Liebe, du brauchst nichts zu sagen.
Kitty Die Gang ist da.
Alice Tut mir so leid, daß du krank bist.
Kitty Ja, ein Jammer.
Virginia Da haben wir gedacht, wir gehen dich besuchen... Herzlichen Glückwunsch zum Hochzeitstag.
Alle Ja, herzlichen Glückwunsch zum Hochzeitstag.

Ein Krachen und ein Aufschrei. Jemand ist hingefallen. Schreckensschreie der Frauen; ein Stöhnen.

Virginia Was ist denn?
Arthur Reg ist gefallen. Alles in Ordnung, Reg?
Reg Das war mein Knöchel.
Alice O je.
Basil Alles okay, Reg?

Virginia Vorsicht!
Kitty Es ist so dunkel hier.
Roger Das verdammte Licht geht nicht.
Reg Ich bin über irgendwas gestolpert.

Wieder ein Krachen und ein Schrei. Allgemeiner Aufruhr.

Arthur Wer ist das?
Kitty Ich.
Alice Es ist Kitty.
Virginia Wo bist du, meine Liebe?
Arthur Können wir hier nicht etwas Licht machen, Basil?
Basil Ja, okay, Moment. *(Man hört, wie ein metallener Papierkorb durch das Zimmer gekickt wird.)* So, bitte. Okay?

Er knipst eine kleine Tischlampe auf der anderen Seite des Zimmers an. Sybils Bett, in dem Polly liegt, ist fast ganz von Wandschirmen umstellt, nur am Fußende ist eine Öffnung sowie eine kleine Lücke am Kopfende.

Roger Tja, jetzt haben wir Licht und können immerhin den Schirm sehen.
Basil O je.
Virginia Ist alles in Ordnung, Kitty?
Kitty Ich glaub schon.

Reg steht mit Arthurs Hilfe vorsichtig auf.

Roger Du hättest dir nicht soviel Mühe machen sollen, Basil.
Alice Roger! *(Sie knufft ihn in die Rippen.)*
Basil Kommt hierher. Okay? Alles in Ordnung mit euch beiden? Kommt hier rum, von hier könnt ihr sie sehen. *(Zu der verborgenen Polly.)* Alles okay, Schatz? *(Zu den anderen)* Da ist sie!

Sie gehen ans Fußende des Bettes und gucken um die Ecke zu »Sybil« hin. Basil geht zu der Wandschirmöffnung am Kopfende des Bettes.

Alle Hallo, Sybil. Hallo.

Polly trägt eine Perücke und eine dunkle Sonnenbrille und hat sich etwas in den Mund gestopft, um die Wangen anschwellen zu lassen. Sie liegt in tiefem Dunkel. Sie winkt ihnen mit beringter Hand zu.

Roger Da ist was – ich seh, wie es sich bewegt.
Virginia Es ist etwas düster, Basil.
Basil Ja, also, ihre Augen sind sehr empfindlich.
Virginia Sie hat doch die Brille auf.
Basil Ja, also, dann zieh ich mal die Vorhänge etwas auf. . . *(Er will es machen, doch Polly gibt hektische Laute von sich und hält ihn am Bein fest.)* Ja, ich weiß, deine Augen sind sehr empfindlich, Schatz. . . keine Sorge, du kannst dich auf mich verlassen, Schatz. . . verlaß dich nur auf mich. *(Er zieht den Vorhang etwas auf.)*
Alle So ist's besser. Hallo, meine Liebe. Herzlichen Glückwunsch zum Hochzeitstag. Hallo, Sybil.
Alice Du armes Mäuschen.
Virginia Wie geht's dir, meine Liebe?

Polly zeigt mit dem Daumen nach unten.

Alle Oooh.
Virginia Du bist ja ganz geschwollen. *(Polly zeigt auf ihre Wangen und dann auf die Beine.)*
Basil Die Glieder! Die Glieder.
Kitty Wir haben dir einen Kuchen mitgebracht.
Alle Ja.

Basil nimmt ihn und zeigt ihn Polly, die »okay« signalisiert.

Basil Möchtest du ein Stückchen, Schatz? *(Polly schüttelt bestimmt den Kopf.)* Ach, ein kleines Stückchen? Na komm. . . *(Polly zeigt auf ihre Wangen.)* Ach, ja! Nun ja. . . fünfzehn Jahre, mh?
Alle Fünfzehn Jahre, ja! Ja, ja. Herzlichen Glückwunsch.
Arthur Gut gemacht, ihr beiden.

Polly winkt ein Weilchen à la königliche Familie.

Basil Danke. *(Pause; Polly winkt wieder; Basil starrt sie an und begreift dann.)* Ah, ja. . . ja, ich glaube, sie ist etwas müde.
Roger Diese ewige Winkerei muß einen ja fertigmachen. *(Polly streckt sich.)*

Basil Vielleicht sollten wir dann mal alle... äh... *(Polly gähnt.)*
Virginia Was hat sie denn da im Mund, Basil... das Weiße da?

Polly bedeutet ihr: »Ach, nichts«.

Basil Nur ein bißchen Schaum... na ja, von der Aufregung. Fünfzehn Jahre, mh? Ähm, tja... *(Er stellt den Kuchen ab und schaut dabei zufällig aus dem Fenster; zu seinem Schrecken sieht er Sybils Auto ankommen.)* Aaaaaaah!
Virginia Was ist denn?
Basil *(panisch)* Mir ist gerade etwas eingefallen! Da unten! Bleibt ihr nur hier und schwatzt mit Polly, mit **Sybil!** Sybil!! Und ich geh mal eben... bin sofort wieder da. *(Er stürmt davon.)*
Roger Schwatzen? Kann hier jemand Signalsprache?

Die Halle. Basil rast nach unten, als Sybil eben hereinkommt.

Basil *(ruhig)* Hallo, Schatz.
Sybil Ich will nur meine Schläger holen, Basil, ich bleibe nicht.
Basil Ach, du bleibst nicht? Ist gut.
Sybil Was?
Basil Nun, das wirst du selbst am besten wissen, Schatz.
Sybil Du willst wohl gar nicht, daß ich bleibe.
Basil Ähm... *(Zupft sich ein Fädchen vom Jackett.)* Oh, was ist das denn?
Sybil *(gibt ihm eine Ohrfeige)* Fünfzehn Jahre hab ich mit dir zugebracht. Wenn ich denke, was ich statt dessen hätte haben können.
Basil Fünfzehn Jahre! Puh!
Sybil Du willst, daß ich gehe, nicht wahr.
Basil O nein! Aber... du hast dich offenbar entschieden, also...
Sybil Das vergeß ich dir nie, Basil.
Basil Nein, Schatz?
Sybil Nein. *(Kleine Pause; sie fängt an zu weinen.)* Ich geh jetzt, Basil. Das wird wohl das Beste sein, nicht wahr?
Basil Ist gut, Schatz.
Sybil Auf Wiedersehen, Basil.
Basil Mach's gut, Schatz. *(Sie geht; vor der Tür dreht sie sich noch einmal um und schaut zurück.)* Fahr vorsichtig, Schatz. *(Sie geht, und Basil rennt wieder die Treppe hinauf.)*

Im Schlafzimmer sind die Gäste dabei, sich zu verabschieden.

Arthur Gute Besserung.

Reg Paß auf dich auf. *(Polly winkt.)*

Kitty Wir machen ein kleines Fest, wenn es dir besser geht.

Virginia Weißt du, ich geh gar nicht gern so von dir weg, meine Liebe. *(Polly bedeutet ihr: »Ist schon in Ordnung«.)* Laß mich nur mal kurz fühlen... *(Sie geht mit ausgestreckten Händen auf sie zu.)* Bloß um zu sehen, ob... *(Polly winkt sie fort.)* Aber, aber, keine Angst, ich tu dir ja nichts... will bloß mal die Drüsen abtasten, meine Liebe. *(Sie kommt sehr nahe; Polly wehrt sie ab.)* Nein, sei nicht albern, Sybil. Es ist doch zu deinem eigenen Besten, na, sei nicht albern. *(Polly schlägt sie ziemlich heftig.)* Aauu!

Virginia weicht einigermaßen erschrocken zurück. Die anderen staunen. Basil kommt hereingerannt.

Basil Was ist hier los?

Virginia *(hält sich das Auge und weint)* Sie hat mich geschlagen, Basil.

Basil Was?

Virginia Ich wollte sie nur untersuchen, da schlägt sie auf mich ein...

Basil *(schlägt Polly)* Das sollst du nicht. Du sollst unsere Freunde nicht schlagen. Ich weiß, du bist nicht ganz auf dem Damm, aber du mußt dich zusammennehmen! *(Zu Virginia)* Tut mir leid. Sie ist heute nicht ganz bei sich. Keine Angst, der Doktor ist bald da. Ich ruf euch dann an und berichte euch, was er gesagt hat. Also... ähm... möchte noch jemand was trinken, oder...?

Alle Nein, nein danke, Basil, wir müssen dann wohl...

Draußen auf dem Vorplatz sitzen Sybil und Audrey im Wagen. Sybil ist völlig verstört und weint. Audrey versucht sie zu trösten.

Audrey Die sind doch alle gleich, meine Liebe. Die sind alle gleich, glaub mir.

Sybil Ach, ich weiß, ich weiß.

Audrey Nun vergiß das alles mal. Wir spielen jetzt schön Golf, und dann gehen wir essen. *(Sybil legt den Gang ein.)* Hast du die Schläger?

In der Halle kommt die Gang die Treppe herunter. Sie sind alle leicht blessiert. Reg humpelt mit Arthurs Hilfe, Kitty ist unsicher auf den Beinen, und Virginia hält sich immer noch das Auge und wird von Alice gestützt. Basil folgt ihnen.

Basil Tja, war furchtbar nett, euch alle mal wieder zu sehen. Danke fürs Kommen.

Roger Nein, keine Ursache. Das sollten wir öfter machen. Das heißt, wenn sie wieder fit sind.

Basil Ja, ja, tut mir leid mit den Verletzungen... trotzdem, wenn es Sybil etwas besser geht, dann... dann können wir vielleicht alle zusammenkommen und mal so richtig...

Hinter ihm ist Sybil hereingekommen. Die Gäste gucken an ihm vorbei und starren sie ungläubig an; er dreht sich um und sieht sie. Sie sieht die Gäste an, dann ihn. Der Augenblick zieht sich hin.

Basil *(zu Sybil)* Ist das nicht merkwürdig? Wir haben gerade von Ihnen gesprochen. *(Er streckt die Hand aus.)* Basil Fawlty. Wir sind uns schon einmal begegnet... auf einer Party. *(Sie starrt ihn an; er führt sie in die Küche.)* Ich zeig Ihnen mal, wo es ist. Was macht der Norden? Waren Sie in letzter Zeit mal oben?

Die Küche. Basil führt Sybil herein, die zu verdutzt ist, um Widerstand zu leisten. Manuel und Terry balgen sich auf dem Fußboden. Basil kümmert sich nicht darum, lotst Sybil an ihnen vorbei, macht einen Schrank auf und stellt sie hinein.

Basil Ich erklär dir gleich alles, Schatz. *(Er macht die Tür zu und schließt ab.)*

Er macht einen Schritt über die Kämpfenden hinweg und geht wieder hinaus. In der Halle ist die ganze Gang völlig entgeistert. Basil kommt aus der Küche zurück, wo der Kampflärm anhält.

Basil Na, so ein Zufall – sie will uns vielleicht einen Kühlschrank abkaufen. Tja – war großartig, euch alle mal wieder zu sehen... und das mit dem Knöchel tut mir leid... schön den Kopf in den Nacken legen...

Die Gang zieht, von Basil begleitet, sprachlos durch den Haupteingang ab. Roger geht als letzter.

Roger Ein Mordsspaß.

Er gibt Basil sein Glas und geht. Polly kommt die Treppe herunter.

Basil *(zu Polly)* War doch ein Kinderspiel. *(Er nimmt seinen ganzen Mut zusammen und steuert auf die Küche zu.)* Jetzt kommt der schwierige Teil.

Basil die Ratte

Vor dem Hotel. Der Wagen der Fawltys fährt vor. Basil und Sybil steigen aus und gehen auf das Hotel zu.

Sybil Du hast gesagt, daß du mitkommst.

Basil Ich hab **nicht** gesagt, daß ich mitkomme. Ich habe gesagt, daß ich **vielleicht** mitkomme. Ich muß heute abend die Buchhaltung machen.

Sybil Du mußt heute abend **nicht** die Buchhaltung machen.

Basil Muß ich wohl.

Sybil Es ist immer das gleiche. Sobald ich mal ausgehen will, hast du irgendeine Ausrede.

Basil Das ist keine Ausrede. Aber gerade heute abend...

Sybil Von wegen gerade heute abend. Immer gerade dann, wenn ich mit meinen Freunden ausgehen möchte, oder mit **irgend** jemandem, mit irgendeinem Mitglied der menschlichen Rasse.

Basil Nun ja, Mitglied der menschlichen Rasse würd ich die Sherrins nicht unbedingt nennen, Schatz.

Sie betreten die Halle.

Sybil Ich bin den ganzen Tag an dieses Hotel gefesselt, du gehst nie mit mir aus, das einzige, was ich vom Leben habe, ist rauszufahren mit Freunden.

Basil Dann mußt du mehr rausfahren, Schatz.

Sybil... Die Leute glauben, daß du ein bißchen sonderbar bist, weißt du das? Und immer wieder hör ich, wie in aller Welt konnten die beiden nur zusammenkommen. Hexerei, sagt meine Mutter. *(Sie geht ins Büro.)*

Basil Und die muß es ja wissen. Die und ihre Katze. *(Er geht in die Küche.)*

In der Küche; Basil kommt herein. Er sieht einen Mann am offenen Kühlschrank knien und auf eine Platte mit Fleisch starren. Es ist Mr. Carnegie; Basil hat ihn noch nie gesehen.

Basil Kann ich Ihnen die Weinkarte bringen?

Carnegie Mr. Fawlty?

Basil Mister? Ich bitte Sie, nennen Sie mich doch einfach Kellner.

Hören Sie, ich besorg Ihnen einen Stuhl, dann können Sie es sich hier gemütlich machen. In der Mülltonne ist auch noch was zu futtern, Kartoffelschalen, kalter Reispudding, diese Richtung, nicht gerade *haute cuisine*, aber es macht satt. *(Sybil kommt rein.)* Ah, Sybil, darf ich dir einen Herrn vorstellen, der gerade die Selbstbedienungsabteilung hier eröffnet hat... Mr....?

Carnegie Carnegie.

Basil Mr. Carnegie, der Müllschlucker-Gourmet von...?

Carnegie ...vom Gesundheitsamt. *(Er stellt das Fleisch zurück in den Kühlschrank und richtet sich auf.)*

Basil Nein, woher stammen Sie? Aus Müllhausen oder hier aus der Gegend...

Sybil Gesundheitsamt?

Polly *(kommt herein, schwenkt ein Stück Papier)* Also... hier ist der Lieferschein für das Fleisch, Mr. Carnegie... *(Zu Sybil)* Die halbjährliche Überprüfung.

Sybil Ah ja, das Fleisch ist am Mittwoch geliefert worden...

Carnegie *(er hat inzwischen den Lieferschein überprüft)* Ja... das scheint in Ordnung zu sein.

Basil Sehr gut. Sie haben sich meinen kleinen Scherz doch nicht zu Herzen genommen eben grad? Gott sei Dank können wir Engländer noch über uns selbst lachen, was?!

Mr. Carnegie notiert etwas auf seinem Klemmbrett. Terry kommt herein, hält inne und schaut Polly an.

Polly *(zu Terry, lautlos)* Gesundheitsamt!

Terry geht ab. Carnegie bemerkt es.

Basil Das ist unser neuer Koch, der da gerade rausgegangen ist... hat sich mal für ein kleines Gebet abgesetzt, nehm ich an, ha, ha, ha.

Carnegie *(diesen Ausfall ignorierend)* Mr. Fawlty...

Basil *(winkt)* Hallo.

Carnegie Das Hotel entspricht nicht den von der Verwaltung festgelegten Anforderungen. Sofern nicht unverzüglich Schritte unternommen werden, habe ich nur die Wahl, es eigenverantwortlich zu schließen oder dem entsprechenden Stadtratsausschuß eine Schließung zu empfehlen. Im einzelnen: fehlende routinemäßige Reinigung, Filter dreckig und fettig, Siedegerät fettig und verkrustet, Oberflächen der Schneideplatten dreckig, befleckt und kaputt, kaputte und dreckige Boden- und Wandfliesen, teilweise fehlend, Küchengeräte fleckig und verdreckt, Abzugshaube innen verschmutzt und fettig...

Basil Ja, was den Siedetopf angeht...

Carnegie Nichtadäquate Temperaturkontrolle und Aufbewahrung leicht verderblicher Lebensmittel, Aufbewahrung von rohem und zubereitetem Fleisch im gleichen Fach, Aufbewahrung von rohem Fleisch über Konfekt, so daß Fleischsaft auf Süßwaren tropft, Kühlschrankdichtungen fehlend oder rissig, Eisfach nicht sachgerecht abgetaut und Kühlschrank überfüllt.

Basil Ja, danke, das genügt...

Carnegie Lebensmittelverarbeitung nicht einwandfrei, nachweisliche Verletzung des Rauchverbots bei der Speisenzubereitung, Schürzen verdreckt und alt, fehlende Installation eines Waschbeckens trotz entsprechender Zusage bei letzter Überprüfung vor sechs Monaten, und zwei tote Spatzen im Wassertank.

Basil ... Sonst alles in Ordnung?

Carnegie Wie schon gesagt, ich werde davon absehen, noch heute meinen Bericht weiterzuleiten, aber ich komme morgen wieder. Wenn dann nicht alle Mängel gemäß dieser Liste beseitigt sind, werden sofortige Schritte eingeleitet. Ich habe heute keine Zeit zu einer Überprüfung der Hotelzimmer und Gänge, das werde ich morgen nachholen.

Sybil *(komplimentiert ihn heraus)* Ja, selbstverständlich.

Carnegie *(beim Rausgehen zu Basil)* Gourmets, die sich bei Ihnen zur Resteverwertung einfänden, wären Kamikaze-Gourmets. *(Er und Sybil ab.)*

Terry *(öffnet die Hintertür, an der er gelauscht hat)* Für einen Moment habe ich geglaubt, wir kriegen Ärger.

Basil ... Wir **haben** Ärger gekriegt.

Terry *(sieht in die Liste)* Ein Klacks.

Basil Hast du diesen Klacks gelesen?

Terry Ach, die müssen so was doch schreiben, das gehört zu ihrem Job.

Basil Terry, diese Küche ist versifft.

Terry Hotel zum Siff, hm?

Basil Jetzt hör mal zu...

Terry Mr.Fawtly! Alle Küchen sind versifft! Je versiffter, desto besser das Essen. Haben sie mal gelesen, was George Orwell im *Maxim's* in Paris erlebt hat?

Basil Nein, hast du das Buch? Ich werd es vor Gericht verlesen.

Sybil *(kommt wieder rein)* Steh da nicht rum und tratsch! Geh rauf und. . .

Basil Ich tratsch nicht. Ich versuch unserem sogenannten Koch zu erklären. . .

Sybil Geh rauf, hol Manuel und sieh nach, ob genug Seife und Papier in den Badezimmern ist, und dann hol die Spatzen aus dem Wassertank.

Basil Ja, mein kleiner Kommandant.

Sybil Und schau nach, wie viele Feuerlöscher fehlen. Komm, Polly, wir fangen schon mal hier an.

Sie verläßt den Raum. Polly sieht die Katze.

Polly Nicht hier, Pussy. *(Sie setzt sie vor die Hintertür.)*

Basil trottet nach oben. Singen und leises Gitarrenklimpern kommen aus Manuels Zimmer. Basil geht hinein; Manuel sitzt klimpernd und singend auf dem Bett.

Basil Manuel, tut mir leid, aber wir haben einen Notfall. Wichtig, *sí?* Inspektor vom Gesundheitsamt war da, ein paar Sachen nicht in Ordnung. Müssen bis morgen in Ordnung sein, verstanden? Also, Manuel, du gehst jetzt aufs Dach. . .

Manuel Das Dach? *Sí*. . . *(Will abmarschieren.)*

Basil Nein, nein, komm zurück! Ich habe doch gar nichts **gesagt!** Also, du gehst zum Wassertank. . .

Manuel Wasser?

Basil Wasser**tank**! Wasser auf Dach in Tank, ja?

Manuel *Sí, sí.*

Basil Zwei tote Spatzen in Tank. Nimm raus. *(Manuel schaut mißtrauisch.)* Es ist nicht schwierig, Manuel. Das ist kein Satz von Wittgenstein. Hör zu. Zwei tote Spatzen. . . Wassertank. . . *(Manuel kann sich nicht mehr beherrschen.)* Was ist daran so komisch?

Manuel . . .Wie gekommen nach oben?

Basil . . .Wie. . . sie sind da hoch **geflogen!** *(Manuel wird leicht hysterisch und fängt an mit den Armen zu wedeln.)* Genau so, genau so!

Manuel *(bricht vor Lachen auf dem Bett zusammen)* Miau, miau? Miau, miau!

Basil Hörst du jetzt auf... reiß dich mal zusammen... keine Katzen! **Spatzen**!

Manuel *Qué?*

Basil *(greift nach einem spanisch-englischen Wörterbuch auf dem Bett)* Spatzen! Spatzen! Siehe auch Spatzenhirn... *(Er zeigt Manuel das Wort.)*

Manuel S-pat-z.

Basil *(bemerkt einen Käfig mit einem Nagetier neben dem Bett)* Was ist das?

Manuel Ist mein Hamster. »S-pat-se«.

Basil ... Hamster?

Manuel *Sí. Sí.* Nein. »Spass«.

Basil Manuel, das ist eine Ratte.

Manuel Spassen.

Basil Das ist eine Ratte!

Manuel Nein, nein, ist Hamster.

Basil Natürlich ist das eine Ratte. Ihr habt doch wohl Ratten in Spanien? Oder hat Franco alle hinrichten lassen?

Manuel Nein, ist Hamster.

Basil Ist Ratte.

Manuel Nein, glaube ich auch.

Basil Bitte?

Manuel Ich sage zu Mann in Laden: »Ist Ratte.« Er sagt: »Nein, nein, ist spezielle Hamster. Ist reinrasig sibirisch Hamster.« Nur einer in Laden. Er machen Spezial-Preis, nur fünf Pfund.

Basil *(beherrscht)* Hast du schon mal von der Beulenpest gehört, Manuel? War zu ihrer Zeit hier ziemlich populär. Jede Menge reinrassige Hamster kamen damals per Schiff aus Sibirien hier an... *(Er nimmt den Käfig.)*

Manuel Was Sie machen?

Basil Tut mir leid, Manuel, das ist eine Ratte.

Manuel Nein, nein, ist Hamster.

Basil Ist nicht Hamster. Hamster sind klein und knuddelig. Knuddel mit dem hier, und du hast die längste Zeit Gitarre gespielt.

Er verläßt den Raum mitsamt Käfig. Im Flur sieht man Manuel hinter ihm herrennen.

Manuel *Qué?* Wohin Sie gehen? Wohin Sie gehen? Wohin ihn bringen?

Basil Tut mir leid, Manuel, er muß verschwinden.
Manuel Verschwinden? Nein!
Basil Ja.
Manuel Nein, nein, gehört mir. Er bleiben bei mir.
Basil Also, hör zu! Das hier ist ein Hotel. Morgen kommt der Inspektor vom Gesundheitsamt. Wenn er das hier findet, werd ich... geschlossen... keine weitere Warnung... geschlossen. *Finito.* Du arbeitslos. Zurück nach Barcelona.
Manuel Niemand tut weh. Er in Käfig, er sicher, bitte...

Er klammert sich an Basils Bein. Miss Tibbs und Miss Gatsby erscheinen auf der Treppe.

Basil Guten Morgen, meine Damen.
Miss Gatsby Was ist los?
Manuel Er nehmen meine Hamster weg. Bitte, nein, Mr. Fawlty.
Miss Tibbs *(vorwurfsvoll)* Mr. Fawlty!!
Manuel Ich liebe ihn! Ich liebe ihn!
Miss Tibbs Wie **können** Sie nur?
Basil Entschuldigen Sie.
Manuel Er nehmen aus meine Zimmer.
Miss Tibbs *(beruhigt Manuel)* Na, na...
Miss Gatsby Machen Sie sich keine Sorgen, wir kriegen das schon hin.
Miss Tibbs Sie können ihn in unserem Zimmer lassen.
Miss Gatsby Ja. *(Zu Basil)* Genau, wir nehmen ihn mit in unser Zimmer, Mr. Fawlty. Wir passen auf ihn auf.

Basil hält ihnen den Käfig hin. Sie fangen an zu schreien.

Misses Tibbs & Gatsby Aaah! Eine Ratte! Eine Ratte! Eine Ratte! *(Sie ergreifen die Flucht.)*
Manuel Nein, ist sibirisch Hamster... reinrasig... *(Aber Basil ist schon nach unten verschwunden.)*

Die Halle. Basil kommt mit dem Käfig die Treppe runter. Ein Paar nähert sich der Treppe und sieht den Käfig, die Frau weicht erschreckt zurück.

Basil Kein Grund zur Beunruhigung, ist bloß ein sibirischer Hamster, wird grad entfernt.

Er geht in die Küche. Manuel kommt die Treppe herunter, sieht Polly, zögert und rennt dann zu ihr an die Rezeption.

Manuel Polly, Polly – er nehmen mein Hamster.
Polly Was?
Manuel Mr. Fawlty nehmen mein Hamster. Er verrückt – er denken, ist Ratte.
Polly ... Manuel... du mußt jetzt sehr stark sein...

In der Küche. Der Käfig steht auf dem Tisch. Basil und Sybil diskutieren den Fall.

Sybil Warum hast du es nicht kontrolliert.
Basil Was?
Sybil Du willst damit sagen, er hat sie seit einem Jahr, und du hast es erst jetzt gemerkt?
Basil Ja.
Sybil Und was, wenn der Inspektor sie gesehen hätte?
Basil Ich **weiß**.
Sybil Er hätte alles dichtgemacht... Und was willst du jetzt mit ihr machen, Basil? Hier kannst du sie jedenfalls nicht lassen.
Basil Ich weiß.
Sybil Laß sie ja nicht im Garten laufen, dann läuft sie wieder zurück ins Haus.
Basil Soll ich dich beim Großen Preis anmelden, Sybil? Unser nächster Kandidat: Sybil Fawlty aus Torquay, Spezialgebiet: Binsenweisheiten. Ich hatte nicht vor, sie im Garten laufenzulassen!
Sybil Und was **hast** Du vor?
Basil Keine Ahnung. Ich nehme sie mit und laß sie laufen. Schenk ihr die Freiheit.
Sybil Das kannst du doch nicht machen, Basil – sie hätte keine Chance, sich zu verteidigen.
Basil Das ist eine Ratte!
Sybil Sie ist domestiziert. *(Zu der Ratte)* Nicht wahr?
Basil Du bist auch domestiziert. Und du schaffst das auch. Ich bitt dich, sie wird schon nicht von einer Bande Feldmäuse überfallen werden.
Sybil Basil, sie ist Manuels Haustier. Wir haben eine gewisse Verant-

wortung für sie... vielleicht können wir ein neues Zuhause für sie finden.

Basil Genau. Ich geb eine Anzeige auf. Suche gemütliches Heim für wilden Riesen-Nager. Hört auf den Namen Sybil. Also, ich bring sie auf ein Feld und laß sie laufen...

Sybil Nein, ich ertrage keine Grausamkeiten gegenüber lebenden Kreaturen.

Basil Ich bin eine lebende Kreatur, bei mir erträgst du sie.

Sybil Ich rede von der **lebenden** Kreatur. *(Manuel kommt rein.)* Hör mal, Manuel, wir sind gerade am Überlegen, was wir machen...

Manuel Mrs. Fawlty, bitte verstehen. Wenn sie gehen, ich gehen.

Basil *(streckt die Hand aus)* Also dann – tschüß!

Sybil *(zu Manuel)* Bitte hör zu! Du weißt, wir **können** sie nicht hierlassen. Der Inspektor würde nicht...

Manuel Mrs. Fawlty. Er hier sein ein Jahr. Er keinem was tun.

Sybil Manuel hör mal... wenn sie deine Ratte sehen, machen sie das Hotel dicht. *(Zu Basil)* Vielleicht wäre es das einfachste, wir lassen ihn *(buchstabiert)* e-i-n-s-c-h-l-ä-f-e-r-n.

Basil Wen, ihn oder die Ratte? Vielleicht kriegen wir's für beide zusammen billiger.

Manuel »Einschäfern«?

Polly *(kommt herein)* Alles in Ordnung, Manuel. Ich habe meine Freundin angerufen. Sie nimmt ihn.

Manuel *Qué?*

Polly Sie hat jede Menge Tiere. Und es ist nur um die Ecke. Du kannst hingehen und ihn immer besuchen, wenn dir danach ist. Also komm jetzt, wir bringen ihn gleich rüber.

Manuel Aber er mich wird vergessen.

Basil *(gibt ihm den Käfig)* Ja, so sind Ratten. Man sollte sich nicht zu stark an sie binden.

Polly Komm schon, Manuel.

Sybil Das ist bestimmt die beste Lösung, Manuel.

Polly Er wird es dort gut haben, glaub es mir. *(Sie und Manuel mit dem Käfig ab.)*

Sybil Traurig, nicht?

Basil Na, sieh es doch mal vom Standpunkt der Ratte.

Sybil Was?

Basil Möchtest du den Rest deines Lebens mit Manuel als Zimmerservice verbringen?

Draußen; Manuel und Polly marschieren die Auffahrt zum Hotel hinunter, den Käfig zwischen sich.

Die Küche; große Geschäftigkeit. Terry am Abzug über dem Herd, Polly wischt die Wände ab, Sybil ist überall und kontrolliert. In der Ecke sitzt die Katze.

Sybil Also, mit den Schubladen sind wir durch, du bist bei den Wänden, Terry wechselt die Filter, der Kühlschrank ist in Ordnung. . . oh. . . *(Sie sieht die Katze.)* Komm. . .! *(Setzt sie vor die Hintertür.)*

Basil *(kommt von der Halle aus rein)* Also, das hätten wir. Sybil, ist hier alles klar?

Sybil Hast du den Deckel auf den Tank getan, Basil?

Basil Deswegen habe ich die letzte dreiviertel Stunde auf dem Dach verbracht, Schatz.

Sybil Hast du die Spatzen rausgenommen?

Basil Nein, die habe ich dringelassen. Sie müßten jetzt durch sein. Und die Wände?

Sybil Alles überprüft.

Basil Terry, die Haube. . . habt ihr an die Schubladen gedacht?

Sybil Alles erledigt, Basil.

Basil Der Kühlschrank. Haben wir alles getrennt?

Sybil Basil, ich hab es Dir gesagt, es ist alles erledigt.

Basil Die Dichtungen am Kühlschrank. . . der Boden. . .

Sybil Ich hab das kontrolliert.

Basil Ich geh nur das Selbstverständliche durch, Schatz. Also alles tipp-topp und in bester Butter, hm? Alles bereit für den alten Schubladen-Schnüffler. *(Manuel kommt in die Küche; er trägt eine schwarze Binde am Arm und läßt den Kopf hängen; Basil sieht ihm zu, wie er die Küche durchquert und in den Speisesaal geht.)* Wegen dem Nagetier?

Sybil Bitte, laß ihn in Ruhe, Basil. Es hat ihn mitgenommen.

Basil Also, wenn er weiter so rumschleicht, wird er sich nie erholen.

Sybil Laß ihn einfach in Frieden.

Basil Es hilft ihm nichts, wenn du ihn darin bestätigst. Du mußt ihn ablenken. *(Zu Manuel, der zurückgekommen ist, sich umsehend)* Na, Manuel, wie gefällt Dir das? Sieht gut aus, hm? Alles aufgeräumt und blitzeblank, was?

Manuel Alles so leer ohne ihn.

Basil Ja, ja – und die Wände, sehen die nicht toll aus? Und die Abzugshauben glänzen wie sonst was! Ist das nicht ein wunderbarer Anblick?

Manuel Bitte, lassen mich allein. . . Ich überstehen das.

Basil Ja, ja, du schaffst das schon. Kein Grund, sich unterkriegen zu lassen. Es gibt ja noch anderes auf der Welt, hm? *(Er klopft Manuel auf die Schultern.)*

Manuel Nicht!

Basil Was?

Manuel Nicht mich schlagen. Immer Sie mich schlagen.

Basil Ich schlag dich nicht. Ich versuche dich aufzuheitern.

Sybil Laß ihn doch, Basil.

Basil Was, was, was. . .? Guck mich doch nicht mit so entsetzlichen Kuhaugen an! Warum gehst du nicht ins Kino heute abend. Warum gehst du und Polly nicht Schlittschuh laufen? Warum. . . warum zum Teufel muß hier so eine miese Stimmung herrschen?

Sybil Basil.

Basil Ich kann es nun mal nicht leiden, wenn man sich gehenläßt.

Sybil Ach, laß ihn in Ruhe. Er ist einfach deprimiert.

Basil Manuel. . . von meiner Frau erfahre ich, daß du. . . deprimiert bist. Ich will dir mal was sagen. Depression ist eine sehr schlechte Sache. Wie ein Virus. Wenn du ihn nicht vernichtest, breitet er sich in deinem Innern aus, und dann wachst du eines Morgens auf, und du. . . du kannst das Leben nicht mehr ertragen.

Sybil Und dann machst du ein Hotel auf. *(Ab.)*

Basil Wir haben den Krieg nicht gewonnen, weil wir **deprimiert** waren! *(Ab.)*

Polly Manuel!

Manuel *Cómo?*

Polly Nicht so traurig.

Manuel . . . *No?*

Polly Nein, nein, du trägst zu dick auf.

Manuel *(schon heiterer)* Zu dick?

Polly Viel zu dick. Nur ein bißchen traurig.

Terry *(gibt Manuel einen Teller)* Hier ist das Essen.

Manuel Ah. *Gracias.*

Polly Vergiß nicht das Wasser. *(Sie füllt eine Schale an der Spüle.)*

Manuel Oh, Terry, Terry, gib mir auch was.

Terry Das ist Filet.

Manuel *Sí, sí*, er liebt das. Bitte!

Terry *(schneidet ein Stück)* Möchtest du etwas Bearnaise dazu?

Manuel Nein, nein, nein. Ist Chostelerol drin.

Er nimmt Filet und Wasser und entschwindet durch die Hintertür. Draußen dreht er sich nach allen Seiten, prüft, ob die Luft rein ist, und geht dann zu einem Nebengebäude in der Nähe. Als er es erreicht, scheucht er die Katze weg, die an der Tür schnüffelt, geht hinein, stellt das Essen auf den Boden und flüstert...

Manuel Basil... *(Er qiekt.)*

Am nächsten Morgen in der Halle; Polly im Gespräch mit einem Gast. Er gibt ihr einen Scheck.

Polly Danke, Mr. Higgins.
Gast Ich danke Ihnen.
Polly *(holt ein verpacktes Bild hervor)* Und hier ist das Bild.
Gast Wie bitte?
Polly Das Bild. Das Bild aus Ihrem Zimmer. Sie sagten, es gefiele Ihnen.
Gast Also...
Manuel *(kommt herein)* Polly! Polly!
Polly Sssch!
Manuel Polly!
Polly Warte.
Gast Nein, tut mir leid. Ich habe das nicht so...
Polly Ich geb's Ihnen für einen Fünfer. Bei Nichtgefallen zurück.
Gast *(entfernt sich)* Tut mir leid...
Polly Es ist für die Augenoperation meiner Schwester... *(Der Gast ist verschwunden.)* Arschloch.
Manuel Polly.
Polly Was denn?
Manuel Er weg... er weg. Er entkommen.
Polly Aber wie ist er denn aus dem Käfig rausgekommen?
Manuel Ich haben die Tür aufgelassen, für Spaziergang in Schuppen.
Polly *(packt ihn am Revers)* Du spanischer Schwachkopf! *(Basil erscheint in der Tür zum Speisesaal; Manuel kann ihn nicht sehen, wohl aber Polly; sie fängt an, Staubkörnchen von seinem Revers zu entfernen.)* Dein ganzes Jackett... ist voll...
Manuel *Qué?*
Polly *Mucho salo.*

Manuel Was du machen?
Polly Ist schmutzig.
Manuel Nicht schlimm. Was mit Basil?
Polly Für dich immer noch **Mr.** Fawlty. *(Basil schaut zu, ziemlich überrascht.)*
Manuel Nein, nein, nein, nein. . . **Basil.**
Polly *Está aquí. (Manuel sieht Basil.)* Also mach das erst mal sauber.
Manuel *Sí, sí. (Er rennt in die Küche.)*
Basil Gut gemacht, Polly! So holt man ihn zurück.

Der Major nähert sich, eine Tasse Kaffee in der Hand.

Der Major Morgen, Fawlty.
Basil Hallo, Major. Hier sind die Zeitungen.
Polly Da hab ich es liegen lassen. . . *(Ab in Richtung Küche.)*
Der Major *(nimmt die Zeitungen)* Streik, Streik, Streik! Warum belastet uns das eigentlich noch, Fawlty? *(Ab in die Bar.)*
Basil *(zu sich selbst)* Ich wußte nicht, daß es Sie belastet, Major.

Die Bar ist leer. Der Major kommt rein, setzt sich hin und starrt in die Zeitung.

Der Major *(laut, aber für sich)* Boykott hat dieses Jahrhundert geprägt. *(Er blickt auf und sieht die Ratte; diese sitzt am Nebentisch und frißt Erdnüsse aus einer Schale; der Major starrt sie an, steht dann auf.)* Bleib, wo du bist, alter Junge. . . nicht bewegen! *(Er stellt noch eine Schale Erdnüsse hin und schleicht aus der Bar.)*

In der Halle. Basil betrachtet einen Blumenstrauß auf dem Tisch in der Mitte der Halle. Der Major eilt hinter seinem Rücken vorbei und die Treppe hinauf. Basil nimmt die Blumen und geht in die Küche.

Basil Terry, dusch die mal gründlich ab, ja?
Terry Hab ich schon.
Basil Sie sind aber immer noch schmutzig. Tu sie in die Spülmaschine.

Er geht zurück in die Halle. Der Major erscheint am Fuß der Treppe mit einem Gewehr und geht an Basil vorbei in die Bar. Basil macht auf dem Absatz kehrt und folgt ihm. In der Bar; der Major schleicht durch den Raum mit dem Gewehr im Anschlag. Natürlich ist von der Ratte nichts zu sehen.

Basil *(ernstlich beunruhigt)* Kann ich Ihnen helfen, Major?
Der Major Nicht bewegen! *(Er schwenkt das Gewehr in Basils Richtung; Basil hebt die Hände hoch.)* Ungeziefer!
Basil Diese Woche sind keine da, Major.
Der Major Hmmm?
Basil Keine Deutschen da diese Woche, Major. . . Kann ich das Gewehr haben?
Der Major Ich bring sie um, Fawlty.
Basil Ja. . . Major. . .
Der Major Hmm?
Basil Nicht. . . nicht erlaubt, jedenfalls nicht mehr. . . Mord. . .
Der Major Aber das sind **Bestien**, Fawlty.
Basil Aber ja. . . trotzdem, Major, vergeben und vergessen, hm? *(Er schnappt sich das Gewehr.)*
Der Major Ihnen vergeben?
Basil Na, wenigstens so tun, als ob.
Der Major Sie sind Krankheitsüberträger, Fawlty. . . da saß der Bursche auf dem Tisch und knabberte Erdnüsse, bittschön!
Basil *(bei sich)* Diesmal hat's ihn erwischt.
Der Major Diese Größe ungefähr. Und so einen Schwanz. . .
Basil *(versteht plötzlich)* **Schwanz**. . . was haben Sie noch mal gesehen?
Der Major Ungeziefer. . . eine dreckige Ratte!
Basil *(sieht in Richtung Halle)*. . . Und wann genau?
Der Major So vor zwei Minuten.
Basil Bleiben Sie hier, Major. Wenn Sie sie sehen, rufen Sie.
Der Major Jawoll.

Basil verläßt die Bar, nachdem er das Gewehr hinter der Theke abgestellt hat. Er geht in die Küche. Terry hat den Kühlschrank von der Wand abgerückt und sieht sich dahinter um.

Terry Ich mach gerade hinter dem Kühlschrank sauber, Mr. Fawlty.

Basil sieht ihn an, stößt dann die Tür zum Speisesaal auf. Er guckt hinein, will zurück, geht dann aber doch rein. Im Speisesaal kniet Polly unter einem Tisch, nur Hinterteil und Beine sind zu sehen. Basil schleicht sich hinter sie.

Polly Basil. . . Basil. . . leckerer Käse. . . Basil. . .!

Basil Ja? *(Es gibt ein dumpfes Geräusch, der Tisch fliegt in die Höhe, und Polly erscheint.)* Hier bin ich!

Polly Oh, hallo Mr. Fawlty. . .

Basil Ach, ist das für mich? Danke! *(Er nimmt ihr das Stückchen Käse aus der Hand und ißt es.)*

Polly Oh. . . Soll ich Ihnen noch mehr holen, wir haben reichlich. . .

Basil Also Basil heißt sie. . . Spiel nicht die Ahnungslose, und ich habe dir vertraut, du bist an allem Schuld. »Oh, ich habe eine Freundin, die sie nimmt, Mr. Fawlty!« *(Er holt aus, um sie zu schlagen, als er Manuel unter einem anderen Tisch hervorkommen sieht; er stürzt dorthin, aber Manuel verkriecht sich wieder unter dem Tisch.)* Komm her! Komm raus! Los, komm, Basil ist hier! *(Er macht schmatzende Küßchen-Geräusche.)*

Terry *(kommt aus der Küche hinzu)* Habt ihr sie?

Basil . . .Sie ist da drunter.

Terry Gut, ich schnapp sie mir. *(Er geht in Richtung Tisch, bleibt dann ziemlich belemmert stehen.)*

Basil Hinter dem Kühlschrank saubermachen, hmm?

Terry Wir wollten Sie nicht damit belasten, Sie haben genug um die Ohren, Mr. Fawlty.

Basil Zum Beispiel, daß ein Inspektor vom Gesundheitsamt uns ein 24-Stunden-Ultimatum stellt, und hier sind die Ratten los, ja?

Polly Sie muß ausgebrochen sein und ist zurückgekommen, Mr. Fawlty. . .

Basil **Zurück**gekommen?

Polly *(verzweifelt)* Nach Haus.

Basil Oh, ich verstehe, es ist eine **Haus**ratte, hm?

Terry Ratten sind echt erstaunliche Tiere, Mr. Fawlty. Ich hab mal von einer gelesen, der Besitzer war nach Penzance gezogen. . .

Basil Ja, ja, ich hab's gelesen. Das war die Geschichte von dem Koch, der mit seinem eigenen Fleischermesser filetiert wurde. . .

Terry Nein, ehrlich, Mr. Fawlty, großes Pfadfinderehrenwort.

Polly Wir werden sie finden, Mr. Fawlty.

Basil Ich wäre euch sehr verbunden, wirklich. Bevor hier alles dicht gemacht wird. Super. Also, auf zur Basil-Jagd, und wenn wir das erledigt haben, kümmern wir uns um die fristlosen Kündigungen.

Terry Ich übernehm den Keller.

Polly Ich such hier unten. Manuel, du überprüfst dein Zimmer.

Basil Fang in der Bar an, Polly. Vor zwei Minuten war sie noch dort.

Ich übernehm die Küche. *(Er geht hinein und fängt an, die Schränke zu durchsuchen.)*

Terry Die hab ich schon alle. *(Er geht zur Hintertür hinaus.)*

Basil erinnert sich an einen weiteren Schrank, aus ihm holt er eine Schachtel mit Rattengift, dann geht er zum Kühlschrank, sieht einen Teller mit Kalbsfilets, nimmt eines, streut Gift darauf und legt es auf den Boden. Er läßt die Schachtel auf dem Kühlschrank stehen und wäscht sich die Hände. Er geht in die Halle, hinter den Rezeptionstresen. Mr. Carnegie kommt herein, und Sybil, die Treppe herabkommend, begrüßt ihn.

Sybil Ah, Mr. Carnegie. Guten Morgen.

Carnegie Guten Morgen, Mrs. Fawlty.

Basil Oh, hallo. Freut mich, Sie zu sehen.

Sybil Möchten Sie eine Tasse Kaffee haben, bevor wir...

Carnegie Nein danke. Wenn wir oben mit dem Wassertank anfangen könnten...

Basil Gute Idee.

Carnegie Wie bitte?

Basil Sehr vernünftig – oben anzufangen. Sybil, bist du so freundlich und führst Mr. Carnegie hinauf?

Sybil Das wollte ich gerade tun, Basil.

Basil Ja, und ich halt hier unten die Augen offen, nicht wahr, vielleicht finde ich irgendwas... was erledigt werden muß.

In der Bar geht ein Schuß los. Alle zucken zusammen.

Carnegie Großer Gott, was war das?

Basil Der verdammte Fernseher ist schon wieder in die Luft geflogen. Ich kümmer mich drum. Gehen Sie schon mal nach oben. *(Er enteilt in die Bar.)*

Carnegie Das war ein Schuß!

Sybil Ja, hat sich ganz so angehört!

Polly rennt herein mit einem großen Fischkescher. Sie sieht Mr. Carnegie; er sieht sie.

Polly Motten.

Carnegie Was ist hier los? *(Er geht in Richtung Bar.)*

In der Bar; Basil versucht, dem Major das Gewehr zu entwinden. Sie ringen darum, als Mr. Carnegie hereinkommt.

Der Major Ich krieg sie! *(Basil reißt das Gewehr an sich; er sieht Mr. Carnegie.)* Sie muß zu den Nüssen zurückkommen, garantiert. Hat hier gerade noch rumgeschnüffelt...

Basil *(rammt ihm das Knie in die Weichteile)* Tut mir leid, Major. *(Zu Mr. Carnegie)* Es war nicht der Fernseher, es war nur dieses Gewehr. Ich werde es auf der Stelle wegschließen.

Er geht in die Halle, Mr. Carnegie folgt ihm.

Carnegie Warum hat er im Hotel ein Gewehr abgefeuert?

Basil Stare... er hat auf die Stare geschossen.

Carnegie In der Bar?

Basil Durchs Fenster. Ich schließ es weg.

Carnegie Gibt es einen Waffenschein für dieses Gewehr?

Basil Sicher, sicher. *(Er geht ins Büro.)*

Carnegie *(zu Sybil)* Ist Ihnen klar, daß aufgrund der Vorschriften betreffend Gesundheit und öffentliche Sicherheit dies in ihre Verantwortung fällt?

Sybil Aber ja, ich bitte vielmals um Entschuldigung. So etwas ist noch nie vorgekommen, Mr. Carnegie.

Carnegie Also ich muß in jedem Fall die Polizei benachrichtigen. Man wird dort die notwendigen Schritte einleiten.

Manuel kommt in Panik die Treppe herabgeflogen.

Polly Ist schon gut, Manuel, schon gut.

Manuel Gehen ihr gut?

Polly Ja, es geht ihr gut.

Manuel Sie nicht **tot**?

Polly Nein, nein, nein! Dem Major ist lediglich das Gewehr losgegangen...

Manuel Major versuchen, töten **Basil**?

Sybil Basil zu töten?

Manuel Nein, nein, nicht Mr. Fawlty, ich meinen Basil, meine kleine...

Polly Ratatouille!

Carnegie Basil... die kleine...

Polly Ratatouille. Der Koch nennt das Ratatouille Basil, weil er soviel Basilikum reintut.

Manuel *(zu Tode erschrocken)* Er tun Basil in Ratatouille?

Polly Ja, Basili...

Manuel Aahh! *(Er rennt in die Küche, gefolgt von Polly, die immer noch den Kescher festhält.)*

Sybil *(zu Mr. Carnegie)* Er kommt aus Barcelona. Ja, ja, typisch Südländer, nicht wahr. Möchten Sie jetzt... *(Sie weist auf die Treppe.)*

In der Küche. Manuel schreit Terry an.

Manuel Warum du das machen?

Terry Hab ich ja gar nicht...!

Manuel Polly sagen, du Basil in Ratatouille tun!

Terry Ich hab gar kein Ratatouille gemacht, verdammt noch mal!

Polly Manuel!

Manuel *(zu Polly)* Warum du sagen, er Basil in Ratatouille tun?

Polly Basilikum! Ich mußte das sagen, das war der Inspektor vom Gesundheitsamt. Jetzt beruhig dich!

Manuel Wo ist sie?

Polly Keine Ahnung.

Manuel Vielleicht sie tot?

Terry Na, es geht ihr gut. Gib mal das Kalbfleisch rüber, Polly, ich muß mich mit dem Mittagessen beeilen.

Polly holt die Kalbsfilets aus dem Kühlschrank.

Manuel Aber – wie du wissen, es ihr gutgehen? Major schießen sein Gewehr. Vielleicht er treffen... Ich sie finden müssen. *(Er rennt los und stößt dabei Polly an, das Fleisch fällt auf den Boden.)* Oh, 'tschuldigung, Polly! *(Er rennt raus.)*

Terry Los, aufheben, schnell, bevor er reinkommt. *(Sie sammeln die Filets hektisch wieder ein.)*

In der Halle. Basil und der Major kommen aus der Bar.

Basil Aber ja, Major, Sie haben sie erwischt, also, jedenfalls beinahe. Aber große Bitte: kein Wort über Ratten! Sie haben auf die Stare geschossen. Kapiert?

Der Major Stare?

Basil Ja.
Der Major Durch's Fenster.
Basil Genau.
Der Major Aber, Fawlty, wie sind die Stare in die Bar gekommen?
Basil Nein, **Sie** waren in der Bar.
Der Major **Ich** war in der Bar?
Basil Ja!
Der Major War ich ja auch!
Basil Ja, und die Stare waren im Garten, und die Ratte war nirgendwo.
Der Major Gesehen hab ich sie jedenfalls nicht.
Basil *(im Weggehen)* Braver Junge.

Er geht in die Küche. Terry bereitet das Kalbsfleisch zu.

Basil Und, Terry, alles unter Kontrolle?
Terry Klar... ist er noch...
Basil Nein, er hat oben angefangen. Weiß der Kuckuck, wo die Ratte ist... *(Er sieht die Katze auf dem Kühlschrank, bei der Platte mit Fleisch.)* Miez, miez... *(Er nimmt die Katze hoch und das Stück Filet, an dem sie geknabbert hat, und setzt sie vor die Hintertür.)* Komm, Kätzchen, du mußt hier raus... *(Er versteckt das Stück Fleisch auf einem hohen Schrank und wäscht sich die Hände.)* Oh! Ich hab ein Stück... hm... *(Er sieht auf den Boden, aber kann das vergiftete Stück Fleisch nicht finden.)* Terry...
Terry Ja?
Basil Auf dem Boden lag ein Stück Fleisch.
Terry Ja, haben wir alles aufgehoben, Mr. Fawlty.
Basil Wie bitte?
Terry Haben wir alles aufgehoben.
Polly *(kommt herein)* Sind die Kalbsfilets fertig, Terry?
Terry Hier, Polly. *(Gibt ihr zwei Teller.)*
Basil Terry, hör mal! Was soll das heißen: »alles aufgehoben«?
Terry Na ja, Manuel hat die Platte runtergeschmissen, und wir haben alles wieder aufgehoben.

Polly geht mit den Tellern in den Speisesaal.

Basil ... O Gott!
Terry ... Was ist denn los?

Basil Auf einem ist Rattengift! *(Er stürzt in den Speisesaal.)*

Im Speisesaal. Manuel nimmt eine Bestellung auf. Polly ist auf dem Rückweg vom Tisch der Taylors. Basil fliegt an ihr vorbei und greift beide Teller.

Basil Entschuldigung! Entschuldigung! *(Alles starrt ihn an.)* Kalb ist aus! Tut mir leid!
Mrs. Taylor Das ist Kalb.
Basil Nein, nein, das ist Kalbfleischersatz – wir wollten einen Versuch wagen, aber wir sind mit dem Resultat leider nicht zufrieden. Genaugenommen ist es gar kein Ersatz... Polly, nimmst du bitte die neuen Bestellungen auf? *(Er flüstert ihr eine Erklärung ins Ohr.)* Ich danke Ihnen, herzlichen Dank. *(Ab in Richtung Küche.)*
Polly Tut mir sehr leid – hätten Sie lieber das Lamm oder die Scholle?
Mrs. Taylor Kalbfleischersatz?
Polly An sich ist es japanisch – Sojabohnen und Rinderfonds. *(Basil geht ab.)*

In der Küche unterhält sich Mr. Carnegie mit Sybil. Basil kommt mit den Tellern rein, sieht Mr. Carnegie und dreht wieder ab in den Speisesaal.

Carnegie Dichtungen.
Sybil Wir haben das gesamte Fleisch in dem hier gelagert und die süßen Sachen jetzt in diesem neuen.

Wieder im Speisesaal. Basil zögert, er überlegt, wo er die Teller absetzen soll.

Taylor *(ruft ihm zu)* Eine Flasche Beaujolais, bitte.
Basil Aber gerne. *(Er geht zurück in die Küche.)*

In der Küche.

Carnegie Und das Waschbecken?
Sybil Haben wir gestern bestellt. Hier ist die Auftragsbestätigung.

Basil kommt rein und entnimmt dem Gestell in der Ecke eine Flasche.

Carnegie Also, wie's scheint, befindet sich jetzt die Küche in einem zufriedenstellenden Zustand. Ich werde die noch offenen Punkte schriftlich...

Basil sieht die Schachtel mit Rattengift auf dem Kühlschrank stehen. Er greift danach, dabei fällt die Flasche hin und zerbricht.

Basil Entschuldigung. Ist mir hingefallen. *(Verbirgt das Gift hinter seinem Rücken.)*

Carnegie ... fixieren, und in den nächsten Tagen wird jemand vorbeischauen, um zu überprüfen, ob dieser Standard gehalten wird...

Sybil Danke.

Basil Wunderbar. Wunderbar. *(Er stellt das Gift vor die Hintertür und holt eine neue Flasche Wein.)*

Carnegie Es ist zehn vor eins. Ich würde gerne hier zu Mittag essen, wenn das geht.

Sybil Aber selbstverständlich, Mr. Carnegie.

Carnegie Es konnte mir kaum entgehen, daß es heute Kalbfleisch gibt.

Basil *(die zweite Flasche fallen lassend)* Kalbfleisch?

Sybil Ja, aus Holland.

Basil Nicht ganz. Aus Norwegen.

Sybil Norwegen?

Basil Ja, nicht gerade 1a-Ware, um ehrlich zu sein.

Sybil Terry, das Kalbfleisch ist doch aus Holland, oder?

Terry Aus Norwegen, Mrs. Fawlty.

Carnegie Ich arbeite seit zwanzig Jahren in diesem Beruf, aber ich hab noch nie von norwegischem Kalbfleisch gehört.

Basil Ja, die sind erst jetzt in diese Branche eingestiegen, nicht wahr, ich persönlich glaube ja nicht, daß sie sich damit eine goldene Nase verdienen, ist mehr so ein Kalbfleisch**ersatz**. Hat 'ne Menge Luftlöcher und so. Das Lamm ist aus Holland.

Carnegie Holland?

Basil England. Also, wir sagen »aus Holland«, weil es so gut ist wie das holländische Kalbfleisch. Sogar besser, ehrlich gesagt.

Carnegie Ich hätte lieber das Kalbfleisch.

Basil Gern, wie wäre es mit Hummer. Hätten sie lieber Hummer. Der ist **umwerfend** gut zur Zeit, und gar nicht teuer diese Woche, wir haben soviel davon, daß wir einen Spezial-Preis machen mußten, um alles loszuwerden. 75 Pence das Stück. Preiswerter geht es nicht, stimmt's?

Carnegie Bitte schlicht und einfach Kalbfleisch. *(Er geht in Richtung Halle.)*

Basil *(folgt ihm)* Also, wenn Sie Kalbfleisch mögen, wie wäre es dann mit Hühnchen?

Sybil *(stellt sich Basil in den Weg)* Basil, er möchte das Kalbfleisch.

Carnegie Kann ich mal telefonieren?

Sybil Ja, selbstverständlich. Hier entlang. *(Sie verlassen die Küche.)*

Polly *(kommt vom Speisesaal)* Was soll denn das mit dem Rattengift und dem Kalbfleisch?

Terry Er hat auf eins Rattengift getan, dann sind sie alle durcheinandergeraten, und keiner weiß, wo welches ist. Wo ist das von der Katze?

Polly Die Katze! *(Eilt zur Hintertür hinaus.)*

Basil Besser nicht! Vielleicht ist da auch Gift drauf!

Terry Also, wo ist es?

Basil Was?

Terry Das Stück von der Katze.

Basil *(richtet sich auf)* Da oben.

Terry Und wie geht's der Katze?

Basil . . . Wie geht's der Katze! Wie es der **Katze** geht? Wir sind dabei, einen Beamten der Gesundheitsbehörde um die Ecke zu bringen, und du willst wissen, wie es der Katze geht. Sie ist nach London gefahren, die Königin besuchen! Was machen wir jetzt bloß?

Polly *(mit der Katze)* Es geht ihr gut.

Terry Großartig!

Basil *(hüpft in gespielter Freude herum)* Hurraa! Hurraaa! Die Katze lebt. Die Katze lebt. Lang lebe die Katze! Was **machen** wir jetzt bloß?

Terry Mr. Fawlty. Wenn's der Katze gutgeht. . . dann ist dieses Stück nicht vergiftet.

Polly Also. . . wie lange dauert es, bis es wirkt?

Terry Das Zeugs, zwei Minuten. Sie hat vor mehr als zehn Minuten dran rumgenagt.

Sie alle schauen das Stück Fleisch an.

Polly Hier ist es etwas angeknabbert.

Terry Ich schneid es ab. *(Macht es.)*

Im Speisesaal. Mr. Carnegie setzt sich gerade hin. Sybil steht bei ihm.

Sybil Sie fahren also heute nachmittag noch nach Babbacombe rüber?

Carnegie Ja, wir. . . *(Er merkt, daß er sich auf etwas gesetzt hat; er steht langsam wieder auf und hält einen Teller in der Hand.)* Was macht ein Teller mit Fleisch hier?

Sybil Ich nehm es Ihnen mal besser ab, nicht? *(Sie nimmt den Teller und wischt Mr. Carnegies Jackett ab.)*

Basil *(kommt von der Küche rein)* Setzen Sie sich doch, Mr. Carnegie.

Sybil Er hat bereits gesessen, Basil.

Carnegie Auf einem Teller mit Fleisch.

Basil Hat Sie das auf andere Gedanken gebracht?

Carnegie Wie bitte?

Basil Lieber doch kein Kalbfleisch?

Carnegie Also, **das** hier werde ich sicher nicht essen, wenn es das ist, was Sie sagen wollen. *(Will sich auf einen andern Stuhl am selben Tisch setzen.)*

Basil Haltstopp! Entschuldigung. . . Ich glaube, da ist noch einer. Pardon. . . *(Nimmt einen weiteren Teller.)* Hab ich doch recht gehabt. . .!

Carnegie Wer hat denn die dahin gestellt?

Basil Ähm. . . Manuel, unser spanischer Kellner. *(Dreht sich zu Manuel um, der gerade hinter ihm ist, drückt ihm die Teller in die Hand und ohrfeigt ihn; zu Mr. Carnegie)* Wollen Sie sich vielleicht hierhin setzen? Bitte. . .!

Carnegie Macht er das öfter?

Sybil Nein, nein.

Basil Nein, das war das erste Mal, aber er hat manchmal so einen Blick, als wenn er es tun wollte, dann schnappen wir ihn natürlich vorher. *(Polly kommt mit dem Kalbfleischgericht.)* Ah!

Polly Hier ist Ihr Kalb, Mr. Carnegie. Und ein grüner Salat.

Carnegie Danke.

Basil Sehr gut. *Bon appétit. (Er geht in die Küche.)* Bravo, Terry.

Basil geht zur Haustür, öffnet sie und atmet tief durch. Dann sieht er die Katze; sie übergibt sich. Er dreht sich herum, rast in den Speisesaal und fischt den Teller unter Mr. Carnegies Nase weg, während Polly gerade das Gemüse auflegen will.

Basil Tut mir leid! Nicht heiß genug! *(Er verbrennt sich die Finger.)* Auuu! Nicht groß genug, Entschuldigung!

Carnegie Was um. . .

Basil Nicht groß genug, tut mir leid. . . Entschuldigung. Also wirklich, Polly! *(Er eilt mit dem Teller hinaus; Polly, Sybil und Mr. Carnegie starren ihm nach.)*

In der Küche. Terry legt gerade ein anderes Stück Kalbfleisch in die Pfanne. Basil schmeißt seines in den Abfalleimer.

Basil Was machst du da?
Terry Na ja, wenn es **das** war, sind die hier okay.
Basil Was?
Terry Wenn das das vergiftete war, sind die hier okay.
Basil . . . Sehr gut! Genau! Stimmt! Okay. . .

Polly und Sybil kommen rein.

Sybil Basil, was soll das?
Basil **Das** war das vergiftete. Die Katze hat's gegessen.
Polly Die Katze!. . . Oh! *(Sie rennt zur Hintertür raus.)*
Sybil Vergiftet?
Basil Ja. . . Also muß dies hier okay sein. *(Geht in den Speisesaal.)*
Sybil *(verwirrt)* Basil. . .

Im Speisesaal. Basil geht zu Mr. Carnegie.

Basil Entschuldigung, ein Stück in der richtigen Größe ist unterwegs.
Carnegie Es war groß genug, ich wollte kein anderes.
Basil Ja, es hätte ruhig ein bißchen heißer sein können. . . also, vielleicht nicht viel, aber. . .
Carnegie Hören Sie. . . *(Sieht auf seine Uhr.)*

Manuel kommt herein.

Basil Ja, ja, kommt sofort. . . nur ein Sekündchen. . . *(Ein junges Upperclass-Pärchen betritt den Raum, Ronald und Quentina.)* Ah, Manuel. . . Sei so gut. . . Danke! *(Ab in die Küche; Manuel führt das Paar zum Tisch.)*

In der Küche. Basil trifft auf Polly, die die Katze hält.

Basil Wie!
Polly Es geht ihr gut. Da!

Basil Unmöglich.

Polly So ist es aber.

Terry *(reicht ihr einen Teller mit Kalbfleisch)* Hier, Poll.

Polly Oh. *(Sie drückt Basil die Katze in die Hand und nimmt den Teller.)*

Basil Unmöglich.

Sybil Wovon redest du?

Basil Aber, sie hat sich übergeben.

Sybil Übergeben? *(Basil macht es vor.)* Das sind nur Haare, Basil.

Polly trägt den Teller in den Speisesaal.

Basil . . . Was?

Sybil Haare. Das macht sie ständig im Sommer. *(Sie setzt die Katze vor die Hintertür.)*

Basil Aber. . . wenn es ihr gutgeht. . . dann ist dies hier vielleicht. . . *(Ihm wird klar, daß der Teller schon unterwegs ist, er eilt Polly hinterher.)*

Im Speisesaal. Polly geht zu Mr. Carnegie mit dem Kalbfleisch; Basil kommt genau in dem Moment dazu, als Polly den Teller absetzt.

Basil Polly. . . zuviel.

Polly Was?

Basil Zuviel. *(Er winkt sie zurück.)* Weniger ist häufig mehr, sag ich immer.

Polly Ooh! *(Mit dem Teller ab in die Küche.)*

Carnegie Was ist **jetzt** wieder falsch?

Basil Nun, wir möchten einfach nicht den Eindruck erwecken, daß Sie als Staatsdiener irgendwie bevorzugt behandelt werden. Ich bin sicher, das wär nicht in Ihrem Interesse.

Der Major *(am Tisch dahinter, steht auf)* Oh! Also Sie sind der Ratteninspektor! *(Mr. Carnegie starrt ihn an; Basil windet sich.)* 'tschuldigung! 'tschuldigung, Fawlty. Starinspektor.

Carnegie Starinspektor?

Basil macht ein Zeichen, daß der Major verrückt ist. Basil geht raus, während Manuel mit den Speisekarten zum Tisch mit dem jungen Paar geht. Während er auf die Bestellung wartet, sieht er neben Quentinas Fuß die Ratte herumschnüffeln. Er erstarrt und glotzt. Ronald bemerkt dies und sieht ihn finster an, da er glaubt, Manuel starre Quentinas Beine an.

Ronald Sie gestatten?
Manuel *Qué?*
Ronald Wir nehmen eine Windsor-Suppe und eine Pâté, bitte. *(Manuel bewegt sich nicht.)* Eine Windsor-Suppe...
Manuel Sch! *(Er zieht sich langsam zurück; Ronald staunt.)*

In der Küche. Basil, Sybil und Terry stehen um den Tisch herum und begutachten den Teller mit Kalbfleisch.

Basil Nein, nein, wenn das Stück von der Katze in Ordnung ist, ist das hier vielleicht das vergiftete.
Sybil Nein, nein.
Polly Doch, er hat recht.
Terry Und wenn das von der Katze in Ordnung ist...
Polly Was ganz offensichtlich der Fall ist...
Terry ... können wir es ihm geben, oder? *(Er geht zum Mülleimer und holt das Stück wieder heraus.)*
Basil Stimmt!
Manuel *(kommt rein)* Mr. Fawlty!
Basil Klappe!
Sybil Aber Terry, das ist voller Zeugs.
Terry Kein Problem, Mrs. Fawlty. Was der Gast nicht weiß, macht den Koch nicht heiß.
Manuel Mr. Fawlty.
Basil Was ist denn?
Manuel Tisch sieben!
Basil Was?
Manuel Basil! *(Er stößt Basil durch die Tür in den Speisesaal.)*

Im Speisesaal. Ronald wird langsam wütend. Basil und Manuel kommen rein.

Basil *(zu Mr. Carnegie)* Pardon, ist schon unterwegs.
Ronald Entschuldigung...
Basil *(geht zu ihm hin)* Selbstverständlich. Guten Tag, Sir, guten Tag, Madam.
Ronald Bitte, ich wollte eben bei Ihrem Kellner eine Bestellung auf-

geben, aber er ist einfach rausgelaufen – ich war noch nicht fertig.

Basil *(sieht beiläufig nach unten)* Hmmm?

Ronald Also, er hat überhaupt nicht zugehört.

Basil Bitte um Verzeihung. Was haben Sie gesagt?

Ronald . . . Ihr Kellner hat überhaupt nicht zugehört, als ich die Bestellung aufgeben wollte. Er schien mehr an den Beinen meiner Verlobten interessiert zu sein.

Basil Ach ja? Darf ich mal? *(Er sieht nach.)* Nein, das glaube ich nicht. Höchstwahrscheinlich ist da ein Brötchen runtergefallen.

Ronald Kann ich jetzt bestellen?

Basil O ja, unbedingt.

Ronald Wir hätten gern eine Windsor-Suppe, eine Pâté und danach. . .

Polly kommt rein. Basil kniet sich hin und tut so, als ob er seinen Schnürsenkel bindet.

Basil Muß nur mal eben meine Schuhe zubinden.

Ronald Wollen Sie jetzt meine Bestellung aufnehmen?

Basil Hm. . . ja, Polly, würdest du bitte an diesem Tisch die Bestellung aufnehmen?

Ronald . . . Wir hätten gerne eine Windsor-Suppe.

Polly Eine Windsor.

Ronald Eine Pâté. . .

Basil Sie ist hier! Sie ist hier!

Ronald Wie bitte?

Basil Da, da!

Ronald Was soll das heißen, »da, da«?

Basil Es ist alles da. Da, da, da und da, alles da, was Ihr Herz begehrt.

Polly Und eine Pâté?

Basil Manuel, hebst du bitte das Brötchen da auf. . . nein, nein, hol die Kiste! *(Ronald starrt.)* Wir haben eine Kiste, eine Brotkiste. . . für das Brot, das seinen Zenit überschritten hat.

Polly Und Sie hätten gern zweimal. . .

Ronald Kalb.

Polly Oh, Kalb ist leider aus.

Ronald Wie ist das möglich? Sie haben gerade erst aufgemacht.

Basil Sch! Sch, sch!

Ronald Ich laß mir nicht das Wort verbieten.

Basil Tut mir leid. Aber das Kalbfleisch ist wirklich aus, eigentlich war es nie da, ehrlich gesagt, das ist ein Druckfehler.

Ronald Ein Druckfehler?

Basil Ja, es muß heißen... ähm... »Kalt«.

Ronald Kaltschnitzel? *(Zu Manuel, der unter dem Tisch herumkriecht)* Hören Sie damit auf, sofort! Lassen Sie's liegen. Warten Sie bis nach dem Essen.

Basil Nein, nein, es muß jetzt eingesammelt werden, leider. Hygiene-Vorschriften. Bevor es schimmelig wird.

Ronald Na, dann heb ich es eben auf. *(Will unter den Tisch schauen.)*

Basil *(ihn zurückhaltend)* Nein, nein, unter keinen Umständen, wenn Sie erlauben, das gehört zu unserem Service.

Polly Da hätten wir also eine Pâté und eine Windsor-... *(sieht die Ratte in Quentinas Handtasche, die auf dem Boden steht)* **Suppe**!! *(Zu Manuel)* Psst!

Sybil kommt aus der Küche. Sie bringt Mr. Carnegies neuestes Stück Kalbfleisch.

Sybil Ihr Kalb, Mr. Carnegie. Tut mir wirklich leid wegen der Verzögerung.

Ronald Er hat Kalb bekommen!

Basil Nein, ähm, das ist Kalbfleischersatz.

Ronald Kalbfleisch**ersatz**?

Basil Ja, nicht sehr zu empfehlen, das Schiff hat ein bißchen lange gebraucht auf dem Wege hierher von...

Polly Japan...

Basil ... Norwegen. Es ist so eine Art pseudo-japanisch-norwegischer Kalbfleisch-Ersatz, aber davon abgesehen war es sowieso das letzte Stück.

Ronald *(aufstehend)* Wir gehen.

Basil Gut, wenn Sie darauf bestehen.

Ronald Wie bitte?

Basil Aber immer, nur zu, danke sehr.

Ronald Ein Taxi.

Basil Polly, würdest du bitte ein Taxi bestellen!

Ronald und Quentina gehen in die Halle.

Polly *(zu Basil)* Sie ist in der Tasche.

Basil *(nickt, legt den Finger auf einen Nasenflügel und zwinkert, dann, zu Mr. Carnegie)* Ist Ihr Kalb, ähm,. . .
Polly In **ihrer Hand**tasche. *(Sie geht in die Halle.)*
Basil *(zu Mr. Carnegie)* In ihrer **Handtasche**?
Carnegie Wie bitte?
Basil Entschuldigen Sie mich. *(Schnell ab in die Halle.)*

In der Halle. Ronald und Quentina stehen an der Rezeption.

Polly *(eilt herbei)* Wissen Sie schon, wo Sie hin möchten?
Ronald Können Sie uns ein Restaurant empfehlen?
Polly *(wählt)* Ja, natürlich, was für eine Richtung. . .

Beide schauen sich nach Basil um, der von hinten herangeschlichen ist und nunmehr direkt hinter Quentina steht und ihr über die Schulter in die Tasche späht.

Basil Ja, wo wird wirklich gutes Kalbfleisch serviert, Polly? Irgendwo in. . .
Polly *(lebhaft)* Oh, Kalbfleisch, ja! Natürlich. Ein wirklich gutes Restaurant. . . warten Sie mal, ich war nämlich mal in einem, da hatten sie wirklich ein vorzügliches Kalbfleisch. . . ich komm gerade nicht auf den Namen. . . es hieß. . . ich glaube. . . Moment. . . ähm. . . *(imitiert Diane Keaton)* Lah di dah. . . haben Sie *Annie Hall* gesehen?. . . »Lah di dah«.

Basil tastet vorsichtig in Quentinas Handtasche herum.

Ronald Annie **wen**?

Quentina dreht sich herum; Basils Hand steckt in ihrer Tasche.

Quentina Was machen Sie da?
Basil Wie bitte?. . .
Quentina *(zu Ronald)* Er hat in meine Tasche gegriffen.
Ronald *(geht auf Basil zu)* Was?
Basil Äh. . . nein. . .
Ronald Ich will Ihnen mal was sagen! Sie gehen mir auf den Zeiger, Sie widerlicher kleiner Kerl!! Sie wollen wohl unbedingt ein paar auf die Nase haben?

Polly Bombenalarm!
Ronald Wie bitte?
Polly Es gab eine Bombendrohung.
Ronald Eine Bombendrohung?
Basil Ja.
Polly Ja, deswegen hat er in Ihrer Tasche gesucht – er wollte Sie nicht unnötig erschrecken.
Basil Darf ich?
Quentina Also, ich weiß nicht...
Basil Nur ganz kurz... danke. *(Er nimmt die Tasche, geht zum anderen Ende des Tresens und wühlt sich durch.)*
Polly Wir haben nämlich einen anonymen Anruf erhalten...
Ronald Sollten Sie dann nicht alle Gäste rausschaffen?
Polly Und darum haben wir unter Ihrem Tisch gesucht... wir wollten keine Panik erzeugen...

Basil stößt einen Schmerzensschrei aus und zieht seine Hand hastig aus der Tasche. Er läßt sie fallen, und die Ratte huscht quer durch die Halle in den Speisesaal, vorbei an Manuel, der ihr nachschaut, und unter einen Tisch. Manuel sieht sich um und verschwindet unbemerkt ebenfalls unter dem Tisch. Wenige Sekunden später taucht er wieder auf, ganz offensichtlich mit der Ratte in Händen.

Carnegie Kellner! *(Manuel erstarrt)* Kellner!
Manuel Eine *momentito! (Er ist im Nu beim Dessertwagen und versteckt die Ratte in der Blechdose mit Biskuits, dann wendet er sich Mr. Carnegie zu) Sí...?*

Der Major beugt sich über den Tisch und nimmt die Dose vom Wagen. Er öffnet sie und entnimmt ihr einen Keks, offensichtlich ohne ihren Bewohner zu bemerken.

Carnegie Etwas Käse, Biskuits und einen Kaffee, bitte!
Manuel *Sí, sí.*

Er eilt zurück zum Wagen, zu seinem Entsetzen ist die Biskuitdose verschwunden. Er sieht sich im Raum um, bemerkt sie aber nicht auf dem Tisch des Majors, dann entschwindet er in die Küche. Basil kommt rein, die Hand in ein Taschentuch gewickelt.

Basil *(zu Mr. Carnegie)* Einen Nachtisch?

Carnegie Ich habe Käse und einen Kaffee bestellt.

Basil Sehr wohl. *(Sybil kommt aus der Küche.)* Kaffee bitte, Sybil.

Basil *(schiebt den Dessertwagen zu Mr. Carnegie)* Bitte, Mr. Carnegie. *(Polly kommt aus der Halle herein.)* Polly, bringst du uns bitte die Biskuits?

Der Major Hier sind sie, Fawlty! *(Er gibt Polly die Dose.)*

Basil Cheddar, Stilton, Edamer. . .?

Carnegie Gerne ein bißchen Stilton.

Basil Mit Vergnügen. Keinen Edamer?

Carnegie Nein, danke.

Basil Biskuits?

Basil stellt den Käseteller vor Mr. Carnegie. Sybil kommt mit der Kaffeekanne. Polly nimmt den Deckel von der Biskuitdose und offeriert sie Mr. Carnegie, ohne hinzuschauen. In der Dose sitzt die Ratte. Mr. Carnegie schaut die Ratte an. Die Ratte schaut Mr. Carnegie an. Basil sieht es als erster, dann Polly und Sybil. Sie sehen Basil an. Mr. Carnegie ist sprachlos und hört nicht auf, die Ratte anzustarren.

Basil . . . Hätten Sie gerne eine Ratte? Oder. . .? Dann also – **nur** Biskuits bitte, Polly.

Polly nimmt die Dose und entfernt sich. Carnegie starrt unablässig ins Leere.

Sybil Schwarz oder mit Milch?

Carnegie . . . Hmmm?

Sybil Schwarz oder mit Milch?

Carnegie . . . Schwarz, bitte. . . War das eine. . .?

Sybil Hier bitte.

Polly *(kommt zurück)* Hier sind die Biskuits.

Sie hält ihm die Dose hin, jetzt ohne Ratte. Mr. Carnegie starrt die Dose an. Er nimmt mechanisch einen Biskuit und hält ihn gut fest. Im Hintergrund sieht man Manuel einen bewußtlosen Basil an den Füßen quer durch den Speisesaal in die Halle schleifen.

Sybil *(im Plauderton)* Sieht so aus, als hätte es wieder angefangen zu regnen.

ANHANG

Der Basil in uns allen
oder
Die Entstehung einer Erfolgsserie
Nachwort von Eike Harms

Als sich John Cleese nach der dritten *Flying-Circus*-Serie vom *Circus* verabschiedete (die vierte und letzte *Flying-Circus*-Serie entstand ohne ihn), war ihm noch nicht klar, wie sein nächstes BBC-Projekt aussehen sollte. Nur soviel stand fest: er wollte zusammen mit seiner Frau Connie Booth arbeiten. Bereits für eine deutsche *Fliegende-Zirkus*-Sendung, 1973, hatte das Team Cleese/Booth eine ausgedehnte Märchengeschichte um den weisen König Otto und seine heiratswütige Tochter Mizzi verfaßt. Aber nun, nach den *Monty-Python*-Shows mit ihrem unkonventionellen, jeden Rahmen sprengenden grotesk-phantastischen Humor, – nun wollte Cleese sich etwas völlig anderem zuwenden. Und so entschieden sich Cleese und Booth für ein – scheinbar – gänzlich konventionelles, immerhin gänzlich realistisches Hotel, das mit seinen Hotel-üblichen Auftritten der verschiedensten Gäste den Rahmen bilden sollte für eine Folge von – scheinbar – traditionellen Verwechslungskomödien. John Cleese begründet dies so: »Jeder kennt das, wie das ist, wenn man in einem Hotel an die Rezeption geht oder wenn einer nett ist oder unhöflich oder überfreundlich, jeder hat schon in einem Restaurant Essen bestellt, jeder ist schon aus seinem Zimmer gekommen und hat das Bad gesucht. Jeder weiß genau, wie das ist, man muß die Szenerie nicht erst groß erklären. Alles ist übersichtlich, einfach und konventionell. Man kann also gleich mit den Gags loslegen.«

Aus dem richtigen Leben gegriffen ist auch die Hauptfigur, Basil Fawlty, Besitzer des Hotels *Fawlty Towers*, der sich Folge für Folge anschickt, diese übersichtliche Szenerie ins Unübersichtliche zu verkehren:

Noch für Dreharbeiten für die *Flying-Circus*-Serie war Cleese mit seinen Monty-Python-Mitstreitern an Englands Südküste, nach Torquay gefahren. Man hatte im Hotel *Gleneagles* gebucht. John Cleese erinnert sich: »Der Besitzer war einfach umwerfend unhöflich. Er war wie Basil, aber viel kleiner, ein dünner kleiner Kerl von eins sechzig mit einer großen Frau, die ihn tyrannisierte.« Eine Tagebuch-Eintragung von Michael Palin bestätigt Cleeses Erinnerung: »Die Einrichtung war in Ordnung, die Zimmer waren sauber. Aber Mr. Sinclair, der Besitzer, schien uns von Anfang an als eine einzige große Unannehmlichkeit zu betrachten. Als wir am ersten Abend um halb eins zurückkamen – wir hatten uns die Aufnahmen vom Nachmittag angesehen –, stand er einfach da und sah uns mit diesem selbstgerechten Zorn und dieser stummen Anklage an, wie ich es zuletzt bei meinem Vater gesehen hatte, wenn er mich spät abends zu Hause erwartete. Graham bat vorsichtig um einen Brandy – der Wunsch wurde abschlägig beschieden.« Gleich am nächsten Tag wechselte man das Etablissement. Mr. Sinclair zeigte sich nur mäßig verwundert; dafür legte sich nun Mrs. Sinclair ins Zeug, um den Schauspielern den Aufenthalt im *Gleneagles* zum unvergeßlichen Erlebnis zu machen, und präsentierte eine Rechnung für volle zwei Wochen.

Diese kleine Begebenheit bildete die Keimzelle für die Entstehung einer der erfolgreichsten BBC-Serien überhaupt. Die sechs Folgen der ersten Serie wurden im September/Oktober 1975 zum ersten Mal gesendet; und obwohl John Cleese und Connie Booth seit 1978 geschieden waren, schrieben sie eine zweite Serie von sechs Folgen, die ab Februar 1979 ausgestrahlt werden sollte, in der sich das Autorenteam noch einmal selbst übertraf – die Handlungen wurden stringenter geführt und die Figuren differenzierter gestaltet.

Sicher verdankt sich der außergewöhnliche Erfolg der Geschichten aus *Fawltys Hotel* auch der außergewöhnlichen Leistung der vier Hauptdarsteller: neben John Cleese (als Basil Fawlty im Kampf gegen die Kundschaft) und Connie Booth (als seine Angestellte und einzige Stimme der Vernunft weit und breit) standen eine hervorragende Prunella Scales als Basils dominante Gattin Sybil und Andrew Sachs als ein wunderbar überforderter Kellner, Portier, als Mädchen-für-alles-oder-eher-nichts vor der Kamera.

John Cleese betont aber, stolz sei er vor allem auf das Drehbuch, auf die Handlung, die er und seine Frau ausgetüftelt und zu Papier gebracht hätten, und behauptet, der einzige Mensch in der Welt zu sein, der sich sechs Wochen Zeit freigeschaufelt habe, um an einer einzigen Folge zu feilen: »Eine durchschnittlich gute Fernseh-Folge wird in zwei Wochen geschrieben, wir haben uns dreimal soviel Zeit genommen und haben dreimal soviel Material verarbeitet.«

Am Ende hatten weit mehr Zuschauer die *Fawlty-Towers*-Serie gesehen als seinerzeit die *Flying-Circus*-Serie – einen vergleichbaren Erfolg hatte Cleese erst wieder mit seinem Kino-Hit *Ein Fisch namens Wanda*, 1988. Diese Beliebtheit der Serie traf Cleese gänzlich unvorbereitet: »Wir hatten *Fawlty Towers* mehr so als kleines Privatvergnügen angesehen, und ich bin noch immer höchst erstaunt darüber, daß es in Hongkong läuft, auf kantonesisch! Ich versteh das nicht – Basil muß so was wie ein Archetyp sein.«

Nach- und Hinweise

DIE ERSTE SERIE

EINS – Ein Hauch von Klasse
(»A Touch of Class«)
Deutsch von Karsten Singelmann

Darsteller:
Basil Fawlty John Cleese
Sybil Fawlty Prunella Scales
Manuel Andrew Sachs
Polly Connie Booth
Major Gowen Ballard Berkeley
Miss Tibbs Gilly Flower
Miss Gatsby Renée Roberts
Lord Melbury Michael Gwynn
Danny Brown Robin Ellis
Sir Richard Morris Martin Wyldeck
Mr. Watson Lionel Wheeler
Mr. Wareing Terence Conoley
Mr. Mackenzie David Simeon

Erstausstrahlung:
19. September 1975, BBC 2

Den Auftakt zu einer langen Reihe von Mißverständnissen zwischen Basil und Manuel bildet im englischen Original gleich in der ersten Szene der Satz: »There's too much butter on those trays«, worauf Manuel entgegnet: »Not ›on-those-trays‹. No, sir – ›uno, dos, tres‹.«

ZWEI – Baumaßnahmen
(»The Builders«)
Deutsch von Karsten Singelmann

Darsteller:
Basil Fawlty John Cleese
Sybil Fawlty Prunella Scales
Manuel Andrew Sachs
Polly Connie Booth
Major Gowen Ballard Berkeley
Miss Tibbs Gilly Flower
Miss Gatsby Renée Roberts
O'Reilly David Kelly
Lurphy Michael Cronin
Jones Michael Halsey
Kerr Barney Dorman
Stubbs James Appleby
Lieferant George Lee

Erstausstrahlung:
26. September 1975, BBC 2

Der auf S. 42 erwähnte Dennis Compton ist der bekannte britische Sportreporter (Kricket) gleichen Namens.

DREI – Die Hochzeitsfeier
(»The Wedding Party«)
Deutsch von Karsten Singelmann

Darsteller:
Basil Fawlty John Cleese
Sybil Fawlty Prunella Scales
Manuel Andrew Sachs
Polly Connie Booth
Major Gowen Ballard Berkeley
Miss Tibbs Gilly Flower
Miss Gatsby Renée Roberts
Alan Trevor Adams
Jean April Walker
Mrs. Peignoir Yvonne Gilan
Mr. Lloyd Conrad Phillips
Rachel Lloyd Diana King
Gast Jay Neill

Erstausstrahlung:
3. Oktober 1975, BBC 2

VIER – Die Hotel-Tester
(»The Hotel Inspectors«)
Deutsch von Gertraude Krueger

Darsteller:
Basil Fawlty John Cleese
Sybil Fawlty Prunella Scales
Polly Connie Booth
Manuel Andrew Sachs
Mr. Hutchison Bernard Cribbins
Mr. Walt James Cossins
Major Gowen Ballard Berkeley
Miss Tibbs Gilly Flower
Miss Gatsby Renée Roberts
John Geoffrey Morris
Brian Peter Brett

Erstausstrahlung:
10. Oktober 1975, BBC 2

Die Konfusion in der ersten Szene um *Rudis Kulis* bzw. um *Kums* und *Rums* verläuft im Original etwas anders: dort stehen das *P* und das *B* zur Debatte *(Ben's Pens)* und nicht das *Kunstmuseum*, sondern das *Post Office*, das Basil *P. Off.* abkürzt und das Mr. Hutchison als *Boff* liest – jedoch: »whoever heard of a Boss Office?«

FÜNF – Gourmet-Abend
(»Gourmet Night«)
Deutsch von Gertraude Krueger

Darsteller:
Basil Fawlty John Cleese
Sybil Fawlty Prunella Scales
Manuel Andrew Sachs
Polly Connie Booth
André André Maranne
Kurt Steve Plytas
Colonel Hall Allan Cuthbertson
Mrs. Hall Ann Way
Mr. Zuckerer* Richard Caldicot
Mrs. Zuckerer* Betty Huntley-Wright
Major Gowen Ballard Berkeley
Miss Tibbs Gilly Flower
Miss Gatsby Renée Roberts
Mr. Heath Jeffrey Segal
Mrs. Heath Elizabeth Benson
Heath jun. Tony Page

Erstausstrahlung:
17. Oktober 1975, BBC 2

* Im Original: *Mr and Mrs Twitchen.*

SECHS – Die Deutschen
(»The Germans«)
Deutsch von Gertraude Krueger

Darsteller:
Basil Fawlty John Cleese
Sybil Fawlty Prunella Scales
Krankenschwester Brenda Collins
Doktor Louis Mahoney
Major Gowen Ballard Berkeley
Polly Connie Booth
Manuel Andrew Sachs
Mr. Sharp John Lawrence
Mrs. Sharp Iris Fry
Miss Tibbs Gilly Flower
Miss Gatsby Renée Roberts
Große Frau Claire Davenport
Deutsche Gäste Nick Lane
Lisa Bergmayr
Willy Bowman
Dan Gillan

Erstausstrahlung:
24. Oktober 1975, BBC 2

Mit dem »verdammten Wilson« (S. 156) ist gemeint der damalige Labour-Party-Vorsitzende und Premierminister Harold Wilson, der 1975 gerade in einer Volksabstimmung eine Mehrheit für den britischen EG-Beitritt erreicht hatte. – Die Passage auf S. 157 (»Gnädiges Fräulein, können Sie mir sagen. . .«) ist im Original deutsch; erscheint hier und im folgenden *kursiv.*

DIE ZWEITE SERIE

EINS – Kommunikationsprobleme
(»Communication Problems«)
Deutsch von Ruth Keen

Darsteller:
Basil Fawlty John Cleese
Sybil Fawlty Prunella Scales
Polly Connie Booth
Manuel Andrew Sachs
Mr. Yardley Mervyn Pascoe
Mr. Thurston Robert Lankesheer
Mrs. Richards Joan Sanderson
Mr. Firkins Johnny Shannon
Major Gowen Ballard Berkeley
Miss Tibbs Gilly Flower
Miss Gatsby Renée Roberts
Terry Brian Hall
Mr. Mackintosh Bill Bradley
Mr. Kerr George Lee

Erstausstrahlung:
19. Februar 1979, BBC 2

Der ominöse Herr *Kessie Quass* heißt im Original *C. K. Watt* und kommt in der ersten Szene so zustande: Nachdem Mrs. Richards den armen Manuel mit ihrer Forderung nach einem Zimmer mit Blick aufs Meer usw. völlig irritiert hat, kontert Manuel sicherheitshalber erst mal mit seinem unverwüstlichen: *»Qué?«* Darauf Mrs. Richards: ». . . What?« – Manuel: *». . . Qué?«* – Mrs. Richards: »K?« – Manuel: *»Sí.«* – Mrs. Richards: »C? KC? KC? What are you trying to say?« – Manuel: *»No, no – Qué* – what?« – »K – what?« – »Sí! *Qué* – what?« – »C. K. Watt?«

ZWEI – Der Psychiater
(»The Psychiatrist«)
Deutsch von Ruth Keen

Darsteller:
Basil Fawlty John Cleese
Sybil Fawlty Prunella Scales
Polly Connie Booth
Mr. Johnson Nicky Henson
Dr. Abbott Basil Henson
Mrs. Abbott Elspet Gray
Raylene Miles Luan Peters
Manuel Andrew Sachs
Terry Brian Hall
Miss Tibbs Gilly Flower
Miss Gatsby Renée Roberts
Major Gowen Ballard Berkeley
Mrs. Johnson Aimée Delamain
Freundin Imogen Bickford-Smith

Erstausstrahlung:
26. Februar 1979, BBC 2

Die *Teeparty*-Anspielung bezieht sich auf sog. *Chimpanzees' Tea Parties* – eine ältere britische Unsitte und Attraktion in Zoos: Affen wurden wie Menschen angekleidet und bekamen Tee serviert; ist heute noch in der Werbung der Teemarke *PG Tips* lebendig.

DREI – Waldorfsalat
(»Waldorf Salad«)
Deutsch von Ruth Keen

Darsteller:
Sybil Fawlty Prunella Scales
Mr. Libson Anthony Dawes
Basil Fawlty John Cleese
Mrs. Johnstone June Ellis
Mr. Johnstone Terence Conoley
Miss Hare Dorothy Frere
Miss Gurke Beatrice Shaw
Mr. Arrad Norman Bird
Mrs. Arrad Stella Tanner
Manuel Andrew Sachs
Polly Connie Booth
Mrs. Hamilton Claire Nielson
Mr. Hamilton Bruce Boa
Major Gowen Ballard Berkeley
Miss Tibbs Gilly Flower
Miss Gatsby Renée Roberts

Erstausstrahlung:
5. März 1979, BBC 2

In dem Finale dieser Folge ist der Höhepunkt der Anstrengungen Basils zu erblicken, Basilische Logik und schnöde Wirklichkeit zur Deckung zu bringen: er schmeißt einfach alle seine Gäste hinaus – die Worte »Raus, raus« (S. 252) sind im Original deutsch.

VIER – Räucherhering und Leiche
(»The Kipper and the Corpse«)
Deutsch von Henner Löffler

Darsteller:
Mrs. Chase Mavis Pugh
Major Gowen Ballard Berkeley
Basil Fawlty John Cleese
Sybil Fawlty Prunella Scales
Manuel Andrew Sachs
Dr. Price Geoffrey Palmer
Gast Len Marten
Mr. Ashe* Derek Royle
Mr. Xerxes Robert McBain
Mr. Zebedee Raymond Mason
Miss Young Pamela Buchner
Polly Connie Booth
Terry Brian Hall
Miss Tibbs Gilly Flower
Miss Gatsby Renée Roberts
Mr. White Richard Davies
Mrs. White Elizabeth Benson
Mr. Ingrams Charles McKeown

Erstausstrahlung:
12. März 1979, BBC 2

* Im Original: *Mr Leeman;* Polly gibt dort am Ende vor, man habe *linen* (»Wäsche«) statt *Leeman* verstanden. – Dagegen das wirkliche Mißverständnis des harthörigen Major gleich zu Beginn geht im Original so: Auf die Frage, was für eine Rasse denn das Hündchen sei, antwortet Mrs. Chase: »Well, they're lap dogs (Schoßhunde), aren't they.« Darauf der Major: »A Lapp dog (ein Lappländer)? Oh, hard to imagine him stalking a reindeer (kaum zu glauben, daß er zur Rentier-Pirsch taugt), what?«

FÜNF – Der Hochzeitstag
(»The Anniversary«)
Deutsch von Gertraude Krueger

Darsteller:
Polly Connie Booth
Terry Brian Hall
Manuel Andrew Sachs
Sybil Fawlty Prunella Scales
Basil Fawlty John Cleese
Roger Ken Campell
Alice Una Stubbs
Virginia Pat Keen
Arthur Robert Arnold
Reg Roger Hume
Kitty Denyse Alexander
Major Gowen Ballard Berkeley
Audrey Christine Shaw
Miss Tibbs Gilly Flower
Miss Gatsby Renée Roberts

Erstausstrahlung:
26. März 1979, BBC 2

Der erklärungsbedürftige Spitzenkalauer auf S. 292 (»Sybil ist übel«) lautet im Original: »Syb-ill... Did you hear that? I said ›Syb-ill‹ ... Got it?« – Basil: »No, no I'm fine.« – Roger: »No, no, no, I call her ›Syb‹, right? So, Syb-ill. Bas-well. Ha, ha!« Darauf Manuel: »Man-well! Ha ha!« – Die Schlacht von Azincourt war übrigens am 25. 10. 1415.

SECHS – Basil die Ratte
(»Basil the Rat«)
Deutsch von Henner Löffler

Darsteller:
Sybil Fawlty Prunella Scales
Basil Fawlty John Cleese
Mr. Carnegie John Quarmby
Polly Connie Booth
Terry Brian Hall
Manuel Andrew Sachs
Miss Tibbs Gilly Flower
Miss Gatsby Renée Roberts
Gast Stuart Sherwin
Major Gowen Ballard Berkeley
Mr. Taylor James Taylor
Mrs. Taylor Melody Lang
Ronald David Neville
Quentina Sabina Franklyn

Erstausstrahlung:
25. Oktober 1979, BBC 2

Im Original befinden sich im Wassertank *Tauben* und nicht *Spatzen* (s. S. 317 f.); Manuel, der den Auftrag bekommt, sie zu entfernen, bekommt einen Lachkrampf und macht fassungslos: »Oink, oink?« Darauf Basil: »Not pigs! Pigeons. . . Pigeon, like your English!«